U0113359

共建“一带一路”沿线国家社会保障研究报告. 2022

主　编◎汤兆云

经济日报出版社

图书在版编目（CIP）数据

共建“一带一路”沿线国家社会保障研究报告. 2022/汤兆云主编 . —北京：经济日报出版社，2022. 12

ISBN 978-7-5196-1231-3

Ⅰ. ①共… Ⅱ. ①汤… Ⅲ. ①社会保障制度—研究报告—世界—2022 Ⅳ. ①D57

中国版本图书馆 CIP 数据核字（2022）第 219123 号

共建“一带一路”沿线国家社会保障研究报告. 2022

主　　编	汤兆云
责任编辑	门　睿
责任校对	范继义
出版发行	经济日报出版社
地　　址	北京市西城区白纸坊东街 2 号 A 座综合楼 710（邮政编码：100054）
电　　话	010-63567684（总编室）
	010-63584556（财经编辑部）
	010-63567687（企业与企业家史编辑部）
	010-63567683（经济与管理学术编辑部）
	010-63538621　63567692（发行部）
网　　址	www. edpbook. com. cn
E - mail	edpbook@ 126. com
经　　销	全国新华书店
印　　刷	三河市龙大印装有限公司
开　　本	710×1000 毫米　1/16
印　　张	21. 25
字　　数	338 千字
版　　次	2023 年 2 月第一版
印　　次	2023 年 2 月第一次印刷
书　　号	ISBN 978-7-5196-1231-3
定　　价	78. 00 元

《共建“一带一路”沿线国家社会保障研究报告》学术委员会与编辑委员会

共建"一带一路"沿线国家社会保障研究报告（年度）

总　序

◇童　星

共建"一带一路（One Belt And One Road）"是共建"丝绸之路经济带"和"21 世纪海上丝绸之路"的简称。共建"一带一路"高质量发展是2013 年习近平主席基于建设美好世界、破解发展中国家可持续发展之困、探寻人类现代化发展道路等现实问题而提出的国际合作倡议。这一倡议的提出有助于破解全球发展失衡、贫富差距加大、生态问题凸显等问题。共建"一带一路"的战略目标是要建立包括欧亚大陆在内的世界各国，一个政治互信、经济融合、文化包容的利益共同体、命运共同体和责任共同体。共建"一带一路"倡议的核心内涵，就是坚持共商、共建、共享原则，促进基础设施建设和互联互通，加强经济政策协调和发展战略对接，促进协调联动发展，实现共同繁荣，共同构建人类命运共同体。截至目前，全球100 多个国家和国际组织积极响应和支持，联合国大会和安理会多次将其纳入相关决议，共建"一带一路"逐渐从理念转化为行动，从愿景转变为现实，正在打造成为顺应经济全球化潮流的最广泛国际合作平台，让共建"一带一路"更好造福各国人民。习近平总书记在中共的十九大报告中指出，（中国将）积极促进"一带一路"国际合作，努力实现政策沟通、设施联通、贸易畅通、资金融通、民心相通，打造国际合作新平台，增添共同发展新动力。

社会保障（Social Security）作为现代社会一项基本的社会经济制度和民生福利的基本制度保障，对一个国家经济社会的良性健康发展和长治久安具有重要意义。国际劳工组织有一句名言：没有社会安定，就没有社会发展；没有社会保障，就没有社会安定。共建“一带一路”沿线国家间社会保障领域的学习、交流与合作既是共建“一带一路”建设的应有之义，也是共建“一带一路”倡议贯彻以人民为中心的发展思想的集中体现。国际劳工组织和联合国亚洲及太平洋经济社会委员会《亚太社会展望》报告指出：尽管亚太地区大多数国家的社会经济地位迅速上升，但社会保障体系仍较为薄弱，大约一半的地区人口没有社会保障覆盖，只有少数国家拥有覆盖范围相对广泛的社会保障制度。再加上新冠肺炎疫情的冲击，扩大和完善社会保障以利于减少贫困和不平等成为“一带一路”建设各国共同的选择。

在共建“一带一路”沿线国家中，由于历史背景、文化传统、现实国情各不相同，因此各国社会保障的思想理念、模式选择与发展程度必然存在着差别，但也面临着共同的挑战和需要解决的问题。例如，各国都程度不同地出现人口老龄化、低生育率、家庭规模小型化和家庭结构核心化等社会结构性问题以及贫富差距、城乡差距等利益结构性问题，因而完全可以（也应当）在养老、医疗、就业、住房、教育等社会保障政策和社会福利、慈善公益服务实务领域相互交流，相互学习，相互借鉴。还要看到，社会保障制度起源于最早进入工业化进程的欧洲发达国家，它们的历史背景、文化传统、现实国情同“一带一路”沿线国家的差异甚大，“一带一路”沿线国家如何结合本国国情使社会保障制度落地，助推本国的经济社会发展和民生福祉提升，也完全可以或应当相互交流、相互学习、相互借鉴。例如，面对人口达峰及老龄化问题对全球经济社会发展带来的诸多影响，变革养老保障体系、延长工作年限、适应灵活就业、推动产业升级等措施已成为多国政府的选项，当然就可以学习借鉴、取长补短。“一带一路”沿线国家共同把社会保障制度建设好，一定有助于实现共同的社会安定，有助于实现共同的发展繁荣。应当看到，各国具有差别性的社会保障政策和实务，没有优劣之分，仅有是否适合本国国情之别。差别性发展道路是一些国家社会保障制度发展道路的突出特征。各国社会保障模式的选择受到经济发展状况、社会结构状况、政治体制状况、文化传统等多种因素的影响。同一项社会保障政策的实施效果也会受到以上几种因素的影响。

本研究报告（2022 年度）除了一个年度总报告和若干个专题报告以外，着重从发展、创新、合作、华侨华人等板块全面系统地反映了共建“一带一路”国家社会保障发展状况及其最新成果。本研究报告（2022年度）重点突出，从各板块中精选近期各国社会保障改革的重点、热点和难点问题进行深入探讨，反映了较强的时代特征；比较共建“一带一路”沿线国家社会保障建设的共同性与差别性，以期从学理上寻找社会保障制度建设发展的普遍规律；政策与实务相结合，既反映了社会保障制度政策的发展沿革，又分析了现实中存在的突出问题，并提出了具体的政策建议。

《共建“一带一路”沿线国家社会保障研究报告》为年度连续出版物，每年聚焦相关主题，愿该研究报告越出越好！

是为序。

2022年5月

（作者简介：童星，南京大学社会风险和公共危机管理研究中心主任、江苏省社会风险研究基地主任，兼任国家哲学社会科学规划基金学科评议组成员、国家减灾委专家委员会委员、中国社会保障学会首届副会长和现任监事、中国社会学会社会发展与社会保障专业委员会顾问）

目录 CONTENTS

总报告 General Report

专题报告 Special Reports

General Report

“一带一路”沿线国家社会保障制度在应对危机中求发展

和 红 刘嘉文*

摘 要： 本研究报告主要分为三个部分：第一部分从整体和细分区域两个层面阐述了经济增长情况，总体而言在世界经济增长趋势总体放缓的情况下，各国经济复苏进程仍存在差异；第二部分披露了收集到的“一带一路”沿线国家人口数据，可以看到目前全球老龄化趋势较为明显；第三部分主要介绍了在受全球经济下行压力与新冠疫情冲击影响下，“一带一路”沿线国家为应对危机采取的各异政策方案。

关键词： “一带一路”；社会保障；社会保障支出；养老保障

2013 年 9 月，国家主席习近平在对哈萨克斯坦和印度尼西亚的访问中提出了建设“一带一路”的合作倡议。“一带一路”倡议坚持和平与发展理念，在实践过程当中逐步形成了以“共商、共建、共享”的基本原则和“政策沟通、设施联通、贸易畅通、资金融通和民心相通”与“利益共同体、命运共同体、责任共同体”等主要内容构成的基本框架。

截至 2022 年 2 月 6 日，“一带一路”组织已覆盖 65 个成员国，同 148 个国家和 32 个国际组织签署 200 余份合作文件。成员国区域跨亚、非、欧三大洲，包含亚太地区 18 个国家，欧洲地区 24 个国家，中东以及其他地区国家 23 个。成员国总人口占全球总人口的 60%左右——从贫困人口来看，在全球 7 亿多极端贫困人口中，有 1/3 生活在“一带一路”沿线的南亚地区，有一半生活在非洲撒哈拉以南地区；从经济发展水平来看，“一带一

* 和红，华侨大学政治与公共管理学院副教授，主要从事人口老龄化、社会治理研究；刘嘉文，华侨大学政治与公共管理学院研究生，主要从事人口老龄化、慈善公益研究。

路”沿线少部分国家为发达国家（新加坡和智利等），大部分国家为中等收入水平的发展中国家，其中中低收入国家比重仍然较大。

一、全球经济增长概况与展望

进入2022年，世界经济面临着比以往更为艰巨的挑战。随着新冠病毒变异体的传播，各国重新设立了人口流动限制，建立了贸易壁垒。不断上涨的能源价格和供应链中断，导致各国通货膨胀普遍超出预期，且范围更广，尤其是在美国，以及许多新兴市场和发展中经济体尤为明显。中国房地产行业持续紧缩，私人消费复苏慢于预期，这也大大限制了增长前景。

国际货币基金组织（IMF）于2022年1月发布的《世界经济展望》中指出全球经济增长预计将从2021年的4.9%放缓至2022年的4.4%，比2021年10月发布的《世界经济展望》对2022年的经济增长预测低了0.5个百分点；而在2023年，全球经济增长预计放缓至3.8%。(见表1)。尽管各国家地区正采取各种措施恢复和发展经济，其复苏速度仍会受到新冠肺炎疫情相关政策、财政支持力度和经济对外依赖性等结构性因素的限制。在以欧洲国家为代表的发达经济体中，2021年年底实施的人员流动限制预计将在2022年年初拖累欧元区的经济增长——受到供应链冲击的德国和英国经济增长预期不容乐观，其中德国预期下调0.8个百分点。与前者不同，在亚洲国家中，印度由于信贷增长的预期改善、投资和消费建设与金融部门的良好表现，预计将在2023年取得较好的经济增长成就。日本2023年的增长前景也被上调了0.4个百分点，反映出其外部需求预期的改善和持续的财政支持。尽管如此，2023年的经济回调可能仍无法弥补2022年的经济下行压力，全球经济仍然面临着严峻的形势。(见表2)

表1　国际货币基金组织《世界经济展望》

2021年10月发布		2022年1月发布		变化值	
2022年全球增长率预测值	2023年全球增长率预测值	2022年全球增长率预测值	2023年全球增长率预测值	2022年	2023年
4.9%	3.6%	4.4%	3.8%	-0.5%	0.2%

表2　三大国际组织对全球经济增长的预测

发布日期	发布机构	出版物	2022年全球增长率预测值	2023年全球增长率预测值
2022年1月	国际货币组织	《世界经济展望》	4.4%	3.8%
2021年5月	联合国	《世界经济形势与展望》	4.1%	-
2021年6月	世界银行	《全球经济展望》	4.3%	3.1%

"一带一路"的65个成员国中包含16个高收入国家和49个发展中国家。这些国家有着不同的资源禀赋、地理区位、工业基础和经济结构，区域经济发展状况存在较大差异，以下将按照亚太地区成员国样本、欧洲地区成员国样本和中东及其他地区成员国样本的分区依次进行报告。

（一）地处亚太地区的"一带一路"成员国

自遭受新冠肺炎疫情冲击以来，亚太地区的"一带一路"成员国2020年GDP增长率下降到了-3.2%，同比上一年份下降了8.2个百分点。新冠肺炎疫情下人口流动的政策限制对旅游业产生了较大冲击，马尔代夫作为旅游大国成了2020年经济下降趋势最明显的国家之一，为-32%。除了马尔代夫以外，印度、菲律宾和泰国经济发展也出现了较大的下降幅度。2021年，新冠病毒传播得到一定控制之后，部分国家逐步放松了疫情封锁的限制，各类商业活动和消费需求的进一步释放加快了经济的复苏，使得亚洲经济体的经济萎缩程度低于前期预测——中国在2021年的GDP增长达到了8%，超出平均值4.8个百分点；印度2021年GDP增长率为9.5%，超出平均值6.3个百分点。进入2022年，在变异病毒重新肆虐与通货膨胀的影响下，亚太地区"一带一路"样本国家第一季度的平均增长率仍然维持在正向的4.6%，同比去年增长了1.3个百分点。但从长期来看，经济复苏仍然是一个长期的过程。(图1)

（二）地处欧洲的"一带一路"成员国

2020年欧洲地区的GDP增长率下降到-7%，为"二战"以来历史降幅最大；2021年，欧洲地区各国政府开始实施更为宽松的货币政策，鼓励信贷流动，截至年末经济已实现5.1%的正向增长。相比较而言，2020年欧洲地区的"一带一路"成员国经济增长平均值下降幅度较小，为-4.25%；2021年的经济复苏速度与欧洲总体平均值基本持平。克罗斯地亚与希腊、摩尔多瓦GDP增长率均在2020年出现了明显降低，但都于2021年实现了不同程度的上升回暖。随着2022年疫情的卷土重来以及重新收紧的货币政策、通货膨胀难题，欧洲地区的“一带一路”沿线国家2022年第一季度的增长预期虽然维持在4.6%的平均值，完全恢复到疫情之前的经济发展水平可能仍然需要较长的时间。(图2)

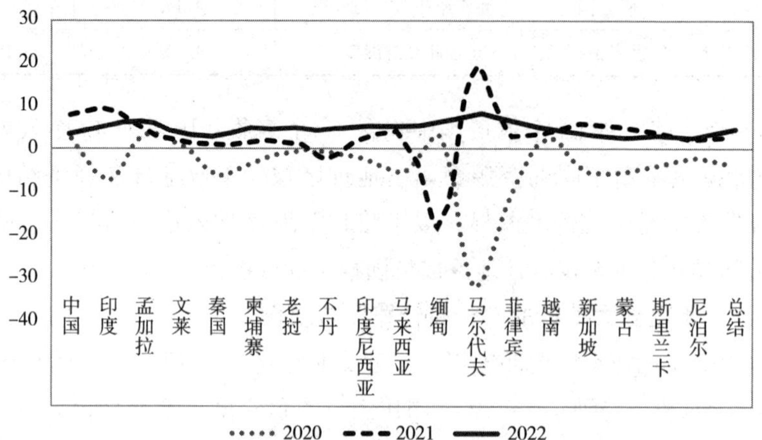

图1 2020—2022年亚太地区“一带一路”沿线国家GDP增长率

(资料来源：国际货币基金组织)

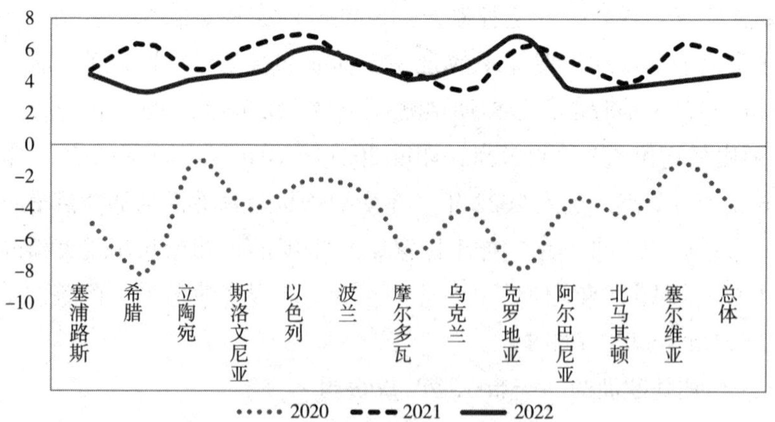

图2 2020—2022年欧洲地区“一带一路”沿线国家GDP增长率

(资料来源：国际货币基金组织)

(三)地处中东及其他地区的“一带一路”成员国

受国际地缘政治冲突与国内宗教、社会阶级矛盾，中东地区成员国的经济发展环境更为复杂和困难。相对落后的基础设施水平和产业基础限制了该地区在遭受新冠肺炎疫情对于服务业的极大冲击后的经济复苏速度。2020 年黎巴嫩与伊拉克等国家区域经济均遭受了严重打击。2021 年阿塞拜疆、乌兹别克斯坦、格鲁吉亚和亚美尼亚的经济增长幅度明显，分别为 5.6%、6.1%、7.7%、6.5%，高于 3.4%的该地区成员国平均值，已基本恢复到之前的经济增长水平。预计 2022 年，在可能面临更加严格的人口流动限制和贸易壁垒形势下，中东地区的“一带一路”部分成员国的经济复苏依然是一个不小的挑战。(图 3)

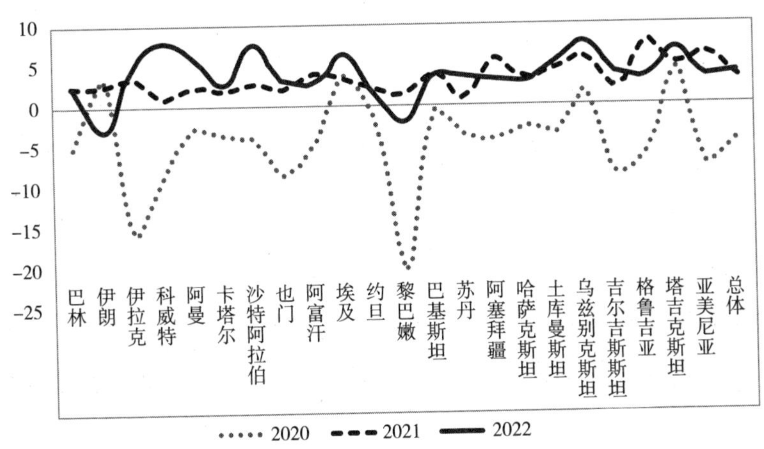

图 3　2020—2022 年中东及其他地区“一带一路”沿线国家 GDP 增长率

(资料来源：国际货币基金组织)

二、各国的人口及老龄化趋势

根据联合国人口基金的统计数据，2021 年全球总人口已经达到约 78.75 亿，在 2015—2020 年间世界年平均人口增长率为 1.1%。其中亚洲一带一路成员国家的人口增长最为可观，西亚、南亚和中亚国家分别为 1.73%、1.69%、1.74%，均高于世界平均值。与此相反，欧洲地区的人口仍保持了负增长，在过去的 2015—2020 的 5 年中年平均人口减少 0.35%。2021 年全球人口数量排名前十的国家为中国、印度、美国、印度尼西亚、巴西、巴基斯坦、尼日利亚、孟加拉国、俄罗斯和墨西哥。展望未来，联合国经济和社会事务部发布的 2019《世界人口展望》修订版报告中预测：2030 年世界人口将达到 85 亿，2050 年将达到 97 亿，2100 年将达到 109 亿；印度预计将在 2027 年超过中国成为世界上人口最多的国家。

对于部分发展中国家来说，人口增长既是经济增长红利，也对可持续发展提出了挑战。(见表3)

表3 “一带一路”沿线国家2021年人口数及年平均人口增长率

地区	人口	人口变化
	总人口（百万）	年平均人口增长率（%）
	2021年	2015—2020年
东盟国家（12国）	2129.2	1.10
西亚国家（18国）	466.8	1.73
南亚国家（8国）	1877.2	1.69
中亚国家（5国）	75.3	1.74
独联体国家（7国）	220	0.07
中东欧国家（16国）	119.3	-0.35
世界总体	7875	1.1

（资料来源：联合国人口基金）

西亚地区与欧洲地区的部分国家如希腊、格鲁吉亚、乌克兰、叙利亚与摩尔多瓦等国均出现了人口负增长的情况，但是人口减少的原因各异。2019年至2050年，预计将有55个国家的人口减少1%或更多。与此同时，西欧和中亚地区65岁及以上的人口占比已经达到10.5%，参考国际达到7%即为老龄化阶段的标准，该地区的老龄化问题需重视；相比较而言，由于存在更高的生育率，阿拉伯国家和非洲地区国家的人口老龄化问题并不明显。(见表4)

表4 2021年全球各地区的人口年龄分布

世界和地区	人口年龄分布情况（%）				
	0~14岁	10~19岁	10~24岁	15~64岁	65岁及以上
阿拉伯国家	33.8	19.2	27.6	61.0	5.1
亚太地区	23.4	15.6	23.3	67.9	8.6
西欧和中亚地区	23.4	14.4	21.2	66.2	10.5
拉丁美洲与加勒比地区	23.7	16.0	24.2	67.2	9.2
非洲东南部	40.9	23.0	32.3	55.9	3.2
非洲中西部地区	42.9	23.3	32.3	54.3	2.8

续表

世界和地区	人口年龄分布情况（%）				
	0~14 岁	10~19 岁	10~24 岁	15~64 岁	65 岁及以上
发达地区	16.3	11.0	16.6	64.0	19.7
次发达地区	27.0	17.0	25.0	65.4	7.6
欠发达地区	38.5	22.3	31.7	57.8	3.6
世界	25.3	16.0	23.6	65.1	9.6

（资料来源：联合国人口基金）

从整体上看，世界范围内妇女生育率增幅不明显，2021 年为 2.4 个/每名女性。世界人口出生时的预期寿命在 2021 年已经达到了 73 岁，相比 1990 年的数据高出了近 9 年。在世界发展历史中，医疗条件的进一步改善和科技的持续发展、生存条件的不断优化帮助人类获得了更长的寿命。但是也要注意，人口寿命的不断延长和生育率的一定程度下降可能会进一步加重人口老龄化危机。（见表 5）

表 5　2021 年“一带一路”沿线国家与世界的妇女生育率与人口预期寿命

地区	妇女生育率（个/每名女性）	预期寿命（岁）	
		出生时的预期寿命（岁）	
		男	女
东盟国家（12 国）	1.96	73	78
西亚国家（18 国）	2.34	75	79
南亚国家（8 国）	2.4	71	74
中亚国家（5 国）	2.84	68	75
独联体国家（7 国）	1.71	69	78
中东欧国家（16 国）	1.55	75	81
世界总体	2.4	71	75

（资料来源：联合国人口基金）

三、“一带一路”沿线国家社会保障发展动态

（一）约旦社会保障公司（SSC）养老金计划

1. 养老金计划简介

在约旦，社会保障的法律覆盖范围很广，自 2010 年以来已经囊括所有

约旦和非约旦私营部门雇员、不受特殊制度覆盖的公共部门雇员、自雇人士和在约旦的外交使团或国际组织工作的约旦公民，也包括个体户。约旦社会保障公司（SSC）的养老金计划被设计为缴款、收入相关、现收现付（PAYG）和固定收益（DB）几部分。据统计，SSC 的社会保险缴费占所有公共支出项目的 21.75%，其中 17.5%为养老金。

2. 主要内容

约旦养老金计划致力于提供覆盖面更广、更加充分、均衡和可持续的养老金体系。为了达成这一目标，约旦养老金计划包含了诸如养老金指数化、根据平均收入计算收益和差异化缴费等特殊设计，详情如下：

（1）缴费差异：以国家每月最低工资来计算缴款的最低月收入——员工每月支付总收入的 6.5%，雇主为 11%（从事危险行业的员工额外支付 1%）；自愿参加保险和个体户支付每月收入的 17.5%。

（2）对提前退休的限制：在正常退休年龄有最少缴款月数的受保人可继续缴款至 65 岁（男子）或 60 岁（妇女），以符合领取或增加老年养老金的价值；提前退休方面，2019 年男性将被要求在 55 岁退休前至少缴纳 252 个月，女性将被要求在 52 岁退休前至少缴纳 228 个月，基本没有人被允许在 55 岁或 52 岁之前退休。

（3）收益计算方法：平均月收入是根据被保险人过去 36 个月的收入而不是退休时的工资计算的；月养老金是被保险人在 1500 第纳尔以下的月平均收入的 2.5%和在 1500 第纳尔以上的月平均收入的 2%的总和，乘以被保险人缴纳的月缴款除以 12。

（4）养老金指数化：养老金在每年 5 月根据消费者价格指数的变化或法定保障平均工资的年增长率进行调整，以较低者为准。根据最近的一项修正，养恤金指数化的增加是作为对所有个人的等额名义金额提供的。该计划的一个重要特点是，在领取养老金的人达到正常退休年龄之前，不会对早期养老金进行调整。

3. 面临的主要挑战

自颁布该计划和法令之后，约旦政府进一步落实了其举措，但也在实践中遇到了来自财务、经济和社会三方面的挑战，详情如下：

（1）财务挑战：2019 年，全国养老金缴纳人数为 130 万，受益人只有 24.20 万，即使人口结构良好，养老金缴纳收入也难以覆盖养老金。2019

年，来自缴费的收入约为15亿第纳尔，而养老金支出约为11亿第纳尔。截至2020年3月底，SSC所有项目的累计储备金额约占GDP的36%（10.9亿第纳尔），到2020年6月底已经达到了11亿第纳尔，财务负担较重。

（2）经济挑战：SSC养老金计划中存在可能会损害公平与效率并产生不良激励的设计。2019年之前，由于缺乏对提前退休的限制，有60%的SSC参与者选择提前退休，只要缴纳至少20年的缴款，任何年龄都可以提前退休。

（3）社会挑战：尽管为扩大社会保障覆盖面作出了种种努力，但仍有很大一部分约旦工作人口没有得到任何社会保障计划的保障。社会保障覆盖率因就业状况和机构工作部门的不同而有很大差别。当前约旦约有53%的劳动力在积极贡献，与其他国家的覆盖率相比，约旦的覆盖率还有一定的提高空间。此外，SSC养老金计划的参与者平均只贡献了1/3的工作寿命。覆盖率低不仅是因为很多人从不缴费，还因为很多处在缴费期内的人中止了缴费。

4. 未来的改革方向

有关养老金体系的设计不应该着眼于财务方面，要更多地关心效率与公平等经济因素，还应该考虑其社会效应。对此，报告提出了有关约旦养老金计划未来的改革举措。

（1）计算所有提前退休人员养恤金时采用精算上公平的扣减系数，并与通货膨胀挂钩。

（2）制定有关提前退休的相关制度，对提前退休者的养老金进行扣减（并进行指标化）。

（3）退休年龄应随着预期寿命的延长而增加。

（4）针对不同的群体制定不同的个性化方案，如对非正规工作群体制定涉及短期和长期储蓄账户组合的自愿性固定收益计划，而不是目前的自愿固定收益计划。

（5）注重缴款的数额和频率、养恤金计划规则、支付要求以及与保健、小额信贷、培训等其他服务的协同作用。

（6）从现代技术中受益，提高延伸和降低成本，如使用移动货币。

（二）黎巴嫩PROSPECTS计划：改善被迫流离失所者和收容社区的未来

1. PROSPECTS计划简要介绍

"改善被迫流离失所者和收容社区未来的联盟"又称"PROSPECTS"，

是国际劳工组织（ILO）、国际金融公司（IFC）、联合国难民署（UNHCR）、联合国儿童基金会（UNICEF）和世界银行共同制定，致力于为迫流离失所者创造包容性的就业、教育和保护。该方案由荷兰外交部资助，在东部、非洲之角和中东的8个国家执行，包括约旦、黎巴嫩、伊拉克、埃及、埃塞俄比亚、肯尼亚、苏丹和乌干达。PROSPECTS致力于改善教育和学习环境、提供就业和社会保护，认为提供社会保护和保障法律地位是帮助被迫流离失所者克服其特定脆弱性以及让收容社区继续其自身发展努力的关键要点。该联盟旨在通过解决弱势群体的紧迫需求，并通过应对他们所在国家的长期挑战和发展需求，架起人道主义与发展之间的桥梁。未来计划下国际劳工等组织正在实施干预措施，以解决被迫流离失所者和收容社区面临的一些重要体面工作挑战，作为提高更可持续生计的努力的一部分。此处将详细介绍PROSPECTS计划在黎巴嫩的举措。

2. 黎巴嫩PROSPECTS计划

在“黎巴嫩未来”项目下，该计划的重点是减少叙利亚难民和黎巴嫩收容社区的多方面脆弱性和提高社会稳定，涉及以下三个支柱领域：教育与学习、体面就业、社会保护与包容。

（1）教育与学习

一是支持与农业部合作成立部门技能委员会，监督TVET（技能培训）在农业领域的治理。在劳工组织国际培训中心的协调下，帮助政府伙伴制定基于部门的技能发展措施（TVET系统内关于系统的技能发展办法、技能预期、高质量的学徒制、数字TVET、职业指导和部门办法的综合培训包）；二是起草了关于黎巴嫩技术和职业教育和培训的质量保证和认可的报告，以便说明国家认可的技能培训和认证制度，此外，还起草了一份关于TVET测试和认证做法的报告，为TVET测试和认证系统的升级提供信息；三是为农业受益人提供认证技能培训（课堂和在职培训），并与技能实验室合作，试点青年技能识别和支持的创新应用，该工具有助于捕捉学员的技能（无论是正式的还是非正式的），并生成一份电子简历。

（2）体面就业

一是在应对黎巴嫩金融危机和2019新型冠状肺炎病毒（COVID-19）疫情的框架内，制定了一项中小企业方案，以支持东道国社区和微型叙利亚难民的业务连续性、复原力和体面工作保留。农业/农业粮食部门的中小企业（MSMEs）提供技术和财政援助；二是在2020年4月"打开黎巴嫩园艺部门创造体面就业机会的机会"评估报告发布后，发展创造体面就业机会的园艺市场体系。为了提高人们对现代温室设计对生产力和工作条件影响的认识，在Akkar和Beqaa的12个选定的园艺农场开展了试点行动，随后将扩大规模，使这两个项目区的农民和工人受益；三为了支持小农户渡过当前的危机，劳工组织将与粮食及农业组织（粮农组织）联手，为500名选定的农户提供农业投入券。通过与联合国难民署和丹麦难民委员会（DRC）合作，在阿卡尔的一个社区发展中心为叙利亚难民和黎巴嫩弱势群体提供职业指导和就业匹配服务。

（3）社会保护与包容

一是与儿童基金会合作，支持国家社会保护框架的制定和实施。这一进程包括一系列国家对话会议和技术工作组，将各种政府和非政府利益攸关方聚集在一起，讨论需求和挑战，并确保他们的声音被纳入社会保护框架。二是为该国的社会保护改革建立强有力的证据基础，并支持国际发展伙伴、工人组织、包括残疾人组织在内的民间社会团体和社会保护专家制定政策和立场文件，让各利益攸关方围绕建立该国的社会保护最低标准展开讨论，包括从残疾人、老年人和儿童开始引入核心生命周期社会补助金。三是通过技术援助，加强主要的国家社会保障和社会援助机构，特别是国家社会保障基金、劳动部和社会事务部。这包括将支持全国社保基金（NSSF）下的服务终了补偿（EOSI）制度改革为长期养老金计划，建立失业基金以及设计和评估紧急现金转移应对方案。

3. 黎巴嫩PROSPECTS计划执行成果

在教育与学习方面，到2021年年底，已为120名农业受益人提供认证技能培训（课堂和在职培训），并且为10家公共或私营农业机构提供培训，升级了以工作为基础的学习计划。在体面就业方面，650名受益者接受了劳工组织"我的第一家企业"企业发展方案的培训，至少50项创收倡议将得到指导和种子基金的支持。在北黎巴嫩和阿卡省为多达10项社会和团结行动提供了支持，帮助北黎巴嫩、贝卡省和阿卡省的20家中小型农业和食品加工公司，雇用了大约1200名叙利亚和黎巴嫩工人。在方案结束时，将向70至80家中小微企业和大约2000名工人提供技术和财政支助，包括业务连续性和保留工作培训。在社会保护与包容方面，支持全国社保基金

（NSSF）下的服务终了补偿（EOSI）制度改革为长期养老金计划，建立失业基金，以及设计和评估紧急现金转移应对方案，同时帮助探讨和制定了针对老人、儿童等弱势群体的多项法案。

总体而言，PROSPECTS 计划为黎巴嫩提供了更加公平、包容和可持续的发展环境。

（三）韩国：疫情下的 EIS 失业保险制度改革

1. 简要介绍

韩国的失业保险制度从 1995 年开始实行，是一项致力于维护积极劳动力市场的综合制度。其失业保险体系（EIS）包括两个主要部分：一是就业保障及职业技能发展计划（其后于 2006 年合并为一项计划）；二是失业福利和生育保护计划。自 1995 年推出以来，特别是在 1997 年韩国外汇危机、2008 年全球金融危机、2020 年新冠肺炎疫情之后，其覆盖范围迅速扩大，在数量和质量方面都有很大的发展。新冠肺炎疫情以来，2020 年年初，韩国的总体就业政策（包括 EIS）进行了极大的修改，目的是应对由疫情产生的经济危机和日益恶化的商业和劳动力市场状况。

2. 主要改革举措

（1）停职补贴计划

该计划的目的是鼓励公司在困难的业务和劳动力市场情况下保留员工而不是解雇。失业保险制度改革进一步具体规定了资助条件：如果公司需要进行停业调整，导致所有员工的工作时间减少了至少 20%，且至少持续了一个月及以上，公司需要向他/她支付一定的报酬和保险来弥补减少的工时；公司调整导致劳动者休假一个月以上的，在休假期间，由企业主支付一定数额的劳动报酬。

（2）对指定行业和指定区域的专项扶持

截至 2020 年 3 月，失业保险制度通过划分“特殊类型的商业就业稳定需要”或“就业危机区”来提供资助一揽子计划（包括雇员保留津贴、特别延长福利、密集就业服务和其他振兴方案）。政府综合分析了新冠肺炎疫情对 14 个行业（如旅游业等）造成的损失，选定了 14 个行业：首批指定——旅游产业、观光产业、演艺产业（2020 年 3 月 16 日—2022 年 3 月 31 日）；第二次指定项目——航空工业、免税店、展览和国际会议业务、机场接送服务（2020 年 4 月 27 日—2022 年 3 月 31 日）；第三次指定项目——公共汽车路线服务、电影业、培训/教育设施、飞机零部件制造业、外国人赌场（2021年4月1日—2022年3月31日）。

（3）无薪停工的离职津贴

根据《劳动基准法》第46条第2款，如果企业主的雇用调整因其无法控制的情况而不可避免，可以不支付停业津贴（平均工资的70%）；员工可以申请离职津贴。无法控制的情况包括库存增加50%或更多、某项产量或销售量减少30%以上、库存增加或销售下降20%，以上趋势持续存在。如果面临上述情况的企业主不进行裁员，而是进行无薪停工或无薪休假，那么该补贴就会支付给劳动者。“无薪停工”指的是一家企业停工超过30天，并且提供的补偿金低于劳工委员会批准的停工津贴的50%。

（4）补贴保留雇员的劳工管理部门

只要劳资双方同意通过减薪或分担困难等方式留住员工，就可以通过签订集体协议、修改雇佣规则、变更雇佣合同、劳资双方共同声明等方式达成保留雇员协议。2020年1月至2020年底之间签署的所有劳工管理协议都有资格申请这一员工留任补贴计划。补贴水平：无论减薪率如何，按工人工资减薪额的50%计算；补助限额：每人每月50万韩元、每个企业20亿韩元；补贴期限：不超过6个月。

（5）扩大失业保险制度的覆盖面

韩国通过修订《就业保险法》（2020年12月新增加的第19-4条），企业的员工留任补贴已扩大到包括为该企业工作的派遣工人和分包工人，即使没有直接雇佣关系。

（6）提供青年就业补贴

青年就业补贴的目的是为企业提供激励，使其雇用失业青年。该计划旨在为青年创造优质的就业机会，如果企业额外雇用青年作为正式员工，则可提供部分人力成本补贴。雇用15~34岁青年为正式职员5名以上的中小企业也可以得到补助金。值得注意的是，初创企业或有增长潜力的企业也有资格获得这项补贴，即使它们雇佣的员工少于5人。

（7）扩大育儿假福利

2020年3月，政府为单亲父母引入了新的育儿假福利规定（《就业保险法》第95-2条），以减轻他们的育儿负担。根据新规定，单亲家庭的子女在育儿休假的前3个月（每月上限250万韩元）可以得到平时工资的100%

的报酬；第4~6个月可以得到80%（每月上限150万韩元）；从第7个月开始上调50%（每月上限120万韩元）。

3. 总结

韩国失业保险制度自1995年实施以来，在应对韩国面临的几次危机方面发挥了重要作用。2019年新冠肺炎病毒危机暴发之后，失业保险制度一直是积极劳动力市场政策和社会安全网的非常有用的一种工具。新冠肺炎疫情给已经陷入萧条的韩国经济带来了严峻的挑战。面对日益恶化的就业和劳动力市场形势，韩国政府运用失业保险制度对危机情况做出了迅速而灵活的反应，特别是韩国制度的独特之处——《雇佣保险法》中的“特别授权条款”，由于有此项条款，包括劳动部在内的政府部门无需经过漫长的法律修改过程就能迅速灵活地应对疫情带来的危机情况。但值得注意的是EIS项目的支出已经达到了20万亿韩元，造成了巨大的赤字，目前仍由政府预算的贷款填补。鉴于冠状肺炎病毒疫情仍在持续，韩国仍然需要使用失业保险制度作为应对危机的工具，在此时客观评估失业保险制度的贡献还为时过早。在这个视角下，其他国家参考韩国的EIS制度时，建议综合考虑其积极方面（提示应对危机情况）以及消极方面（花费巨大的EIS基金）。

参考文献

［1］International Monetary Fund. World Economic Outlook：Managing Divergent Recoveries［R］. Washington，DC，International Monetary Fund. 2021.

［2］United Nations. World Economic Situation and Prospects 2021［R］. New York，United Nations. 2021.

［3］World Bank. Global Economic Prospects，January 2021［R］. Washington，DC. World Bank. 2021.

［4］International Monetary Fund. Regional economic outlook update. Asia and Pacific：navigating the pandemic：a multi speed recovery in Asia［R］. Washington，DC. International Monetary Fund. 2021.

专题报告

Special Reports

发　展　篇

新加坡生育政策发展与改革研究*

纪晓光**

摘　要： 自从独立以来，新加坡的生育政策经历了从抑制生育、鼓励优生到鼓励生育的政策变迁。政策的变化反映了新加坡不同阶段的人口国情及治政目标。抑制生育政策主要是为了消减人口快速增长给国家经济社会发展带来的压力，主要措施是推行堕胎、绝育合法化及在教育、住房、福利方面向少子家庭倾斜。鼓励优生的政策目标是提升人口质量，具体措施是给予高学历在职母亲在子女教育、税收方面的优惠及向单身在职男女提供婚介服务等。鼓励生育的政策目标是提升生育率以推迟老龄社会到来，具体的措施包括给多子女家庭个税减免、特别退税、抚育补贴及开放保健储蓄等。

关键词： 新加坡；生育政策；抑制生育；鼓励生育

新加坡，全名“新加坡共和国”，是地处东南亚的一个城市岛国。新加坡由新加坡岛及其管辖区域内大约 54 个小岛组成的城市国家。新加坡陆地面积狭小，虽然这些年持续进行填海造陆，但到目前为止，其陆地面积也

* 本报告受到华侨大学高层次人才科研启动项目（18SKBS202）的资助。

** 纪晓光，华侨大学政治与公共管理学院讲师，主要从事社会发展与地方政府管理研究。

只有728.6平方千米。就其狭小的陆地面积而言，其国土承载的人口总量却是非常庞大的。根据新加坡统计局公布的数据，截至2021年6月，新加坡人口总数（包括新加坡公民和新加坡永久居民）约为545万，这使得新加坡成为目前世界上人口密度最大的国家之一。[①] 新加坡在地理上与中国一衣带水；在政治经济方面，是中国在东南亚"一带一路"沿线重要的合作伙伴之一；在文化上，受到中国儒家文化的深远影响；占新加坡人口半数以上的华族是中国移民的后裔，与中国有着非常密切的民间交往。除了在地理、政治经济、文化和血缘上的联系之外，新加坡与中国的人口发展历程也有诸多相似之处，如都曾采取过严格的人口控制政策，都出台过激励生育的措施以及都面临着快速老龄化的难题等。新加坡在人口方面的政策成就一直都非常亮眼，其独立之初的人口控制计划卓有成效，后期面对快速老龄化和低生育率危机又及时出台了执行性较强的生育激励政策。研究和分析这些政策的发展历程及变革趋势，对于当下中国人口政策的制定和推进具有较为重要的启发意义。

一、新加坡人口发展的历史回溯

20世纪60年代，为了降低人口快速增长给国家经济社会发展带来的负担，新加坡施行了旨在降低人口出生率的鼓励性和抑制性措施。强而有力的政策使新加坡的人口生育率自1975年起就已经低于2.1的更替水平[②]，此后，新加坡的生育率就再也没有恢复到2.1以上，为了应对低生育率所带来的人口危机，新加坡政府又持续输出了一系列生育激励政策。政策出台总是基于特定的现实需求的，所以，研究新加坡的生育政策变革，首先要厘清新加坡的人口发展历程。

首先是新加坡人口总量的变化。1947年，新加坡进行了战后的第一次人口普查，普查结果显示当时的人口总数约为93.8万，2020年这一数字已

① 新加坡人口与人口结构［EB/OL］.［2022-05-01］. https：//www. singstat. gov. sg/modules/infographics/population.

② 所谓生育的更替水平，是指这样一个生育水平，即同一批妇女生育子女的数量恰好能替代她们以及她们的伴侣。根据美国人口咨询局《人口手册》（第四版），总和生育率为2.1即达到了生育更替水平，之所以是2.1而不是2.0，是因为出生时男孩的数量总是略多于女孩数量，且一部分女孩会在育龄期到来前死亡，所以将总和生育率2.1设为人口的更替水平。相比之下，发展中国家的死亡率较高，所以发展中国家生育更替水平要比2.1更高。

经达到了 569 万（图 1）。

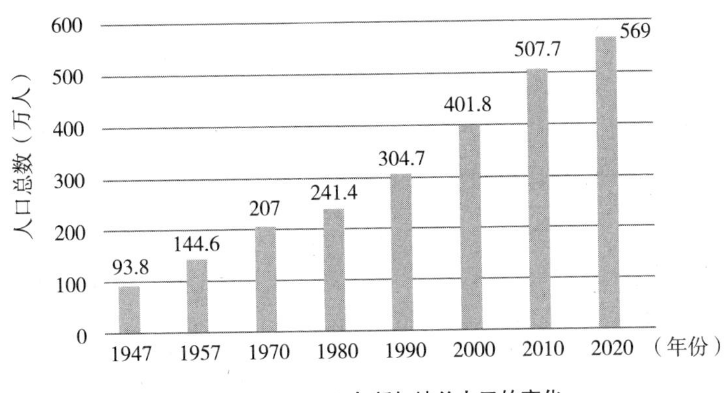

图 1　1947—2020 年新加坡总人口的变化

（数据来源：新加坡政府统计局网站 https：//www. singstat. gov. sg）

从整体上看，新加坡在 70 多年的时间里，人口数量增加了 475. 2 万人。若从新加坡历次人口普查结果来考察人口变化，1957 年第二次世界大战后新加坡第二次人口普查时，其人口总数为 144. 6 万，相比 1947 年增加了 50. 8 万，人口增长率为 54. 2%，这也是新加坡 20 世纪人口增长率的最高纪录。到了 1970 年第二次世界大战后第三次人口普查时，新加坡的人口总数为 207 万，与 1957 年相比，增长了 62. 4 万人，人口增长率为 43. 2%；而到了最近的 2021 年，新加坡的人口总数为 545 万，与 2010 年时的 507. 7 万相比，增长了 37. 3 万，增长率为 7. 35%。① 虽然从人口增量本身来看，新加坡的人口增加忽高忽低，但是在除以越来越庞大的人口基数之后，我们就会发现新加坡的人口增量是走下坡路的。这种趋势从其人口年平均增长率的逐渐放缓也可以看出：新加坡人口年均增长率自 20 世纪 60 年代起就开始呈现下降趋势，虽然 20 世纪 80 年代以后有所回升，但是依然没有改变其年均人口增长率总体走低的趋势。(图 2)

其次是生育对新加坡人口增长的贡献。新加坡的人口规模与人口结构主要受两个方面因素的影响：外来移民与人口自然增长。在历史上的很长一段时间内，新加坡岛几乎荒无人烟。直到 1819 年，英国人莱佛士（T · S · Raffles）率兵登陆，新加坡自此开埠，越来越多的外国移民由于各种各

① 新加坡人口与人口结构［EB/OL］.［2022-05-01］. https：//www. singstat. gov. sg/modules/infographics/population.

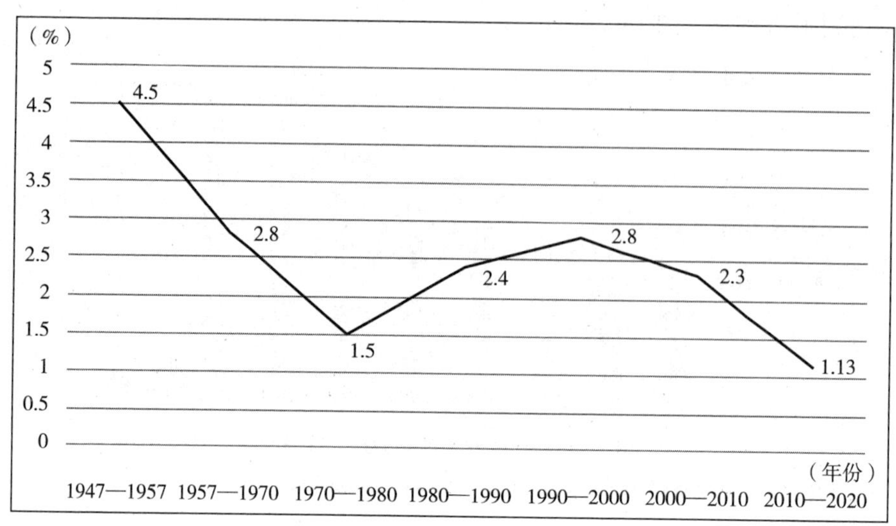

图2　1947—2020年新加坡人口年均增长率

（数据来源：新加坡政府统计局网站 https：//www. singstat. gov. sg）

样的原因来此定居，新加坡人口才逐渐兴盛起来。彼时，新加坡的人口增长主要靠外来人口涌入，而土著居民不仅数量少而且增长缓慢。第二次世界大战以后，外国移民受到严格控制，人口自然增长成为新加坡人口增长的主要因素。与许多国家一样，在第二次世界大战结束之后，新加坡也迎来了自己的“战后婴儿潮”。日本战败投降之后，新加坡人民虽然没有立即摆脱被殖民统治的命运，但至少已经从战火和死亡中走了出来，生育率在此时也出现了较大幅度补偿性反弹。所以刚刚独立的新加坡，虽然没有战前那样的外来移民的大规模涌入，依然有着高得惊人的人口增长率。从数字上看，第二次世界大战一结束，新加坡人口的死亡率就从1947年的13.3‰下降至1957年的7.4‰，同时人口的出生率却一直维持在45‰的高水平上。在高出生率、低死亡率的共同加持下，这一时期新加坡人口的基本特点就是高自然增长率。然而到了1970年第二次世界大战后第三次人口普查时，新加坡的人口自然增长速度却急转直下，降到了一个相对低的水平，这一结果主要是由生育率急速下降导致的。此时新加坡人口的死亡率为5.2‰，虽然相比1957年只下降了2.2‰，但还是大大提高了新加坡人的平均寿命。然而人均寿命的提升却不敌生育率的降低。第二次世界大战后人口的快速增长给新加坡的主政者带来了较大的发展压力。为了控制人口增长，新加坡政府采取了较为强势的抑制生育政策。因此，十几年来一直高速增长的出生率从1958年开始迅速下降，人口的出生率在1970年跌倒了22.1‰的水平，相较于第一次人口普查时下降了50%左右。众所周知，在人类现有医疗技术等因素的限制下，人口死亡率下降到一个相对极值之后就很难再下降，所以此后的10年，即在1970—1980年间，新加坡人口的死亡率一直维持在和20世纪70年代一样的5.2‰的水平，而人口出生率却在强而有力的人口控制计划下持续走低，到了1980年时只有17.1‰。虽然在此后的30年里，在各种生育政策干预之下，新加坡的人口自然增长率偶有回升，但总体趋势依然是在下降，到了2020年，新加坡人口的出生率只有1.14‰。

出生率的下降让人开始关注生育率的问题。有证据表明，在全面推行人口控制计划之后，新加坡出生率的显著下降完全是由育龄女性所占比例的下降造成的。在1964年以前，新加坡的总和生育率虽然持续走低，但一直都维持在5以上的超高水平；1967年，其总和生育率跌入3时代，到了1977年，甚至开始低于更替水平的2.1，并有持续走低趋势，到了2020年已经跌倒了1.14的水平（图3）。

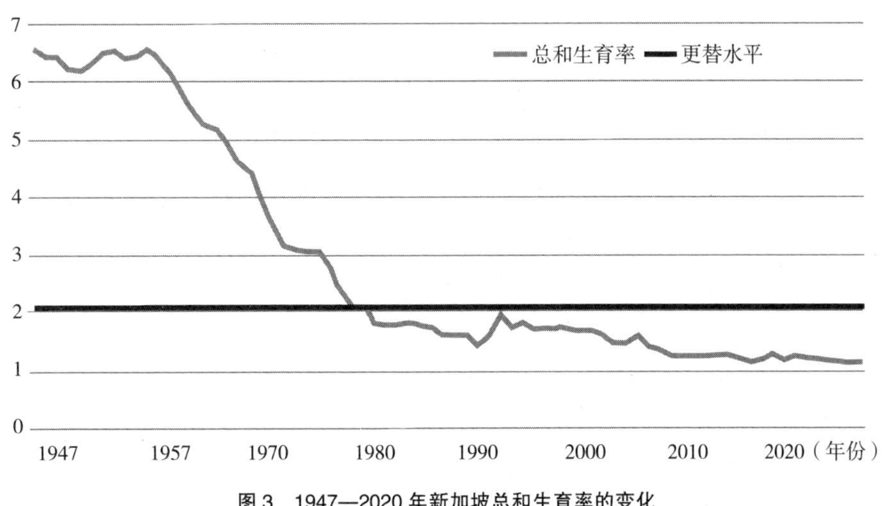

图3　1947—2020年新加坡总和生育率的变化

（数据来源：快易数据，https：//www. kylc. com/stats/global/ yearly _ per _ country/g _ population_ fertility_ perc/sgp. html）

生育率持续走低的结果是老龄化社会的快速到来。截止到2021年6月，新加坡65周岁及以上的公民占人口总数的比例已经达到17.6%，据预测，到了2030年，这一数据将会达到23.8%左右。从人口年龄的中位数来看，1980年时年龄中位数是24.4岁，但到2021年时年龄中位数已经上升到42.5岁，这已经属于典型的老年型人口国家。年龄中位数的上升意味着女性的总体年龄也在上升，而从生理学的角度来看，20到35岁的育龄妇女是生育的主力军，也就是说女性总体年龄的提升表明育龄女性的规模正在下降，进而导致生育率继续走低，形成负反馈，人口危机因而越来越严重。新加坡政府很早就意识到这一问题的严重性。早在1986年，新加坡政府就已经确认低生育率是国家面临的最严峻的问题之一。[①] 为了有效解决这一问题，新加坡政府迅速转变了原来的人口控制计划，并自1987年起陆续提出了一系列的激励生育政策。从抑制生育到激励生育的政策变革正是本研究的主题。

二、新加坡的抑制生育政策

第二次世界大战后的“婴儿潮”使得新加坡在20世纪50年代开始出现生育高峰。然而，嗷嗷待哺的婴儿成长为能为社会贡献生产力的劳动力是需要时间的，所以人口的快速增长并没有立即给刚刚建国的新加坡增加人力资本，当时的主政者甚至认为居高不下的生育率会消减政府在经济社会发展方面取得的成就，如李光耀在当时谈到人口快速增长问题就曾指出：撇开宗教信仰不谈，中国人和印度人的家庭一般都相信一个家庭的子女越多，就显得越有福气。过去，一个人妻子越多，他的地位越高。妻子儿女就像汽车一样，是地位高低的象征。在一个周期性的瘟疫、旱灾、水灾和饥馑经常大批毁灭人类的时代里，人口这样增长是有意义的。但是在一个比较富裕而公共卫生水平又高的社会里，同样的传统习惯会导致人口惊人的增长，不能不使那些担当解决经济增长、工业发展和维持生活水平问题的人感到沮丧……[②]因此，为了有效解决人口快速增长所带来的经济与社会发展问题，新加坡出台了一系列抑制人口自然增长的政策措施。

（一）成立家庭计划与人口委员会

新加坡最早的家庭计划服务是由家庭计划协会（FPA）来提供的。该协

① Barbara Leitch Lepoer, ed. Singapore: A Country Study [J/OL]. Washington: GPO for the Library of Congress, 1989. [2022-05-01]. http://countrystudies.us/singapore/14.htm.

② ［英］亚里克斯·乔西. 李光耀［M］. 安徽大学外语系，上海人民出版社编译室译. 上海：上海人民出版社，1976：176.

会于1949年7月成立，是一个主要由医生和志愿者组成的民间团体，目标之一是向大众提供家庭计划服务以避免意外怀孕，进而改善女性的健康状况及家庭总体福利。多年来，协会通过开展教育宣传和医疗活动，为推广普及家庭计划的理念与实践创造了必要条件，并在一定程度上促使了1958年及以后出生率的下降。政府后来的家庭计划在某种程度上得以推行，也得益于该协会在营造有利氛围方面所起的作用。随着服务需求的日益增加，家庭计划协会出现了资金短缺、难以满足所有服务对象需求的情况。为了解决这一困境，自1957年起，该协会就多次在年度报告中要求政府承担起“向人民提供家庭计划服务的责任”。1965年，掌权之后的人民行动党在深刻分析新加坡现状的基础上认识到，要想快速推动国家经济社会发展，深切关注并有计划地抑制高速增长的人口是当务之急。于是，新加坡政府决定推行以“把女性从生育和抚养过多孩子中解放出来以增加所有人的幸福”为目标的人口政策，并颁布了《1965年新加坡家庭计划与人口委员会法案》，成立了新加坡家庭计划和人口委员会（SFPPB），接管了原来由家庭计划协会承担的工作。委员会推行的国家计划与卫生部的工作紧密相连，共同开展生育控制工作。具体说来，委员会下辖46家妇幼保健诊所和6家家庭计划诊所，可以向人们提供家庭计划咨询和临床服务，以及低价出售包括避孕药、避孕套等在内的所有避孕工具（药品）。此外，还有一个由医生和护士组成的流动诊所，对特殊用户上门提供相关服务。除了提供家庭计划服务以外，委员会还开展了广泛的教育活动，以引起公众对人口问题的关注和强调家庭计划的重要性。1968年以前，家庭计划协会所倡导并广泛宣传的基本理念是“规划您的家庭”；后来出于控制人口增长的目的，委员会将宣传的中心主题改换为“新加坡需要小型家庭”；1972年，为了把生育率降低到人口更替水平以稳定未来人口，委员会的宣传主题又进一步明确为“新加坡需要两个孩子的家庭”以及“不管男女，两个就够了”。1975年，新加坡生育率达到人口更替水平的目标终于实现，甚至在这之后出现了持续走低的趋势，委员会存在的历史使命已经完成，于是在1986年5月被撤销。

（二）通过法案形式将堕胎与绝育合法化

受到英属联邦成员国身份的影响，1970年以前的新加坡是不允许堕胎的，堕胎行为将会受到严厉的刑事处罚，除非实施这种行为是出于保护女性生命考虑才可经由辩述而被赦免。20 世纪六七十年代，基于控制人口增长这一国家治理目标，政府对于堕胎行为的态度逐渐温和。1967 年 8 月，新加坡卫生部公布了政府允许堕胎合法化，并于 1969 年 12 月通过了临时性的《堕胎法案》。该法案第 5（2）款规定了终止妊娠授权委员会可以授予注册医务人员终止妊娠的治疗权利的情况，分别是：

（a）继续怀孕会严重威胁到孕妇的生命，或者严重损害孕妇的身心健康；

（b）在孩子出生前或出生后，孕妇所处的环境表明其终止妊娠是合理的（本段中的“环境”一次包括孕妇的家庭和经济情况）；

（c）孩子出生后可能因为心理或生理的异常而导致严重的残疾；

（d）导致怀孕的原因是刑法典第 375 款中的强奸或 376A 款中的乱伦或者是《妇女宪章》第 128 章（1）分款（j）段中的非法性关系，或者与精神病人或者智障病人发生性关系。

在该法案的执行过程中，大多数堕胎申请之所以获准，均是基于第 5（2）（b）款所规定的社会经济理由，该条款也是堕胎自由化观念和家庭计划理念的最重要组成部分。除此之外，合法堕胎还有一些必要的前提条件，比如在身份上孕妇必须是新加坡公民、新加坡公民的妻子或者在新加坡居住了至少 4 个月；从保护孕妇生命权利的角度，妊娠期不得超过 24 周等。

临时的《堕胎法案》一出台便在人口控制方面取得了卓越成效（图 4）。所以，为了进一步推进人口控制计划，在此临时法案期限届满之时，新加坡政府不仅决定将其继续推行，而且进一步放宽了对于堕胎条件的限制，以使堕胎“一经要求即可施行”，1974 年的《堕胎法案》由此而生，从此《堕胎法案》成为新加坡法律永久的组成部分。

除了允许堕胎之外，新加坡还通过鼓励绝育的方式来控制人口的自然增长。新加坡最早的《自愿绝育法案》是于 1969 年通过、1970 年生效的一个临时性法案。根据该法案的第 5（a）款，政府的优生学委员会可以批准任何不小于 21 岁的申请者进行绝育，前提是其必须至少有 3 个孩子并征得了配偶的同意，至于 21 岁以下者只能在患有遗传性疾病、智力缺陷或癫痫病的情况下才能进行绝育。1974 年，新加坡政府又出台了限制条件更加宽松的《自愿绝育法案》，根据新法案，欲进行绝育者一经提出即可获批；无子女者也可以绝育，只要完成所有必要的手续便可以随时接受手术。在自愿绝育合法化之前，公立医院在1967—1969年所进行的绝育手术分别为653例、1057例和1483例，而《自愿绝育法案》通过之后，绝育者的人数在1970年升至2372人，在1976年甚至达到10718人的历史最高水平。1987年，由于鼓励生育政策的推广，绝育人数开始急速下降。

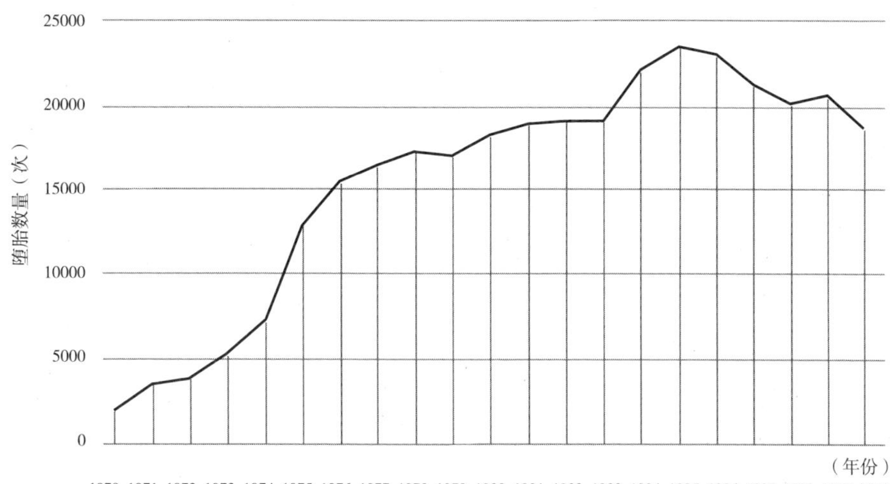

图4　1970—1990年新加坡堕胎数量变化

（数据来源：苏瑞福著《新加坡人口研究》）

（三）修改福利、住房及教育政策

在1968年以前，新加坡在职孕妇无论生育第几个孩子都是可以无条件地享受带薪产假的，这显然是不利于当时国家人口控制计划的实现的。所以趁1968年推行《就业法案》之机，新加坡政府修改了产假政策，规定在职女性有权利享受产前和产后各4周的带薪产假，但仅限至第三胎，到了1973年，带薪产假又被进一步限制在前两胎。此外，有两个孩子以上的女性公务员若想继续享受带薪产假，就必须按医嘱在分娩或流产后进行绝育。另一个鼓励性绝育的方法是进行绝育手术的公务员（无论男女）可以享受7天无记录的全薪假期。

在公共住房申请方面，新加坡政府放宽了以往至少有5个成员的家庭才有资格获得公共住房的规定，使得少子家庭也可以申请公共住房。1973年公屋转租的相关政策也被修订，那些孩子不超过3个的家庭在某些特定条件下甚至被允许可以转租建屋发展局中心和裕廊集团（Jurong Town Corporation）的公寓套房，而在此之前，任何形式的转租都是被禁止的。

在税款减免方面，1972 年，新加坡《收入所得税法案》的修订改变了过去很长一段时间内不分胎次给予所有孩子相同的税款减免政策。新法案规定，在 1973 年 8 月 1 日之前，有三个及以上子女的纳税人，其第一胎孩子可享受 750 新元的税款减免，第二和第三胎为 500 新元，第四胎和第五胎为 300 新元。1973 年 8 月 1 日以后，就那些拥有子女少于 4 个的纳税人而言，其第一和第二胎孩子的税款减免额度为 750 新元，第三胎定为 500 新元。在此日期以后出生的第四胎及其余胎次的子女将不再享有任何税款减免。

在教育资源分配方面，新加坡的某些优等小学一直面临着入学人数过多的问题，因此学校必须在每年年中注册时对那些在次年 1 月 1 日前年满 6 岁的孩子实行某种优先制度。为了实现人口控制的目标，在 1973 年的小学入学注册中，新加坡政府实行了将优等教育资源向小型家庭（少子家庭）倾斜的政策，以此鼓励人们少生孩子。根据当年的入学政策规定，若夫妻中有一人在 40 岁之前其第一或第二个孩子出生之后就进行了绝育，那么其第一或第二个孩子就可以在优等小学的入学注册中获得优先权，如若是独生子女则可以享受更大的优先权；至于第四胎及其后各胎次孩子在优等小学的注册中所享有的优先权则很少甚至没有。①

相关的抑制性及鼓励性政策出台之后，效果立竿见影。新加坡的生育率从 20 世纪 60 年代末期开始急剧下滑，到了 1975 年已经低于了当时制定人口控制计划时所期待的人口更替水平，即平均每对夫妇生育 2. 1 个子女。然而让人意外的是，在抑制生育政策没有继续加码的情况下，新加坡的生育率在达到人口更替水平后继续走低，仅仅在 8 年之后的 1983 年就已经跌到了远低于人口更替水平的 1. 59。而此时，新加坡正好已经完成了以劳动力密集型为特点的第一轮工业化，开始出现劳动人口短缺的问题。新加坡政府审时度势，决定对抑制人口自然增长的生育政策进行调整，自 1984 年开始，新加坡的生育政策进入到鼓励生育阶段。

三、新加坡的鼓励生育政策

生育率的持续走低使新加坡当局意识到继续实施人口控制计划可能会

① ［新加坡］苏瑞福 . 新加坡人口研究［M］. 薛学了，王艳，黄兴华，等译 . 厦门：厦门大学出版社，2009：198.

带来的人口危机，因此决心进行生育政策转向。在转向初期（1984—1987），在优生学及其他因素的影响下，新加坡政府将精力主要集中于提升人口质量方面，所以初期政策仅是鼓励高学历女性生育，而非全面放开，即实施鼓励优生的政策。很快，新加坡政府便意识到，仅仅鼓励高学历女性生育无法解决生育率持续下降的问题，于是在20世纪80年代末期，开始在诸多领域逐渐加码鼓励生育政策。

（一）1984—1987年：鼓励优生政策阶段

1984年，新加坡政府第一次颁布了鼓励高学历女性生育的政策。在当时的主政者看来，智力主要是由遗传决定而非后天形成，而当时新加坡的生育模式处于受过良好教育的女性生育太少而低学历者反而生育更多的不平衡状态，长此以往，可能会降低人口的素质。所以，为了鼓励高学历的女性多生育，让低学历女性少生育，新加坡政府在子女教育资源分配、税收和婚介服务等方面制定了很多鼓励性政策。

首先，在子女教育资源分配方面，新加坡政府改变了1973年出台的优等教育资源向小型家庭倾斜的政策，而是给予母亲拥有“被认可的大学学位或专业资格”的孩子在选择学校时更多的优先权。该政策出台之后立刻引发了人们关于教育公平问题的讨论，因为在当年5月的入学注册中，共有157位研究生母亲的孩子根据此法案获得小学入学的优先注册权，而其他约4000名学龄儿童中的大多数仍只能由学校来选择。在一众反对声中，这项后来被称之为“有学位母亲计划”的政策在1985年被取消了。

其次，在税收政策方面，起初，为了促使高学历女性继续或重新工作，新加坡政府规定那些有特殊资历的女性在其收入所得税报税单中享有更高的“子女税款减免”。1984年，为了实现优生目标，新加坡政府对此项规定进行了修订和补充。根据新修规定，那些有特殊资历、有三个以下孩子的在职女性除了可获得其他母亲享有的子女税款减免以外，还可以使头三胎的每一个正常孩子获得每年5%的额外收入。这项修改的规定提高了受教育程度高的女性的子女的税款减免：第一胎为5%，第二胎为10%，第三胎为15%，总计每个孩子的费用最多不超过10000新元。[①] 此外，此项新修规定还将获得子女税款减免资格的范围从拥有特殊资历扩大至在职女性中通过

---

① ［新加坡］苏瑞福．新加坡人口研究［M］．薛学了，王艳，黄兴华，等译．厦门：厦门大学出版社，2009：218.

普通教育证书的普通水平考试中至少五科者。

再次，新加坡成立了社会发展部，为有学位的单身男女提供婚介服务。为了鼓励有学位的单身女性结婚生子，新加坡在1984年成立了社会发展部。该机构隶属财政部，主要职能之一是向那些在政府部门、法定委员会和一些国有企业任职的有学位单身男女提供"婚介"服务。该机构通过电脑配对、交谈、上课、研讨会、舞会、聚餐、本地短途旅行以及有补助的海外旅行等活动，让那些有学位的单身男女官员有机会聚在一起相识、相恋进而结婚生子。该机构协助有学位的单身男女结婚进而生育的努力是当时新加坡政府提高人口素质战略的一个重要组成部分。

最后，除了上述鼓励高学历女性多生育的政策之外，为了实现优生，此时的新加坡政府还提出了一项抑制低学历女性生育太多孩子的奖励性政策。根据该项政策，只要符合如下条件，新加坡政府就会对家庭给予10000新元的现金补助。

（1）女方必须低于30岁，切在生育一到两个孩子后进行绝育；

（2）夫妻双方都没有通过普通教育证书任何科目的普通水平考试；

（3）夫妻双方的月收入都不超过750新元，家庭收入总额也不超过1500新元；

（4）夫妻双方必须是新加坡居民或者永久居民。

如前所述，有限的鼓励优生政策并未从根本上解决新加坡生育率持续走低的问题。1986年，新加坡的总和生育率已经跌到1.42的历史新低水平，这使得新加坡政府再次深刻认识到低生育率可能带来的社会发展危机——呈"浪潮式"增长的老年人会对新加坡未来的发展产生很大的负面影响。[①] 为了解决危机，相关的鼓励生育政策陆续出台。

（二）1987年至今：鼓励生育政策

1986年3月1日，新加坡政府宣布对过去的人口控制政策进行调整以增加生育。"如果你能养得起，那就要三个或更多孩子吧"这一新的生育宣传口号代替了20世纪70年代提出的"两个就够了"的宣传口号。在具体的政策措施方面，政府主要作出了两个改变：一是放宽了旧的人口抑制政策，二是采取了积极的鼓励措施。

---

① ［新加坡］龚达伟. 新加坡人口政策的转型与发展评估［J］. 河南师范大学学报（哲社版），2013（4）：117.

1. 通过税收减免和特别退税来鼓励生育

根据1973年实施的政策，每个家庭的第一和第二个孩子可以获得750元的个人税款减免，第三个孩子的减免额度为500新元。经过1988年、1989年两次修改，每个家庭前三个孩子的个人税款减免额度均提升到1500新元。除了个人所得税款减免额度的提升，为了提高生育积极性，1989年的新修规划还决定对1988年1月1日及以后出生的第四胎子女进行个人所得税减免——在职母亲可以因其新生第四胎子女而要求减免占其工资15%的所得税，最高额度为10000新元。依此新修规划，高学历在职母亲前四胎的税款减免额度更加优惠，分别达到5%、15%、20%和25%的水平。从长期来看，此两次关于子女税款减免的修订，促使更多的在职母亲因其在1988年及以后生育的第一至第四胎孩子申请税款减免。这一方面鼓励在职母亲继续工作，另一方面也能生育更多的孩子。但是这种增加子女税款减免的计划仅适用于前4胎次的孩子，而那些生育第五胎及以后胎次的子女则无法获得税款减免，所以此次调整也只能说是对抑制生育政策的部分放宽。2008年，新加坡政府再次提升了关于生育子女的税款减免政策——在职母亲生育第一胎即可获得15%的税款减免，第二胎为20%，第三胎及以上胎次则均可减免25%的税款。考虑到祖父母帮忙照看孙辈的情况，在税款减免方面，2004年新加坡政府还推出祖父母育孙税款减免政策，规定若家中有老人在看护一个未满12岁的孩子，在职母亲就可以获得3000元的祖父母育孙税款减免额度。

除了减免个人所得税之外，为了鼓励生育，新加坡政府还推出降低女佣税的政策。在实施人口控制计划时期，为了控制在本国就职的女佣数量，政府要求每个雇佣女佣的家庭除了按月支付女佣工资以外，还需额外按月支付345新元的女佣税。而当人口政策转向之后，女佣税的存在会给需要女佣帮忙照看孩子的家庭带来财政压力，进而降低生育意愿。因此，2004年新加坡政府对女佣税进行修改，新政策规定如果一个家庭里有小于12岁的孩子，或者有65岁以上的老人，就可以将其女佣税降至250新元。这项政策使得家庭能够更好地承担起雇佣一个全职女佣来照顾幼儿或老人的费用。2005年，女佣税又进一步降到200新元。10年之后，女佣税又再次降低到140新元。

在税收方面的另外一个鼓励生育政策是父母特别退税。1987年，时任新加坡财政部部长的查德·胡在提交给国会的预算报告中宣布在1988评估年对1987年1月1日及之后生育第三胎的夫妻进行特别退税。1988年，退税的范畴又进一步扩大到1988年1月1日生育第四胎的夫妻。1990年，这个政策更是惠及了1990年1月1日及以后生育第二胎的、年龄小于31周岁的母亲。针对第三胎和第四胎的退税金额均为2000新元，而对第二个孩子的退税情况则取决于母亲的年龄，年龄越小，退税额度越高，具体情况见表1。显而易见，针对生育年龄设置不同的退税金额，是为了鼓励母亲尽早生育第二胎孩子。“这一鼓励生育的政策的影响是持久而广泛的，因为几乎所有拥有两个、三个或四个孩子的父母都是纳税人，所以他们每年都可以从中获得经济利益，直到他们的第四个孩子参加工作为止。”①

表1　母亲生育年龄与特别退税款额度对照表（1990年）

母亲年龄（以政策生效日期为准）	特别退税款金额（美元）
28岁以下	20000
29岁以下	15000
30岁以下	10000
31岁以下	5000

2005年，该特别退税方案被更为宽松的父母税款减免计划所取代。相对于特别退税方案，新出台的父母税款减免计划在退税方面有以下几个方面的变化：一是对于生育二胎母亲的年龄不再设置要求，二胎的退税额度统一为10000新元；二是取消了关于申请退税款的9年的时间年限，而是可以在任何时间内申请；三是不再要求孩子的兄弟姐妹拥有新加坡国籍。新的税款减免计划相比从前给养育子女的父母带来更多的经济支持。当然，此时退税款没有覆盖到第五胎及以后胎次的孩子，因此它也只是一个鼓励生育的有限政策。所以，为了加强对于生育行为的退税激励，2008年，新加坡政府再次修改了退税相关法案，重新规定了退税金额。根据2008年的政策规定，第一胎的生育退税为5000新元，第二胎为10000新元，第三胎及以以后胎次为20000新元。② 2008年生育退税金额的大幅调整及胎次的全

① ［新加坡］苏瑞福．新加坡人口研究［M］．薛学了，王艳，黄兴华，等译．厦门：厦门大学出版社，2009：224.

② 刘玮玮．新加坡生育政策的变迁、成效及启示［J］．人口与社会，2020（5）：14-29.

覆盖显示了新加坡政府鼓励生育的决心。

2. 实施弹性工作制及持续延长带薪产假以鼓励生育

弹性工作制被新加坡政府视为鼓励生育的重要途径。1987年4月，新加坡的公共部门率先开始实行弹性工作制。该项政策允许有6岁及以下孩子的女性公务员在最多3年的时间内可以将全职转变为兼职。兼职职员每周只需工作21小时，只相当于正常工作量的一半。兼职人员的月薪也是全职人员的一半，并享有两年一次的提薪权利。2000年，弹性工作制被要求推广至全国——在保证生产效率和服务标准不会下降的情况下，每个雇员每周的工作时间可以在42小时内调整。但直到此时，新加坡实行的还是六天工作制。然而，当在职父母一周必须工作超过5天时，便很难再有时间陪伴孩子共度周末。因此，在长期的呼吁之后，2004年8月开始在每周42小时工时不变的情况下，将行政机构的5.5个工作日减少到5个工作日。虽然是5天工作制，但政府提供了5种不同的上下班时间模式（见表2），各部门可以根据自己的需要并结合大多数职员受益原则去选择不同的模式。

表2　五天工作制的工作时间模式

序号	工作日	上下班时间
1	周一至周四 周五	7:30 am-5:00 pm 7:30 am-4:30 pm
2	周一至周四 周五	8:00 am-5:30 pm 8:00 am-5:00 pm
3	周一至周四 周五	8:30 am-6:00 pm 8:30 am-5:30 pm
4	周一至周四 周五	9:00 am-6:30 pm 9:00 am-6:00 pm
5	周一至周四 周五	9:30 am-7:00 pm 9:30 am-6:30 pm

20世纪70年代人口控制计划之下的《就业法案》将8周的带薪产假严格限制在前两胎的政策显然已经不符合时代发展要求了。2000年8月，时任新加坡总理的吴作栋在国庆群众大会上宣布推行针对第三胎的带薪产假。新的政策规定，无论在职母亲受雇于何种性质的企业，其带薪产假费（最

高 20000 新元）均由政府承担。此政策一出，有效地补偿了分娩三胎的在职母亲因休产假停薪而导致的经济损失，受到了国民的普遍好评。2004 年，新加坡政府又进一步放宽了带薪产假政策，使得生育第四胎在职母亲也可享有带薪产假，更为重要的是，新修政策延长了产假的时间，从过去的 8 周变为现在的 12 周。在费用支付方面，根据新修法案，女雇员在生育前两胎时，前 8 周的带薪产假工资由雇主支付，而余下的 4 周工资将由政府支付，最高支付额度可达 10000 新元，至于生育第三胎和第四胎时带薪产假的工资则全部由政府承担，最高额度可达 30000 新元。

由于一系列鼓励生育措施并未取得预期的效果，2008 年，新加坡政府再次延长了在职母亲的带薪产假，从过去的 12 周延长至 16 周。2013 年，新加坡政府又推出在职父亲带薪产假政策，根据相关政策，在职父亲可享有 1 周带薪产假，并可分享在职母亲的 1 周带薪产假。2015 年，在职父亲的带薪产假又被进一步延长至 2 周，可以分享在职母亲的带薪产假的时间也从过去的 1 周延长至 4 周。

除了延长带薪产假之外，2004 年新加坡政府推出的《就业法案》修正案还规定每个在职家长可以拥有每年两日法定育儿事假。根据该法案，自 2004 年 10 月 1 日起，在职家长如果至少有一个小于 7 岁的孩子，就有权获得每年 2 天的带薪假期。该假的申请没有任何前提条件，因此父母可以利用此假期陪伴孩子，而且不会带来收入上的损失。作为鼓励生育的一揽子政策的组成部分，该政策不仅在一定程度上降低了人们的生育负担，而且有利于创造更加和谐的工作—生活环境。

3. 发放托儿补助和幼儿津贴以鼓励生育

面对生育率持续走低、劳动力短缺的现实情况，新加坡政府推出了一系列促进就业措施，鼓励母亲走出家庭继续就业。然而，在职母亲是没办法全天照顾孩子的，这就使得生育和就业似乎成了“鱼”和“熊掌”。为了解决这一问题，托儿中心应运而生。为了缓解子女送托给家庭带来的经济压力，新加坡政府在 1987 年推出了托儿补助金政策——政府决定给在职母亲每个月 100 新元的补助，以使其前 3 个小于 7 周岁的学前孩子可以被送往获批的全日制托儿中心；如果其孩子每天只在托儿中心待半天，那么补助相应地也只能领取一半。此外，根据规定，领取补助的父母一方必须为新加坡公民，且孩子的年龄在 2 个月至 7 周岁之间。由于并非所有的托儿中心都能提供婴儿照顾，而且有些家长不愿意把幼小的孩子放在托儿中心，所以2000年新加坡政府还推出了针对2至18个月龄婴儿的“家庭日托服务计划”。[①] 根据这个计划，母亲可以在全面考察若干托儿中心的基础上选择某一家托儿中心的乳母照顾她的孩子，并可以把孩子全天托放在乳母家里。在这一过程中，家长需要支付乳母的月薪，还要支付托儿中心高昂的乳母管理及中介费。即使家长选择把婴儿放在托儿中心照看，由于婴儿照顾需要耗费更大精力和人力，所以托儿中心对于2到18个月龄的婴儿的收费要比18个月至7周岁的幼儿的看护费高昂很多。为了缓解家庭将孩子送往托儿中心看护的经济压力，2004年，新加坡政府再一次提升了针对2至18个月婴儿的托儿补贴金额，从过去的每月150新元提升至400新元。

在不断推出各种经济补贴政策来减轻父母养育孩子的经济压力的同时，新加坡政府还推出了惠及孩子的“婴儿花红计划”，即幼儿津贴计划。该计划自2001年4月1日起施行，适用于自该日起出生的第二胎及第三胎孩子。该项计划共有两个支付层级，在孩子出生后的六年内，政府每年按计划支付。在第一个层级中，政府将在父母的银行账户中为第二和第三胎孩子分别打入500新元和1000新元，以后5年亦会将同样的金额存入该账户。根据政策规定，父母有权利使用这笔资金来支付孩子的意外支出以及养育费用。至于第二个层级，则有点类似共同储蓄计划——政府根据父母每年存在儿童发展账户（CDA）的金额进行对应金额的存入。父母每年存入的金额不限，而政府每年存入金额则是有上限的，第二胎为1000新元，第三胎为2000新元。这笔资金可以用来支付幼儿园、托儿中心以及其他学龄前教育计划的支出，同时该项资金的发放虽然针对第二、三胎孩子，但使用方面却可以推及至家中其他孩子。当孩子年满7周岁后，其儿童发展账户中剩余的本金及利息将被转入孩子的教育储蓄账户。[②] 虽然该项计划很大程度上缓解了父母养育孩子的经济压力，但是补助也仅限于第二胎和第三胎，至于第一胎、第四胎及以后胎次，则无法享受该项福利。为了进一步减轻父母养育孩子的经济负担，2004年、2013年和2015年，新加坡政府又分别几次提升了幼儿津贴的额度和可以享受幼儿津贴的胎次，到目前为止，所有

① ［新加坡］苏瑞福．新加坡人口研究［M］．薛学了，王艳，黄兴华，等译．厦门：厦门大学出版社，2009：233.

② 同上。

胎次的孩子都可以享受幼儿津贴福利，其中在第一层次中，第一、二胎的幼儿津贴为8000新元、第三胎及以上为10000新元；在第二层次的儿童发展账户中，政府将给每一个孩子首先存入3000新元，再根据父母存入数额配套，前两胎最高配套3000新元，第三四胎最高配套9000新元，第五胎及以上最高配套15000新元。①

4. 开放保健储蓄支付生育医疗开支以鼓励生育

新加坡保健储蓄计划是1984年开始施行的强制储蓄计划。根据该计划，每一个劳动者按其所属的年龄段，将月薪6%至8%存入一个特别的保健储蓄账户用以支付账户所有者及其亲人的医疗费用。该计划的目的是帮助新加坡人拥有足够的储蓄以支付医疗费，尤其是在他们年老之后。计划施行之初，保健储蓄被规定可以用来支付因生育第一胎和第二胎子女而产生的住院费及医疗费。1987年3月，使用保健储蓄支付分娩费和住院费的胎次范围放开至第三胎。2004年8月，保健储蓄用于支付分娩费及住院费范围又被进一步扩展至第四胎。不仅如此，根据2004年保健储蓄新修规定，只要在孕妇分娩时保健储蓄账户内有15000新元及以上的现金，保健储蓄就可以用来支付第五胎及以后胎次分娩前后的医疗费用。针对第五胎及以后胎次设置保健储蓄存储金额的限制，主要是为了防止国民的保健储蓄过早用完，以保证其有足够的资金用以支付未来尤其是晚年的住院及就医费用，所以规定这一最低限度的现金数额是有必要的。

为了提高生育率，保健储蓄还开放了另外一个用途，那就是可以用它来支付人工受孕费用，但提取的限额是每个治疗周期4000新元，最多不超过三个周期。为了提高夫妻承担这类医疗费用的能力，对于第一、第二和第三个治疗周期，后来提取限额又分别被增加到6000新元、5000新元和4000新元。② 至于为何逐渐调低可提取的限额，新加坡政府给出的解释是，从科学的角度来看，第三个周期后人工受孕的成功率会急速下降，保健储蓄支付限制为3个周期主要是为了防止过去周期治疗带来大量开支耗尽原本为老年时期所准备的保健储蓄金。

除了上述直接或间接的金钱补贴之外，新加坡还出台了很多鼓励生育的

① 刘玮玮.新加坡生育政策的变迁、成效及启示［J］.人口与社会，2020（5）：14-29.

② ［新加坡］苏瑞福.新加坡人口研究［M］.薛学了，王艳，黄兴华，等译.厦门：厦门大学出版社，2009：236.

间接措施，比如20世纪80年代新加坡政府曾三次修改《堕胎法案》，以加强对那些进行终止妊娠手术的医生和机构的管制，特别是1987年推行的法案要求在堕胎前后都必须由医生进行强制性建议的措施，以使他们改变主意继续妊娠或防止他们继续堕胎。再如，在住房方面，允许生育第三胎的家庭提前3年以市场价卖掉公共住房（1989年），放宽购买住房的首付要求（2000年），给予购买婚用住房的年轻人30000新元的购房补贴（2004年），推行育儿优先配屋计划和育儿短期住屋计划以使已育夫妇在首次购买租屋中获得一定优先权，并允许其在排队购屋期间以优惠租金租住租屋（2013年）。此外，还有就是延长对于孕妇的生育保护至整个孕期，从而保证孕妇在怀孕期间不会被无故辞退等，都被认为是鼓励生育一揽子政策的重要组成部分。

四、结语

历史地看，新加坡的生育政策制定，既借鉴了欧美发达国家的经验，又结合了自身的国情需要和民族特色。早期的人口控制计划在强势的政策执行下提前完成了控制目标，后续的鼓励生育政策也都比较契合社会需要。具体说来，政府推出的针对养育子女的个人所得税减免、特别退税款、托儿补贴、幼儿津贴和保健储蓄开放使用等政策在很大程度上降低了孩子的养育成本；从婴儿到幼儿的全类型的托幼机构建设，满足了不同阶段家庭托育孩子的需求，可以有效提升生育女性的劳动参与率；在职女性带薪产假的不断延长、在职男性带薪产假及育儿事假的推出、弹性工作制的设立等可以使父母拥有更多的时间照料家庭、养育孩子。人口均衡发展是一个长期的过程，虽然从直接效果上，上述生育政策并没有大幅度提升新加坡的生育率，但至少在一定程度上遏制了生育率的进一步下降，减缓了人口危机来临的速度。①

根据国家统计局局长宁吉喆的公开发言，2020年我国育龄妇女的总和生育率为1.3，已经处于较低水平。相较于新加坡，我国的人口情况更加复杂，之前实行的“全面二孩”政策的生育情况远远低于预期，而最近放开的“全面三孩”政策由于时间较短，还无法判断政策效果。因此，在真正的老龄社会到来之前，我们应该未雨绸缪，在科学研判本国国情的基础之

① 汤梦君．中国生育政策的选择：基于东亚、东南亚地区的经验［J］．人口研究，2013（6）：77-90.

上，从其他国家经验之中萃取精华，运用政治智慧建构科学的生育政策，以应对日益严重的人口老龄化问题。

参考文献

[1] [新加坡] 苏瑞福. 新加坡人口研究 [M]. 薛学了，王艳，黄兴华，等译. 厦门：厦门大学出版社，2009.

[2] 刘玮玮. 新加坡生育政策的变迁、成效及启示 [J]. 人口与社会，2020 (5)：14-29.

[3] [新加坡] 龚达伟. 新加坡人口政策的转型与发展评估 [J]. 河南师范大学学报（哲社版），2013 (4)：116-120.

[4] 汤梦君. 中国生育政策的选择：基于东亚、东南亚地区的经验 [J]. 人口研究，2013 (6)：77-90.

[5] 张莹莹. 新加坡人口变动及其成因分析 [J]. 人口与经济，2013 (3)：35-42.

[6] 寒辛. 新加坡、韩国生育政策变化及启示 [J]. 决策与信息，2014 (10)：51-52.

[7] 陈梅，张梦皙，石智雷. 国外生育支持理论与实践研究进展 [J]. 人口学刊，2021 (6)：54-67.

[8] 周慧，李放. 外国人口生育激励政策及其经验借鉴——基于三类国家（地区）的比较分析 [J]. 湖南农业大学学报，2018 (6)：79-83.

[9] 肖立国. 略论新加坡政府的人口控制政策及成功经验 [J]. 广西社会科学，2000 (2)：77-79.

[10] 李叶明. 计划管用，奖励无效？——新加坡生育政策之启示 [J]. 同舟共进，2018 (12)：29-30.

[11] 汤兆云，邓红霞. 日本、韩国和新加坡家庭支持政策的经验及其启示 [J]. 国外社会科学，2018 (2)：36-42.

"一带一路"沿线国家儿童福利与儿童保护政策研究

周碧华　黎晔琳*

摘　要：儿童福利与儿童保护是各国社会保障与社会福利制度的重要内容，其对于生育政策的顺利推行、家庭福利的提升、劳动力市场参与等社会问题具有重要意义，关系着整个社会的未来，同时也是衡量一个国家社会福利水平的重要指标。本报告将介绍"一带一路"沿线主要国家的儿童福利与儿童保护事业的发展状况，并着重从社会福利政策方面介绍其儿童福利与儿童保护体系的具体内容，以汲取各国关于儿童福利和儿童保护的经验，为完善儿童福利与儿童保护体系提供参考。

关键词："一带一路"沿线国家；社会福利；儿童福利与儿童保护

一、儿童福利与儿童保护概念界定

由于各国经济水平以及文化背景不同，其对儿童福利与儿童保护的理解与规定也存在差异，国际上关于儿童福利与儿童保护尚未形成统一概念。联合国1959年发布的《儿童权利宣言》首次规定了世界各国的儿童应享有的权利与保障。1989年，第44届联合国大会决议通过了《儿童权利公约》，该公约进一步明确，凡18周岁以下者均为儿童，世界各地的所有儿童均享有生存权、受保护权、受教育权以及积极参与家庭、文化和社会生活等各

* 周碧华，华侨大学政治与公共管理学院副教授，主要从事公共部门激励扭曲方面研究；黎晔琳，华侨大学政治与公共管理学院硕士研究生，主要从事公共部门激励扭曲方面研究。

方面的权利[①]。该公约关于儿童福利的相关规定表明，凡是促进儿童权利保护的努力均可称为儿童福利，即广义儿童福利的内容涵盖了儿童保护。狭义的儿童福利则是针对特定的儿童与家庭的，尤其是那些基本需要未能得到满足的儿童[②]或可称为困境儿童或弱势儿童，这些儿童由于社会、家庭及个人的原因，其基本权利难以得到切实维护，从而使其生存和发展遭遇困境，需要借助外在力量支持和帮助。[③] 根据国务院《关于加强困境儿童保障工作的意见》，困境儿童包括家庭贫困、自身残疾、监护风险三类。[④] 学术界关于困境儿童的界定则一般还包括心理方面处于困境的儿童。[⑤] 而在社会工作领域，则认为儿童福利是一种服务，不仅包括对儿童提供直接的福利服务，还包括提供有利于促进儿童健康成长的家庭和社区福利服务。[⑥]

广义的"儿童保护"等同于"儿童权利保护"，是指对儿童合法权益的保护，包括生存权、发展权、受保护权和参与权。[⑦] 根据儿童保护的主体及其保护内容的不同，儿童保护通常涉及家庭保护、学校保护、社会保护和司法保护四方面内容。而在儿童保护的具体内容中，家庭保护以及社会保护等方面的相关规定又涵盖了狭义儿童福利范畴内有关困境儿童救助方面的内容。总之，广义的"儿童保护"与广义的"儿童福利"在内容上是相似的，且内容涵盖了狭义的"儿童福利"部分。而狭义的"儿童保护"仅指儿童权利保护中的"受保护权"，是指国家通过法律、政策与服务，对受到或可能受到忽视或虐待等不正当对待的儿童提供的救助、保护和服务。[⑧]

综观各国，儿童福利与儿童保护的概念以及二者的关系存在较大差异。

---

① HAMMARBERG T. *The UN convention on the rights of the child——and how to make it work* [J]. *Human Rights Quarterly*, 1990, 12 (1): 97-105.

② 陆士桢．中国儿童社会福利需求探析［J］．中国青年政治学院学报，2001（6）：73-77.

③ 李迎生．弱势儿童的社会保护：社会政策的视角［J］．西北师大学报（社会科学版），2006（3）：13-18.

④ 国务院．国务院关于加强困境儿童保障工作的意见［EB/OL］．（2016-06-16）［2022-05-10］．http：//www. gov. cn/zhengce/content/2016-06/16/content_ 5082800. htm.

⑤ 高丽茹，彭华民．中国困境儿童研究轨迹：概念、政策和主题［J］．江海学刊，2015（4）：111-117.

⑥ 周震欧．儿童福利［M］．台北：巨流图书公司，1996：12-13.

⑦ 尹力．良法视域下中国儿童保护法律制度的发展［J］．北京师范大学学报（社会科学版），2015（3）：40-50.

⑧ 闫晓英，周京．加快建设普惠型儿童福利和保护制度［J］．社会政策研究，2021（4）：124-136.

根据联合国《儿童权利公约》，本文采取广义的“儿童福利”和狭义的“儿童保护”概念，统称为“儿童福利与儿童保护”，针对各国普遍存在的儿童虐待等问题展开讨论，突出儿童保护在儿童福利体系中的基础地位，强调儿童的“受保护权”。

二、东亚国家儿童福利与儿童保护政策

截至 2022 年 1 月 14 日，中国已经同 147 个国家和 32 个国际组织签署 200 余份共建“一带一路”合作文件。东亚地区共包括中国、日本、韩国、蒙古、朝鲜五个国家，其中，同意签署“一带一路”合作文件的国家包括韩国和蒙古两个国家。[①] 东亚福利体制国家中对于儿童福利与儿童保护的态度总体倾向于家庭化，由中国、日本到韩国，其家庭化程度逐渐减弱。韩国受天主教的影响，较早推行了儿童福利社会工作，目前已形成了较为完善的儿童福利与儿童保护制度与理念。因此，这里将详细介绍韩国的儿童福利与儿童保护体系。

（一）韩国儿童福利与儿童保护制度产生的背景

首先，韩国的儿童福利与儿童保护政策是伴随着人口老龄化和少子化问题发展而来的。韩国的老龄化速度居于世界前列，其生育率也处于世界最低水平。一方面，1999 年韩国老年人口比例高达 7%，步入老龄化社会。另一方面，1980 年韩国的生育率跌至 2. 83 %，2007 年进一步降至 1. 26%，直至 2017 年韩国生育率低至 1. 05%。生育率下降的加速意味着少子化速度的加快，2003 年韩国 0～14 岁人口仅占 19. 92%，迅速进入少子化时代，2008 年达到严重少子化，2013 年 0～14 岁人口低于 15%，进入超少子化时代。[②] 专家发现造成少子化的主要原因在于育儿成本的上升以及育儿机制的不足，为此，儿童福利与保护政策是解决韩国老龄化和低生育问题的重要对策。

其次，韩国的贫困儿童问题、虐待儿童问题以及青少年犯罪问题等日趋严峻，建立儿童保护制度十分必要。一方面，已有数据显示，2009 年韩国儿童的绝对贫困率达到了 7. 8%，相对贫困率（家庭收入低于中位数 50%

① 刘梦 . 已同中国签订共建“一带一路”合作文件的国家一览［EB/OL］.（2022-02-07）［2022-05-10］. https：//www. yidaiyilu. gov. cn/gbjg/gbgk/77073. htm.

② 金辰洙，叶克林 . 韩国老龄化与养老保障制度［J］. 学海，2008（4）：194-201.

的人口占总人口的比重）达 11.5%，由此可见韩国较大比重的儿童仍处于贫困中。另一方面，儿童虐待问题也极其严峻，韩国 2001 年至 2017 年的儿童虐待案件数从 2105 件迅速增加到 22367 件。青少年犯罪问题也变得严重，2004 年至 2008 年期间，韩国青少年犯罪比例从 3.4% 上升至 4.9%。在儿童的心理健康方面，韩国越来越多的儿童曾有过试图自杀的经历。[①] 为此，韩国的儿童福利与儿童保护政策不断发展与完善，以为儿童提供一个更加健康与安全的成长环境，进而解决老龄化、少子化等社会问题。

（二）韩国的儿童福利与儿童保护政策

1. 儿童福利政策

韩国的儿童福利思想受西方儿童福利理念的深刻影响，认为每一名儿童在享受家庭和社会的关爱与保护等方面的权利都是平等的，虐待儿童、弃养儿童等行为都是有罪的。19 世纪 60 年代，西方传教士首次创建了社会照顾服务体系，主要为孤儿提供有偿安置和寄养照顾服务，并于 1885 年创办了第一家孤儿院。随着第二次世界大战的爆发，战争带来的贫困和疾病等问题使得儿童福利问题日趋严峻，且发达国家的儿童福利和儿童保护的思想迅速向韩国扩散，但由于韩国国家财政匮乏，无法解决战争带来的大量孤儿、弃儿问题，被迫接受西方发达国家的资助，且儿童福利与儿童保护体系主要以儿童福利设施为支撑。战后西方国家对韩国的救助除了直接资助儿童福利设施以外，还包括社工人才的培养等。总之，在 1960 年以前，由于经济发展落后，韩国的儿童福利工作处于被动接受西方社会援助阶段。

20 世纪 60 年代，韩国现代儿童福利制度得以形成，该时期儿童福利方面的法律、政策等逐步发展与完善。1961 年，革命政府国家重建最高委员会通过福利法（the welfare Act），为贫困妇女、儿童、老年人和残疾人士提供制度保障[②]；同年 9 月又颁布了《孤儿收养特例法》，对孤儿的收养工作作出了相关规定；1961 年 11 月，韩国通过了《儿童福利法》，成为第一部规定国家的儿童保护责任的法律。然而，虽然颁布了《儿童福利法》，但韩国的儿童福利工作仍然依赖于西方国家的资助机构和民间慈善组织，且主

① 李奉柱，尹丽花．韩国儿童福利的历史、现状与挑战［J］．社会保障评论，2020，4（3）：107-119.

② Jo-Seol K. Formation and development of the Welfare state in the Republic of Korea: process of reform of the public assistance system［J］. The Developing Economies, 2004, 42（2）: 146-175. https://sc.panda321.com/

要通过儿童福利设施来实现，如婴幼儿设施、未成年人职业辅导设施等。

20 世纪 70 年代以来，伴随着经济发展，韩国加大了国家对儿童福利的投入力度，逐渐减少了对西方发达国家的依赖。在此阶段，韩国制定了《母子保健法》《领养特例法》等儿童福利相关法律，逐渐明确了国家在儿童福利中应承担的主体责任。但是该阶段关于儿童福利对象范围的规定仍局限于极其需要保护的儿童，即以孤儿、弃儿、流浪儿等处于风险中的困境儿童为主要保障对象。

20 世纪 80 年代以来，韩国贫富两极分化等社会问题加剧，韩国政府开始推行全面的社会保障政策，其儿童福利方面亦受到影响。1981 年 4 月，韩国修订《儿童福利法》为《儿童福祉法》，使得儿童福利的范畴从需要帮助的儿童扩大至全体儿童。同时，国家还向儿童提供了更为广泛的福利服务，包括各种儿童保护措施、儿童健康管理等，且儿童福利服务与设施的资金和运营工作全部由国家承担。① 然而，受资源条件等限制，韩国的儿童福利服务在实际推行过程中仍然具有选择性，即仍然以需要帮助的儿童为主要对象。

21 世纪以来，韩国的儿童福利制度体系逐渐向普惠型发展，该阶段的典型特征是正式引进了基于儿童权利和儿童保护原则的儿童福利服务。该阶段引进了一大批为全体儿童的发育提供支援的项目，其中最为典型的就是儿童津贴制度。根据儿童津贴制度，韩国政府对所有儿童采取"按人头"方式定额支付补贴金，如从 2018 年开始向韩国所有 0~5 岁的儿童每月支付 10 万韩元的儿童津贴，2019 年将其受益对象年龄扩大至 0~6 岁。② 儿童福利逐渐从以弱势儿童为对象的"补缺型"儿童福利政策向面向所有儿童的"普惠型"儿童福利政策发展。

2. 儿童保护政策

在儿童保护工作方面，韩国在 1961 年颁布的《儿童福利法》的基础上形成了一系列保护儿童身心健康发展的制度安排。首先，韩国在儿童保护工作方面形成了大批周密的行政计划。韩国政府自宣布 2003 年为第一个"儿童安全年"以来，逐步建立了一揽子儿童保护计划，具体内容涉及儿童

① 易谨. 韩国儿童福利法律制度的历史发展与特色［J］. 青年探索，2012（4）：83-88.

② 李奉柱，尹丽花. 韩国儿童福利的历史、现状与挑战［J］. 社会保障评论，2020，4（3）：107-119.

虐待问题、交通安全问题、校园暴力、以及吸毒等 12 项，并且特别重视校园暴力和青少年不良行为问题，在这些方面制定了更为详细的制度安排。在预防校园暴力方面，韩国政府于 2004 年颁布了《校园暴力防治法》，2005 年制定了《预防和应对校园暴力五年计划》，对校园暴力现象进行了全面整治。2005 年韩国政府发布了《保护未成年人远离有害环境全面计划》，该计划建立了对有害环境的预防和监测系统，并加强了对有害机构的打击，从而为青少年身心健康成长营造良好环境。

另外，韩国针对儿童保护工作制定了相关的法律，在《儿童福利法》的基础上，结合儿童救助与矫治、儿童受虐待保护、儿童安全和远离有害环境等方面的法律，形成了一个综合的儿童保护法律体系。《儿童福利法》经修订后规定儿童保护服务的内容包括儿童保护措施、预防儿童虐待措施和儿童安全制度。在儿童救助与矫治方面，1958 年颁布的《青少年感化法》规定了有关机构为需要保护的未成年人提供矫治的义务。1988 年颁布的《少年法》针对未成年人犯罪的特殊措施进行了相关规定。2005 年颁布了《流浪儿童救助法》，该法就预防儿童失踪以及流浪儿童救助等问题进行了规定。在儿童虐待问题方面，韩国颁布了《预防家庭暴力和保护家庭暴力受害者法》《校园暴力预防和对策相关法》，就家庭暴力以及校园暴力的预防与处置问题进行了相关规定。2009 年进一步颁布了《儿童和青少年免遭性虐待保护法》，旨在预防儿童性虐待问题。在儿童安全和远离有害环境方面，就儿童的衣食住行等方面权益的保护颁布了《儿童游乐设施安全管理法》以及《儿童饮食生活安全管理特别法》等，旨在全面保障儿童的生命健康与安全。

三、中亚及西亚国家儿童福利与儿童保护制度

“一带一路”沿线的中亚和西亚国家包括哈萨克斯坦、乌兹别克斯坦、土库曼斯坦、塔吉克斯坦、吉尔吉斯斯坦、格鲁吉亚、伊朗、伊拉克、黎巴嫩、沙特阿拉伯、叙利亚等国家。其中，中亚五国与我国建交 30 年以来，取得了一系列合作成果，尤其是 2013 年共建“一带一路”倡议进一步深化了中国和中亚国家的关系，双方经济关系更为密切。截至 2022 年 1 月 14 日，哈萨克斯坦、乌兹别克斯坦、塔吉克斯坦、吉尔吉斯斯坦等四个中亚国家均与中国签订了共建“一带一路”合作文件，“一带一路”成为中国与

中亚国家密切合作的纽带。2022年1月25日，习近平主持中国同中亚五国建交30周年视频峰会，强调携手构建更加紧密的中国—中亚命运共同体。哈萨克斯坦作为中亚五国中最繁荣的国家，其社会福利制度相比其他四国更为完善，在儿童福利与儿童保护方面签订了联合国《儿童权利公约》，并一直努力实现国际标准，以提高儿童的生活质量，促进他们的全面和谐发展，儿童福利与儿童保护制度逐步完善。下面将介绍哈萨克斯坦的儿童福利与儿童保护制度。

1. 哈萨克斯坦儿童概况

根据儿童保护委员会（Committee on Child Protection）的官方数据，截至2016年年初，哈萨克斯坦人口为17753200人，其中0~17岁儿童人数为5460449人（占总人口的30.8%）。儿童人口在该国人口结构中所占比例较高，导致儿童的社会保护问题，以及为儿童的身心健康发展提供必要的社会支持和援助具有重大意义。[①] 截至2012年，哈萨克斯坦有34785名孤儿和失去父母照料的儿童。在这些儿童中，有10887人被安置在机构中（841人在劳动和社会保障系统内的机构中长大，1552人在卫生系统中长大，8494人在教育系统中长大）；21736名儿童被置于监护之下；2162名儿童被寄养。在国有寄宿机构居住的1万多名儿童中，80%以上的儿童的父母仍然健在，并为政府所知，但他们的父母权利已被剥夺。[②] 哈萨克斯坦接受正规照料的儿童人数和比率很高，这表明在儿童福利和儿童保护方面，强调家庭履行相应责任的制度效率较为低下，其儿童福利与儿童保护制度仍在完善中。

2. 哈萨克斯坦儿童福利与儿童保护制度

为了建立一个完整的法律框架，哈萨克斯坦于1994年6月8日批准了联合国《儿童权利公约》。该公约还成为哈萨克斯坦在获得独立后开始遵循的首批国际文件之一，此外，哈萨克斯坦已经批准了大约60份与人权有关的国际文件，其中15份涉及儿童权利保护。《哈萨克斯坦宪法》和其他规范性法律规定的儿童保育、保障成为其儿童福利与儿童保护活动的主要方

---

① APAKHAYEV N , ADILOVA K, BUGYHAY D, et al. *Childhood Legal Protection in Kazakhstan* [J]. *Journal of Advanced Research in Lawand Economics*, 2017, 3 (25): 714 - 721.

② KELEKEYEVA G B. *Guarantee of children' s well-being through development of an effective family strengthening system in the republic of Kazakhstan* [D]. *Pennsylvania*: *Duquesne University*, 2013.

向，并为保护未成年人权利提供宪法和法律机制。哈萨克斯坦的儿童福利与儿童保护制度安排主要体现在儿童权利领域，并且强调非政府组织等社会力量的作用。

在法律法规建设方面，根据《哈萨克斯坦宪法》第 27 条第 1 款，婚姻和家庭、母亲身份、父亲身份和童年受国家保护，它赋予每个人生命、自由、健康、免费中等教育、家庭不可侵犯的权利。根据哈萨克斯坦《儿童权利法》，为保护儿童权利和合法利益提供职能的公共组织得到政府的支持，其执行公共政策的基础是制定和遵守旨在改善儿童生活的国家最低社会标准，同时考虑到哈萨克斯坦《最低社会标准法》规定的地区特点。自 2012 年以来，哈萨克斯坦的社会保障体系为照顾孤儿和失去父母照顾的儿童的监护人提供了福利。在社会领域，国家对家庭、女性、亲子关系和儿童期的保护体现在为妇女在整个适当的社会假期内的产假设立社会报酬；从妇产医院领养孩子的妇女（男子），伴随着孩子出生能够获取一次性国家津贴，并能获取在孩子年满一岁之前的福利补贴。根据 2011 年 12 月 26 日《哈萨克斯坦法典》第 518-IV 号《婚姻和家庭法》第 125 条，监护人无义务自费抚养被监护人。在没有足够的资金维持受监护人正常生活与发展的情况下，履行监护或者托管职能的机构应当指定监护人。未经父母照顾的儿童，将被安置在教育、医疗或其他类似机构，并且为没有父母照顾的儿童提供与家庭条件相近的条件。儿童有权获得支持、抚养、教育、全面发展、尊重其荣誉和尊严、保障其利益、维护其母语、文化、民族习俗和传统等权利，同时由地方行政机构为在教育、医疗和其他机构中没有父母照料的儿童提供就业援助。

另外，社会组织在哈萨克斯坦的儿童福利和儿童保护工作中发挥了重要作用。在哈萨克斯坦，针对残疾、孤儿、流浪儿童和家庭虐待等情况，各种组织和社会服务机构都会向这些儿童提供援助和社会服务。为了创造平等机会和克服困难的生活状况，考虑到个人特点和所需条件，社会组织向儿童提供特殊的社会服务。81 个非政府组织在哈萨克斯坦提供特殊社会服务。截至 2016 年初，非政府组织服务覆盖了 5000 多人，其中包括儿童。在哈萨克斯坦，减少孤儿院儿童的数量已成为一种良好的趋势。哈萨克斯坦在保护孤儿和没有父母照料的儿童权利方面的政策旨在使现有孤儿和没有父母照料的儿童的照料去机构化。从 2012 年到 2016 年的五年间，没有父母照顾的儿童数量从34785人下降到29666人，下降了14.7%。在某种程度上，将儿童置于其他形式的监护之下、关闭孤儿院、将机构重组为家庭形式的情况逐渐增多。

四、东南亚国家儿童福利与儿童保护政策

"一带一路"沿线的东南亚国家包括新加坡、泰国、印度尼西亚、菲律宾、东帝汶、马来西亚、缅甸、柬埔寨、越南、老挝、文莱等国家。其中新加坡的经济实力最为雄厚，儿童福利与儿童保护体系最为健全，因此选取新加坡作为代表来介绍其儿童福利与儿童保护体系具有重要借鉴意义。新加坡关于儿童福利与儿童保护的相关规定，是围绕着儿童权益保护展开的。新加坡作为家庭暴力发生率最低的东南亚国家，其妇女和儿童权益保护体系非常健全。新加坡1927年颁布的《儿童保护法令》标志着其儿童福利与儿童保护制度的正式建立。[①] 经过逐步的发展与完善，新加坡建立了专业的儿童福利和儿童保护体系。首先，新加坡成立了国家级的儿童权益保护机构——社区发展、青年与体育部（MCYS），其下设立了儿童虐待登记处，专门负责受伤害儿童的保护工作；其次，新加坡的儿童权益保护法律体系十分完善，形成了专门的儿童权益保护法律——《儿童和青年法》；最后，新加坡通过实施家庭问题调解、心理咨询、孤儿抚养服务等各种项目，进一步加强和完善了儿童权益保护体系。

1. 新加坡儿童权益保护机构

社区发展、青年与体育部是新加坡儿童权益保护的专门负责机构，旨在为儿童提供一个有益于幸福健康成长的安全、充满关爱的家庭环境，[②] 其关注家庭在儿童权益保护中的重要作用，因此，在保护儿童权益方面，强调从源头上解决受害人家庭内部的问题，从而防止伤害再次发生。后来，为提高解决家庭与儿童问题的效率，社区发展、青年与体育部设立了保护儿童服务处（CPS），专门负责为有需要的儿童提供咨询和调解等服务。[③]

---

① 马岩，韦婉，张鸿巍．新加坡儿童监护的司法干预机制初探——兼谈对我国儿童监护司法干预机制构建的启示［J］．山东警察学院学报，2013，25（6）：95-100.

② Protecting Children in Singapore. A publication by the Rehabilitation and Protection Division［G］. Thomson road，Singapore：Ministry of Community Development，Youth and Sports，2005：17-23.

③ 李珊，李小艺，杨健羽．探析新加坡儿童权益保护法律体系［J］．广西青年干部学院学报，2016，26（3）：62-65.

社会与家庭发展部（MSF）则是儿童权益保护案件的管理机构，专门负责调查和调解侵害儿童权益的相关案件。社会与家庭发展部为了进一步加强对儿童虐待案件的处理，建立了儿童虐待登记制度。[①] 通过儿童虐待登记系统，警察和相关工作者可以检查已报备的儿童虐待相关案例。

此外，新加坡形成了跨部门的协调工作机制，同时为监督和改进跨部门的儿童保护项目，专门成立了跨部门工作组。2003 年，新加坡修订了《新加坡儿童虐待管理指南》，确定了在儿童权益保护跨部门联网工作机制中各合作部门的不同职责。根据该指南，卫生保健中心、学校、社会福利组织和警察等部门相互协调，共同发挥儿童权益保护的作用。[②]

2. 新加坡儿童权益保护相关法规政策

1927 年的《儿童保护法令》（Children's Ordinance）是新加坡第一部正式的儿童保护法规。第二次世界大战后，新加坡开始建立社会福利署，并先后颁布了《妇女宪章》和《儿童和青年法》，其中《妇女宪章》旨在通过解决家庭纠纷来维护妇女和儿童权益，《儿童和青年法》则是专门保护儿童权益的法规，其保护的对象包括“child”“young person”和“juvenile”三类主体，其中“child”是指 14 岁以下的儿童，“young person”是指 14~16 岁的未成年人，“juvenile”是指 7~16 岁未成年犯罪人。该法包含了两方面内容，即“child”和“young person”两类儿童的利益保护和未成年犯罪人的处置问题。

新加坡对于儿童权益的保护还体现在其防止家庭暴力政策方面。2018 年，新加坡通过实施《弱势成年人法案》（VAA），进入了保护妇女和儿童权益的新阶段。该法案旨在全面解决虐待问题，并补充现有的护理网络。社会和家庭发展部阐明了《妇女宪章》和《弱势成年人法案》（VAA）是新保护政策的两个轮子。新加坡警察部队领导家庭暴力协调小组，社会和家庭发展部则处于中心位置，领导全国家庭暴力网络系统（以下简称“NFVNS”），该系统更关注防止家庭暴力政策的运作，如提供不间断和有效的服务。[③] 在新加坡，家庭暴力不是一个私人的家庭问题，整个国家都应

---

① PATHY P, YUXUAN CAI S, HOW ONG S, et al. *Child protection and children's rights in Singapore* [J]. *Adolescent Psychiatry*, 2014, 4 (4): 242-250.

② 同①。

③ OGAWA M, KOGUCHI E, SHIBATA M. *Support and Legal Systems for Mother and Child Victims of Domestic Violence in Japan and Singapore* [J]. *Journal of Asian Women's Studies*, 2020 (26): 1-13.

该积极地向那些遭受家庭暴力的人伸出援手，尤其是妇女和儿童。为了更有效地帮助受害者，无国界医生组织和警方率先建立了一个包括私人庇护所在内的系统。此外，为了巩固这一制度，公民被定位为家庭暴力政策的关键参与者。

3. 新加坡儿童权益保护开展的项目

为有效保护儿童权益，完善儿童福利与儿童保护制度，新加坡保护儿童服务处与抚养服务部门、心理服务部门、领养服务部门等"重要合作伙伴"一起推行了各种项目和举措。

咨询与调解处为儿童和家庭提供了专门的咨询与调解项目。咨询项目主要包括对家庭暴力、儿童抚养等问题的咨询，调解项目旨在为受虐待儿童提供重建与恢复服务。咨询与调解处也会负责引导家庭成员寻找合理的办法以防止虐待事件再次发生；心理服务处面向受害儿童、监护人乃至罪犯开展了一大批专业的服务项目，主要包括受害儿童的康复项目、积极教育项目、成人犯罪的矫治项目等。

针对原生家庭已无法保障儿童安全的家庭，社区发展、青年与体育部还开展了寄养服务项目。在寄养服务项目中，志愿者承担着抚养人的角色，负责给那些经评估无法保障孩子安全、健康成长的家庭提供儿童照料服务。此外，考虑到儿童更易接受熟悉的亲属，新加坡还建立了亲属照顾项目。亲属照顾项目通过亲属的支持为需要提供照顾服务的受害儿童提供照料，同时愿意为孩子提供照顾服务的亲属必须经过一系列评估程序以确认是否符合备选照顾者标准。考虑到以上方式均未能解决的儿童照料问题，新加坡进一步开展了儿童之家项目。儿童之家项目是由社会福利组织实施的，主要内容是安排受害儿童在儿童之家住宿。当其他的寄宿或替代照顾方式均不能有效保证儿童安全时，住宿儿童之家照顾则是最后一道防线。

2003 年新加坡开展了家庭志愿者计划，旨在为受害儿童所在家庭提供志愿服务。该计划鼓励志愿者与受害人共同居住，以在帮助受害儿童解决问题的同时保障受害儿童在原家庭居住。因此，志愿者既能鼓励和帮助原家庭更好地解决家庭问题，同时也能为家庭提供社区服务。为了帮助低收入家庭也能够享受社区服务，新加坡还建立了社区发展理事会和其他慈善基金的经济和社会支持计划。根据该计划，保护儿童服务处的工作人员会提供为低收入家庭照顾孩子、为失业家庭成员安排工作等经济和社会支持。

此外，新加坡还面向所有12岁以下的儿童建立了儿童专门账户，账户采用公私合作模式运行，由新加坡社会与家庭发展部（MSFD）负责，由3家银行代为运营。[①] 儿童发展账户一经开设，政府负责在账户储存3000新加坡元。此后，政府与家长按照1:1的比例向账户缴纳款项，直至儿童满13岁或达到规定的存款上限，并且该账户可与高等教育账户相连接，为新加坡儿童教育、医疗等提供保障，构建起自出生至成年的经济安全网。

五、南亚国家的儿童福利与儿童保护政策

（一）南亚国家儿童福利与儿童保护现状

"一带一路"沿线的南亚国家包括巴基斯坦、孟加拉国、尼泊尔、斯里兰卡、马尔代夫等。由于贫困问题的存在，南亚国家的儿童权益难以得到保障，巴基斯坦、尼泊尔等南亚国家虽签订了联合国《儿童权利公约》和国际劳工组织的《最低年龄公约》等儿童权益保护国际公约，但南亚仍广泛存在童工等违反国际社会公约的现象，儿童福利与儿童保护工作任重而道远。以巴基斯坦为例，巴基斯坦目前大约有100万4~14岁的儿童维持该国的工厂运转，经常在恶劣和肮脏的条件下工作。对巴基斯坦地毯工厂的一项研究估计，由于营养不良、疾病和其他与恶劣工作环境直接相关的健康状况，将导致50000名儿童在12岁之前死亡。[②] 此外，儿童虐待问题也是巴基斯坦存在的一个普遍问题，2018年报告了3832起虐待儿童案件，与上一年相比增加了11%。这一年度报告指出，2018年巴基斯坦每天有十多名儿童遭受虐待。[③] 国际社会尤为重视巴基斯坦的儿童保护问题，联合国成员国为巴基斯坦提供了数百条促进儿童保护、性别平等和教育的建议，巴基斯坦政府也积极回应，努力完善现行法律体系并促进儿童权利保护。

（二）巴基斯坦的儿童福利与儿童保护政策

在巴基斯坦，儿童福利与儿童保护一直以来被视为是私人事务，几乎

---

① 何芳．儿童发展账户：新加坡、英国与韩国的实践与经验——兼谈对我国教育扶贫政策转型的启示［J］．比较教育研究，2020，42（10）：26-33.

② GREEN L A. *The Global Fight for the Elimination of Child Labor in Pakistan* [J]. *Wisconsin International Law Journal*, 2001, 39 (1): 177-198.

③ ZARAQ M. *Child Sexual Abuse and Stolen Dignity: A Socio-Legal Exploration of Child Protection Policies in Pakistan* [J]. *Pakistan Law Review*, 2019 (10): 59-88.

不受政府干预。① 因此，其儿童福利与儿童保护领域缺乏数据和研究，这使得决策者、政府官员、学者和整个社会难以对严峻的形势作出真实的评估并找到改善的方法。但是，毋庸置疑的是巴基斯坦已逐渐承认儿童保护是国家政策和立法的一个特定领域，并订立了一系列法律法规，包括签订联合国《儿童权利公约》，颁布《儿童就业法》《童婚法》以及一些临时性法案等。

巴基斯坦宪法对保护儿童进行了相关规定。其第 37 条（a）款专门涉及儿童保护，规定"任何儿童不得遭受酷刑或其他残忍、不人道或有辱人格的待遇或处罚"。第 37 条（e）款规定了确保儿童不从事不适合他们年龄的职业的指导方针。此外，第 25 条第 3 款规定了公民平等，还指出"本条的任何规定均不得妨碍国家对妇女和儿童的保护作出的特别规定"。2010 年，针对一起儿童性虐待案，巴基斯坦社会福利政府和法律部门颁布了《开伯普赫图赫瓦省儿童保护和福利法》。通过该法案，各种与儿童有关的犯罪首次被宣布为刑事犯罪，且该法案首次使用了"处于危险中的儿童"一词，并将其定义为需要保护的处于危险中的儿童，包括孤儿、残疾儿童、流动儿童、在街头工作或生活的儿童、触犯法律或生活在极端贫困中的儿童，包括父母无能力对其进行控制的儿童。② 此外，根据该法案，巴基斯坦设立了儿童保护和福利委员会，具有监督和协调省和地方一级的儿童权利事务的职能，并负责制定和协调"处于危险中的儿童"的发展、保护、生存、参与和康复计划。该法案还规定了儿童保护单位和儿童保护官员，他们将负责执行规定的职能，如接收和登记"处于危险中的儿童"、评估个别儿童及其家庭的需求、定期审查保护"处于危险中的儿童"的干预计划以及维护和维护处于危险中的儿童、更新所有活动的记录。

此外，巴基斯坦针对儿童福利与保护采取了一系列计划与措施：第一，在健康方面，与儿童有关的重要健康计划包括扩大免疫计划、母婴健康、生殖健康、急性呼吸道感染和腹泻病控制计划、疟疾控制计划、结核病控制计划、艾滋病控制计划、健康教育和学校健康计划等。第二，在教育设

① ALI S S. *Rights of the Child under Islamic Law and Laws of Pakistan: A Thematic Overview* [J]. *Journal of Islamic State Practices in International Law*, 2006, 2 (1): 1-16.

② ZARAQ M. *Child Sexual Abuse and Stolen Dignity: A Socio-Legal Exploration of Child Protection Policies in Pakistan* [J]. *PLR*, 2019 (10): 59-88.

施方面，巴基斯坦设有伊斯兰学校（Madrassahs），伊斯兰学校不收学费且提供免费住宿，对贫困家庭特别有吸引力。第三，非政府组织在儿童福利与儿童保护方面也发挥了重要作用。非政府组织一直试图提出巴基斯坦儿童面临的问题，并成功地将几个问题公之于众，尤其是与童工、性虐待和少年司法有关的问题。非政府组织不仅强调了这些问题，而且还提出了低成本、可行和实用的解决方案和政策。除此之外，大量非政府组织还组织开办了非正规基础教育学校，为原本无法负担教育费用的低收入家庭儿童提供免费小学教育。与此同时，非政府组织还参与了儿童教育、童工康复计划，并在该国许多地区确保儿童及其家人免于债役。①

巴基斯坦的儿童福利与儿童保护事业发展受到了经济条件的严重制约，且这一现象在南亚各国中均普遍存在。2017 年，据报道，巴基斯坦的儿童保护和福利委员会一直面临严重的财务问题限制，并且在过去两年中已关闭。只有由联合国儿童基金会和救助儿童会成立的机构一直运营到了 2017 年 12 月。据报道，2018 年儿童保护和福利委员会仍然没有资金支持，政府只制定了 1000 万卢比的预算，且尚未发布。巴基斯坦儿童福利与保护委员会副主任表示，自从联合国儿童基金会撤回其财政援助后，26 个地区的所有儿童保护单位至今仍无法正常运作。②

总体而言，以巴基斯坦为典型代表的南亚国家虽然努力尝试发展儿童福利与儿童保护，但其儿童福利与儿童保护事业受经济现状的严重限制，主要依靠非政府组织和国外救助，儿童福利与儿童保护体系尚不健全。

六、欧洲国家的儿童福利与儿童保护政策

“一带一路”沿线的欧洲国家主要有俄罗斯、波兰、奥地利、匈牙利、意大利、卢森堡、葡萄牙等国家。其中，俄罗斯对“一带一路”沿线国家的经济发展，尤其是促进欧亚地区一体化发挥着重要作用。我国倡导的“一带一路”倡议与俄罗斯主导的欧亚经济联盟对接，可以有效带动沿线国家基础设施建设和整体经济的全面发展，是在促进欧亚地区一体化方面迈

---

① ZADAM，KANSI M A. *Managing Child Welfare Strategies in Decentralized Governance：Prospects for Social Services Delivery in Pakistan's Devolution Plan* [J]. *Journal of Law and Society*, 2006, 34 (48): 127-140.

② Child protection body in deep financial crisis in KP, The Dawn [EB/OL]. (2017-09-30) [2022-05-10]. https://www.dawn.com/news/1360952.

出的关键步伐。[①] 因此，选取俄罗斯为代表，研究其儿童福利与儿童保护制度对于亚洲国家乃至欧洲国家的儿童福利与儿童保护事业均具有一定的借鉴意义。俄罗斯儿童福利和儿童保护体系建设渐趋完善，儿童福利和儿童保护已成为其社会保障体系的重要组成部分。

第一，俄罗斯的儿童福利和保护首先体现在其为孕妇提供的保障和福利方面，因为儿童的生命和健康权与母亲怀孕期间的生活条件有着密切联系。[②] 按照俄罗斯联邦劳动法规定，女性在生育后，其照顾孩子的假期可持续至孩子三岁。但在实际执行过程中，用人单位未给予孕妇相应保障的现象仍普遍存在。

第二，俄罗斯政府设立了大量为儿童提供福利服务的项目及机构，体现了俄罗斯政府在儿童保护工作方面的关注与重视。俄罗斯的儿童福利项目类别十分丰富，主要包括贫困家庭的儿童津贴、育儿一次性补助、多子女家庭年度校服补贴、按月发放的儿童津贴以及针对困境儿童家庭的各种补助津贴等。在俄罗斯，儿童福利待遇水平由各地方政府确定。以儿童补助金的发放为例，其资金来源于联邦和地方预算以及社会保险基金。由于缺乏相应的分摊机制，加之联邦和地方财政困难，俄罗斯政府提供的儿童补助金一直处于较低标准。为此，为进一步减轻育儿家庭负担，俄罗斯政府开始根据家庭中儿童数量向家庭发放幼儿园费用和托儿所费用等方面的津贴。

第三，俄罗斯政府发布了"俄罗斯儿童"联邦专项计划，旨在为儿童的健康成长营造良好环境以及对困境儿童实施救助，以降低孤儿和流浪儿数量。"俄罗斯儿童"联邦专项计划包括"儿童健康""儿童天赋"和"儿童与家庭"三方面内容，主要解决的是妇女生育安全问题、青少年健康成长环境问题、青少年的身体健康问题、天才儿童的发展问题、残障儿童的生活保障问题等。俄罗斯政府针对该计划进行了大量投入，2003 年至 2006 年，俄罗斯政府从联邦和地方预算中分别拨款 67 亿卢布和 210 亿卢布以支持该计划的执行；2008 年至 2011 年，联邦预算拨款增加了 29%，超过 100 亿卢布。联邦专项计划实施帮助的儿童超过了 400 万人，使得俄罗斯 25% 的

---

① 王沥慷．俄罗斯：欧亚经济联盟［EB/OL］.（2016-09-29）［2022-05-10］. https：//www.yidaiyilu. gov. cn/zchj/gjjj/1062. htm.

② 许艳丽．俄罗斯的儿童保护与社会保障［J］. 工会理论研究，2017（4）：44-47.

残疾儿童、10%的贫困儿童以及近8%的孤儿的生活和健康水平得以提升。[①]俄罗斯卫生和社会发展部进一步提出，俄罗斯政府预计在2007年至2010年间拨款511亿卢布以支持“俄罗斯儿童”联邦专项计划的实施，其中联邦预算拨款预计133.5亿卢布。

此外，俄罗斯的儿童收养和监护制度也是其儿童福利和儿童保护体系的重要组成部分。俄罗斯的“监护家庭”模式与其他发达国家的收养制度存在一定差异。在该模式下，“监护家庭”在承担抚养儿童责任的同时可领取相应的工资，在“监护家庭”长大的小孩到了18岁就会离开“监护家庭”。“监护家庭”中监护人的工资是每人2300卢布，另外还有额外的3100卢布专门用于儿童生活。但总体而言，“监护家庭”的成本比儿童福利院低很多。成为“监护家庭”的程序非常复杂：首先，候选家庭需向儿童福利院了解“监护家庭”的职责及其可能遇到的困难；然后儿童福利院会对候选家庭的物质基础等条件进行仔细审查；接下来针对候选家庭会有专门的培训与考核；最后再由专门机构认定“监护家庭”资格。

俄罗斯政府的儿童福利和保护政策体现了政府对儿童的高度重视，同时强调了社会与家庭的责任，其对儿童的健康问题、教育问题以及流浪儿童问题给予了很大关注。它一方面对孕妇权益进行了保障，以保障儿童的健康权；另一方面，在儿童补助金等各项社会福利项目方面作出了很大投入，并发布了“俄罗斯儿童”联邦专项计划，帮助了大量困境儿童，形成了完善的儿童福利和儿童保护体系。

七、结语

儿童福利与儿童保护问题一直以来备受国际社会关注，是各国社会保障政策的核心，其关系着国家和民族的未来，同时也对人口政策的顺利推行、家庭福利的提升、劳动力市场的参与等社会问题产生了重要影响。然而，目前很多发展中国家仍存在对儿童健康权、受教育权以及经济权的剥削等问题，尤其是在一些经济发展水平落后的国家，其儿童的基本权益难以得到保障，儿童福利与儿童保护体系需进一步建立与完善。各国由于经济发展水平以及文化背景的差异，其儿童福利和儿童保护工作必然存在很

① 蓝瑛波.俄罗斯儿童福利与保障制度述评[J].中国青年研究，2009（2）：22-25.

大差距。对"一带一路"沿线主要国家的儿童福利和儿童保护政策进行总结，有利于各国之间儿童福利与儿童保护政策的相互交流与借鉴，以形成更符合各国国情的儿童福利与保护体系，提升"一带一路"沿线国家整体儿童福利与儿童保护水平。

参考文献

[1] HAMMARBERG T. *The UN convention on the rights of the child——and how to make it work* [J]. *Human Rights Quarterly*, 1990, 12 (1): 97-105.

[2] 陆士桢. 中国儿童社会福利需求探析 [J]. 中国青年政治学院学报, 2001 (6): 73-77.

[3] 李迎生. 弱势儿童的社会保护：社会政策的视角 [J]. 西北师大学报（社会科学版）, 2006 (3): 13-18.

[4] 国务院. 国务院关于加强困境儿童保障工作的意见 [EB/OL]. (2016-06-16)[2022-05-10]. http://www.gov.cn/zhengce/content/2016-06/16/content_5082800.htm.

[5] 高丽茹，彭华民. 中国困境儿童研究轨迹：概念、政策和主题 [J]. 江海学刊, 2015 (4): 111-117.

[6] 周震欧. 儿童福利 [M]. 中国台北：巨流图书公司, 1996: 12-13.

[7] 尹力. 良法视域下中国儿童保护法律制度的发展 [J]. 北京师范大学学报（社会科学版）, 2015 (3): 40-50.

[8] 闫晓英，周京. 加快建设普惠型儿童福利和保护制度 [J]. 社会政策研究, 2021 (4): 124-136.

[9] 刘梦. 已同中国签订共建"一带一路"合作文件的国家一览 [EB/OL]. (2022-02-07) [2022-05-10]. https://www.yidaiyilu.gov.cn/gbjg/gbgk/77073.htm.

[10] 金辰洙，叶克林. 韩国老龄化与养老保障制度 [J]. 学海, 2008 (4): 194-201.

[11] 李奉柱，尹丽花. 韩国儿童福利的历史、现状与挑战 [J]. 社会保障评论, 2020, 4 (3): 107-119.

[12] 易谨. 韩国儿童福利法律制度的历史发展与特色 [J]. 青年探索,

2012（4）：83-88.

[13] APAKHAYEV N，ADILOVA K，BUGYHAY D，et al. *Childhood Legal Protection in Kazakhstan* [J]. *Journal of Advanced Research in Lawand Economics*，2017，3（25）：714 - 721.

[14] KELEKEYEVA G B. *Guarantee of children's well - being through development of an effective family strengthening system in the republic of Kazakhstan* [D]. *Pennsylvania：Duquesne University*，2013.

[15] 马岩，韦婉，张鸿巍．新加坡儿童监护的司法干预机制初探——兼谈对我国儿童监护司法干预机制构建的启示［J］．山东警察学院学报，2013，25（6）：95-100.

[16] Protecting Children in Singapore. A publication by the Rehabilitation and Protection Division [G]. Thomson road，Singapore：Ministry of Community Development，Youth and Sports，2005：17-23.

[17] 李珊，李小艺，杨健羽．探析新加坡儿童权益保护法律体系［J］．广西青年干部学院学报，2016，26（3）：62-65.

[18] PATHY P，YUXUAN CAI S，HOW ONG S，et al. *Child protection and children's rights in Singapore* [J]. *Adolescent Psychiatry*，2014，4（4）：242-250.

[19] OGAWA M，KOGUCHI E，SHIBATA M. *Support and Legal Systems for Mother and Child Victims of Domestic Violence in Japan and Singapore* [J]. *Journal of Asian Women's Studies*，2020（26）：1-13.

[20] 何芳．儿童发展账户：新加坡、英国与韩国的实践与经验——兼谈对我国教育扶贫政策转型的启示［J］．比较教育研究，2020，42（10）：26-33.

[21] GREEN L A. *The Global Fight for the Elimination of Child Labor in Pakistan* [J]. *Wisconsin International Law Journal*，2001，39（1）：177-198.

[22] ZARAQ M. *Child Sexual Abuse and Stolen Dignity：A Socio-Legal Exploration of Child Protection Policies in Pakistan* [J]. *Pakistan Law Review*，2019（10）：59-88.

[23] ALI S S. *Rights of the Child under Islamic Law and Laws of Pakistan：A*

Thematic Overview [J]. *Journal of Islamic State Practices in International Law*, 2006, 2 (1): 1-16.

[24] ZADA M, KANSI M A. *Managing Child Welfare Strategies in Decentralized Governance: Prospects for Social Services Delivery in Pakistan's Devolution Plan* [J]. *Journal of Law and Society*, 2006, 34 (48): 127-140.

[25] Child protection body in deep financial crisis in KP, The Dawn [EB/OL]. (2017-09-30) [2022-05-10]. https://www.dawn.com/news/1360952 .

[26] 王沥慷. 俄罗斯: 欧亚经济联盟 [EB/OL]. (2016-09-29) [2022-05-10]. https://www.yidaiyilu.gov.cn/zchj/gjjj/1062.htm.

[27] 许艳丽. 俄罗斯的儿童保护与社会保障 [J]. 工会理论研究, 2017 (4): 44-47.

[28] 蓝瑛波. 俄罗斯儿童福利与保障制度述评 [J]. 中国青年研究, 2009 (2): 22-25.

"一带一路"沿线国家公共医疗保险制度发展与改革

梁发超　洪若冰*

摘　要： 国家医疗保险制度与人民的生命健康息息相关，完善的医疗保险制度才能保障人民的医疗服务需求。作为"一带一路"沿线国家，中国、新加坡、印度、俄罗斯四个各具特色国家，其医疗保险制度也各有千秋。在当今人口老龄化急剧增长的背景推动下，人民对高质量医疗服务水平的潜在需求也逐渐上升，医疗服务支出费用普遍过高从而导致生活压力逐年上升，建立适合时代现状特点及符合当前各国特殊国情需求的新型医疗保险制度将极为重要。本报告试图通过介绍分析各国医疗保险制度现状，并根据各国现状特点及具体存在的问题结合当前各国经济发展形势及本国国情社会状况等多方面因素，提出适合未来医疗保险制度发展趋势的相应改革实施方向及实施建议，进一步为医疗保险制度综合改革发展探索提供有益借鉴。

关键词： "一带一路"沿线国家；公共医疗；保险制度

一、导言

自2013年习近平主席提出"一带一路"倡议以来，中国和沿线国家在医疗上的联系日益密切。完善医疗政策、提高医疗水平才能切实保护人民的生命健康。2015年3月，经国务院授权，国家发改委、外交部和商务部联合发布《推动共建丝绸之路经济带和21世纪海上丝绸之路的愿景与行

* 梁发超，华侨大学政治与公共管理学院教授，主要从事公共政策与土地管理研究；洪若冰，华侨大学政治与公共管理学院硕士研究生，主要从事公共政策研究。

动》文件，在医疗卫生合作方面重点部分明确提出要强化中方与周边国家在推进传染病防治方面的技术交流①、培养高层次技术专业人才等方面积极合作，提高在合作和处理有关突发公共卫生事件领域的能力，从而推动沿线国家在医疗卫生领域共同进步，为有关国家提供直接医疗援助和应急医疗救助，在保障妇幼健康、残疾人康复方面以及抗击艾滋病、结核、疟疾等全球主要传染病领域内积极开展全方位务实交流合作，积极扩大沿线国家在传统医药领域的交流合作。2017 年 5 月，国家主席习近平参加"一带一路"国际合作高峰论坛，并在开幕式上正式宣布建立"建设丝绸之路沿线民间组织合作网络"，并承诺长期在沿线国家实施"幸福家园""爱心助困""康复助医"等一系列民生项目。② 可见，医疗制度改革对国家发展起着重要作用，只有医疗卫生技术不断提升，才能确保人民安全，推动构建人类命运共同体。随着"一带一路"倡议蓬勃发展，中国和沿线国家将在医疗卫生安全领域深化合作与共谋发展，作为重要组成部分的医疗保险制度的发展与改革也将在这一过程中起到关键作用。

医疗保险制度在广义上指的是每一个实行医疗保险制度的国家或地区按照各国或各地区不同的保险原则，为了保障与解决当地广大城乡居民防病治病问题而筹集相应医疗基金、合理分配医疗基金和监督并准确使用医疗保险基金的制度。医疗保险制度建设实际上是建立促进广大居民医疗卫生保健及康复保健护理等健康事业有序开展的科学有效的基本医疗服务保障筹资费用管理分担机制，是对社会构成和多层次完善社会保险制度结构形成的医疗领域的一种具有全面性与进步性的基本保险制度，也是目前世界上发达国家应用与推广较为成熟的比较普遍有效的一种基础社会卫生医疗保障服务及费用分担统筹和管理的新模式。在全球化进程下，医疗保险制度只有在不断发展与完善下，卫生事业才能取得迅速发展，推动医疗服务相关政策以及医疗设施的更新与进步。"一带一路"沿线国家较多为发展中国家，每个国家有其独特的医疗保险制度，不同国家的医疗保险制度具有不同的发展现状，也拥有十分广阔的改革空间。

---

① 杨琴."一带一路"倡议提高了企业海外投资业绩吗？[D].天津：南开大学，2020：20-23.

② 习近平.携手推进"一带一路"建设——在"一带一路"国际合作高峰论坛开幕式上的演讲[DB/OL].(2017-05-14)[2022-05-16].http://cpc.people.com.cn/n1/2017/0514/c64094-29273979.html.

二、“一带一路”沿线国家医疗保险制度发展的重要意义

医疗保险制度与人民的生命健康息息相关，随着全球老龄化加剧，各国医疗保险制度不断改革，“一带一路”沿线各国由于国家经济、社会发展进步，因病致贫、患病不敢医的现象逐渐减少，各国医疗保险制度各具特色，并且近年来医疗保险制度都完成了全民覆盖。因此，完善对待特殊群体采取特殊的医疗保险制度，保障国家公民享受医疗服务的权益，减轻医疗服务费用过高导致的压力，完善医疗保险制度对国家经济、政治、文化领域产生的相应影响，对于“一带一路”沿线国家而言，国家公共医疗保险制度发展对本国以及沿线国家都将产生全面性的影响。

（一）医疗保险制度有效保障了劳动力，可以促进生产力发展

“一带一路”沿线国家具有不同文化传统、政治制度、经济发展水平，导致综合国力参差不齐，但是每个国家都结合本国实际情况发展与改革医疗保险政策，特别是政府发挥主要作用，通过政府对医保政策的改革，保障劳动者的生命健康；通过筹资方式的不断完善，使患有疾病前往就医时通过每月累计缴交的医保费用从而减少自身医疗开支，老人、儿童等无法通过每月工资缴交医保费用的特殊人群也有特殊医保政策对其进行保护。随着医保制度的完善，劳动者对自身及家人看病就医的顾虑逐渐减少，部分需要高额的门诊费、手术费也能得到有效解决。医疗保险制度不断发展解决了劳动者看病贵、看病难的后顾之忧，从而促使劳动者努力工作，促进生产力发展，推动社会进步。

（二）医疗保险制度给特殊人群提供保障，可以促进社会和谐

随着福利国家制度的发展，“一带一路”沿线国家医疗保险制度基于目前各国福利国家制度发展趋势，仍将目标放在“减困”与“雪中送炭”上，依旧有许多特殊人群由于难以支付高额医疗费而放弃治疗。各国政府在不断发展与改革过程中注意到特殊人群的现状，为了促进国家综合实力提升就要解决特殊人群基本生活保障的问题，只有将重心放在针对特殊人群、弱势群体的医疗保险制度，将福利资源用于最需要及最贫困的人群身上才能更好推动福利国家制度发展。以往长期对弱者、贫者因其需要长期治疗或是无法提供医疗服务相关费用，各国在医疗保障制度改革过程中都注重公平的原则，对特殊人群提供特殊医疗保险制度，减少特殊人群在医疗服

务方面的消费，从而保障特殊人群的生活水平，将更多的特殊人群纳入医疗保险制度中来。未来，“一带一路”沿线国家医疗保险体制不断发展，将有助于促进社会保障制度平衡发展，给特殊人群提供特殊医疗服务的同时促进社会和谐。

（三）医疗保险制度发展可以推动国际层面政策交流与优化

提出共建“一带一路”旨在建立包括亚欧大陆在内与沿线各国的一个政治互信、经济融合、文化包容的利益共同体、命运共同体和责任共同体。所谓构建共同体，就应该意识到任何国家都不应抱有独善其身的想法，所以共建“一带一路”的核心就是促进基础设施建设互联互通，促进协调联动发展，从而促进共同繁荣。在共建“一带一路”沿线国家倡议下，随着各国医疗保险制度的不断发展，国家医疗保险模式才能不断改革，并且在创新过程中才能结合“一带一路”沿线国家改革经验，从他国成功经验中汲取精华并结合本国国情进行改革，这有助于推动沿线国家在医疗保险制度方面的交流与政策优化，从而推动沿线各国医疗体系更完善，有助于抵御全球性突发公共卫生危机事件。

三、“一带一路”沿线国家医疗保险制度发展现状及问题

截至 2022 年 3 月 23 日，中国共与 149 个国家、32 个重要国际组织签署生效共计 200 余份共建“一带一路”合作文件。① 如今，面对国民日益增长的医疗卫生服务需求与医疗卫生资源不平衡之间的矛盾，各国医疗保障部门也针对各国国情进行了相应整改。依据《推动共建丝绸之路经济带和 21 世纪海上丝绸之路的愿景与行动》，“丝绸之路经济带”规划致力于重点建设畅通三条路线：由中国途径中亚、俄罗斯最终至欧洲，中国途径中亚、西亚最终至波斯湾、地中海，中国至东南亚、南亚、印度洋。② 本文篇幅重点对中国、新加坡、印度、俄罗斯四个国家的公共医疗保险制度的发展现状及目前存在的问题进行分析。从整体上看，“一带一路”沿线各国经济发展、医疗技术发展不同步，导致医疗保险制度筹资方式、目标人群、保障

① 已同中国签订共建“一带一路”合作文件的国家一览［J/OL］.（2022-02-07）［2022-08-22］https：//www. yidaiyilu. gov. cn/xwzx/roll/77298. htm，2022-3-23。

② “一带一路”国际合作高峰论坛. 推动共建丝绸之路经济带和 21 世纪海上丝绸之路的愿景与行动［EB/OL］.（2017-04-07）［2022-08-22］http：//2017. beltandroadforum. org/n100/2017/0407/c27-22. html。

内容参差不齐。

（一）中国医疗保险制度发展现状及问题

中国是首先提出“一带一路”倡议的国家，也是世界上人口最多的发展中国家。随着中国人口的持续增长以及城镇与乡村经济发展差距扩大，中国公共医疗保险制度在不断发展和改革的过程中具有研究意义。为了全面稳步、快速提高当前中国人民的生命健康水平，满足广大人民群众自身对享有高质量医疗卫生服务需求的愿望，以及为了有效减轻就医住院所造成的医疗费用负担，中国自20世纪90年代初期便开始在全国范围内试点并推广城镇职工基本医疗保险（以下简称“城镇职工医保”）、新型农村合作医疗保险（以下简称“新农合”）、城镇居民基本医疗保险（以下简称“城镇居民医保”）①，分别针对不同人群提供基本的医疗保障。进入21世纪以来，中国医疗保险制度发展取得了显著进步，截至2019年年底，中国基本医疗保险参保人数总量达到135436万人，参保覆盖面积约95%，创造了历史新高，逐渐往覆盖全部城镇及农村居民的方向发展，并且医疗保险范围也在逐年拓宽，对医疗保险制度的广度和深度进行全面发展，新型农村合作医疗保险制度积极贯彻落实党的十九大以来提出的“实施健康中国战略”重大部署中“建设具有中国特色基本医疗保障制度”这一重要战略安排，城镇居民基本医疗保险和新型农村合作医疗保险制度的主要成效与基本经验得到了国际社会的广泛认同，对实现健康中国战略具有重要历史意义。

从社会发展总体历程上看，中国城乡居民医疗保险制度的发展主要经历了以下两个阶段。

1. 单独建制阶段（2003—2012年）

这一阶段针对农村居民医疗费用负担过重及农村医疗水平落后的问题，国家提出了新型农村合作医疗保险制度并开始试点。新型农村合作医疗保险制度经历了先行试点阶段、推进发展阶段、深化巩固及完善三个历史阶段，切实巩固并提高了部分地区农村居民的整体医疗保障水平，解决了农村居民看病贵、看病难的历史难题，最终实现了对农村居民医疗保险大范围覆盖。在2012年参保人数约8.05亿人，医疗保险基金筹资水平不断提

① 马超，宋泽，顾海．医保统筹对医疗服务公平利用的政策效果研究［J］．中国人口科学，2016（1）：108-111.

高，对农民医疗保障能力也在逐渐增强。在推动农村地区改革期间，政府没有忽视对城镇居民的医疗保险制度改革，同时针对当前城镇中没有参加职工医保，如非正式就业居民、无业居民、退休居民、儿童的医疗保障问题，国家开始改革并试点城镇居民基本医疗保险制度，对特殊群体采取特殊医疗保险制度，从而推动医疗保险制度在中国能够造福更多人民。

2. 制度深化融合实施阶段（2013 年至今）

在全面实施新型农村合作医疗保险制度和完善城镇居民基本医疗保险相关制度创新试点过程中，部分学者认为两种医疗保险制度之间存在关联，于是一些地方政府开始尝试将两种制度融合运行。2016 年国家卫生部门正式出台两项关于居民医疗保险制度的重要通知，要求各级地方政府及地方相关机构部门结合现有的新农合和城镇居民医保并结合现有的城镇职工医保，建立统一的城乡居民医保制度，其内容概括了农村居民城镇职工与居民原有的医保内容，并且能有效缩小不同类型人群之间过去的医疗保险差异，从而实现城乡居民以及城镇内职工与非职工居民公平享有医疗保险权益。直至 2020 年，全国大部分省市均完成了城乡居民医保管理体制的整合。经过十多年来不断改革探索，中国已经初步建立了以覆盖城乡居民基本医疗保险制度为主体的多层次、多目标的医疗保障制度体系。医疗保险制度作为社会保障体系的重要组成部分，中国将公平作为遵循的首要原则，持续推动后续的医疗保险制度发展与改革。

但如今中国的医疗保险制度仍存在许多问题：首先，医疗保障制度仍未实现全覆盖。从整体情况来看，我国医疗保险制度仍未实现全覆盖，如部分中小型企业并未按照国家要求给员工缴纳医疗保险费用，并且在实际操作中对这类中小型企业的社会保险缴纳情况缺少监督，即使职工向相关部门举报企业未如实缴纳医疗保险，相关部门问责过程中也难以落实中小型企业按时缴纳医疗保险，以及部分灵活就业人群因达不到个体缴纳标准导致无法缴纳医疗保险。其次，医疗保险报销水平无法满足健康需求。我国医疗保险制度以医疗保险统筹基金保险为主，受各地经济发达程度的影响，各地区特大疾病的报销费用存在不均衡性。我国城乡居民基本医疗保险中住院报销均设有统一起付线和统一封顶线，起付线以上和封顶线以下报销的医疗费用，个人需要按照不同地区医疗报销制度进行报销，意味着个人根据不同地区要承担一定比例的医疗费用，如北京自 2020 年 1 月起市各医院门诊的医疗保险报销的封顶线调整为4000元，住院医疗保险报销费用的封顶线调整为25万，其他省市的门诊及住院医疗保险报销费用的封顶线相比北京市而言更低，而对于动辄需要几十万上百万住院治疗费用的重大疾病，这种医疗保险报销模式显然无法满足患有重大疾病患者的医疗费用支出。最后，政府自身对基层医疗资源的投入不足。随着人口老龄化问题的加剧，老年人在医疗方面的开销较大，导致各地医疗保险基金的需求持续上升，使医疗保险基金的压力日益加剧，供给方与需求方难以达到平衡，导致医疗保险基金出现短缺。并且由于政府对医疗资源投入不足，导致企业和个人所需要缴纳的医疗保险费用增多，给个人和企业也造成了一定负担。不仅如此，城镇职工医疗保险与城乡居民基本医疗保险的筹资水平与待遇水平差异仍然很大，表1中展示了2018年中国城镇职工与城乡居民基本医疗保险基金的人均收入与支出情况。从表格对应的数据中可以明显看出，北京、上海、浙江这三个经济发展水平较高的地区的城镇职工与城乡居民医保的差距较小，从全国城镇平均水平上看，城镇职工与城乡居民医保基金人均收入比为5.6，人均支出比为4.88，差距十分明显，相关政府管理部门面临着如何进一步缩小与两者之间差距等新难题。

表1　2008年城镇职工与城乡居民基本医疗保险基金人均收入与支出状况

地区	城镇职工基本医保基金人均收入（元）(1)	城乡居民基本医保基金人均收入（元）(2)	(1)/(2)	城镇职工基本医保基金人均支出（元）(3)	城乡居民基本医保基金人均支出（元）(4)	(3)/(4)
全国	4273.20	763.43	5.60	3379.52	692.36	4.88
北京	7421.94	2871.07	2.59	5983.63	2646.40	2.26
天津	5355.55	1102.73	4.86	4831.16	784.77	6.16
河北	4046.49	716.63	5.65	3243.39	688.94	4.71
山西	3589.93	704.88	5.09	3085.27	704.47	4.38
内蒙古	4266.68	754.10	5.66	3481.56	757.71	4.59
辽宁	3141.80	694.36	4.52	2933.86	641.98	4.57
吉林	3046.60	636.35	4.79	2578.93	562.39	4.59
黑龙江	3600.81	744.91	4.83	3137.28	616.10	5.09
上海	7347.94	2340.18	3.14	5314.20	2472.15	2.15

续表

地区	城镇职工基本医保基金人均收入（元）(1)	城乡居民基本医保基金人均收入（元）(2)	(1)/(2)	城镇职工基本医保基金人均支出（元）(3)	城乡居民基本医保基金人均支出（元）(4)	(3)/(4)
江苏	4146.52	876.04	4.73	3309.89	780.89	4.24
浙江	4441.15	1301.73	3.41	3454.31	1200.93	2.88
安徽	3621.56	676.17	5.36	2681.85	635.27	4.22
福建	3809.21	721.56	5.28	2923.72	696.86	4.20
江西	3734.16	716.41	5.21	2699.29	645.79	4.18
山东	4215.09	893.44	4.72	3475.55	724.39	4.80
河南	3274.27	635.54	5.15	2787.24	655.60	4.25
湖北	4070.50	716.98	5.68	3463.58	668.79	5.18
湖南	4050.86	687.67	5.89	3049.54	642.88	4.74
广东	3226.28	702.65	4.59	2391.97	687.45	3.48
广西	3981.91	760.06	5.24	2920.73	547.71	5.33
海南	3494.58	654.05	5.34	2305.12	515.36	4.47
重庆	4255.74	881.70	4.83	3995.75	669.53	5.97
四川	4001.83	769.99	5.20	2919.39	630.19	4.63
贵州	4300.99	566.80	7.59	3098.95	565.35	5.48
云南	5706.94	711.35	8.02	4321.61	643.74	6.71
西藏	8562.89	772.73	11.08	4358.70	626.07	6.96
陕西	4304.84	702.05	6.13	3072.29	718.05	4.28
甘肃	3797.54	668.41	5.68	3241.38	681.11	4.76
青海	7329.71	890.32	8.23	5282.00	641.98	8.23
宁夏	4841.37	870.30	5.56	3639.55	771.45	4.72
新疆	4896.46	867.29	5.65	4069.52	633.71	6.42

说明：医保基金人均收入（支出）= 医保基金收入（支出）/医保年末参保人数。

（数据来源：《中国统计年鉴 2019》）

（二）新加坡医疗保险制度发展现状与问题

东南亚是目前世界上外籍华侨华人活动最广泛、最集中的地区之一。新加坡位于东南亚地区，坐拥优越的历史地理位置，处在亚洲与大洋洲、太平洋与印度洋的“十字路口”，交通便捷，是东南亚地区重要的服务和航运中心之一。就国家人均 GDP 发展而言，新加坡作为东南亚地区中唯一一个发达国家，其医疗保险制度较为完善。

新加坡全民医疗保险体系主要由医疗储蓄计划（Medisave）、健保双全计划（Medishield）及医疗基金计划（Medifund）三个部分组成。

一是医疗储蓄计划，又称为医疗个人账户。它实施于 1984 年并在全国范围内开始推行，是新加坡最基础的医疗保险形式。该计划强制每个职工需按照法律规定参加该医疗储蓄计划，将年收入的 6%~8%存入个人医疗保险账户中，用于职工本人以及家庭成员的住院医疗费用和部分昂贵的门诊费用。根据表 2 所示，不同年龄雇员的支付比例不同，对于个体劳动者、自由职业者，只有年收入 6000 新元以上才可以为个人账户储蓄医疗基金，缴费比例和最高缴费限额依据年龄产生变化，这一定程度上减轻了低收入人群缴纳医疗基金的负担。①

表 2　不同年龄雇员的支付情况

（新元）

年龄（岁）	支付比例（%）	2008 年每月支付的最高金额	2009 年每月支付的最高金额
<35	6	330	270
35~44	7	350	315
≥45	8	400	360

（资料来源：陆昌敏，冯泽永，冯光谓，等. 新加坡医疗保障体系的特点及对我国的启示［J］. 医学与哲学（人文社会医学版），2007（12）：32-34）

二是健保双全计划。医疗储蓄计划虽然只属于公民个人所有，但是其严格规定使用范围、目的，以控制医疗服务支出费用以及防止参保者过早用完已有的储蓄金。由此看出，医疗储蓄计划旨在保障小病的医疗服务费用，面对大病昂贵的治疗费和康复费是无法进行支付的，其本质在于储蓄积累资金。于是，1990 年 7 月，为了弥补个人医疗账户存在的缺漏，新加坡推出了健保双全计划，其作为医疗储蓄计划的补充计划被建立，特点是具有较高的起付线，起付线以下的费用由个人医疗保险账户支付，起付线以上的费用限额索赔。例如，入住医院 B2 级病房（每间病房设有 6 张病

① 孔祥金，李贞玉，李枞，等. 中国与新加坡医疗保险个人账户制度比较及启示［J］. 医学与哲学（A），2012，33（4）：46-48.

床，根据公民收入最高补贴65%的医疗费用）和C级病房（每间病房设置8~10张病床，最高补贴80%的医疗费用）时所应付的医疗费用，该费用包括住院治疗费用和经批准的特定门诊治疗费用。

健保双全保障具体项目及索赔限额如表3所示，健保双全计划对每日病房、门诊费以及根据手术难易程度具有相应的索赔限额，但是为了避免医疗资源浪费，健保双全计划设置了住院自付额以及自付比例（见表4）。参保人员需要承担部分医疗费用，从而加强自身费用意识。自付额是指参保人员在获得索赔金额之前需要个人支付的医疗费用。自付比例是针对高出自付金额部分的索赔，参保人员都需要支付一定的索赔金额，但是高额的医疗费用分担会产生不利影响，成为参保人员进行治疗的阻碍。所以，2005年7月，新加坡政府对健保双全计划中的自付比例进行了第一次改革，参保人员自付比例从60%下调至40%。第一次改革持续到2008年12月。自付比例第二次改革从40%下降至20%，[①] 再一次减轻了患者医疗支出负担。从2013年3月起，根据患者住院所产生医疗费用总额，患者承担的自付比例为10%~20%不等，门诊自付比例统一为20%。由此可见，新加坡的健保双全计划强调个人负责，个人在参加健保双全计划接受良好医疗服务的同时，也要求个人承担相应自付费用，通过控制自付额与自付比例控制相应成本并且有效防止医疗服务资源被滥用。

表3　保障项目及索赔限额

保障项目	索赔限额
一、住院/日间手术	
（1）每日病房及治疗费用	
普通病房	每日450新元
加护病房	每日900新元
社区医院	每日250新元
精神病医院	每日100新元
（2）手术类型	
类型1（较为简单的手术）	150新元

① 冯鹏程．走向终身强制：新加坡终身健保计划及启示［J］．中国医疗保险，2016（1）：63-66.

续表

保障项目	索赔限额
类型 2	360 新元
类型 3	720 新元
类型 4	800 新元
类型 5	840 新元
类型 6	960 新元
类型 7（较为复杂的类型）	1100 新元
移植手术	每次治疗 7000 新元
二、门诊治疗	
每个为期 7 天的疗程	270 新元
每个为期 21 天或 28 天的疗程	1240 新元
三、最高索赔限额	
每年每份保单	70000 新元
终生	300000 新元

（资料来源：新加坡中央公积金局）

表 4　2013 年起住院自付额自付比例对比

住院自费额	2013 年 3 月前	2013 年 3 月后
B2 级	1500 新元	2000 新元
C 级	1000 新元	1500 新元
日间手术	1500 新元	1500 新元（未变）
自付比例		
所有病房及日间手术索赔金额 0～3000 新元	扣除自费额后可索赔费用 20%（未变）	
3001～5000 新元	15%（未变）	
高于 5000 新元	10%（未变）	
门诊治疗	20%（未变）	

（资料来源：新加坡中央公积金局）

三是是医疗基金计划，开始于 1993 年，由新加坡政府主导建立，医疗基金计划主要用于专门资助那些较为贫困以至于无力自行支付医疗费用的特殊人群，利用政府“买单”的方式为特殊人群提供医疗服务“安全网”。医疗基金计划本质上是一种具有慈善性质的救济基金，由国家其他基金的利息收入为公立医院提供经济上的补助，再通过各公立医院内部设立的委员会负责审批贫困患者的具体费用补贴申请，在确认患者的实际情况后，为其支付医疗服务费用。新加坡实行的多层次医疗保险体系对医疗保障制度实现全覆盖又推进了一大步，保证即使经济状况较差、生活存在困难的国民都能获得良好的医疗服务。到 2005 年，通过该计划资助的金额达 4000 万美元，同比 2004 年增长 16%，由该数据体现政府积极解决特殊人群难以支付高额医疗费用等问题，对医疗保险全覆盖起到积极作用。

新加坡的医疗保险制度有效避免了大多数西方部分福利国家一味地追求高医疗福利待遇而必然导致医疗财政情况恶化，从而导致福利政策和执行制度的长期不可持续性问题出现的弊端，充分结合了新加坡经济实际情况，从而促进了政府医疗保障服务各项费用可在各个政府、企业机构和社会个人团体之间实现合理分摊，新加坡政府致力于真正为国家人民免费提供完全可自主负担的公共医疗服务费用，不仅在一定程度上有效防止了人民完全依靠政府提供资金进行医疗服务，还强调个人责任。但新加坡的医疗保险制度仍存在问题，健保双全计划目前在受保年龄方面仍受限制，并且其不具有强制性，导致其无法做到全民覆盖，如何满足高龄群众的保障需求及达到全民参保的目标，是新加坡下一步需要重点解决的问题。

（三）印度医疗保险制度发展现状与问题

印度地处南亚地区，南亚地区主要包括印度、尼泊尔、巴基斯坦、孟加拉国等七个国家。印度作为世界人口第二大国家，其具有不可小觑的发展新潜力。印度是当今金砖国家之一，也是近年来发展最快的新兴经济体之一。印度人口基数较大，正是由于其人口基数大导致经济发展水平并不理想，导致其社会财富分配极度不平衡。印度的整体医疗卫生状况也较为落后，医疗服务资源短缺，但印度的医疗保险制度具有免费医疗的特色。即使受到经济发展的限制，印度政府依旧希望提供惠及民生的医疗卫生服务。

目前在印度公立医疗保险体系中占据主要地位的医疗保险制度包含两个种类，分别是邦雇员保险计划和中央政府保险计划。邦雇员保险计划最初开始于 1948 年，主要覆盖低收入的工人及其家庭成员，保障医疗服务费用及现金补贴都由该保险基金提供。但由于这些服务需要由与邦雇员保险计划提供并且进行补贴，故只有与邦雇员保险计划合作的医疗机构，如公立医院或指定私立医疗机构才能提供。该保险的医疗基金由邦政府、雇主、雇员三方共同筹资。[①] 邦政府在最低时期每月仅需要支付雇员每月医疗费用总额所占支出额部分中的12.5%，由雇主支付雇员每月总收入的4.75%，雇员每月需要自行支付1.75%。中央政府保险计划最初执行于1954年，受众对象主要包括中央政府所有在职以及退休人员、半官方和自治组织人员等指定部门人员及其家庭成员，该保险主要为受众人群提供全额医疗服务。中央政府保险计划基金总额中约有85%的保险费用来源于每年中央政府税收收入，员工本人需要根据自身月收入总额按照一定比例支付15～150印度卢比作为参加医疗保险费用。在印度，公立医院实行免费医疗政策。为了方便民众解决医疗问题，印度建立了覆盖全国的各级公益性医院，这些覆盖全国的公益性医院满足了大部分人民的医疗需求。

目前印度医疗保险制度所覆盖的人群只有上述两种保险制度中的部分人群，其余则主要依靠患者个人缴费支付，公立医疗保险制度与商业健康保险制度的发展受到经济发展的限制导致发展程度受限，纵观印度的医疗保险制度，来自政府直接投入部分较少，政府对基本医疗服务医疗政策的支持力度不足。印度的医疗保险制度该如何在人口基数持续增长、人均资源持续不足的发展趋势下满足人民的医疗保险需求问题，仍有待进一步解决。

（四）俄罗斯医疗保险制度发展现状与问题

俄罗斯占据欧亚大陆三分之一的土地面积，作为世界上领土最广阔的国家，1991年12月俄罗斯在苏联解体之后，经济和社会制度发生巨变。医疗保险制度随着社会制度的巨大变化失去了原有的基础，在此情况下俄罗斯政府对医疗保险体制进行了改革。俄罗斯放弃了在苏联时期实行的由国家预算拨款的国家医疗免费保障体系，建立了新的医疗保险制度。

苏联计划经济时期，医疗保险领域实施统一国家财政预算拨款制度，国家医疗卫生机构经费开支以国家财政预算为主，企业、社会团体单位上缴中央的资金为辅，主要医疗资金均以使用国家卫生预算拨款为主。苏联解体之后，俄罗斯建立了企业、联邦和地方政府共同承担责任的医疗保险筹资模式，所有俄罗斯常住联邦居民个人都必须按时参加医疗保险，基本医疗保险费用均由国家、企业方及各参与者本人三方共同承担。在职医疗

① 张颖，胡炳志．公立医疗保险制度与商业健康保险筹资关系探讨——基于七国的比较研究[J]．武汉大学学报（哲学社会科学版），2014，67（1）：39-44.

参保职工每年的基本医疗保险费一般可以由个人企业单位支付或者个人前往相关部门的缴费机构进行缴纳，不在职人员的基本医疗保险费用则由国家统一为其缴纳。各单位相关财务部门必须按照规定严格根据本单位职工工资月收入总额的对应百分比例一次性为其缴纳保险费用，单位的财务部门所需要缴纳的强制性医疗保险费用一般为每单位劳动者薪酬总收入额的3.6%，其中的3.4%进入该地区强制医疗保险基金，另外的0.2%纳入联邦地区的强制医疗保险基金。其中，长期没有工作的居民应由当地相关部门通过国家预算或拨款补助资金资助其办理医疗保险，主要用于支付贫困儿童、残疾人士、退休人员及其亲属和其他各种特殊类型的非在职人员的医疗保险费用。在强制性医疗保险基金来源渠道中，保险自身缴费额占比为90%及以上，可见俄罗斯已经全面改变了联邦政府过去的无限责任下的全面实行免费公共医疗制度，实施完全由联邦、地方、企业组织和居民个人多方参与共同筹资承担的强制医疗保险制度筹资保障模式。在20世纪的90年代末俄罗斯的第一轮医疗改革试验中，在怎样处理好国家和市场关系的问题上，俄罗斯选择实行国家公立医院和私立医院并立的基本医疗服务供给模式，在现行强制性医疗保险体系前提下，俄罗斯政府决定为居民提供一些免费、简单、基础的医疗服务，并且重新制定了免费的基本医疗服务供给包，以保障农村居民的国家基本医疗服务需求。但是，由于俄罗斯已实行了医药分离制度，在提供全程免费检查医疗保健服务功能的同时仍需要医保患者按规定自费购买相关药品。2005年改革之后，俄罗斯提出的整体医疗体系改革的主要侧重点都是强调以个人预防风险和维持健康为主，医疗保险制度更加注重老年人和儿童的健康状况。直到2011年，俄罗斯强制医疗保险政策的居民覆盖率已经超过98.2%，仅有大约1.8%的人口仍然还没来得及被全面覆盖，这小部分人大多数均为在外无家可归者和其他外来长期未落户登记或移民者。

在逐渐深化改革开放过程中，俄罗斯逐步建立了一种全民统一享有的医疗保险制度，保留延续了过去苏联时期医疗机构具有的良好公益属性，遏制了部分医疗服务以及医疗器械价格持续快速上涨，满足了当前大部分居民普遍的基础医疗服务需求。但是，目前俄罗斯政府在保证免费为所有国民提供基本健康医疗服务保障的同时，也存在许多实际仍未解决的问题，如国家长期对公立医疗领域资金投入严重不足。自从苏联解体后，俄罗斯政府虽然在不断努力增加医疗费用的整体投入，但是同西方发达国家相比是远远不足的，俄罗斯的医疗资金投入金额占到GDP总值的3%~7%，从而导致目前医保基金缺口较大，医疗经费和政府拨款时常面临不能及时到位的问题，公立医院大量的硬件设备和其他与人力物力相关的医疗投资无法及时更新等一系列问题。

四、“一带一路”沿线国家医疗保险制度改革方向与发展趋势

医疗保险实施的初衷之一是确保人民有病可医，满足人民群众对医疗服务的需求。在当前“看病难、看病贵”的医疗现状下，医疗保险是确保人民群众患病就医能够支付昂贵医药费用的基础保障。从各国医疗保险现状上看，各国政府都重视国家医疗保险制度的发展，并且尽量做到覆盖所有人民，但是目前各国医疗保险制度仍然存在问题需要解决。随着全世界人口老龄化的加剧，医疗保险制度后续改革要能更好地为老龄人提供医疗服务保障，缓解老年人医疗费过高带来的压力，更好满足不同类型人群对医疗服务的需求。

（一）落实医疗保险全覆盖，政府应逐步加大投入力度

明确基本医疗保险的具体目标导向，医疗保险主要是一种以保险的形式提供给人民，为人民在重大疾病中提供医疗服务保障、支付保障和后续生活保障，减轻患者医疗费用的压力。但截至目前“一带一路”沿线各国医疗保险制度仍未实现全覆盖，仍有部分人民处于医疗保险范围之外。在医疗保险制度不断改革中，这些国家要力争做到医疗保险全民覆盖。面对世界医疗保险基金持续短缺的状况，以及当今世界各国个人医疗保险和职工保险所共同承担的居民医疗保险个人缴纳各项费用都呈逐年上升的总体趋势，各国地方政府主管部门与国家中央管理部门应努力根据当前本国经济社会实际情况进一步加大本国对公共医疗资源项目的投入力度，通过适当对医院设施进行财政优惠补贴投入等经济方式降低患者看病求医基础支出，采取措施促进医院医疗设施及时更新，继续加大公共财政对国民医疗保险基金的投入力度来减轻人民群众的医疗服务费用负担。只有在政府重视下，各国才能更好地推动医疗保险制度改革发展。

（二）应对老龄化趋势，推动医疗保险制度多元发展

面对全球老龄化挑战，2016年世界卫生组织倡导新的“健康老龄化”

定义，强调实现老年健康生活所需的重大意义。许多发达国家在老年医疗保障制度建设方面拥有宝贵经验，给“一带一路”沿线发展中国家针对老龄化趋势带来了许多启示，医疗保险制度应当逐步向着健康管理、疾病预防、功能维持等预防型转变。除了门诊及住院服务外，医疗保险基金承保范围应将预防保健、长期护理、慢性病治疗等医养结合方向发展，从而保障老年人对医疗服务的需求。居民医疗保险制度在后续则应该进一步向着更加多元化方面发展，针对不同目标人群个体的身体状况采取一系列不同的医疗健康服务，如可以先建立一项专门针对 65 岁及以上高龄老年人的医疗保险制度，包括门诊、住院、医疗护理及康复等针对老年人易发疾病的保障措施，专门针对老年人更具针对性的医药目录、诊疗目录等使之更加符合老年人的治疗路径，也可以借鉴发达国家的长期护理保险并进行推广，现有医疗保险制度仅限于门诊费用及手术费用，很少涉及病后康复、护理等方面的保障。作为医疗保险制度的互补制度，长期护理保险能够有效解决失能老人、残疾老人以及老年人患病后康复的护理需求，不仅提供老年人需求的保障服务，还提供更专业的护理服务，减轻家属的照护负担，从而更好适应人口老龄化时代的到来。

（三）建立监管部门，加大医疗保险监管力度

在医疗保险制度监管方面，医疗保险相关部门应当根据自身情况，设立相应医疗保险监管部门和监管制度。监管部门应当在相应管辖区域内通过各种载体形式加大医疗保险知识的宣传力度，针对骗保、虚假报销等行为进行讲解，普及医疗保险相关的法律法规知识，与执法部门建立联防联控监管机制，运用执法部门的权力防止违法违规行为滋生。加大相关部门对医疗保险的监管力度关键还体现在对医疗服务价格的监管，对所有医疗机构、医生行为进行监管，对个人医保基金账户资金合理使用的监管，由于个人账户每年缴纳个人的各项医疗保险费用有限，进行合理的监管才能保证基金被合理使用。此外，监管部门应同卫生部门联合，通过监管医疗服务价格、指定服务质量标准、针对不同类别医疗服务自付与报销比例规则等方面加强对医疗服务机构与医生进行监管。监管部门可以采用现代化信息手段，建立智能化的监管系统，将参保人员的个人信息、就医状况、赔付情况等信息运用智能化系统进行监管，提高医疗保险监管工作准确率。

参考文献

[1] 孔祥金，李贞玉，李枞，等. 中国与新加坡医疗保险个人账户制度比较及启示［J］. 医学与哲学（A），2012，33（4）：46-48.

[2] 陆昌敏，冯泽永，冯光谓，等. 新加坡医疗保障体系的特点及对我国的启示［J］. 医学与哲学（人文社会医学版），2007（12）：32-34.

[3] 冯鹏程. 新加坡健保双全计划及启迪［J］. 上海保险，2013（11）：53-58.

[4] 肖来付. 俄罗斯医疗保险制度改革：现状、问题及前景［J］. 中国卫生经济，2015，34（7）：89-92.

[5] 葛元. 浅析印度全民医疗保险制度及对我国的启示［J］. 人口与经济，2009（S1）：149-150.

[6] 王伟. 国外医疗保险制度经验借鉴［J］. 对外经贸，2020（11）：129-131.

[7] 张颖，胡炳志. 公立医疗保险制度与商业健康保险筹资关系探讨——基于七国的比较研究［J］. 武汉大学学报（哲学社会科学版），2014（1）：39-44.

[8] 赵俊粟. 基本医疗保险制度的改革疑难点和创新研究［J］. 商讯，2020（26）：126-127.

[9] 彭浩然，岳经纶. 中国基本医疗保险制度整合：理论争论、实践进展与未来前景［J］. 学术月刊，2020，52（11）：55-65.

“一带一路”沿线国家的养老金计划与退休政策

——以俄罗斯为例*

韩　艳**

摘　要：苏联时期，俄罗斯实行与计划经济体制相适应的养老保障体制。苏联解体之后，俄罗斯的养老金计划与退休政策经历了四次调整，形成了国家养老保障、强制养老保险和补充养老保险构成的“三支柱”养老金体系。俄罗斯的养老金计划具有覆盖群体广、层次性强、重视法律、关照特殊职业群体、优待女性的特点，但也存在费率偏高、监管缺失、附加职能繁重等弊病。我国可吸取俄罗斯的经验和教训，进一步提高养老金的覆盖面，建立多支柱、多层次的养老金体系，制定和完善养老金相关法律，夯实法律基础，关注特殊群体如贫困群体、特殊工种群体和妇女群体的养老金权益，并加强养老金管理，提升统筹层次与资金管理效率。

关键词：俄罗斯；养老金；退休；三支柱

一、引言

人口老龄化是我国乃至全球面临的一个严峻的社会问题。联合国统计预测，到2050年世界人口将可能达到90亿~100亿，其中60岁以上和65岁以上的人口将分别达到20亿和15亿，并将很快超过5岁以下儿童的人数。与此同时，随着科技进步和医疗水平的提高，世界人口的人均寿命将

* 本研究系华侨大学中央高校基本科研业务费资助项目（项目批准号：18SKGC-QG16）和福建省创新战略研究项目（立项编号：2020R0063）的阶段性研究成果。

** 韩艳，华侨大学政治与公共管理学院副教授，研究方向为公共服务和社会保障。

不断延长。在这种形势下，世界各国尤其是“一带一路”沿线国家必须慎重设计和优化本国的养老金制度和退休政策。

养老金制度具有多重效用。从宏观上看，养老金制度具有长期积累性以及巨额的给付规模，① 是政府进行全社会收入再分配的一个重要手段，② 是应对人口老龄化、促进社会融合和增进社会公平正义的一项重要措施。③ 从微观上看，养老金为老年人提供满足基本生活需要的稳定而可靠的资金支持，可改善老年人的收入状况，有效预防和减少老年人贫困的发生，增强老年人抵御老年风险的能力。④ 与此同时，养老金间接减轻了子女赡养父母的负担，⑤ 对家庭福利具有正向影响，有维持孝养伦理、增强家庭福利帕累托改进机会的功能。

俄罗斯是中国重要的邻国之一，中俄建交以来，两国在经贸、文化、社会等方面广泛进行合作和交流，是“一带一路”建设的核心成员国家之一。中国商务部发布的数据显示，2021 年中俄货物贸易额达 1468.7 亿美元，同比增长 35.9%。面对全球疫情起伏反复和经济复苏乏力的双重考验，中俄经贸合作逆势前行，实现跨越式发展，双边贸易额再创历史新高，中国连续 12 年稳居俄罗斯第一大贸易伙伴国。⑥

俄罗斯面积为 1709.82 万平方千米，人口约 1.46 亿人，其中 65 岁以上人口占总人口的比例为 15.5%，⑦ 共有民族 194 个，其中俄罗斯族占总人口的 77.7%。⑧ 相比于欧美一些发达国家，俄罗斯虽地域辽阔，但经济上不是

---

① 郑功成．深化中国养老保险制度改革顶层设计［J］．教学与研究，2013（12）：12-22.

② 郑功成．社会保障学［M］．中国劳动社会保障出版社，2005：300. 刘苓玲，李培．养老保险制度收入再分配效应文献综述［J］．社会保障研究，2012（2）：58-69.

③ 高和荣，韩艳．事业单位养老保险制度改革的公平价值取向［J］．南京师大学报（社会科学版），2015（2）：20-27. 肖金萍．中国养老金制度的公平与效率的价值取向［J］．中国经济问题，2006（4）：40-45.

④ 柳如眉，柳清瑞．人口老龄化、老年贫困与养老保障——基于德国的数据与经验［J］．人口与经济，2016（2）：104-114.

⑤ 宁满秀．谁从“家庭捆绑”式的新型农村社会养老保险制度中获益？——来自 CHARLS 数据的经验分析［J］．中国农村经济，2015（7）：31-45+96.

⑥ 中俄经贸合作成果丰硕［EB/OL］．［2022-02-09］．https：//www.xuexi.cn/lgpage/detail/index.html？id=17338044408519543021&；item_ id=17338044408519543021.

⑦ 陶华艺，何雨霖，李欣．女多男少，负增长，老龄化，俄罗斯 30 年人口变化［EB/OL］．［2022-02-15］．https：//m.thepaper.cn/baijiahao_ 16702405.

⑧ 俄罗斯国家概况［EB/OL］．一带一路网，（2019-06-21）［2022-03-04］．https：//www.yidaiyilu.gov.cn/gbjg/gbgk/807.htm.

富国。在经历了2020年的3%的负增长后，2021年俄罗斯经济实现了快速的复苏，GDP同比增长4.7%，创下近10年新高，总量达到130万亿卢布，折合1.775万亿美元，人均GDP约为1.22万美元，与我国2021年的人均GDP相差不大（中国2021年人均GDP为1.25万美元）。[①] 但俄罗斯具有较完善的社会保障制度，公民享有免费医疗、免费教育和育儿津贴等，使俄罗斯人的生活成本负担大大降低。在养老保障方面，当前俄罗斯建立了国家养老保障、强制养老保险和私人（补充）养老保障三级养老金体系。

作为一个与我国人均GDP相差无几的“一带一路”沿线大国，俄罗斯是如何设计和发展本国的养老金制度和退休政策的，值得学者和政策制定者研究。因此，本文以俄罗斯为例，探究俄罗斯的养老金计划与退休政策的发展历程、制度框架以及存在的问题，为其他“一带一路”沿线国家尤其是我们国家的养老金计划和退休政策提供参考和借鉴。

二、俄罗斯养老金计划与退休政策的发展历程

苏联时期，俄罗斯实行与计划经济体制相适应的养老保障体制。苏联解体以后，俄罗斯经历了重大的政治经济体制转轨，先后对养老金计划与退休政策进行了四轮改革和调整，最终形成了“三支柱”养老金体系。

（一）苏联时期的养老保障与退休政策

苏联时期的养老金和退休制度主要由职工老年退休制度、集体农庄庄员退休制度、对国家有特殊贡献的功勋制度、科学工作者退休制度、专门业务退休制度、残疾退休制度代表6类构成。

苏维埃政权在建立之初就发布公告，规定国家为劳动者和为国家做出贡献的伤残军人提供养老基金和残疾抚恤费。1956年，苏联颁布实施《苏联退休法》，规定从企业的税金中抽取一定比例用作退休养老基金，并由国家对养老金统一进行管理。《苏联退休法》形成的养老金制度只提供给国有企业和国家机关的工作人员，覆盖面较窄。1965年，苏联开始实行集体农庄、庄园的养老金和补助制度，将享受养老金人员的范围扩大到了集体农庄和庄园的从业人员。紧接着，苏联在1997年又颁布了新宪法，进一步完善和健全了工人、职员和集体农庄、庄园从业人员的社会保障制度，为年

---

① 中美俄最新GDP“出炉”，美国23万亿，俄罗斯1.77万亿，我国呢？[EB/OL].（2022-03-19）[2022-03-19]. https://www.163.com/dy/article/H1CR6BJ6055280BU.html.

老、疾病和失去供养依靠的人群提供赡养金，并提供全部或部分免费的疗养券和休养券。①

（二）苏联解体后的养老金计划与退休政策

苏联解体后，俄罗斯开始重新设计和调整养老金计划和退休政策，因为这种由国家包揽一切的社会保障制度是同高度集权的中央计划经济体制相配套的。尽管这套制度在特定时期发挥了维护社会稳定、满足劳动人民基本需要、提高国民的文化素养和健康水平的作用，但随着计划经济的弊端日益明显、经济增长速度放慢、人口老龄化加剧和退休人员数量增多，国家的财政负担日益难以为继，既有社会保障体制难以维持正常运转。具体来讲，苏联模式下的社会保障体系已无法与转轨后俄罗斯新的社会形势相适应，其主要表现在以下三个方面：

一是政府财政负担过重。苏联时期，国家对各种事务都大包大揽，过去强调国家的义务和责任，国家全权主导社会保障的政策制定以及资金筹集，这使得其他社会主体以及社会成员的角色被忽略，长此以往形成了依赖社会和国家提供福利的不良心理和习惯。资金来源的单一及责任的过于集中，导致政府和国家的财政负担日益过重，已经超出了当时的生产所能承载的水平。

二是新的社会利益格局出现。苏联解体后，不仅仅表现在由计划经济转向市场经济，还衍生出新的分配制度和新利益格局的出现。新利益格局冲击了旧有的利益集团，很容易出现社会失序的局面。在此背景下，为了稳定社会秩序、缓解社会矛盾，必须重新构建一种与市场经济相匹配、崭新的社会养老体系。②

三是配合经济体制改革的需要。苏联解体后，经济体制改革从多领域、多方面、多维度进行，涉及价格体系改革、收入分配制度改革和私有化改革。为配合这些改革，政府就必须转变过去统揽全局、包揽一切的局面，逐步建立起社会化的社会保障体系，而养老保障体系是其中最重要的一项内容。

俄罗斯政治经济体制转轨时期对养老保险制度进行改革主要经历了以

① 许艳丽．俄罗斯社会保障制度［M］．北京：中国劳动社会保障出版社，2017：13-15.

② 赵春江，胡超凡．社会公平视角下俄罗斯养老保险制度改革及启示［J］．学习与探索，2014（10）：99-105.

下四个阶段。①

1. 过渡阶段（1991—1997 年）

随着经济体制的剧烈转型，俄罗斯社会保障体系也进行了调整。俄罗斯社会保障体系的改革以养老金制度改革为标志。20 世纪 90 年代初，俄罗斯先后通过了《国家养老金法》和《退休养老基金法》两部法案。《退休养老基金法》建立了独立于国家预算的退休养老基金，实行国家、企业、个人三方分担的筹资方式，改变了过去单纯依靠国家预算拨款的局面。该法规定，男性从 60 岁、女性从 55 岁开始可以享受养老金待遇，企业雇主按工资总额的 31.6%缴纳费用，工人和公司职员按本人工资的 5%缴纳。《退休养老基金法》的颁布为日后养老保险与市场经济相接轨的改革指明了方向。之后，政府又对该法做了修订，如延长养老金收入基数的计算期限，提高养老金最低标准等。②

俄罗斯此阶段改革的内容主要分为以下几个方面：一是构建覆盖有依法依规工作的全部社会成员、其他合作组织内的公民、私人企业家，以及符合法律规范的、有权利享受政府保障的全体人民在内的统一退休金保障体系；二是成立退休金基金会来组织管理俄罗斯联邦退休人员养老金；三是提高养老金，破除旧的平均主义制度形态。

但俄罗斯从 1992 年 1 月 1 号开始实行价格自由化，一年内价格指数增长了 22.6 倍，公民收入也产生了巨大的差距。苏联时期个人的工资基金和退休基金差距不超过 40%，全国范围内工资差距不超过 1∶5。变革后的 20 世纪 90 年代，这一差距已经达到 1∶20。1990 出台的退休金法律已经失去意义，退休金变成了数额划一的救济金，与个人的工资资历水平无任何关系。此阶段，俄罗斯全国经济连年衰退，很多企业长期不缴税款，各种基金徒有虚名，使原本捉襟见肘的退休基金出现了危机。③ 这使主管部门意识到要对养老金进行通盘考虑，因为危机具有周期性，不会只有一次。

尽管此阶段养老金改革的目的十分明确，但由于国家整体经济状况恶化，通货膨胀严重，且社会老龄化趋势日益加重，现收现付制的代际间转

---

① 赵春江，胡超凡．社会公平视角下俄罗斯养老保险制度改革及启示［J］．学习与探索，2014（10）：99-105.

② 许艳丽．俄罗斯社会保障制度［M］．北京：中国劳动社会保障出版社，2017：13-15.

③ 同上。

移支付模式使政府财政压力过重，资金已入不敷出，养老金替代率也处于较低的水平。虽然这一阶段的改革进程中出现了各种问题，但总体来说，一系列法案的颁布使俄罗斯的养老保障体系初步建立起来，并步入了法制化的轨道。①

2. 徘徊阶段（1997—2001 年）

1997 年 7 月，俄罗斯联邦政府颁布了《关于计算和增加国家退休金的规定》。这一法案的出台使俄罗斯养老保险金改变了以往的计算方式，并开启了以个人比例为根据的计算退休金以及其他不同类别补助金的全新计算机制。这一举措使养老金每个季度成指数化上升。同年，俄罗斯又决定将劳动退休养老金分为明确的三种类别：年老退休养老基金、残疾退休养老基金及抚恤（丧失赡养者）养老基金。劳动退休养老基金的全部资金全来自雇主缴费，缴费率为工资总额的 26%，总额中的 10%计入基础部分，16%计入保险和基金积累部分。②

2001 年，俄罗斯又颁布《俄罗斯联邦义务养老保险法》，规定新的养老基金由两部分组成：第一部分是固定的，按公民所在区域的最低生活费标准的百分比发放，所有退休人员的数额基本相等；第二部分是浮动的，与退休者的工资和工龄挂钩。这一举措的主要目的是提高养老金的最低标准，并实行养老金指数化，每三个月按物价上涨的情况对养老金进行调整，以避免由于通货膨胀而引起养老金实际水平的下降。

此阶段一系列的法案颁布使俄罗斯养老保险制度的运作进入法制化的轨道，而新的养老金模式的运行不仅标志着俄罗斯对现收现付制养老资金进行了根本性改革，也使其养老保险制度体系进入了与市场经济相适应的全面转型阶段。③

3. 建立多支柱养老金阶段（2002—2009 年）

从 2002 年起，俄罗斯社会成员缴纳的退休基金保险费用将由国家政府来任命代理人，由代理机构进行投资管理。改革后的养老保险制度被设计为由基本养老金、养老保险金和养老储蓄金组成的三个层次的保险模式，

---

① 赵春江，胡超凡．社会公平视角下俄罗斯养老保险制度改革及启示［J］．学习与探索，2014（10）：99-105.

② 同上。

③ 同上。

即"三支柱"养老保险体系。2003年后，政府不再将养老金纳入统筹账户管理，转而改存入个人账户运作，公民可以根据个人意愿选择将个人账户中的资金保留在账户内，或转入经国家授权的资产管理公司进行资金运作，以起到保值增值的作用。2004年，国家进一步放宽了对公民个人账户中养老金转入非国有养老基金的限制，并且将非国家退休养老金涵盖于强制性养老金体系当中。此外，为了缓解政府财政紧张、养老金替代率较低以及养老金收益率过低等问题，俄罗斯总统普京提出利用石油经营的盈利成立稳定基金来平衡财政收支。①

除了国家规定的养老保障之外，现在俄罗斯也出现了通过社会保险机构购买个人退休养老保险的现象。由于该部分养老金和国家养老金是平行存在的，所以，国家养老基金对退休公民的个人的保障义务不变。2008年出台了《关于给劳动退休金储蓄部分的补充保险缴费和对建立养老金积蓄的国家支持法》。此后，年轻职员也可以通过自愿缴纳养老金费用的方式，从国家获得1∶1的配套补助向国家缴纳，即向国家提前交付1000卢布，退休后在获得义务养老金的基础上，还可以获得提前交付的1000卢布。也就是说，年轻工人将来退休时，可从国家养老基金获得50%的养老金，另一半来自个人退休金账户。每名职工都有一个专门的账户，依靠平时积累的资金来保障老年人的生活。可以自由选择退休保障方案，使国家强制的退休保险制度同自由的退休保险制度结合起来。②

4. 养老保险制度改革持续推进阶段（2010年至今）

2008年，俄罗斯受到全球金融危机的冲击，经济一度较为低迷。外部宏观经济环境的影响使俄罗斯养老保险改革加快日程。从2010年开始，俄罗斯开始第四轮养老保险制度改革。新一轮养老金改革主要集中在增加养老保险金、提高缴费积极性、建立相配套的法律体系以及逐步提高养老金的替代率。

2010年1月1日，俄罗斯开始废除社会保险税，男性领取养老金的缴费年限规定为30年、女性为25年。经过多番修订后，俄罗斯设定了2020年养老金改革的阶段性目标：至2016年平均养老金要达到最低生活保障线

① 赵春江，胡超凡．社会公平视角下俄罗斯养老保险制度改革及启示［J］．学习与探索，2014（10）：99-105.

② 许艳丽．俄罗斯社会保障制度［M］．北京：中国劳动社会保障出版社，2017：13-15.

的2.6倍，2020年为最低生活保障线的3倍，而到2030年预期使工龄为30年以上的公民退休后养老金的替代率达到40%，并最终使俄罗斯的养老保障水平与欧洲标准齐平。①

此次养老金改革通过使公民退休、年老后所享有的养老金额度直接与个人向国家养老基金的保险缴费相挂钩，使养老金收入由主要依靠税收收入向依靠保险收入转变，为俄罗斯社会公平及社会稳定奠定了基础。②

三、俄罗斯“三支柱”养老金体系和退休政策

苏联解体后，经过四个阶段的调整和改革，俄罗斯的养老金体系与退休政策实现了重大的结构性变化，使俄罗斯逐步形成了由国家养老保障、强制养老保险和补充养老保险“三支柱”构成的养老金体系。

（一）第一支柱：国家养老保障③

俄罗斯养老金的第一支柱是国家养老保障制度。根据《俄联邦国家养老金法》（2001年12月15日，第166号联邦法）的规定，有权获得国家养老保障的人群包括八类：联邦国家公职人员、军人、卫国战争参战者、获得“列宁格勒围困居民”勋章的公民、辐射和技术型事故受害者、宇航员、飞行试验人员、丧失劳动能力人员。上述人员可以获得的国家养老金共分为五种类别：老年养老金、多年服务国家养老金、残疾人养老金、失去赡养者养老金、社会养老金。国家养老金发放由联邦财政出资。第一支柱的养老金福利以终身支付的形式支付，并且不征税。资金来源主要是国家财政预算的转移支付，无须被保险人缴费；养老金给付金额相对固定，但也会不定期增加。

俄罗斯的《国家社会保障法》第三条规定，以下人员可以领取两种养老金：

一是由于军事受伤成为残疾人的公民，可以领取残疾人国家养老、残疾人国家养老金和老年人劳动退休金。

二是卫国战争参加者可以领取残疾人国家养老金和老年人劳动退休金。

① 赵春江，胡超凡．社会公平视角下俄罗斯养老保险制度改革及启示［J］．学习与探索，2014（10）：99-105.

② 同①。

③ 高际香．俄罗斯养老保障制度改革困境与前景展望［J］．俄罗斯学刊，2017，7（3）：61-68.

三是在军队服役期间牺牲或者退役后因军事伤害死亡的，军人父母提出请求的，可以领取此类国家养老金和老年人（残疾人）劳动退休金，或者领取此类国家养老金和社会养老金。

四是在军队服役期间殉职的军人配偶，若没有再婚，提出请求的，可以领取此类国家养老金和老年人（残疾人）劳动退休金，或者领取此类国家养老金和社会养老金。

五是因切尔诺贝利事件受到辐射影响的无劳动能力的家庭成员，可以领取此类国家养老金和老年人（残疾人）劳动退休金，或者领取此类国家养老金和社会养老金。

六是获得“列宁格勒围城战”勋章的公民，可以领取残疾人国家养老金和老年人劳动退休金。

七是牺牲的宇航员在家庭成员可以领取此类国家养老金或者法律规定的任何一种其他基金。

军人领取养老金根据服役年限、工作合同以及他们支付的保险缴费。俄罗斯联邦宪法法院决议，绝对保证参与强制性养老保险的退休者的权利，立法者应该保证其在强制养老保险框架内实现养老权的可能性。俄罗斯联邦宪法法院决议，联邦法律应当预设法律体系，同国家养老保险退休金一样，保障按照劳动合同工作的军人退休者依照其保险缴费支付劳动退休金中的保险部分，在俄罗斯联邦养老保障基金中反映其个人名义账户。①

（二）第二支柱：社会养老保险

俄罗斯养老保障的第二支柱是社会养老保险。作为“三支柱”中最为重要的组成部分，社会养老保险的资金主要来源于雇主、自由职业者、从事私人执业的律师和公证员等向养老保险承保人的缴费。俄罗斯社会养老保险的承保人既可以是国家养老基金，也可以是非国家养老基金、国家管理公司以及非国家管理公司。目前俄罗斯社会养老保险的缴费比例为工资收入的22%。② 除国家养老金外，雇员和自由职业者还必须缴纳职业养老金并缴纳保险费。

1. 承保人

雇员可以选择将他们的缴款支付给俄罗斯联邦养老基金组织（the

① 许艳丽．俄罗斯社会保障制度［M］．北京：中国劳动社会保障出版社，2017：13-15.

② 高际香．俄罗斯养老保障制度改革困境与前景展望［J］．俄罗斯学刊，2017，7（3）：61-68.

Pension Fund of the Russian Federation，PFR）或非国家养老基金组织（the non-state pension fund，NPFB）。雇主必须在规定的时间把养老保险费支付到指定的账户。俄罗斯养老金制度规定，保险缴款最迟应在次月 15 日之前转出，否则将被处以未缴款的 20%的罚款。①

2. 领取条件

社会养老保险养老金是由某人的年龄和工龄决定的养老退休金，包括一般养老退休金和优待养老退休金。一般养老退休金获得的条件是，男性满 60 岁并至少达到 25 年工龄，女性满 55 周岁并至少达到 20 年工龄。两类人可以享受优待养老退休金：一类是满足条件的女性，另一类是残疾人。

3. 退休金计算公式

退休金的标准根据退休金计算公式来计算。计算公式：退休金总额=老年人劳动退休金保险部分+老年人劳动退休金积累的部分。

4. 强制性养老保险体系中的个人账户

1996 年俄罗斯颁布的《强制性养老保险体系中的个人账户法》和《组建个人账户制的国家养老保险体系措施的决定》规定，凡是参加强制性养老保险体系的人均需在俄罗斯俄联邦养老基金开设个人终身账户，名义账户制的缴费直接计入俄联邦养老基金的个人名义账户中。1966 年及以前出生的参保人缴费率为工资的 22%。1967 年及之后出生的参保人缴费率为 16%，男女缴费率相同。上述缴费由雇主一方承担，雇员无须承担。2001 年俄罗斯规定以统一社会费的形式缴纳养老保险费，并且 2010 年取消了统一社会税，重新恢复了缴费制。②

养老保险的总缴费率为工资的 26%（2005 年之前为 28%），其中 14%进入联邦财政，用于支付基础养老金，8%～14%用于支付保险劳动养老金，并转入“俄联邦养老基金”个人账户的一般部分，即名义账户部分中；2%～6%作为个人积累转入“俄联邦养老基金”个人账户的专门部分，即实账积累部分中。③

俄罗斯实行的名义账户包括退休、残障、遗嘱三个部分，缴费期限最

① A guide to Claiming a RussianPension［EB/OL］.（2022-03-29）［2022-03-29］. https：//www. expatica. com/ru/finance/retirement/russian-pension-908579/#Eligible.

② 许艳丽 . 俄罗斯社会保障制度［M］. 北京：中国劳动社会保障出版社，2017：13-15.

③ 同②。

低为15年，但领取全额养老金的资格期限为30年；养老金计发公式中的除数部分不分男女一律为228个月（19年），但显然80%的女性领取退休金的年限要比男性长，因为俄罗斯的法律规定，女性的法定退休年龄为55岁，男性是60岁。参保人在服兵役、休产假以及失业期间，有权享受个人账户名义资本的增值待遇，其数额按照最低工资计算。①

名义账户的指数化调整与物价挂钩。其具体规定是如果每季度物价上涨超过6%，则每季度进行一次指数化调整，如果季度物价上涨低于6%，但半年内高于6%，则每六个月进行一次指数化调整，如果物价半年内的涨幅低于6%，则每年调整一次。同时，指数调整也根据工资上涨水平进行。如果平均工资的年增长率超过名义账户养老金指数化的总系数，那么相差部分从下一年的4月1日起追加，追加后的总指数不超过人均收入的增长指数。此外，名义账户养老金的调整指数应不超过基本养老金的指数化系数。②

5. 积累账户制的投资管理

俄罗斯2013年11月22日通过的新法案对名义账户制和积累账户制的缴费公式做了调整，主要内容是1966年前后出生的参保人可在以下两个方案中自行选择其中的一个：一是继续参加积累制，缴费率为6%，名义账户中的缴费率为10%；二是放弃积累制，16%缴费全部进入名义账户。参保人在2014—2005年两年内做出选择，如果参保人不再参加积累制，此前缴纳的账户储蓄仍可保留，其资产仍可参与投资，退休时将全额领取。③

（三）第三支柱：补充养老保险

俄罗斯养老金的“第三支柱”是职业年金，也被称为“补充养老保险”或“企业年金计划”。职业年金是企业管理的退休计划，由雇主自愿建立，其员工可自愿参加，采用基金制的个人账户管理方式，目的是使职工在得到基本生活保障之外可自行通过购买补充养老保险灵活调整退休后的收入。④ 从2010年起，俄罗斯加大了对“第三支柱”的支持力度，开始推行国家协同缴费制度，即只要一年内职工向个人养老金账户自愿存入的金额

---

① 许艳丽．俄罗斯社会保障制度［M］．北京：中国劳动社会保障出版社，2017：13-15.

② 同①。

③ 同①。

④ 高际香．俄罗斯养老保障制度改革困境与前景展望［J］．俄罗斯学刊，2017，7（3）：61-68.

为 2000~12000 卢布，国家将存入同等金额的补贴到此职工的个人养老金账户，以此来激发职工自愿储蓄的积极性，增加退休人员未来的养老储备金。另外，俄罗斯放宽了对非国有养老基金会的限制，允许其自行投资、参股，以提高经济活力。①

四、俄罗斯养老金计划与退休政策的特点

养老金体系是社会保障体系中最核心的部分。养老金计划与退休政策关乎百姓福祉、社会稳定和国家发展，历来为各国政府所重视。苏联解体后，俄罗斯的养老金体系经历数次调整后基本定型。当前的俄罗斯养老金计划呈现以下特点。

（一）覆盖群体广，养老金项目具有层次性

俄罗斯基本形成了“三支柱”养老金体系，覆盖了几乎所有俄罗斯人，具有覆盖面广的特点。与此同时，“三支柱”养老金体系在保障范围、保障力度、保障方式上各不相同，具有层次性。“三支柱”养老金体系的“第一支柱”即国家养老保障，主要覆盖联邦国家公职人员、军人、卫国战争参战者、获得“列宁格勒围困居民”勋章的公民、辐射和技术型事故受害者、宇航员、飞行试验人员和丧失劳动能力人员八类。“第二支柱”主要覆盖有工作的劳动者群体。“第三支柱”为补充养老保险。俄罗斯的“三支柱”养老金体系基本上覆盖了所有俄罗斯人，并基本实现了资金来源多元化、社会养老保险社会化的改革目标，形成了由国家、企业、个人三方共同承担养老金的局面，国家不再是唯一的养老金经纪代理人，私人养老保险基金被合法化，市场机制的竞争关系被引入。“三支柱”养老金制度改革为大部分的退休工人提供了最基本的养老金保障，同时给予了国内工人自由选择养老金管理者的权利，提高了国家经济安全水平，从长远看有利于减轻国家财政负担和国家的长远发展。

（二）重视法律的颁布和实施

俄罗斯在苏联解体后，在“三支柱”养老金的形成过程中，先后签署了 10 多部联邦法规，包括在独立初期出台的、专门规范联邦养老基金的《俄罗斯联邦养老基金条例》、在养老保险征税时期通过的《税法典》、在养

① 许艳丽 . 俄罗斯社会保障制度［M］. 北京：中国劳动社会保障出版社，2017：13-15.

老保险缴费时期出台的联邦法《关于俄罗斯联邦养老基金、社会保险基金、强制医疗保险基金的保险缴款》等。这些法律为俄罗斯联邦养老基金的发展与保费的征收提供了详细的准则与规范，极大地推动了改革的进行。然而，在当前社会人口结构大幅变化、国际形势起伏不定的大环境下，对于养老这一世界性难题，俄罗斯联邦养老基金仍然面临诸多挑战。[①] 因此，仅仅有法律的规范仍不够，还需要养老金和经济发展、社会发展的三向联动。

（三）关照特殊职业群体，允许提前退休

随着老龄化形势的加重，俄罗斯出台新法律，开始提高退休年龄。但对于大批从事特殊职业的工作群体，俄罗斯允许他们申请提前退休，不需要提高退休年龄，仍可以在 60 岁（男性）和 55 岁（女性）前领取养老保险金。从事特殊职业的人群主要是指工作条件危险且容易损害身体健康、工作强度大、工作环境艰苦的工作人群，如在地下工作和高温车间工作的工人，在矿井、矿山或采石场工作的卡车司机，在海上船队、河流船队和渔船工作的船员，进行野外地质勘探、森林资源管理和调查工作的探险队及当地驻扎队队员，从事伐木和木材搬运工作包括相关机器和设备维护的工人，长期居住在北极圈以北地区或条件相似地区的养鹿人、渔民和猎人等。

此外，俄罗斯对残疾人群体十分爱护，至今仍保留残疾人养老金。有重大残疾的公民无论什么年龄都有权申请残疾确认，得到确认后，他们有权领取社会残疾养老金。除了照顾残疾人，俄罗斯政府还关注切尔诺贝利事故的受害者。受辐射或人为灾害影响的公民可以提前退休，其中包括切尔诺贝利事故和其他相关类型事故的受害者。[②]

（四）优待女性，在兼顾社会效益的同时鼓励生育

俄罗斯对生育多个孩子的母亲有专门的优惠政策。有 3 个孩子的女性可以比新退休年龄提前 3 年退休，有 4 个孩子则提前 4 年，生育 5 个及以上孩子并抚养他们到 18 岁的女性可以在 50 岁退休，但是这类女性还需要有 15 年的养老保险缴纳记录。在北极圈以北地区或条件相似地区生育 2 个及以上

---

① 童伟，田雅琼．俄罗斯养老基金再现危机：原因、应对与启示［J］．国外理论动态，2019（11）：101-114.

② 陈韵莹，何芳．当前经济背景下的 2018 年俄罗斯养老金制度改革［J］．东北亚经济研究，2019，3（4）：109-120.

孩子的女性同样可以在 50 岁退休，但是她们的养老保险缴纳记录需要达到 20 年以及工龄达到 12 年，其他条件相似地区则至少达到 17 年工龄。这一政策不仅照顾到母亲群体，保障了她们的权益，而且从长远来看，该政策有利于鼓励生育、促进人口增长，在一定程度上有利于缓解劳动力短缺的状况，进而从根本上改善养老金短缺的历史性难题。①

五、对我国的启示

俄罗斯的养老金计划和退休政策并不是完美的典范。事实上，俄罗斯养老金由于费率偏高、监管缺失、附加职能繁重等广受诟病。另外，俄罗斯养老基金收入的严重短缺，政府补贴占基金总收入比重偏高，明显有悖保险原则。俄罗斯联邦财政赤字问题影响政府财政进而会加剧养老基金赤字问题等。这就告诉我们，任何国家尤其是我国的养老保障计划绝不能照抄照搬其他国家，奉行简单的“拿来主义”，而是要取其精华、去其糟粕，谨慎、循序渐进地发展完善我国的养老金计划和退休政策。俄罗斯的养老金计划和退休政策给我国以下几点启示。

（一）建立多支柱、多层次的养老金体系

俄罗斯的养老金制度逐步从苏联时期的政府大包大揽走向“三支柱”体系，不仅提供了国家基本养老保障，还提供了第二、第三支柱以及额外的养老金收益，以切实保障俄罗斯老年人的晚年生活，提高在职工人对晚年生活的良好预期。多支柱养老金体系既减轻了俄罗斯政府的财政负担，也从整体上改善了俄罗斯国民的养老保障水平。我国在改革开放前，建立了和苏联类似的养老保障体系，改革开放后不断摸索建立了适合本国国情的养老保障计划。我国可以借鉴俄罗斯建立以政府为主导的多支柱、多层次养老金体系，使国家（有关职能部门）和社会（从事社会福利事业的社会力量）成为养老金的责任主体，继续完善个人账户和社会统筹相结合的基本养老保险制度，鼓励单位、个人自愿购买团体养老保险、企业年金或个人养老年金，鼓励和规范商业养老保险和私人养老保险的发展。最重要的，国家和政府要颁布相关法律、法规对各项社会福利事业进行规范，通过有关职能部门对养老金进行监督与管理。除政府外，企业、非营利组织、

---

① 陈韵莹，何芳. 当前经济背景下的 2018 年俄罗斯养老金制度改革［J］. 东北亚经济研究，2019，3（4）：109-120.

慈善组织以及家庭等都可参与到养老金体系的供给中，逐步形成由政府提供的基本养老保险、企业提供的企业年金和职业年金以及个人储蓄性养老保险和商业养老保险构成的养老金体系。

（二）制定和完善养老金相关法律，夯实法律基础

俄罗斯在"三支柱"养老金体系的形成过程中，先后发布了十余部联邦法规。相比之下，我国至今尚无一部专门的养老基金法，国家出台的政策多数是"实施办法"与"细则"等，法律效力不够高。我国于2010年发布了《社会保险法》，该法虽然提到养老保障，但只是停留在较为宏观和概括的层面，对于养老基金管理的许多细节并没有具体的规定。中国老年人口基数庞大且未富先老，面临比俄罗斯更为严峻的人口老龄化形势。因此，运用法律改革现有的养老金制度的不合理之处、建立公平可持续的中国养老金体系迫在眉睫。俄罗斯养老金计划和退休政策的做法虽不适合被我国全盘吸收，但我国仍可以学习俄罗斯立法先行的做法，更好地为我国的养老金改革提供立法保障。具体来讲，我国在养老金制度的法制保障方面，要继续完善我国的养老保险法律制度，完善基本的《社会保险法》，建立《基本养老保险条例》《社会保障基金管理条例》等行政法规，形成由基本法律、行政法规、管理条例相结合的养老保险法律体系，使我国养老保险制度的发展尽快走上法制化和规范化的轨道。

（三）关注特殊群体的养老金权益

俄罗斯对特殊工种群体、残疾群体、生育多子女群体有特殊的照顾，尤其对生育多子女的女性依据生育子女的数量确定提前退休的年龄，这种做法有利于鼓励生育、促进生育率的提高。中国基本建立了覆盖全民的城乡养老保险和职工养老保险，但还没有建立健全针对特殊工种的人群申请提前退休的制度体系。例如，对于特殊群体如残疾人、农民工群体等参加养老保险仍设有一定的门槛，可能会导致部分弱势群体无法享受国家的养老保障；对于生育多子女的妇女，我国没有设立相应的提前退休政策。我国可以借鉴俄罗斯对于从事特殊工种的人群尤其是在危险或有害工作条件下工作的人群，给予他们提前退休的权利，并适当增加此群体的养老金补贴；对于残疾人等弱势群体，可以适当增加对他们的补助，保障他们的基本生活；对于农民工群体，可以丰富养老金选择的多种可能性和计算退休年龄的多种标准；对于生育多子女的妇女，我国可以根据其子女数量适当调整提前退休的年限。

总之，关注弱势群体及特殊群体的养老保障权益，创新养老保险类型，扩大养老保险的覆盖群体，是促进社会公平和维护社会正义的需要，也是养老金的题中之义。只有覆盖到弱势群体、特殊群体的养老保障体系才是真正意义上的养老保障体系。

（四）加强养老金管理，提升统筹层次与资金管理效率

俄罗斯养老保险费的挪用、少缴与漏缴已成为俄罗斯养老基金面临的严峻问题。我国也存在类似问题。我国上海市、浙江金华市、辽宁省葫芦岛市以及广州市等都曾出现过挤占、挪用社保基金的恶性案件。在 2015 年 1 月之前，我国的机关事业单位工作人员不需要缴纳基本养老保险费，这带来了严重的个人账户空账运行问题。与此同时，我国的三支柱养老金体系发展不平衡，截至 2020 年末，我国基本养老保险累计结存金额在三支柱养老金中占比接近一半。新时期，如何杜绝挪用、违法使用养老保险基金、通过"老人老办法，中人中办法，新人新办法"的过渡办法做实个人账户并有效提高我国养老金的统筹层次，是我国当前养老金管理面临的重要难题。我们可以借鉴俄罗斯通过立法的形式，进一步明确我国社会保障基金理事会的职责以及养老金的性质和用途，禁止任何人、任何单位从养老基金预算中拨出资金用于其他目的，加大对违法行为的惩罚力度。其次，适当从财政中划拨部分资金到养老金中，以解决养老金个人账户亏空的问题。最后，学习俄罗斯推行多样化的养老金形式，在个人职业年金方面尝试国家协同缴费制度，以激发职工自愿储蓄的积极性、增加退休人员未来的养老储备金。

参考文献

[1] 童伟，田雅琼 . 俄罗斯养老基金再现危机：原因、应对与启示 [J]. 国外理论动态，2019（11）：101-114.

[2] 陈韵莹，何芳 . 当前经济背景下的 2018 年俄罗斯养老金制度改革 [J]. 东北亚经济研究，2019，3（4）：109-120.

[3] 高际香 . 俄罗斯养老保障制度改革困境与前景展望 [J]. 俄罗斯学刊，2017，7（3）：61-68.

[4] 赵春江，胡超凡．社会公平视角下俄罗斯养老保险制度改革及启示［J］．学习与探索，2014（10）：99-105.

[5] 许艳丽．俄罗斯社会保障制度［M］．北京：中国劳动社会保障出版社，2017.

[6] 朱小玉，关博，淦宇杰．社会保险费率调整的他国镜鉴：从全球趋势到典型国家经验［J］．社会保障研究，2020（1）：99-111.

[7] 柳如眉．俄罗斯为什么要提高退休年龄？——基于 OLG 模型的实证分析［J］．俄罗斯东欧中亚研究，2018（6）：58-76.

[8] 托马斯·雷明顿，李月，傅勇．收入差距与威权治理：俄罗斯与中国的比较［J］．文化纵横，2014（2）：14.

[9] 陈志国，冯梦如．俄罗斯强制型养老基金个人账户投资管理启示［J］．人口与经济，2012（5）：57-64.

[10] 肖金萍．中国养老金制度的公平与效率的价值取向［J］．中国经济问题，2006（4）：40-45.

[11] 徐燕霞．世界养老金制度与俄罗斯［J］．国外理论动态，2002（2）：20-21.

[12] 雷鹏．俄罗斯寻求摆脱养老保险危机办法［J］．中国劳动科学，1997（8）：42-45.

“一带一路”沿线国家贫困治理与社会救助

——以中国为例*

陈　辉　丁嘉琳**

摘　要：贫困问题是“一带一路”沿线国家可持续发展所面临的重要挑战。中国作为“一带一路”的倡导和推动者，致力于以相互尊重与合作共赢为核心的新型减贫体系的建构，通过公共产品供给与多元合作的“造血式”贫困治理，向“一带一路”沿线国家提供社会服务，助推沿线国家突破发展瓶颈，激活经济发展的内生动力。随着国际社会复杂性与不确定性加剧，中方将减贫工作的重心聚焦国际减贫协同治理的机制构建，坚持共商共建共享，促进“一带一路”沿线国家间合作，分享减贫经验，有效推动国际减贫工作的实施与社会救助，全面惠及民生。

关键词：“一带一路”；贫困治理；社会救助；中国方案

贫困是梗阻现代国家发展的世界性难题。中国作为“一带一路”的倡导者，从人类命运共同体出发，致力于通过公共产品供给与对外投资的“造血式”贫困治理，向“一带一路”沿线国家提供社会服务，助推沿线国家突破发展瓶颈，激活经济发展的内生动力。随着国际社会复杂性与不确定性加剧，中方将减贫工作的重心聚焦协同治理的机制构建，坚持共商共建共享，促进“一带一路”沿线国家间合作，推动国际减贫在实践中向着

* 本研究受到国家社科基金项目（20BZZ050），江苏高校哲学社会科学研究基金（2020SJZDA090）的资助。

** 陈辉，南京师范大学公共管理学院教授，博士生导师，南京智库联盟城市治理与政策分析研究所所长，主要从事公共行政学、中国政府与政治研究；丁嘉琳，南京师范大学公共管理学院研究生，主要从事中国政府与政治研究。

综合性、普惠性、稳定性趋势有效展开，助推全球治理中的贫困问题化解。习近平指出：“共建‘一带一路’顺应了全球治理体系变革的内在要求，彰显了同舟共济、权责共担的命运共同体意识，为完善全球治理体系变革提供了新思路新方案。”[①] 这需要进一步优化中国与“一带一路”沿线国家开展多边合作，通过设施联通、贸易畅通、资金融通、民心相通的总方针，建立区域合作减贫机制，促进和睦友善合作伙伴关系。

一、问题的提出

贫困体现了收入水平，学术界将其分为绝对（absolute）贫困与相对（relative）贫困。一方面，绝对贫困是指低于维持生存的基本生活水平所需要的费用；另一方面，当某家庭的消费不到平均家庭在食品、服装、住房等消费水平的50%时，该家庭被界定为相对贫困。[②] 阿马蒂亚·森从权利的视角探究贫困之因，强调不同阶层的人们对于粮食的支配和控制能力，这种支配和控制能力表现为社会中的权利关系，是由法律、经济和政治的社会特性所决定的。[③] 何以突破贫困陷阱，阿比吉特·班纳吉与埃斯特·迪弗洛运用随机对照实验方法，探讨有效的社会政策进行贫困治理，包括倾听穷人的心声、理解他们的逻辑、通过小的变化带来大的变革。[④]

作为全球性的治理难题，贫困是“无声的危机”，不仅严重阻碍了贫穷国家的社会经济发展，也是当前地区冲突、恐怖主义蔓延等问题的重要根源。在世界面临百年未有之大变局的背景下，复杂国际形势对“一带一路”倡议的深远发展提出了更高的要求，需要深化国家间的交流合作，不断增进人民福祉，实现全覆盖、惠民生的减贫目标，显得尤为必要。因此，本文的研究问题在于：如何植根于“一带一路”沿线国家贫困现状，建立协同治理合作机制，拓宽国际减贫领域新型合作的中国方案，从而切实推动中国和沿线国家的合作共赢。

---

① 习近平．习近平谈治国理政：第3卷［M］．北京：外文出版社，2020：486.

② 英国学者奥本海默也认为贫困是指物质上的、社会上的和情感上的匮乏，这意味着在食物、保暖和衣着方面的开支低于平均水平。保罗·萨缪尔森，威廉·诺德豪斯．经济学［M］．萧琛，译．北京：商务印书馆，2013：552.

③ 阿玛蒂亚·森．贫困与饥荒［M］．北京：商务印书馆，2001：198.

④ 阿比吉特·班纳吉，埃斯特·迪弗洛．贫穷的本质［M］．北京：中信出版社，2018：298.

二、“一带一路”沿线国家贫困问题

“一带一路”沿线地跨65个国家，人口占全球人口总量的2/3，但其经济总量却只有全球经济总量的30%左右，人均收入水平只有全球平均水平的50%，这是由于“一带一路”沿线有超过45个国家和地区共计3.65多亿的人口生活在国际贫困标准线下（1.9美元/人/天），部分国家贫困发生率如图1所示。

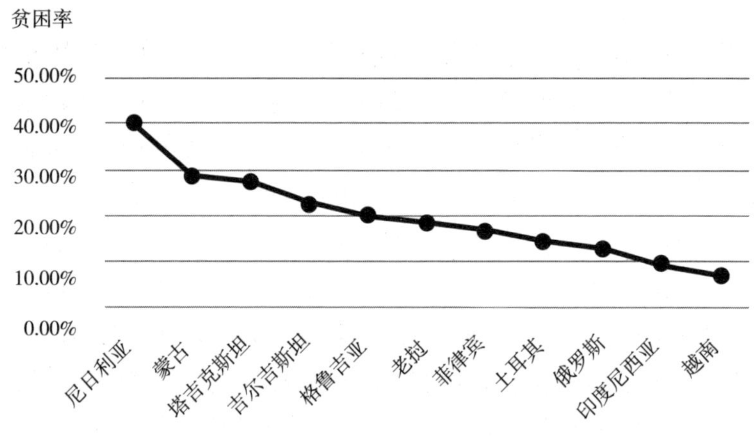

图1 “一带一路”沿线部分国家贫困率

（资料来源：世界银行，2020）

随着全球性新冠肺炎疫情的影响，全球贫困情况越发严峻，联合国与世界银行的数据皆显示，2020年全球贫困人口新增1.19亿到1.24亿之多。①

经济学家阿玛蒂亚·森提出了多维贫困指数（MPI）的概念，认为多维贫困指数由健康、教育、生活水平三个维度构成。该测量法是对人类贫困指数的进一步完善，旨在反映多维贫困程度的同时体现出贫困个人或家庭的能力被剥夺量，其数值越小，意味着个人或家庭贫困程度越低，反之则越高。2020年MPI指数显示，全球107个发展中国家中，约有22%的人口生活在多维贫困中，这些人口中的80%以上居住在撒哈拉以南的非洲和南亚地区。全球减贫在区域分布方面仍存在着进展不平衡的现象，主要表现

① 郑雪平．“一带一路”高质量建设驱动合作国家减贫研究［J］．社会科学，2021（9）：50-61.

为区域间和阶级间贫富差距大、产业结构不合理导致失业情况严重以及国内社会保障制度不完善加剧了贫困程度。

（一）俄罗斯和中东欧的贫困问题

俄罗斯地域辽阔，经济转轨历经全球性的金融危机。自 2014 年乌克兰危机以来，西方国家加大了对俄罗斯的多轮制裁。2022 年 2 月俄乌冲突以后，俄罗斯银行被踢出环球银行金融电信协会 SWIFT 系统，国内经济面临严峻挑战，这也使得俄罗斯贫富悬殊问题格外突出。中东欧是一个地缘政治概念，涵盖波兰、捷克、斯洛伐克、匈牙利、斯洛文尼亚、克罗地亚、波黑、塞尔维亚、黑山、罗马尼亚、保加利亚、阿尔巴尼亚、北马其顿、爱沙尼亚、立陶宛、拉脱维亚和希腊共计 17 个国家，占"一带一路"沿线国家总数的 1/4，地处"一带一路"向西延伸进欧洲的起始位置，在"一带一路"倡议的具体实践中发挥着重要作用。中东欧国家在从中央计划经济体制转变成市场经济体制的过程中，出现了"转型性衰退"现象，在此期间社会阶层的贫富两极分化趋势加剧，一些国家普通民众的生活水平不升反降。

相较而言，俄罗斯国内的贫富差距问题尤为突出，不仅体现在不同阶层方面，还体现在不同区域之间。俄罗斯国内的不平衡体现了财产在不同居民群体之间的分配不平衡，这导致国内穷人和富人收入差距过于悬殊，进一步加剧了贫富分化状况，如富有阶层居民的收入增长速度是全国平均水平的 6 倍，因此社会两极化问题不容小觑。普京总统在 2019 年国情咨文中指出，当前俄罗斯贫困人口大概有 1900 多万，事实上，实际贫困人口比官方统计数字要更多。俄罗斯联邦国家统计署将全国居民按照收入高低的顺序平均分为五组，最高组别的收入占全俄货币总收入的 47.1%，而最低组别的收入只占全俄货币总收入的 5.3%，倍数扩大至 8.9 倍。[①] 俄罗斯低收入贫困人口中近半数居住在边远的农村地区，农村的贫困水平超过了 27%，远远超过全俄的平均水平 13.2%。[②] 俄罗斯农村地区的居民生活水平低下，人均收入水平只为富裕地区的 1/3。俄罗斯贫困状况如图 2 所示。

哈佛大学弗瑞曼教授曾言，经济全球化在快速缩小国家间尤其是发达

① 王志章，李梦竹，王静．中国与"一带一路"沿线国家合作反贫困研究［M］. 北京，人民出版社，2018：216.

② 刘博玲．俄罗斯贫困问题：现状、特点与治理［J］. 俄罗斯东欧中亚研究，2020（6）：79.

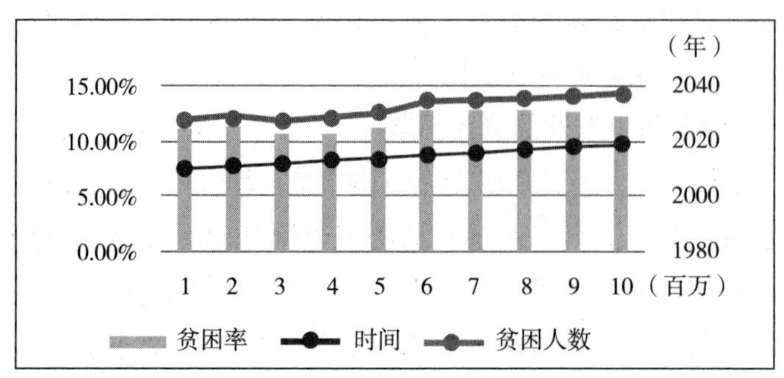

图2 俄罗斯贫困状况

(资料来源：俄罗斯国家统计局，2020)

国家和发展中国家的贫富差距时，也扩大了参与到全球化之中的每一个国家内部的贫富差距。[①] 这正是俄罗斯与中东欧国家的真实写照，全球化之下的负面溢出效应加速了资本和人员的自由流动，导致大量财富流向高收入阶层，进一步拉大了这些国家内部的不平等，加剧了贫富分化。

(二) 西亚和北非的贫困问题

西亚、北非处于三洲两洋的交界地带，由25个国家和地区组成，是“一带一路”东西走向的要道。同时，该地区也是世界的石油宝库，拥有世界上储量最多的石油资源，也是产量最大、出口量最多的地区，石油出口量占世界总出口量的2/3。石油资源一方面在该地区具有重要的战略地位，另一方面也使得当地形成单一化产业结构，这也带来了贫困问题。

阿拉伯国家近年来面临“青年人口膨胀”问题，一夫多妻的婚姻家庭制度，导致该地区出生率极高，在产业结构与就业岗位形成巨大的压力。而阿拉伯是依赖石油而生的国度，石油属于资本密集型产业，这种产业的特点是所需要的劳动、知识要素较少，这就决定了石油产业不能提供较多的就业岗位。匮乏的就业岗位和日益膨胀的待业人数，使得阿拉伯青年不得不面对失业的困境，成为亟待关注的新贫困群体。

2017年阿拉伯国家的经济增长率为1.9%，单一的产业结构除了引发岗位匮乏型失业外，还存在着应对外来风险能力低下的问题。埃及作为重要的石油生产国，石油在其国民经济中扮演着不可或缺的角色，石油及其附

① Freeman, Richard B. Globalization and Inequality. The Oxford handbook of economic inequality [M]. Oxford : Oxford University Press. 2009: 575-598.

属制品出口所得收入占出口总收入较高，过度依赖同一产业的产业结构伴随而来的就是经济的脆弱及不稳定性，宏观经济的波动极易引发国内的物价上涨甚至通货膨胀。经济危机导致的农产品价格上涨使得小麦价格增长，造成埃及粮食短缺，这进一步加深了国内贫困程度。2011 年埃及 15 岁以下人口的贫困率高达 23%，15 至 19 岁人口的贫困率为 28%，2000 至 2015 年埃及中产阶级的人口比重从 48.2%降至 5%。

（三）东南亚的贫困问题

东南亚国家包括印度尼西亚、马来西亚、菲律宾、泰国、新加坡、文莱、越南、老挝、缅甸、柬埔寨、东帝汶 11 个国家。根据联合国亚太经济与社会委员会数据，约有 8796 万人生活在每人每天 1.9 美元的标准国际贫困线以下。截至 2019 年，人均 GDP 超过一万美元的只有马来西亚、文莱和新加坡三个国家，缅甸、柬埔寨、老挝、越南、菲律宾、印尼等国家的人均国民生产总值不足 4000 美元。贫困是制约东南亚国家实现可持续发展与区域共同繁荣的主要障碍，贫困率与人均国民生产总值如图 3 所示。

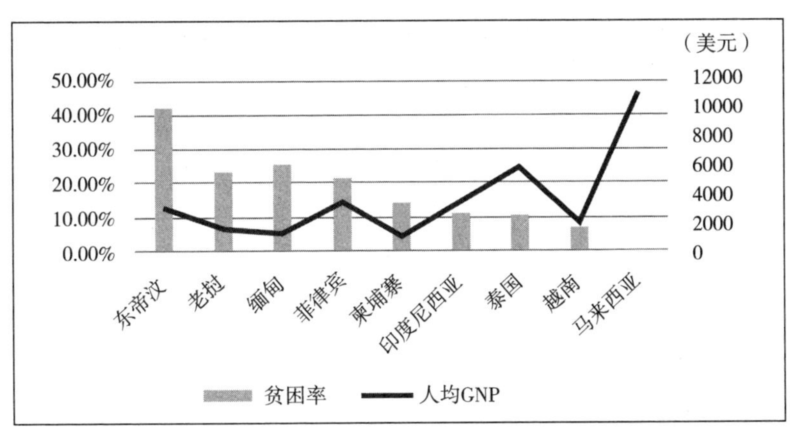

图 3　东南亚国家贫困状况

（资料来源：世界银行，2019）

第二次世界大战以来，东南亚国家伴随着民族独立，传统社会结构解体，建构现代国家所面临的挑战、贫困问题日益凸显。这需要建立并完善现代社会保障体系，诸如失业保险、医疗保险、退休金保障制度。但由于国家之间存在政治文化的差异，国情的不同使得各国社会保障体系的发展不尽相同，呈现出了具有本国特色的发展路径。但总体来看，东南亚国家的社会保障体系暴露出诸多问题，如养老、医疗保险的覆盖率极低，仅占总劳动力数量的15%，同时社会保障制度的受众范畴狭窄，贫困人口尚未得到应有的救助。

根据经济实力与发展状况的差异，东南亚国家分为三个层级：第一层级是以新加坡、文莱为代表的城市化国家；第二层级以马来西亚、泰国、越南、印度尼西亚、菲律宾等国为代表的转型国家；第三层级以柬埔寨、老挝、缅甸为代表的农业国家。因此，在社会福利制度方面，这些国家体现出发展极不平衡的特征。新加坡作为亚洲主要枢纽之一，其以制造业为核心产业的多元化产业共存的经济模式使其成为东南亚地区工业化程度最高的国家，文莱也凭借丰富的国内资源实现了基础设施的完备，这两个国家高度繁荣的经济能为国内劳动者提供较为完善的社会保障，失业率较低。从人口总量看，东南亚贫困人口最多的是印度尼西亚，贫困人口达到2915万，老挝、柬埔寨、缅甸三国由于经济水平落后，大部分劳动力从事农业生产工作，难以满足建立社会保障体系，进一步加剧贫困现状。

三、“一带一路”沿线国家跨越贫困陷阱的协同机制

一国发展不能孤立于世界，中国要实现经济健康发展，需要树立全球视野，在消除自身贫困的同时关切别国的发展问题，助推国际减贫事业发展，这也有助于实现合作共赢。贫困治理是一项复杂且持久的巨大工程，协同机制在国际减贫工作中发挥重要作用，需要凝聚多方面的力量形成共识方能达到减贫成效，从而跨越贫困陷阱，推动发展的可持续。

协同机制在于政府、市场和社会力量多元主体共同参与的合作减贫格局，孕育贫困治理的内生动力，由“输血式”向“造血式”减贫模式转变。作为“一带一路”的倡议国，深化“一带一路”周边国家减贫的协同治理，是中国积极响应联合国2030年可持续发展议程的重要举措。

（一）发挥政府力量，优化顶层设计

“一带一路”沿线多是发展中国家，经济发展过程中伴随而来的贫富分化，使得贫困群体不能分享经济增长带来的福利。这需要发挥政府作用，通过颁布、落实法律法规，有效弥补市场的失灵；在减贫实践中发挥政府作用，加强政府间的合作，不断完善减贫的顶层设计。在中国对发展中国家的援助资金中，政府财政投资占总比高，正在实施中的国际援助项目约

67.5%由国企所完成。[①] 政府和国有企业不论是在金融投资还是在援助项目中皆居于主导地位。联合国秘书长古特雷斯曾这样评价中国的减贫成果：“中国取得的非凡成就为整个国际社会带来了希望，提供了激励”[②]，中国对外减贫取得的成效也与该制度优势的外溢有密不可分的关系。

顶层设计在统筹协调各要素的基础上优化结构，从而高效实现目标。“一带一路”周边国家数量众多且各国情况不同，因此开展协同治理的前提就是找到合作利益契合的公约数，根据不同地区的特色产业及社会基础，围绕重点领域开展扶贫工作的顶层设计。双方在“一带一路”倡议的引领下，明确合作的重点、难点，在审慎分析各方优势及互补点的基础上找准合作扶贫的关键点，共同制定策略并统筹安排合作项目，签署合作减贫的相关条约以保证工作的规范化；在项目的落地实施过程中完善监督与跟进环节，为贫困地区居民带去福利；建立健全完善反馈机制，助力减贫少走弯路。中国与沿线国家通过“一带一路”平台、开展国家领导人会晤等多层对话加强国家之间的交流，深化发展双边关系；通过对话促进国家间互相尊重互相理解，在构建战略信任的基础上携手开拓国家减贫之路，和平解决历史遗留问题，推动国家间新型合作关系的形成。

（二）推进民心相通，形成社会共识

国际减贫合作的发展需要推进民心相通，而相互信任是深化“一带一路”合作减贫的前提。在“一带一路”倡议的建设中，国家间交流互动，促进了民心相通。国家间的政治互信在合作过程中逐步建立起来的。因此，合作减贫需要从多维度、多层面汇聚民心，促进可持续发展的文化交流，这对提高协作效率具有重要意义。

首先，加强人才的流动，通过专题化、规范化、体系化的课程培训做好对人才资源的孕育导引，通过向沿线国家输送人才技术从而增进人文交流；同时，需要以跨文化角度尊重不同国家的文化差异，对输送人才做好具有针对性的岗位培训，将“入乡随俗”贯彻落实到具体的工作过程中去，通过求同存异，树立中国企业形象，赢得国际认同，促进合作扶贫更顺利地开展。

---

① 张原.“一带一路”倡议下的中国对外合作减贫——机制、挑战及应对［J］. 当代经济管理，2019（1）：11-16.

② 中华人民共和国国务院新闻办公室. 人类减贫的中国实践［R］. 北京：人民出版社，2021：60.

其次，充分发挥民间组织作用，对自发性的民间组织及志愿者的正规活动给予支持和宣传，民间组织扎根群众的性质使其可与当地群众展开深入交流，为贫困地区带去新兴减贫理念与技术，并探索开发新型扶贫项目，凝聚团体的力量形成合作组织；通过融合智库专家、技术人员、志愿者的群体性力量，切实惠及当地贫困居民，帮助他们摆脱贫困。此外，辅以民意反馈机制，在贫困群体中定期展开民意调查，了解贫困地区居民对惠民项目的满意度及改进意见，双向沟通模式也更有利于当地居民对扶贫工作者产生认同感与信任感，夯实民意基础。

最后，通过网络媒介促进双方的文化交流，发挥文化引领作用，提升文化认同感。在互联网时代，以微博、微信、新闻客户端为代表的新媒体在人们的信息获得渠道中正日益扮演着重要的角色与功能。

（三）加强多边合作，发挥国际力量

多边合作的协同治理体系需要尊重并维护联合国在国际减贫体系中的核心地位。事实上，联合国千年发展目标、2030年可持续发展议程在国际贫困治理工作方面与“一带一路”倡议具有协同效应，对“一带一路”战略实践具有现实性的指导意义，“一带一路”的贫困治理工作有效拓展了国际融资渠道。不仅如此，中国加强与经合组织发展援助委员会、世界银行等国际发展机构及非政府组织开展对话与沟通①，充分发挥多边协同力量。

为了促进“一带一路”的更高质量发展，需要更多国家参与其中，通过寻求项目契合点吸引发达国家参与相关领域的贫困治理，引入先进技术与人才，有效实现全球范围内的共商共建与共享。中国提出的“第三方市场合作”，将中国的优势产能、发达国家的先进技术和广大发展中国家的发展需求进行有效对接，该模式是对多边合作的理念创新。“一带一路”倡议联结欧亚，为不同国家间的互利双赢提供了机遇。目前，中国已经与法国、韩国、德国、英国等国达成了第三方市场合作的共识，聚焦于基础设施、能源、环保等重点关切领域的合作，为达成国家间的优势互补取得了实际成效。

---

① 张原．“一带一路”倡议下的中国对外合作减贫——机制、挑战及应对［J］．当代经济管理，2019（1）：11-16.

四、"一带一路"沿线国家贫困治理与社会救助的政策设计

"一带一路"倡议是中国践行联合国千年发展目标的重要举措，它以减少贫困为己任，是推动区域经济一体化建设的双赢举措。"一带一路"贯穿亚欧非大陆，沿线发展中国家面临着基础设施不完备、就业岗位匮乏、技术落后等问题。"一带一路"作为国际减贫事业的合作平台，分享各国减贫经验，推进沿线国家的贫困治理。

中国走出一条具有丰富实践性的减贫之路，凝聚各方力量，构建政府、社会、市场协同推进，专项扶贫、行业扶贫、社会扶贫相互补充的扶贫格局，依托高效运行减贫机制，形成跨地区、跨部门、跨单位、全社会共同参与的多元共治的社会扶贫体系。改革开放以来，中国积极融入国际社会，先后与联合国开发计划署、国际货币金融组织、世界银行等国际组织合作，通过资金援助、提供技术、打造基础设施等方式开展惠及民生的国际减贫合作项目，这些项目有效改善了当地居民的生活水平，减轻了地区的贫困程度并实现了可持续发展。

截至2021年11月，中国已同140个国家和32国际组织签署共建"一带一路"合作文件，确立多边合作关系。"一带一路"倡议显然已经成为获得国际认同的公共产品供给平台和促进各国友好共建的合作舞台。随着"一带一路"的不断推进，许多基建项目落地实施，技术资金外溢，通过共建共享有效促进了各国之间的互联共通，推动了当地的经济发展，维护了社会秩序的稳定。据世界银行研究报告，"一带一路"倡议将使相关国家760万人摆脱极端贫困、3200万人摆脱中度贫困，将促进参与国贸易增长2.8%至9.7%、全球贸易增长1.7%至6.2%、全球收入增加0.7%至2.9%。联合国秘书长潘基文曾高度肯定国际减贫的中国经验，在人类通往消除贫困的道路上，中国的作用不可或缺。

中国向"一带一路"沿线国家提供社会救助以缓解贫困问题，主要通过公共产品供给以及对外投资的方式。公共产品具有非竞争性与非排他性，在"一带一路"框架下的公共产品属于具有跨国性的国际公共产品，其供给主体一般是一个或多个大国，由其承担主要责任并获得其他国家的认可，可以理解为当某个国家的能力不足以完成某项工程时，需要多方力量介入协助完成，通过区域分工以实现整体性、专业化合作，更加有针对性地向

贫困国家与地区提供国际性的社会救助，以弥补国际公共产品供给机制的不足，具体表现为帮助贫困国家建设基础设施以及提供技术产品。公共产品的输入有利于推动地区的经济增长，并能带动沿线地区的工业化和城镇化进程。对外投资作为一种更直接的资金外溢形式将最大限度盘活当地经济资源，并通过减少债务和加大融资力度的双举措并行方式帮助贫困国家和地区迎来发展机遇，充分挖掘当地具有产业价值项目的发展潜力，有力加快全球减贫进程。

（一）建设基础设施，实现互联共通

"一带一路"的核心是通过促进基础设施的建设以期形成互联共通的合作关系，实现全方位协调发展。2016 年 1 月，连接印度尼西亚大雅加达市区和爪哇省的雅万高速铁路开工奠基，这是中国为东南亚建造的第一条铁路，也是我国首条海外高铁。雅万高速铁路的落地实施将使印尼成为东南亚高铁实力最强的国家，同时铁路的修建也可为印尼劳动力市场提供一定数量的就业岗位，缓解当地就业压力。雅万铁路作为中国高铁出口项目，对我国高铁事业的海外发展无疑具有标杆式的战略意义。10 月，西起埃塞俄比亚首都亚的斯亚贝巴，东抵吉布提首都吉布提的亚吉铁路正式通车，这条由中国中铁和中国铁建组织施工的铁路被誉为"非洲天路"，是中非友好合作历程中具有重大意义的里程碑。中泰铁路、中老铁路、中缅铁路、中巴铁路也帮助这些国家融入到"一带一路"所营造的开放包容的合作氛围中。高铁作为基建纽带，促进了中国与沿线国家进行经贸往来，有利于改善国际建设大环境。另外，亚非增长走廊、孟中印缅经济走廊、国际南北运输走廊和欧亚经济联盟等其他区域连通性倡议，为多层面的区域连接框架提供新的前景，是对"一带一路"基建的相互补充。

"一带一路"倡议提出政策沟通、设施联通、贸易畅通、资金融通、民心相通的"五通"建设，其中设施联通被视作中枢纽带，联结其余"四通"，发挥多维优势达到减贫目标。道路通，百废兴，基础设施的欠缺是制约发展中国家经济发展的阻力，加大基建力度对当地摆脱贫困具有重要意义。据统计，基础设施类投资占中国对"一带一路"投资的比重从 2013 年之前 23.3%上升至 35%。[①] 中国在"六廊六路、多国多港"的理念指导下，

① 张原. 中国对"一带一路"援助及投资的减贫效应——"授人以鱼"还是"授人以渔"[J]. 财贸经济，2018（12）：111-125.

促成了多个标志性项目的落地实施，同时注重社会效益与经济效益的兼顾，为沿线经济体带去了显著的GDP增长，取得了实质性的进展。

（二）输出技术产品，破解救助瓶颈

当前“一带一路”倡议已经为沿线国家创造逾20万个就业岗位，有效缓解了沿线国家的劳动力堆积问题，为沿线国家民众在跨国商业合作中创造了更多机遇与可能性。合作经验在于中资企业融入当地社会，造福当地居民，实现合作双赢。通过引进技术不仅可以有效促进当地的经济发展，改善现有产业结构，同时新产业的落地也将大面积提供就业岗位，缓解贫困地区的就业压力。作为中国与柬埔寨合作样板的柬埔寨西哈努克港经济特区迎来百家企业入住，为外国企业带来机遇的同时也切实为柬埔寨人民带来了生活上的便利，西哈努克港经济特区进入了新的发展阶段。缅甸皎漂特别经济区由中信联合体中标工业园和深水港项目，中国的跨国企业通过参与大型项目有效改善了当地的民生状况，促进了缅甸经济社会的快速发展。

此外，中国在贫困国家大力开展合作惠民项目，通过技术扩散破解贫困地区的发展瓶颈。在亚洲地区，中国和东盟国家正在联合实施帮助改善农村贫困的项目，致力于在基层社区实施“东亚减贫示范合作技术援助项目”；在非洲和拉美地区，中国将重点放在发展农业水平上，并传授菌草技术，帮助村民掌握种植技术，打造农业合作示范项目。中国通过技术产品输出优化贫困地区的产业结构，推动当地的产业升级，带动技术提升；通过“授人以渔”提升当地居民的生活水平，新技术的引入也为当地创造了巨额外汇，在有效提升劳动者收入的同时激发了地区发展的内生动力。

新冠肺炎疫情以来，中国积极承担全球抗疫物资供应国的职责，据国家国际合作发展署2021年的报告显示，我国在2020年共计向150个国家和13个国际组织先后援助了280多批抗疫物资，累计超过1700吨，截至2021年11月，已向106个国家和4个国际组织提供了超过15亿剂疫苗，并将努力实现全年向世界提供20亿剂疫苗的目标。此外，中国与伙伴国家建立起便于运输货物的绿色通道，方便防疫人员的往来，便于物资的传送。中国在防疫工作取得阶段性重大成果时，积极与世界各国分享中国经验，并促进疫苗在国家间的公平分配，向诸多国家和地区送去抗疫物资。中国通过向“一带一路”伙伴国家提供包括资金、物资、人力等在内的社会救助，将民心更加紧密联系在一起，帮助贫困国家经济转入正轨，积极建构人类卫生健康共同体，为"一带一路"的高质量发展带去了新的动力。

（三）增加对外投资，减缓经济压力

中国发起共建"一带一路"倡议，有效推动了区域经济社会发展合作。2018年"一带一路"倡议依托资金外溢为沿线国家增加20多万个就业岗位，通过技术与资金的优势，以投资外溢方式化解贫困地区资金短缺的困境。据世界银行报告，"一带一路"倡议将帮助全球760万人脱离极端贫困状态、3200万人摆脱中度贫困状态，激发了发展中国家经济内生活力，促进沿线经济体贸易增加9.7%，使全球贸易总量增长6.2%。

"一带一路"沿线国家普遍存在资金与外汇短缺的问题，中国通过对其进行直接投资以及信贷融资的方式来解决该问题。丝路基金是为"一带一路"发展过程中寻求投资机会并提供相应服务而建立的中长期开发投资基金，与国际金融机构展开全方位的合作，目前已签约以股权投资为主的各类项目47个，承诺投资金额178亿美元。自2014年成立以来，丝路基金秉承"开放包容、互利共赢"的理念，凭借国际化的视野和市场敏锐度为投资项目的融资环节提供专业化的方案，以便更好地促进资金融通。目前，丝路基金已在西亚北非、中东欧、东南亚等地区发展投资业务，并在其他区域不断探索新的合作伙伴机会，从项目识别到项目落地与所在国家的发展不断契合，为国际合作的减贫项目提供坚实的融资支持，促进其高质量的可持续发展，并促进投资项目发挥出应有价值。

受新冠肺炎疫情影响，为缓解贫困国家的经济压力，中国实行债务减免政策，以帮助贫困国家减轻债务负担。2021年中国积极推动并全面落实二十国集团（G20）缓债倡议，即对最贫困国家的债务采取暂缓偿付措施。非官方金融机构也需要积极投身于绿色金融行动，同时呼吁多边金融组织以及发达国家的商务债权人在缓债倡议条款的框架内发挥更大的作用，为贫困国家的经济复苏与环境保护作出贡献。中国与世界的命运紧密相连，通过广泛凝聚多边主义共识，加快全球减贫进程，携手帮助贫困国家解决债务问题，提升当地经济的内生力，从而为沿线国家带去切实改善民生的福祉。

总之，中国作为负责任大国发起"一带一路"倡议，致力于推动沿线国家经济社会发展，增强减贫合作朝着深层次、高水平、互惠性发展，实现联合国2030年议程减贫目标。“一带一路”减贫实践充分表明：共商共建共享在贫困治理中具有重要实践价值，通过多方参与、协调合作，实现福祉共享。贫困治理的有效运行需要秉持问题导向、因地制宜、精准施策，面向区域实际，制定更加具有针对性的减贫政策；在推进“一带一路”落地项目数量达标的同时，更应着力重视项目质量建设与可持续性，推动减贫成果向综合性、普惠性、稳定性发展，在多元协同治理的过程中不断开拓探索国际贫困治理新路径，通过“一带一路”携手增进沿线各国人民福祉，构建没有贫困的人类命运共同体。

参考文献

[1] 王志章，李梦竹，王静．中国与“一带一路”沿线国家合作反贫困研究［M］. 北京：人民出版社，2018.

[2] 阿玛蒂亚·森．贫困与饥荒［M］. 北京：商务印书馆，2005.

[3] 阿比吉特·班纳吉，埃丝特·迪弗洛．贫穷的本质［M］. 北京：中信出版社，2018.

[4] 张原．中国对“一带一路”援助及投资的减贫效应——“授人以鱼”还是“授人以渔”［J］. 财贸经济，2018（12）：111-125.

[5] 郑雪平．“一带一路”高质量建设驱动合作国家减贫研究［J］. 社会科学，2021（9）：50-61.

[6] 陈辉．后疫情时代城市善治的内在机理［J］. 江苏大学学报（社会科学版），2020（4）：40-42，29.

“一带一路”沿线国家儿童福利的现状与挑战

李德国　王鎏城　林波岑*

摘　要：少年儿童不仅是家庭的传承，更是国家的未来，国家有义务保护儿童身心健康成长的权益。“一带一路”倡议提出以来，中国政府、企业、非营利组织等主体积极在沿线国家推动民心相通工作，但对于儿童福利的关注度还不足。“一带一路”沿线各国在政治、经济、社会发展方面存在着较大差异，各国的儿童福利制度和福利水平也存在着差异。就此，本报告从“一带一路”沿线国家儿童福利的政策框架出发，以蒙古、新加坡、伊朗、埃及、俄罗斯、波兰为例，考察“一带一路”沿线国家儿童福利的现状和挑战。

关键词：“一带一路”；儿童福利；现状与挑战

少年儿童是人类的未来，是构筑人类命运共同体的后备力量。随着“一带一路”建设的深入推进，沿线国家的经济社会和民生福祉得到发展和改善，民心相通工作也取得了许多可观成果。中巴急救走廊、“丝绸之路”奖学金计划、“丝路之友”农业交流等合作项目有序推进，形成多个领域的亮点品牌。相比之下，儿童福利领域受到的关注还较少，合作规模有待扩张。2017 年儿童节，中国宋庆龄基金会主办了“丝路童心·筑梦未来”活动，巴基斯坦驻华大使马苏德·哈立德在活动中说，“一带一路”倡议不仅

* 李德国，厦门大学公共政策研究院副教授、厦门大学公共服务质量研究中心副主任，主要从事社会治理、公共服务管理研究；王鎏城，厦门大学公共政策研究院硕士研究生，主要从事社会治理、公共服务管理研究；林波岑，厦门大学公共政策研究院硕士研究生，主要从事社会治理、公共服务管理研究。

是设施联通，更重要的是民心相通。少年儿童是'一带一路'倡议的接班人，希望他们能成长为好公民、好领袖，为社会繁荣稳定贡献力量。"① 关切沿线国家少年儿童的成长，加强各国少年儿童之间的交流，共同为"一带一路"少年儿童创造一个美好的未来，成为"一带一路"倡议可持续发展的关键。本研究旨在了解"一带一路"沿线国家儿童福利的基本现状与面临的挑战，为国内儿童福利建设提供参考经验。

一、"一带一路"沿线国家儿童福利的政策框架

（一）"一带一路"沿线国家儿童福利的政策主体

1946 年，联合国儿童基金会成立。1950 年，联合国儿童权利会议上对"儿童福利"这一概念进行明确定义，提出凡是促进儿童身心健全发展与正常生活为目的的各种事业均称之为儿童福利。

"一带一路"倡议为沿线国家实现儿童相关福利待遇共同目标创造了发展机遇，为政府、相关行业协会、企业、社会组织以及国际组织等提供了"共商、共建、共享"的平台，参与到国际范围内的儿童福利政策的制定与执行中，以多元共促力量有力地推动了儿童福利可持续发展目标的实现。总体而言，"一带一路"沿线国家儿童福利的政策主体具有以下特点：

第一，政府发挥主要与重要引导作用。各国政府陆续建立与健全儿童福利相关保障制度，以宪法、《儿童权利保护法》《未成年人保护法》等法律形式，明确儿童权利与福利待遇，配合社会救助、社会福利和安全保障等相关措施，推进与监督相关法规政策的落地。同时继续优化与强化公共服务，为儿童尤其困境儿童、留守儿童等创造好生活、好教育。

第二，相关行业协会与社会组织分担政府部分职责。社会组织作为具有较强同理心与志愿性的重要的参与方，在儿童福利保障事业方面起到了重要的补充作用。例如，1952 年成立的新加坡儿童会就致力于保护及培育来自不同种族和宗教信仰的儿童和青少年，该协会在新加坡有超过 10 家服务中心，提供四类服务：弱势儿童与青年服务、儿童与青年服务、家庭服

① "一带一路"沿线国家儿童在京共度"六一"［EB/OL］.（2017-06-01）［2021-06-16］. http：//news. cctv. com/2017/06/01/ARTIkdOP19xRceN4PwnbAR0x170601. shtml.

务，以及研究与倡导服务。①

第三，企业履行一定的社会责任。在慈善事业方面，企业承担了一定的社会责任，发挥了自身管理与技术等优势。“一带一路”沿线国家企业通过一对一帮扶、慈善捐赠等方式，为落后地区的贫困儿童提供日常服务用品、教育、医疗等方面的福利。例如，2017 年成立的童享工程“叙利亚儿童救助计划”公益项目，就是由中国社会福利基金会与 VIPKID 公司响应“一带一路”沿线国家倡议合作发起，致力于帮助叙利亚肢残儿童的康复和救助。②

第四，国际组织为跨国合作提供可能。通过共同政策研究、行业倡导等方式，国际组织为中国与全球的协同与交流提供了机制和平台，使得跨国合作的儿童福利改善成为可能，促进了以儿童为中心的可持续发展。例如，联合国儿童基金会联合世界银行与约旦政府开展合作，援助了该国 40 万名儿童。

（二）“一带一路”沿线国家儿童福利政策内容

1990 年，联合国正式颁布《儿童权利公约》，给予儿童以条约法保障，该公约将“儿童”界定为“18 岁以下的任何人，除非各国或地区法律有不同的定义。”明确了儿童福利的四项最基本权利——生存权、发展权、受保护权和参与权。该公约目前已有 196 个缔约国，是联合国历史上加入国家最多的国际公约，此公约为各缔约国相关法律法规的制定和修正提供了国际标准与框架，并相应成立儿童权利委员会，以审查缔约国在履行根据公约所承担的义务方面取得的进展。缔约国应定期向委员会提交关于它们为实现公约确认的权利所采取的措施以及关于这些权利的享有方面的进展情况的报告。“一带一路”沿线国家均为该公约的缔约国，一直以来，严格遵守公约规则，确保其管辖范围内的每一儿童均享受公约所列权利，并在原有基础上不断完善儿童相关法律、规则、政策以及实施办法。

各国从国情出发，陆续制定了以本国宪法为核心的保护儿童权益的法律体系。一般宪法对儿童的基本合法权利会做出规定，如中国宪法明确规

① Children's Society. 新加坡儿童会［EB/OL］.（2022-05-05）［2022-05-13］. https：//www.childrensociety.org.sg/resources/ck/files/Singapore_ Children's_ Society_ Corp_ Presentation_ May_ 2022_ Chinese.

② 中国社会福利基金会．VIPKID 助力为战火中的叙利亚儿童奉献爱心［EB/OL］.（2017-07-17）［2021-06-16］. https：//www.cswef.org/cswef/news/detail/id/337.html.

定：“国家培养青年、少年、儿童在品德、智力、体质等方面全面发展。”“儿童受国家的保护”“禁止虐待儿童”。印度宪法规定，作为国家政策的指导原则，国家必须努力确保“儿童有机会和便利在自由和尊严的条件下健康发展，儿童和青年受到保护，不受剥削，不受精神和物质遗弃”。

在配套法规与政策措施方面，各国以宪法为依据陆续建成与完善了儿童权益的各领域法律体系。例如，中国的《义务教育法》《未成年人保护法》和《收养法》等，新加坡的《收养儿童法》《儿童保育中心法》《儿童和青年法》等，以确保儿童的各项权利和享有福利得到法律支撑，做到有法可依、有法必依、执法必严。相应地，各类儿童保护协会也相继成立。例如，蒙古的全国儿童保护协会随着《保护儿童权利法》的颁布而成立，其职能是应对国内的儿童权利问题，主要目标是救助那些受虐待儿童和禁止童工童婚。

同时，各国也随时代发展与变化即时对政策措施进行调整，如新冠肺炎疫情暴发期间，居家防疫政策使得部分儿童遭受家庭暴力，为了应对这一情况，新加坡政府开发了“社区守护（Community Guardian）”App，使基层工作人员和志愿者能够快速接收和响应家庭暴力事件，以确保受害儿童能够及时得到保护，在预防与组织儿童遭受家庭暴力方面取得显著成效。[①]

二、“一带一路”沿线国家儿童福利的总体水平

（一）“一带一路”沿线国家的幼儿死亡率

八年来，共建“一带一路”不仅促进了共建国家经济社会发展和民众福祉改善，而且直接或间接地促进了儿童的健康成长，保护了儿童的福利与权利。对比“一带一路”沿线各国的“幼儿（5岁以下）死亡率”可以简单初步对各个国家儿童福利差距进行比较。幼儿死亡率是儿童健康和福祉的关键产出指标，更广泛地说，是社会和经济发展的关键产出指标。这是一个受到密切关注的公共卫生指标，因为它反映了儿童和社区获得基本保健服务的机会，如疫苗接种、传染病医疗和营养均衡。值得注意的是，

---

① Ministry of Social and Families Development. Reporting Of Suspected Child Abuse [EB/OL]. (2020-07-30) [2021-06-16]. https://www.msf.gov.sg/policies/Strong-and-Stable-Families/Supporting-Families/Families-Violence/Pages/Child-Abuse.aspx.

幼儿死亡率不是一个简单的比率（即将死亡数除以一定时期内处于危险之中的人口数量），而是从生命表中得出的死亡率，并以每1000个活产新生儿的死亡率表示（见表1）。

表1展现了"一带一路"沿线65个国家的幼儿死亡率。表中可以发现，2009—2019年间，斯洛文尼亚的幼儿死亡率在65个国家中最低，塞浦路斯的幼儿死亡率次之。值得一提的是，新加坡是唯一在十年间幼儿死亡率皆低于3‰的国家。马来西亚、文莱、叙利亚的幼儿死亡率不降反增，而其余国家的幼儿死亡率整体呈现稳步降低的趋势，形成鲜明对比。

总的来看，各个国家之间的幼儿死亡率差距较大，尤其是一些发展水平较低的国家，幼儿死亡率居高不下。例如，2019年，巴基斯坦的幼儿死亡率最高，是幼儿死亡率最低的斯洛文尼亚的32倍。欧洲国家2019年的幼儿死亡率普遍低于10‰，整体低于亚、非洲国家的幼儿死亡率。

表1 "一带一路"沿线国家2009—2019年幼儿死亡率

（单位：‰）

	2009	2010	2011	2012	2013	2014	2015	2016	2017	2018	2019
亚洲国家											
新加坡	2.8	2.8	2.8	2.8	2.8	2.7	2.7	2.7	2.7	2.6	2.5
以色列	4.7	5.6	4.4	4.3	4.1	4	3.9	3.8	3.8	3.7	3.7
卡塔尔	9.3	9.1	8.9	8.7	8.4	8.1	7.8	7.5	7.1	6.8	6.5
沙特阿拉伯	12.7	11.9	11.1	10.4	9.7	9.1	8.4	7.9	7.4	7	6.6
巴林	8.9	8.5	8.2	8	7.8	7.7	7.6	7.4	7.4	7.1	6.9
斯里兰卡	12	11.6	11.2	10.6	10	9.3	8.7	8.2	7.8	7.4	7.1
黎巴嫩	10.8	10.3	9.8	9.4	9	8.7	8.3	8	7.7	7.4	7.2
阿联酋	8.7	8.5	8.3	8.1	8	7.9	7.8	7.8	7.7	7.6	7.5
马尔代夫	14.9	13.9	13	12.2	11.5	10.8	10.1	9.5	8.8	8.2	7.6
科威特	10.7	10.4	10	9.6	9.3	9	8.7	8.5	8.3	8.1	7.9
马来西亚	8.1	8.1	8	8	8	8	8.1	8.2	8.3	8.4	8.6
泰国	14.2	13.6	13	12.4	11.8	11.3	10.8	10.3	9.9	9.4	9
格鲁吉亚	15.5	14.2	13	12.1	11.4	10.9	10.5	10.2	10	9.8	9.6
土耳其	19.6	18.2	17	15.8	14.8	13.8	13	12.1	11.4	10.7	10
哈萨克斯坦	22.5	20.4	18.3	16.3	14.6	13	11.8	11	10.5	10.3	10.5

续表

	2009	2010	2011	2012	2013	2014	2015	2016	2017	2018	2019
亚洲国家											
文莱	9.69	9.7	9.8	10	10.2	10.4	10.6	10.8	11	11.2	11.4
阿曼	11.8	11.7	11.6	11.4	11.3	11.2	11.2	11.3	11.3	11.4	11.4
亚美尼亚	19.5	18.5	17.6	16.7	15.9	15.1	14.4	13.7	13	12.4	11.8
伊朗	20.7	19.7	18.8	18	17.3	16.7	16.1	15.5	14.9	14.4	13.9
蒙古	32.5	30.2	27.9	25.7	23.7	21.9	20.2	18.8	17.5	16.5	15.6
约旦	20.8	20.2	19.7	19.1	18.6	18.1	17.6	17.1	16.6	16.1	15.6
乌兹别克斯坦	35.9	33.3	30.9	28.6	26.6	24.6	22.8	21.1	19.6	18.4	17.4
吉尔吉斯斯坦	31.6	29.5	27.7	26.1	24.7	23.5	22.3	21.2	20.1	19.2	18.3
巴勒斯坦	23.6	23.2	22.8	22.4	22.1	21.8	21.4	21	20.5	19.9	19.4
越南	23.1	22.9	22.6	22.3	22.1	21.8	21.5	21.2	20.8	20.4	19.9
阿塞拜疆	40.1	37.4	35	32.6	30.4	28.3	26.3	24.6	23	21.6	20.4
叙利亚	19	19	19.4	21.8	23.1	23.9	23.2	23.3	23	22.1	21.5
印度尼西亚	35.3	33.9	32.6	31.3	30.1	28.9	27.8	26.7	25.7	24.8	23.9
伊拉克	35.7	34.6	33.6	32.5	31.5	30.5	29.5	28.6	27.7	26.8	25.9
柬埔寨	47.7	44	40.6	37.7	35.3	33.3	31.6	30.1	28.8	27.6	26.6
菲律宾	32.1	31.7	31.3	31	30.6	30.2	29.8	29.3	28.7	28	27.3
不丹	44.8	42.2	39.9	37.9	36.1	34.6	33.1	31.8	30.6	29.6	28.5
孟加拉	51.5	48.7	46.1	43.8	41.6	39.5	37.5	35.7	33.9	32.3	30.8
尼泊尔	49.2	46.6	44.2	42	39.9	37.9	36.2	34.6	33.2	31.9	30.8
塔吉克斯坦	44.5	42.9	41.6	40.6	39.6	38.7	37.7	36.8	35.8	34.8	33.8
印度	61.4	58.2	55.1	52	49.1	46.2	43.5	40.9	38.5	36.3	34.3
土库曼斯坦	43.8	42.8	42.1	41.7	41.6	41.7	41.9	42.2	42.5	42.4	42
缅甸	66	63.4	60.7	58.2	55.8	53.7	51.8	49.9	48.1	46.4	44.7
老挝	71.4	68	64.8	61.8	58.9	56.2	53.6	51.3	49.2	47.3	45.5
也门	57.9	56	55.2	55	55	55.2	57.1	56.8	57	58.5	58.4
阿富汗	91.4	87.6	83.9	80.3	76.8	73.6	70.4	67.6	64.9	62.5	60.3
巴基斯坦	89.1	87.1	85	82.9	80.6	78.3	76.1	73.8	71.6	69.4	67.2
非洲国家											
埃及	30	28.8	27.5	26.4	25.3	24.3	23.4	22.6	21.7	21	20.3

续表

	2009	2010	2011	2012	2013	2014	2015	2016	2017	2018	2019
欧洲国家											
斯洛文尼亚	3.4	3.2	3.1	2.9	2.8	2.6	2.5	2.4	2.3	2.2	2.1
塞浦路斯	3.8	3.5	3.3	3.2	3	2.9	2.7	2.6	2.5	2.4	2.3
黑山	7.3	6.6	5.8	5.2	4.6	4	3.6	3.1	2.8	2.5	2.3
爱沙尼亚	5	4.6	4.2	3.9	3.6	3.4	3.1	2.9	2.7	2.6	2.4
白俄罗斯	6	5.5	5.1	4.8	4.5	4.3	4	3.8	3.6	3.4	3.2
捷克	3.5	3.4	3.3	3.2	3.1	3.1	3.2	3.2	3.2	3.2	3.2
拉脱维亚	8.3	7.8	7.3	6.6	6	5.5	5	4.5	4.2	3.9	3.6
立陶宛	6.7	6.1	5.6	5.2	5	5	4.9	4.7	4.4	4	3.7
匈牙利	6.2	6	5.9	5.7	5.6	5.4	5.1	4.7	4.4	4	3.7
希腊	3.9	3.9	3.9	4	4.2	4.3	4.4	4.4	4.3	4	3.8
波兰	6.3	6	5.7	5.4	5.2	5	4.8	4.7	4.6	4.5	4.4
克罗地亚	5.7	5.5	5.3	5.2	5.1	5	4.9	4.9	4.9	4.8	4.8
塞尔维亚	7.8	7.6	7.4	7.1	6.9	6.6	6.3	6	5.8	5.5	5.3
俄罗斯	10.7	10.4	10.1	9.8	9.5	8.9	8.2	7.5	6.9	6.3	5.8
斯洛伐克	7.2	7	6.8	6.6	6.5	6.4	6.2	6.1	6	5.9	5.8
波黑	7.5	7.2	6.9	6.7	6.5	6.4	6.3	6.2	6.1	6	5.9
马其顿	10.7	10.1	10	10.5	11.4	12.5	13	12	9.9	7.8	6.1
保加利亚	11.1	10.9	10.4	9.9	9.2	8.6	8.1	7.7	7.4	7	6.7
罗马尼亚	13	12.4	11.8	11.3	10.6	9.8	9.1	8.6	8.1	7.5	7
乌克兰	12.3	11.7	11.2	10.7	10.2	9.8	9.5	9.2	8.9	8.6	8.4
阿尔巴尼亚	14.5	13.2	12.1	11.2	10.4	9.9	9.6	9.4	9.4	9.5	9.7
摩尔多瓦	17.3	17.1	16.8	16.5	16.2	15.9	15.6	15.3	15	14.7	14.4

（资料来源：https：//data. unicef. org/resources/dataset/under-five-mortality-data/）

（二）“一带一路”沿线国家中 OECD 成员国的家庭福利公共支出水平

从表 1 可以看出，欧洲国家的幼儿死亡率普遍较低，这得益于欧洲国家发达的经济社会发展水平。为了更直观地体现欧洲国家的儿童福利水平，我们进一步搜集了关于“一带一路”沿线国家中“经济合作与发展组织

(OECD, 以下简称经合组织)"成员国的"家庭福利公共支出"① 的数据，如表2所示。"一带一路"沿线国家中共有9个国家为OECD成员。根据OECD家庭福利公共支出这一指标，可以看到，2007—2017年，爱沙尼亚、拉脱维亚、立陶宛、希腊、波兰、斯洛伐克以及斯洛文尼亚等国家的家庭福利公共支出整体呈现上升趋势，少数国家，如捷克、匈牙利等国家总体则表现出下降的态势，但仍处于较高水平。根据国际劳工组织（International Labour Organization）发布的《2017—2019年世界社会保障报告》，全世界只有35%的儿童享有有效的社会保护。全世界近三分之二（约13亿）的儿童没有被社会保护福利覆盖，其中大多数生活在非洲和亚洲。另一项数据表明，世界各国财政用于0~14岁儿童的"儿童和家庭福利支出"平均占到国内生产总值的1.1%，而欧洲的这一指标为2%。尽管在过去的几十年中，部分低收入和中等收入国家，如蒙古国的儿童现金转移有所扩大，但是总体覆盖面和福利水平仍然不足。②

表2 2007—2017年经济合作与发展组织成员国家庭福利公共支出

国家	2007年	2008年	2009年	2010年	2011年	2012年	2013年	2014年	2015年	2016年	2017年
捷克	2.236	2.285	2.403	2.357	2.179	2.157	2.200	2.084	2.029	2.005	1.981
爱沙尼亚	1.612	2.100	2.546	2.536	2.212	2.024	1.902	2.349	2.766	2.910	2.832
匈牙利	3.223	3.245	3.395	3.387	3.182	3.076	2.976	2.941	2.837	2.915	2.737
拉脱维亚	1.090	1.895	2.425	2.149	1.732	1.590	1.781	1.912	2.151	2.231	2.217

① 根据OECD的指标设置，家庭福利支出是指用于家庭福利的公共支出，包括专门用于家庭和儿童的财政支持。保健和住房等其他社会政策领域记录的支出虽然也有助于家庭，但不包括在这一指标中。一般来说，有三种类型的家庭福利公共支出：①向有子女的家庭提供与儿童有关的现金转移（现金福利），包括儿童津贴，一些国家的支付水平因儿童年龄而异，有时还需进行收入测试；育儿假期间的公共收入补助金和单亲家庭的收入补助金。②为有子女的家庭提供服务（实物福利）的公共支出，包括直接资助和补贴儿童保育和早期教育设施的提供者，通过向父母支付专项款项提供公共儿童保育支助，为青年人和住宅设施提供援助的公共支出、家庭服务的公共支出，包括为有需要的家庭提供中心设施和家庭帮助服务。③通过税收制度向家庭提供的财政支助，包括免税（例如，未列入税基的儿童福利收入）；子女免税额（从总收入中扣除但不包括在应纳税所得额中的子女免税额）和从纳税义务中扣除的子女抵税额。这一指标按现金福利和政策福利进行细分，并以占国内生产总值的百分比来衡量。

② International Labour Organization. ILO: 4 billion people worldwide are left without social protection [EB/OL]. (2017-11-29) [2021-06-16]. https://www.ilo.org/global/about-the-ilo/newsroom/news/WCMS_601903/lang—en/index.htm.

续表

国家	2007年	2008年	2009年	2010年	2011年	2012年	2013年	2014年	2015年	2016年	2017年
立陶宛	1.658	2.315	3.456	2.851	2.352	1.953	1.718	1.682	1.753	1.730	1.777
希腊	0.840	0.839	0.954	0.970	1.003	1.160	1.322	1.363	1.277	1.255	1.623
波兰	1.156	1.246	1.287	1.335	1.288	1.338	1.408	1.389	1.515	2.544	2.615
斯洛伐克	1.345	1.300	1.554	1.578	1.626	1.655	1.681	1.676	1.617	1.648	1.697
斯洛文尼亚	1.703	1.746	2.051	2.116	2.130	2.059	1.928	1.847	1.782	1.726	1.845

（资料来源：https：//data.oecd.org/socialexp/family-benefits-public-spending.htm）

（三）儿童友好城市倡议

1996年，为更好地保护儿童权利，创建安全、包容、充分响应儿童需求的城市和社区，联合国儿童基金会发起“儿童友好城市（Child Friendly Cities）”倡议，倡议明确指出，在儿童友好城市中，政府应当承诺赋予儿童以下权利：儿童有能力去影响这个城市关于他们自己的决策；可以自由表达自己想要一个怎么样的城市；可以参与家庭、社区和社会生活；可以得到基本的医疗健康和教育服务；有安全的饮水资源、周边有方便的医疗所；需要被保护，免受暴力对待和虐待，也不会成为童工；可以自己一个人在街上安全出入；可以独自约见朋友玩耍；所在城市中有可以容纳植物和动物的绿色空间；生活在一个未被污染的环境；可以参与文化和社会活动；不管种族、宗教、收入、性别和身体状况，都享有平等的权利接受城市服务。

2019年，儿童友好城市倡议影响已遍及全世界3000多个城市和社区，全球共有870个城市或地区被联合国儿童基金会认证为儿童友好城市。在“一带一路”沿线国家中，克罗地亚、哈萨克斯坦等国的部分城市已被认证，中国、白俄罗斯、波兰等国家也正在试点建设儿童友好城市。[①]

三、“一带一路”沿线部分国家儿童福利的发展现状

“一带一路”沿线国家共有65个，其中亚洲国家42个，非洲国家1个，欧洲国家22个，囿于资料、数据方面获取的局限性，为了便于研究，按比

① UNICEF. Child Friendly Cities［EB/OL］.（2021-04-08）［2021-06-16］. https：//childfriendlycities.org/initiatives/.

例选取 2 个亚洲国家，1 个非洲国家，1 个欧洲国家，同时进一步根据国家的儿童福利发展水平选取案例，最终选取蒙古、新加坡、伊朗、埃及、俄罗斯、波兰等 6 个"一带一路"倡议的沿线国家作为研究对象。

（一）蒙古儿童福利的发展现状

蒙古虽然经济发展水平较低，但是对于儿童福利尤为重视，是东亚和太平洋地区为数不多的在社会福利领域花费相对慷慨的国家之一，是第一个设立普遍儿童补助金的发展中国家。近年来，蒙古致力于儿童保护，童工童婚、虐待儿童现象逐年减少。

20 世纪 90 年代初期，蒙古国社会主义政权垮台使得国内大多数人口迅速陷入贫困，家庭功能和社会支持遭到急剧破坏，导致儿童遭受苦难，包括被剥削、贩卖和暴力。据估计，1998 年，每两名儿童中就有一人遭受暴力。由于缺乏明确的法律框架和相应的组织机构，许多儿童得不到保护，被迫成为童工或是进行童婚。①

1996 年，蒙古颁布《保护儿童权利法》，并成立"全国儿童理事会（National Council for Children）"应对国内的儿童权利问题，主要为救助受虐待儿童和禁止童工童婚。随后，蒙古政府成立了"家庭、儿童和青年发展管理局（Family Children and Youth Development Agency）"，机构职责为确保执行有关家庭、儿童和青年发展和保护的政策。

2016 年 9 月该国生效的修订后的《刑法》将强迫劳动、儿童色情和危害童工定为刑事犯罪。为确保儿童权益保障目标得到落实，家庭、儿童和青年发展管理局建立了紧急服务中心，同时向非政府组织提供资金开办更多的庇护所、收容所和儿童保育中心，用以长期照料受虐待儿童和遗弃儿童。② 同时，蒙古与美国签署了《美国—蒙古儿童保护契约伙伴关系》（U. S. -Mongolia Child Protection Compact Partnership），借助国际力量共同打

① Save the Children Mongolia. Child Rights Situation in Mongolia 2018 [EB/OL].（2018-12-25）[2021 - 06 - 16]. https：//resourcecentre - drupal. savethechildren. net/node/14369/pdf/crsa _ eng - 20181225_ final_ for_ websitel_ 0.

② U. S. DEPARTMENT OF STATE. 2020 Country Reports on Human Rights Practices：Mongolia [EB/OL].（2021-03-30）[2021-06-16]. https：//www. state. gov/reports/2020-country-reports-on-human-rights-practices/mongolia/.

击国内任何形式的贩卖儿童行为。[①]

“儿童资金计划（Child Money Programme）”是蒙古社会福利制度的重要组成部分，法律依据为《社会福利法》和《儿童、母亲和家庭补助金法》。2012 年，政府扩大了“儿童资金计划”的覆盖范围，将蒙古所有 0~17 岁的儿童纳为补助对象，每月提供 2 万图格里克，而在此之前只覆盖了大约 60%的儿童。如果没有“儿童资金计划”，那么只有 19%的儿童可以获得社会福利支持。[②] 新冠肺炎疫情暴发后，蒙古政府将“儿童资金计划”提供的每月补助金提高了 5 倍，从每月 2 万图格里克增加到 10 万图格里克，为期 6 个月。[③]

此外，蒙古政府还积极与多个国际或他国组织密切交流，给蒙古儿童提供更多更好的服务，促进儿童的全面发展。例如，家庭、儿童和青年发展管理局与“好邻居（Good Neighbor）”展开合作，致力于减少家庭暴力和加强儿童保护；[④] 胡夫斯古尔省和乌兰巴托的纳莱赫地区通过了联合国儿童基金会的“儿童友好社区战略”，建立低成本、高效率的儿童服务供给模式；[⑤] 蒙古地方政府还与中国扶贫基金会合作开展国际爱心包裹项目，为蒙古小学生提供基本物资。[⑥]

（二）新加坡儿童福利的发展现状

新加坡是儿童福利水平较高的亚洲国家之一，儿童福利覆盖教育、医疗、保健等各个方面，为新加坡儿童和青少年提供了良好的成长和发展环境。新加坡是一个没有自然资源的小岛国，唯一的资源是其人民。新加坡必须充分发挥其人民的潜力，而童年和青春期的发展是关键，因此新加坡

---

① https：//www. state. gov/child-protection-compact-partnerships-mongolia/#：~：text=On%20April%202%2C%202020%2C%20the%20United%20States%20and，preventing%20all%20forms%20of%20child%20trafficking%20in%20Mongolia.

② International Labour Organization. The Universal Child Money Programme in Mongolia［EB/OL］.（2016-11-15）［2021-06-16］. https：//www. ilo. org/beijing/what-we-do/publications/WCMS_ 534930/lang--en/index. htm.

③ 联合国儿基会 . 新冠疫情将导致今年有 8600 万儿童陷入家庭贫困［EB/OL］.（2020-05-28）［2021-06-16］. https：//news. un. org/zh/story/2020/05/1058402.

④ Good Neighbors Mongolia. Introduction［EB/OL］.（2010-12-31）［2021-06-16］. https：//www. goodneighbors. org. mn.

⑤ UNICEF. Child Friendly Cities Initiative［EB/OL］.（2017-09-25）［2021-06-16］https：//childfriendlycities. org/mongolia/.

⑥ 中国扶贫基金会 . 国际爱心包裹项目［EB/OL］.（2020-04-15）［2021-06-16］. http：//www. cfpa. org. cn/project/GJProjectDetail. aspx？id=102.

的福利制度尤其重视儿童福利。

新加坡政府向有儿童的家庭支付大笔的育儿和婴儿奖金，如"婴儿奖金计划（Baby Bonus）"。自 2015 年 1 月 1 日起，新加坡家庭生育的前两个婴儿，每生一个父母将会获得 8000 新元的奖励。生育三个以上，每生一个父母将会获得 10000 新元的奖励。除了给父母的现金奖励，每个孩子还将有一个"儿童发展账户（Child Development Account）"，开放至 12 岁。儿童发展账户在孩子的名下，由银行自动开通账户并将储蓄卡寄送上门。账户里的现金只能用于孩子的教育和医疗等指定用途。新加坡政府还为儿童发展账户提供了"户头配对填补（Government co-matching）"政策，前两个孩子初始拥有 3000 新元的育婴户头起步津贴（First Step Grant），父母往账户存 3000 新元，政府会随之增加等额补贴，相当于政府提供最多 6000 新元的补助。①

新冠肺炎疫情暴发后，新加坡政府提高了奖金额度。2021 年 1 月 1 日后出生的二胎儿童发展账户中的户头配对填补将从 3000 新元提高到 6000 新元。第三个、第四个孩子儿童发展账户将可以获得 12000 新元的补助。第五个及以后的孩子能得到的政府存入上限是 18000 新元。此外，2020 年 10 月 1 日—2022 年 9 月 30 日出生的孩子，将获得政府发放的一次性"婴儿补助金（Baby Support Grant）" 3000 新元，存入儿童发展账户。②（见表 3）

表 3　新加坡儿童发展账户

（单位：美元）

出生顺序	儿童发展账户		总计
	第一步补助金（不需要家长的初始存款）	政府提供户头配对的最高额度	
第一个孩子	3000	3000	6000
第二个孩子		6000	9000
第三、四个孩子		9000	12000
第五个及以后的孩子		15000	18000

（资料来源：https：//www. msf. gov. sg/assistance/Pages/Baby-Bonus-Scheme. aspx）

① Ministry of Social and Families Development. Baby Bonus Scheme [EB/OL].（2021-10-22）[2022-05-13]. https：//www. msf. gov. sg/policies/strong-and-stable-families/supporting-families/pages/baby-bonus-scheme. aspx.

② Made For Families. Baby Support Grant [EB/OL].（2022-02-24）[2022-05-13]. https：//www. madeforfamilies. gov. sg/support-measures/raising-your-child/financial-support/baby-support-grant.

除了育儿和婴儿奖金，新加坡对于儿童的现金转移支付还包括覆盖生活、教育和医疗等方面的补助。生活补助方面，"幼儿发展署（The Early Childhood Development Agency）"为登记在册的2~18个月/18个月~6岁的儿童提供每月600/300新元的基础补贴，额外补贴最高可达710/467新元。申请人必须满足56小时工作时长的条件，没有满足的申请人得到的是150新元，且没有额外补贴。教育补助方面，幼儿发展署发起的"KiFAS（Kindergarten Fee Assistance Scheme）"项目为年收入低于12000新元的家庭儿童提供最高170新元的补贴。[①] 医疗补助方面，每个新加坡新生儿从出生的那天起，就自动获得终身保健和4000新元的"新生儿医疗储蓄补助金（Medisave Grant for Newborns）"等医疗福利。[②] 父母还可以申请退税，第一个孩子5000新元，第二个孩子10000新元，第三个孩子20000新元，用于抵消应缴纳的所得税，每个课税年度上限为80000新元。[③]

新加坡还注重随时随地为儿童提供公共服务。新加坡樟宜机场为东南亚枢纽，机场的"自然景观步道"有六个独立的花园，代表不同的生态系统，内设7个主题公园。"航空画廊"通过多媒体方式让儿童了解航空知识。整个场地规划了8座"信息岛"，展示屏显示的内容涵盖了机场运营中的许多活动。在航站楼里的天花板上，机场还设有按1600倍缩小的飞机模型。此外，3号航站楼转机厅里的蝴蝶生态公园，里面有40种新加坡和马来西亚的蝴蝶品种、1000多只蝴蝶，还有11块教育展板展示有关蝴蝶的知识，可以为所有年龄段的儿童展现当地的热带风情。为打造一个更亲近儿童的环境，樟宜机场在第三搭客大厦增添儿童设施，让家长能够陪同孩子享受更具互动性的家庭生活，其中一项儿童设施是占地约3000平方英尺的"新童"室内游乐场，该游乐场是东南亚首间兼具互动元素的儿童游乐场。[④]

---

① The Early Childhood Development Agency. Subsidies And Financial Assistance [EB/OL].(2022-01-03)[2022-05-13]. https://www.ecda.gov.sg/Pages/Subsidies-and-Financial-Assistance.aspx.

② Made For Families. Medisave Grant For Newborns [EB/OL].(2022-01-12)[2022-05-13]. https://www.madeforfamilies.gov.sg/support-measures/raising-your-child/healthcare/medisave-grant-for-newborns.

③ Made For Families. Tax Reliefs And Rebate For Parents [EB/OL].(2021-12-23)[2022-05-13]. https://www.madeforfamilies.gov.sg/support-measures/raising-your-child/financial-support/tax-relief-and-rebates.

④ 樟宜机场集团.服务与设施[EB/OL].(2022-04-05)[2022-05-13]. https://www.changiairport.com/zh/airport-guide/facilities-and-services.html#/filter?tab=all.

新加坡的社会服务机构规模庞大，约有450个，为儿童提供更全面的公共服务。国家社会服务委员会（National Council of Social Service）是所有社会服务机构的伞式机构，目的在于管理和指导社会服务机构，提高社会服务机构的能力。国家社会服务委员会为儿童和有特殊需要的儿童提供多项援助，充分发挥社会组织分担政府部分职责的作用。例如，儿童保护专家中心（Child Protection Specialist Centers）介入涉及虐待儿童和福利问题的事件，无须法律干预即可妥善处理；婴幼儿早期干预项目（Early Intervention Program for Infants & Children）帮助面临中度至重度发育迟缓风险的婴幼儿得到治疗和发展支持。①

（三）伊朗儿童福利的发展现状

伊朗伊斯兰共和国的人口超过8000万，其中有2000多万未满18岁。根据救助儿童会（Save the Children）的《2012年儿童发展指数：进步、挑战和不平等》，伊朗在141个国家中排名第60位。② 伊朗作为中东地区国家，尽管颁布并实施了与儿童相关的法律政策来为儿童提供保护和福利，尤其是在教育方面效果显著，然而涌入伊朗的阿富汗难民儿童始终是伊朗政府的棘手问题。

伊朗在2002年批准了《保护儿童和青少年法》，该法是第一部关于儿童保护的具体法律，首次在法律文件中定义了“儿童虐待”一词，强制政府部门对儿童虐待作报告，可以视为伊朗儿童权利的一个里程碑。

2010年伊朗通过《定向补贴法》，在全国范围内普及“现金补贴（Cash Subsidy）”方案以增进社会福祉，其中提到伊朗政府为伊朗儿童制定了“普遍的儿童福利（Universal Children Benefit）”政策。根据该政策，每个伊朗儿童每月可以从“定向补贴组织（Targeted subsidy organization）”领取455000里亚尔。然而，随着伊朗持续的通胀问题，在补贴金额未能提高的情况下，现金补贴方案面临着资金不足、资金渠道较少、货币购买力下降等问题。2016年，伊朗政府为缓解财政压力，将富裕家庭从“现金补

① National Council of Social Service.［EB/OL］.（2021-03-23）［2021-06-16］. https：//www.ncss. gov. sg/social-services/children-and-youths.

② https：//resourcecentre. savethechildren. net/document/child-development-index-2012-progress-challenges-and-inequality/

贴”方案中剔除。①

伊朗的教育支出高于全球平均水平。根据联合国教科文组织的数据，伊朗政府支出的17%都花在了教育上，这个数字相对较高，而全球平均水平为14.3%。伊朗宪法规定，政府负责向所有公民提供免费基础教育，教育部门负责资助和管理K-12教育（从幼儿园到12年级的教育），对未能为子女提供受教育机会的父母或监护人处以经济处罚。2015年，伊朗的小学净入学率达到99%，中学毛入学率为89.17%，相较之下，邻国巴基斯坦的中学入学率仅为44.53%。②

值得注意的是，伊朗没有任何专门的政府机构负责儿童福利问题，儿童和青少年的健康、教育、保护等职责被分配给不同的政府机构。“国家福利组织（The State Welfare Organization）”是“劳动和社会福利合作部（Ministry of Cooperatives，Labour and Social Welfare）”的从属机构，主要负责孤儿和缺少照顾儿童的援助，是伊朗儿童保护系统中的主体。该机构开展的“社会应急计划（Social Emergency Plan）”通过社会应急中心、移动服务（贫困和农村地区）和社区服务中心在24小时内为受害儿童提供免费服务。当儿童受害程度较深，国家福利组织将会移交该儿童至司法当局评估家长资格，如有必要，儿童将交由下属的儿童和青年办公室保护，在国家福利组织认为家长重新具备照顾资格后送回家庭照料。③

然而，难民儿童在伊朗得不到保护。伊朗国内有数千名阿富汗难民儿童，其中许多是出生在伊朗的，由于伊朗国籍通过父亲传递，这些儿童无法获得出生证明，从而失去了获得教育和其他基本服务的权利，只能沦为童工或被迫童婚，甚至拿起枪支成为童兵。④

（四）埃及儿童福利的发展现状

在非洲，仅有埃及是“一带一路”沿线国家。埃及独立后，随着政治

---

① UNICEF. The Experience of Iran [EB/OL].(2020-06-15) [2021-06-16]. https://www.unicef.org/media/70456/file/IRN-case-study-2020.

② WENR. Education in Iran. [EB/OL].(2017-02-07) [2021-06-16]. https://wenr.wes.org/2017/02/education-in-iran.

③ Takaffoli M, Arshi M, Vameghi M, et al. *Child welfare approach in Iran* [J]. *Children and Youth Services Review*, 2020, 114 (10): 1-8.

④ U.S. DEPARTMENT OF STATE. 2020 Country Reports on Human Rights Practices: Iran [EB/OL].(2021-03-30) [2021-06-16]. https://www.state.gov/reports/2020-country-reports-on-human-rights-practices/iran/.

经济的现代化，已经建立起了包括养老、失业、医疗、社会救助等基本社会保障制度，然而，埃及的社会保障政策的主要参保对象以男性劳动人口为主，针对妇女和儿童的政策力度较小，主要关注儿童的教育、健康、文化，倡导社会团结女童、流浪儿童、童工等特殊儿童，并未向埃及儿童提供专门的现金补贴计划。

埃及在1996年通过了《儿童法》，并于2008年对其进行了修订。《儿童法》要求国家对儿童的福利负责，保障儿童享有国际公约赋予他们的权利。在埃及从事儿童权利领域工作的主要组织之一是"全国儿童理事会（The National Council of Childhood）"，该委员会成立于1988年，归属人口部，负责儿童保护和发展领域的决策、规划、协调、监测和评估活动，使命是保护和促进所有埃及儿童的权利，并确保他们在安全和关怀的环境中长大。①

2011年，埃及爆发大规模抗议游行，直接导致穆巴拉克政权倒台。经历过政治动荡和经济衰退的阶段，如今，埃及的经济得到恢复。但与此同时，埃及又面临着人口指数式增长的挑战。埃及的人口增长给该国的教育系统带来了巨大的压力。埃及是十二年制义务教育，从6岁持续到17岁，并且儿童在接受小学教育前可享受两年的免费幼儿园教育。小学入学儿童总数从2005年的950万跃升至2017年的1220万，中学从2009年的670万跃升至2015年的890万，导致资金需求增加、容量短缺和教室人满为患。②

埃及总统宣布2019年为"教育年"，增加了大量公共教育支出以改善不堪重负的教育系统。截止2019年底，埃及的初等教育的总入学率为106.41%，保持了较为优秀的水准；中等教育的总入学率89.48%，相比2016年提高了3.9%；而在学前教育方面只有29.3%的入学率，相比2014年甚至降低了0.6%，埃及需投入更多的关注到学前教育事业的发展。③

（五）俄罗斯儿童福利的发展现状

2010年，俄罗斯政府高层开始对人口危机进行关注，政府逐渐将注意

① The Law Library of Congress. Child Protection Law and Policy [EB/OL].（2021-06-04）[2021-06-16]. https://tile.loc.gov/storage-services/service/ll/llglrd/2019713405/2019713405.

② WENR. Education in Egypt [EB/OL].（2019-02-21）[2021-06-16]. https://wenr.wes.org/2019/02/education-in-egypt-2.

③ UNESCO. Participation in Education [EB/OL]. [2021-06-16]. https://uis.unesco.org/en/country/eg

力转向本国的弱势家庭和弱势儿童。为了应对人口减少和低生育率，俄罗斯计划让人口在2023至2024年度重新恢复自然增长，并承诺将在税收、抵押贷款和现金方面支持生育更多孩子的俄罗斯家庭。这项措施的具体内容包括：如果家庭中有3个及以上的孩子，那么可以一次性获得45万卢布，以帮助他们减少抵押贷款。此外，俄罗斯还计划提高残疾儿童的福利水平和为儿童照料提供更多支持：将残疾儿童家庭的福利增加一倍，同时将提高现有的儿童福利水平，并承诺到2021年结束托儿所儿童看护短缺的情况。

最新的公共政策表明，俄罗斯政府试图使儿童照顾系统逐渐去机构化，即将儿童从机构转移到以家庭为基础的照料的过程，并且为面临风险的家庭提供基于社区的服务。例如，2012年6月，《2012-2017年促进儿童利益国家战略》正式颁布，目的是改革机构护理体系。2015年9月，第9号法令和第481号政府法令《关于孤儿和无父母照料儿童组织的活动以及安置无父母照料儿童》的生效则从根本上改变了寄宿机构的照料性质，其主要任务是与亲生家庭和寄养家庭合作，最终目标是完成家庭替代机构的过程。

需要强调的是，儿童福利改革的顺利进行与俄罗斯国家内部明确的权力线有关。纵向权力的加强是儿童福利改革的一个非常重要的促进因素，儿童福利改革得到了“统一俄罗斯党（United Russia）”的认可，统一俄罗斯党是俄罗斯境内最大的党派，因此儿童照料的去机构化也被称为“来自上层的政治意愿”。值得注意的是，在儿童福利改革以及重大观念形成过程中，俄罗斯的非政府组织包括国家防止虐待儿童基金会、支助生活困难的儿童基金会、预防社会孤儿慈善基金会、儿童卫生援助莫斯科基金会、维多利亚慈善基金会等也极大程度地扮演着政策企业家的角色，发挥了相当大的作用。①

（六）波兰儿童福利的发展现状

波兰的儿童福利一直以来处于世界上较高水平，但近年来，波兰的生育率逐年下降，已是欧盟较低生育率之一。波兰政府推出了一项家庭福利方案来鼓励生育和进一步减少儿童贫困。“家庭500+计划（The Family 500+ Program）”于2016年4月推出，为每个家庭除第一个孩子外的每个孩子每月提供500波兰兹罗提，直到18岁。对于收入低于规定门槛的家庭，第一个孩子也可以享受到这份补贴。该计划实施后，同年波兰儿童极端贫困率

① Ainsworth F, Thoburn J. *An exploration of the differential usage of residential childcare across national boundaries* [J]. *International Journal of Social Welfare*, 2014, 23 (1): 16-24.

便从 11.9%下降到 6%。①

波兰在 2013 年一项关于 29 个富裕国家的儿童幸福感排名的报告中位列第 21 位。与其他经合组织国家相比，波兰在儿童福利方面的表现参差不齐。波兰儿童的物质生活条件是一个相对薄弱的领域：波兰儿童的平均可支配收入相当低，尽管儿童相对收入贫困率（12.8%）和失业家庭中的儿童比例（9.2%）都接近经合组织的平均水平（分别为 13.4%和 9.6%），但波兰儿童相对更有可能生活在过度拥挤的家庭或缺乏基本设施的家庭中。

在健康方面，波兰儿童低体重出生的频率相当低（5.8%，而经合组织平均为 6.4%）。尽管有 64%的 15 岁儿童经常在校外进行高强度运动，高于经合组织的平均水平 52%，但 11~15 岁超重或肥胖的儿童比例（19.8%）则略高于平均水平（19.2%）。需要注意的是，波兰儿童经常吸烟的比例（8%）相对较高（平均水平为 5.4%）。

在教育方面，相比其他经合组织国家的同龄人，波兰 15 岁儿童更容易获得教育资源，如有助于学习的书籍、书桌和安静的学习场所。波兰儿童在 PISA 阅读和数学测试中的平均成绩高于经合组织国家。然而，波兰 15 岁儿童却更容易每个月一次甚至几次成为欺凌的受害者（62%，平均为 73%）。

总体而言，相比于经合组织的其他成员国，波兰儿童的总体生活满意度处于中低水平，大约 32%的 15 岁儿童表示生活满意度较高（略低于经合组织的平均水平 34%），而大约 13%表示生活满意度较低（略高于经合组织的平均水平 12%）。②

四、"一带一路"沿线国家儿童福利的面临挑战

（一）迈向高水平社会经济权利保障的挑战

近年来，对儿童作为权利拥有者的认识大大增加，学术界和各国实践者的注意力都集中在如何保障更高水平的儿童生存和发展经济社会权利

① THE WORLD BANK. The Families 500+：Battling Child Poverty in Poland［EB/OL］.（2017-12-22）［2021-06-16］. https：//blogs. worlEBank. org/europeandcentralasia/Families-500-battling-child-poverty-poland.

② OECD. How does POLAND compare on child well-being［EB/OL］.（2017-11-19）［2021-06-16］. https：//www. oecd. org/els/family/CWBDP_ Factsheet_ POL.

(Economic and Social Rights, ESR) 上。[①] 尽管如此，在国际、区域和各国的人权法中，关于儿童群体的社会经济权利的关注仍然远远少于一般公民的政治权利，在国际层面上开展的儿童工作中仍然没有优先考虑儿童的经济社会权利，在人权理事会普遍定期审议过程中也相对忽视一些有关教育和健康议题的儿童经济社会权利。[②] 虽然《儿童权利公约》已成为最多国家批准的人权条约，但千百万儿童的权利仍然没有实现。各国之间和各国内部在实现这些权利方面的差距在不断扩大，在迈向更高水平的儿童社会经济权利保障上不仅不平衡，而且往往是不公平。在许多区域、国家和社区，最贫穷和最边缘化的儿童在健康和福祉的各项指标上仍然非常滞后。[③] 同样值得注意的是，世界儿童当下正面临着对其生存和福祉的令人担忧的新型威胁，如麻疹卷土重来、儿童肥胖率增加、网络欺凌、儿童虐待以及气候变化的影响。

在很多“一带一路”沿线发展中国家中，实现普遍入学和顺利结业的教育基本权利已不足以实现儿童可持续发展目标所预想的最低水平。[④] 一项基于南非和东非教育质量监测联盟（SACMEQ）的数据显示，虽然已有96%的乌干达适龄儿童入学，但53%的12岁儿童不会算数。14%的儿童上了一年级但在12岁之前就辍学，33%的12岁儿童完成了六年级，但仍是不懂数学的。最近的数据显示，早期（2至3年级）和晚期（15岁左右）的儿童的数学计算和读写能力之间存在巨大差距。[⑤] 在“一带一路”沿线国家中，肯尼亚、巴基斯坦、坦桑尼亚三国的富裕家庭和贫困家庭儿童在语言学习和识字率上的差距往往超过20个百分点，而印度的富裕家庭和贫困家

① U Kilkelly, T Liefaard. *International human rights of children* [M]. *Singapore*: *Springer*, 2019: 239.

② UPR Info. The Universal Periodic Review: A Skewed Agenda? [EB/OL]. (2016-09-18) [2021-06-16]. https://www.cesr.org/sites/default/files/CESR_ ScPo_ UPR_ FINAL.

③ UNICEF. The Convention on the Rights of the Child at a crossroads [EB/OL]. (2019-11-21) [2021-06-16]. https://www.unicef.org/media/62371/file/Convention-rights-child-at-crossroads-2019.

④ THE WORLD BANK. World Development Report 2018: LEARNING to Realize Education's Promise [EB/OL]. (2017-09-26) [2021-06-16]. https://www.worldbank.org/en/publication/wdr2018.

⑤ Spaull N, Taylor S. *Access to what? Creating a composite measure of educational quantity and educational quality for 11 African countries* [J]. *Comparative Education Review*, 2015, 59 (1): 133-165.

庭的语言教育差距几乎是这个数字的两倍。[1] 在后疫情时代的数字教育转型背景下，沿线发展中国家儿童及其家庭还面临着数字教育的不平等的挑战。这些国家的儿童在先进教育设备和高速互联网的获取程度上有显著差异，尤其是沿线的北非国家中最为明显。一项2017年的研究表明，利比亚的学生在获取和使用数字技术方面存在巨大的性别差异，由于文化和社会问题，女童接触互联网等数字教育的机会明显比男童少得多。[2] 总体而言，在很多沿线的发展中国家中，生活在贫困地区的儿童，无论是农村还是城市，远离繁荣中心的地理距离都会导致其难以获得较高水平的教育资源，而女童在教育权利上受到偏见和歧视的风险也更高。

同样地，"一带一路"沿线的部分地区及国家在儿童营养保障和生命健康保障上仍面临着严峻挑战。伊朗西北部西阿塞拜疆省的一项调查显示，5岁以下儿童中分别有8.7%、7.5%和4.3%患有发育迟缓、消瘦和体重不足。[3] 伊朗东北部呼罗珊省中，体重不足、发育迟缓和消瘦的比率分别为7.5%、12.5%和4.4%，并且体重不足的现象在女孩和农村地区更为普遍。伊朗农村地区儿童的营养不良情况明显多于城市地区，这是由于伊朗农村地区较差的经济地位、文化地位、收入水平、缺乏健康饮食行为和较少的医疗保障所造成的。[4] 在阿富汗，大部分地区5岁以下儿童的营养状况继续恶化，甚至威胁到他们的生命。这是由于近年来严重的粮食不安全问题激增，再加上其他因素，如公共医疗服务难以获得、干净水源和卫生设施建设落后、孕产妇营养不良、免疫接种覆盖率低，疾病负担高、婴儿和幼儿的不良喂养习惯等。最近的营养调查结果显示，阿富汗34个省份中有26个省份的营养状况已经超过了严重营养不良的紧急阈值，这一趋势自2020年年初以来一直在恶化，新冠肺炎疫情又进一步导致了2020年5岁以下儿童

---

① Akmal M, Pritchett L. *Learning equity requires more than equality: Learning goals and achievement gaps between the rich and the poor in five developing countries* [J]. *International journal of educational development*, 2021, 82 (10): 1-19.

② Elaiess R. *Digital Divide in Libya: A General Assessment* [J]. *International Research: Journal of Library and Information Science*, 2017, 7 (3): 1-9.

③ Farrokh-Eslamlou HR, Oshnouei S, Ahmadi N, Babaei F. *Geographical distribution of nutrition deficiency among children under five years old in the West Azerbaijan Province, Iran* [J]. *Urmia Medical Journal*, 2013, 24 (3): 201-209.

④ Nouri Saeidlou S, Babaei F, Ayremlou P. *Malnutrition, overweight, and obesity among urban and rural children in north of west Azerbijan, Iran* [J]. *Journal of obesity*, 2014 (2014): 541213.

严重营养不良的人数增加到13%。[①]

（二）区域冲突对儿童生命健康的威胁

“一带一路”沿线的部分国家因为宗教文化、民族矛盾、领土纷争、政治动荡等因素持续遭受战火的冲击，这些国家的儿童承受着和平地区儿童难以想象的灾难。在阿富汗，需要人道主义援助的人数从2019年的940万增加到2020年的1400万。暴力继续不成比例地影响着儿童和妇女，他们占2020年上半年记录的所有平民战争伤亡人数的40%以上。[②] 在缅甸2021年前4个月的军事政变中，儿童占全国地雷/战争遗留爆炸物爆炸造成的伤亡人数的39%。其中缅甸若开邦的儿童死亡率最高，为61%。2019年的数据显示，有55%的缅甸儿童生活状态处于贫困线，5岁以下儿童死亡率为每1000名活产死亡50人，是东盟区域儿童死亡率最高的国家之一，并且其中许多死亡是可以预防的。[③] 在叙利亚，儿童占武器爆炸受害者的三分之一，这增加了儿童残疾，特别是截肢的概率，有接近10000多名残疾儿童无法获得残疾人康复保健服务，约55%的残疾儿童面临着行动障碍，需要身体康复以恢复日常活动并强化社会参与。[④]

（三）突发灾害对儿童生活质量的影响

新冠肺炎疫情大流行在全球引发了前所未有的社会经济危机，而疫情中家庭所面临的经济困难也对“一带一路”沿线众多发展中国家多年的儿童贫困扶持事业带来了重创。救助儿童会和联合国儿童基金会发布的一项新分析显示，到2020年年底，新冠肺炎疫情经济影响可能使多达8600万儿童陷入家庭贫困，比2019年同期增长15%。[⑤] 除经济困境之外，新冠肺炎疫情还加剧了暴力侵害儿童的风险，特别是对那些此前已经面临暴力风险

---

① Afghanistan Nutrition Cluster. Nutrition SMART Surveys [EB/OL]. (2021-03-08) [2021-06-16]. https://reliefweb. int/report/afghanistan/afghanistan-nutrition-cluster-2020-annual-report.

② UNAMA. Afghanistan Midyear Report on Protection vf Civilians in Armed Conflict: 2020 [EB/OL]. (2020-07-26) [2021-06-16]. https://unama. unmissions. org/sites/default/files/unama_ poc _ midyear_ report_ 2020_ -_ 27_ july.

③ UNICEF. The Situation of Children in Myanmar: An overview [EB/OL]. (2019-05-30) [2016-06-16]. https://www. unicef. org/myanmar/children-myanmar.

④ Syria Relief. Children living with disabilities inside Syria [EB/OL]. (2020-06-11) [2021-06-16]. https://www. humanitarianresponse. info/sites/www. humanitarianresponse. info/files/assessments/syria_ relief_ report_ children_ with_ disabilities_ in_ syria.

⑤ 联合国儿基会．新冠疫情将导致今年有8600万儿童陷入家庭贫困 [EB/OL]. (2020-05-28) [2021-06-16]. https://news. un. org/zh/story/2020/05/1058402.

的儿童，包括女童、贫困儿童、残疾儿童和处于脆弱环境中的儿童。数据显示，近三分之一（32%）的儿童、父母或照料者认为，自疫情大流行以来，他们的家中发生过身体或精神暴力。调查结果还表明，女童在家庭中受到性别角色的负面影响增多。近三分之二的女童（63%）表示，在疫情期间，其实际上承担了更多的家务劳动；超过一半的女童（52%）表示，在疫情期间需要花费比之前更多的时间来照顾兄弟姐妹和家人。①

除了新冠肺炎疫情的公共卫生灾害外，"一带一路"沿线各国的儿童生活还会受到包括洪水、地震、台风在内的极端自然灾害的影响。一项巴基斯坦的研究表明，生活在灾害多发地区是造成儿童身体脆弱的重要因素之一，甚至会影响儿童的心理健康及教育状况。② 自然灾害对儿童的影响主要有三种方式：首先最直接的影响是对家庭的破坏，即家庭成员在灾害中遇难或受伤。其次是对医疗保健供应的影响，自然灾害会破坏基础设施，如医院和卫生诊所、供水和污水处理设施等，从而减少了儿童获得医疗保健的机会，增加了疾病传染的风险。最后是对卫生投入需求的影响，居民的收入损失和重建、安置、粮食储备等费用的支出将会挤兑对儿童营养、疫苗接种的投资。③ 2021 年 12 月 16 日，台风"奥德特（Odette）"袭击了菲律宾。据联合国儿童基金会报告，超过 200 万户家庭受灾，86 万名儿童需要人道主义援助，其中有 20 万名儿童受灾严重。④ 受台风影响的地区，约有 220 个卫生设施受损，41%的镇卫生站和 28%的医院遭到破坏，这加剧了包括新冠肺炎疫情在内的疾病传染风险。⑤

---

① Save the Chilren. Protect a Generation: The impact of COVID-19 on children's lives [EB/OL]. (2020-09-08) [2021-06-16]. https://www.savethechildren.org/content/dam/usa/reports/emergency-response/protect-a-generation-report.

② Shah A A, Ajiang C, Gong Z, et al. *Reconnoitering school children vulnerability and its determinants: Evidence from flood disaster-hit rural communities of Pakistan* [J]. *International Journal of Disaster Risk Reduction*, 2022, 70 (10): 1-16.

③ Datar A, Liu J, Linnemayr S, et al. *The impact of natural disasters on child health and investments in rural India* [J]. *Social Science & Medicine*, 2013 (76): 83-91.

④ UNICEF. PHILIPPINES Humanitarian Situation Report No. 1 [EB/OL]. (2022-01-13) [2022-05-13]. https://www.unicef.org/media/114236/file/Philippine%20Humanitarian%20Situation%20Report%20(%20Typhoon%20Rai) -%20January%202022.

⑤ World Health Organization. Typhoon Odette One Month On: Health services remain disrupted, leaving affected communities vulnerable to preventable diseases [EB/OL]. (2022-01-15) [2022-05-13]. https://www.who.int/philippines/news/detail/15-01-2022-typhoon-odette-one-month-on.

参考文献

[1] U Kilkelly, T Liefaard. *International human rights of children* [M]. *Singapore*: *Springer*, 2019: 239.

[2] Ainsworth F, Thoburn J. A*n exploration of the differential usage of residential childcare across national boundaries* [J]. *International Journal of Social Welfare*, 2014, 23 (1): 16-24.

[3] Akmal M, Pritchett L. *Learning equity requires more than equality*: *Learning goals and achievement gaps between the rich and the poor in five developing countries* [J]. *International journal of educational development*, 2021, 82 (10): 1-19.

[4] Elaiess R. *Digital Divide in Libya*: *A General Assessment* [J]. *International Research*: *Journal of Library and Information Science*, 2017, 7 (3): 1-9.

[5] Farrokh-Eslamlou H R, Oshnouei S, Ahmadi N, et al. *Geographical distribution of nutrition deficiency among children under five years old in the West Azerbaijan Province*, *Iran* [J]. *Urmia Medical Journal*, 2013, 24 (3): 201-209.

[6] Nouri Saeidlou S, Babaei F, Ayremlou P. *Malnutrition*, *overweight*, *and obesity among urban and rural children in north of west Azerbijan*, *Iran* [J]. *Journal of obesity*, 2014 (2014): 541213.

[7] Spaull N, Taylor S. *Access to what? Creating a composite measure of educational quantity and educational quality for* 11 *African countries* [J]. *Comparative Education Review*, 2015, 59 (1): 133-165.

[8] Takaffoli M, Arshi M, Vameghi M, et al. *Child welfare approach in Iran* [J]. *Children and Youth Services Review*, 2020, 114 (10): 1-8.

[9] Shah A A, Ajiang C, Gong Z, et al. *Reconnoitering school children vulnerability and its determinants*: *Evidence from flood disaster-hit rural communities of Pakistan* [J]. *International Journal of Disaster Risk Reduction*, 2022, 70 (10): 1-16.

[10] Datar A, Liu J, Linnemayr S, et al. *The impact of natural disasters on child health and investments in rural India* [J]. *Social Science & Medicine*, 2013, 76: 83-91.

创 新 篇

新加坡、俄罗斯和智利社会保障管理体制的改革

汤兆云　陈家宁*

摘　要：社会保障管理体制是一国社会保障能够有效实施的关键。随着经济社会发展，为了应对新出现的各类问题，“一带一路”沿线国家基于已有的制度，对社会保障管理体制进行了改革与完善。新加坡的社会保障管理体制改革是在维持由中央公积金局集中管理不变的基础上，对整体作进一步补充。俄罗斯联邦的社会保障管理体制改革是由国家保险型社会保障制度向国家、企业和个人责任分担型社会保障制度转变。智利的社会保障管理体制先后经历两次重大改革，由最初的社会统筹、现收现付制变为个人账户、完全积累的私有化制度，并补充建立起“普享型”支柱。

关键词：社会保障；管理体制；新加坡；俄罗斯；智利

“一带一路”（“One Belt and One Road”）是“丝绸之路经济带和21世纪海上丝绸之路”（“the Silk Road Economic Belt and the 21st-Century Maritime Silk Road”）的简称。中国国家主席习近平于2013年提出了建设“一带一路”的合作倡议。截至2022年2月6日，中国已经同148个国家和32

* 汤兆云，华侨大学政治与公共管理学院教授、博士生导师，主要从事社会保障、公共政策的教学与研究工作；陈家宁，华侨大学政治与公共管理学院硕士研究生，主要从事社会保障、公共政策研究。

个国际组织签署200余份共建“一带一路”合作文件。[1]

社会保障管理体制是为了保证社会保障制度的有效运行而专门设置的管理制度，它是影响社会保障制度运行好坏与效率高低的一个至关重要的决定因素。这一制度是由政府主导的、完成社会保障制度的行政管理、基金管理、信息管理等各种活动，并有着自己特有的内容、特征和规律。广义的社会保障管理体制是指社会保障的管理制度，即为了构建与完善社会保障制度，国家指定相关的管理机构对社会保障管理内容进行管理的方式和方法的总称；狭义的社会保障管理体制是指社会保障机构的设置及职责权限的划分。社会保障管理体制的核心部分是社会保障管事机构，它作为代表国家履行社会保障职责的载体，是社会保障事业的组织者、实施者和管理者。[2]可以说，社会保障管理体制是一个国家或者地区的社会保障能够有效实施的关键，由此，世界各国对社会保障管理体制都非常重视。一般而言，社会保障管理体制包括社会保障的管理制度和管理方法等内容，常见的类型有政府直接管理的体制、政府和社会公共组织共同管理的体制、以私营机构为主的管理体制等。而一个国家不一定仅使用一种社会保障管理办法，如可将大部分保障项目交给非政府组织管理，而把其中一些项目集中统一至中央政府。随着经济社会等不断发展，为了适应陆续出现的问题，各国基于已有的社会保障制度，对社会保障管理体制进行了相应的改革与完善。

笔者选取新加坡①、俄罗斯联邦②和智利③三个“一带一路”沿线国家，

---

① 新加坡共和国（Republic of Singapore）位于马来半岛南端、马六甲海峡出入口，北隔柔佛海峡与马来西亚相邻，南隔新加坡海峡与印度尼西亚相望；国土面积724.4平方千米（2020年），由新加坡岛及附近63个小岛组成，其中新加坡岛占全国面积的88.5%。地势低平，平均海拔15米，最高海拔163米，海岸线长193千米；属热带海洋性气候，常年高温潮湿多雨；年平均气温24℃~32℃，日平均气温26.8℃，年平均降水量2345毫米，年平均湿度84.3%；总人口570万（2019年6月），公民和永久居民403万；华人占74%左右，其余为马来人、印度人和其他种族；属外贸驱动型经济，以电子、石油化工、金融、航运、服务业为主，高度依赖中、美、日、欧和周边市场，外贸总额是GDP的4倍。2020年，国内生产总值为3500亿美元，人均国内生产总值为6.2万美元（转引：中国一带一路网. 新加坡［EB/OL］.［2022-02-07］. https：//www.yidaiyilu.gov.cn/xwzx/roll/77298.htm.）。

② 俄罗斯联邦，亦称俄罗斯（РоссийскаяФедерация，Россия），国土面积为1709.82万平方千米，人口为1.46亿人（2020年10月），民族194个，其中俄罗斯族占77.7%；2019年，俄罗斯国内生产总值同比增长1.3%（转引：中国一带一路网. 俄罗斯［EB/OL］.［2022-02-07］. https：//www.yidaiyilu.gov.cn/xwzx/roll/77298.htm.）。

③ 智利共和国（Republic of Chile，República de Chile）位于南美洲西南部，安第斯山脉西麓。东邻玻利维亚和阿根廷，北界秘鲁，西濒太平洋，南与南极洲隔海相望；海岸线总长约1万千米，是世界上最狭长的国家；国土面积756715平方千米，人口1805万（2020年9月）；是拉美经济较

首先简要概述其社会保障管理体制的基本内容，包括制度演进背景、主要管理机构以及管理制度等；其次列举出其中的一些改革措施，它们对该国的社会保障管理体制的改革起到关键作用；最后对其社会保障管理体制改革所体现的特征进行归纳与分析。

一、新加坡、俄罗斯和智利三国社会保障管理体制的内容

社会保障管理体制贯穿整个社会保障制度运行的全过程，其基本内容主要包括社会保障管理机构、管理内容和管理方式等方面。社会保障管理体制的管理机构是指负责社会保障法律与政策的制定和实施，社会保障基金的管理与运营、监督和审查，维持社会保障制度正常运行的权力和办事机构；社会保障管理体制的管理内容主要包括三个密切联系的方面：社会保障行政管理、社会保障基金管理和社会保障信息管理；社会保障管理体制的管理方式是指根据政府在社会保障事务中的介入程度以及责任大小，而分成的三种类型：政府直接管理、半官方自治管理和商业保险公司管理。[2]目前世界各国均根据各自国情选择了不同有社会保障的管理体制。一般说来，经济发展状况、市场化程度和资金运营方式等因素成为影响各国社会保障管理体制的具体客观因素。

（一）新加坡社会保障管理体制的内容

新加坡的社会保障制度主要是指中央公积金制度。①1953 年，新加坡通过《中央公积金法令》，以此为法律基础，于 1955 年 7 月成立了中央公积金局，这标志着新加坡中央公积金型社会保障制度的正式建立。其基于反福利主义的就业导向型社会保障理念，采取政府立法强制个人储蓄、完全积累模式集中管理，是一种自我保障式的社会福利制度。经过几十年的运

发达的国家之一，矿业、林业、渔业和农业是国民经济四大支柱。2019 年，国内生产总值为 2942 亿美元，人均国内生产总值为 15399 美元；人均预期寿命 79 岁，其中男性 76 岁，女性 82 岁（2010 年至 2015 年）；人口出生率 14.4‰，死亡率 5.5‰，新生儿死亡率 5.4‰（2011 年）。2001 年至 2010 年人口年均增长率为 11.2‰（转引：中国一带一路网．智利［EB/OL］．［2022-02-07］．https://www.yidaiyilu.gov.cn/xwzx/roll/77298.htm.）。

① 新加坡模式是一种公积金模式。该模式的主要特点是强调自我保障，建立个人公积金账户，由劳动者于在职期间与其雇主共同缴纳养老保险费，劳动者在退休后完全从个人账户领取养老金，国家不再以任何形式支付养老金。个人账户的基金在劳动者退休后可以一次性连本带息领取，也可以分期分批领取。国家对个人账户的基金通过中央公积金局统一进行管理和运营投资，是一种完全积细小的筹资模式。除新加坡外，东南亚、非洲等一些发展中国家也采取了该模式。

作，中央公积金制度已经由最初单一的退休养老储蓄计划，逐渐发展成为集养老、医疗、住房、家庭保障、教育与资产增值等多种功能于一体的综合性社会保障体系。

中央公积金制度的主体管理机构是中央公积金局，其虽然是隶属于劳工部的政府部门，但地位相对独立，并在逐渐发展的过程中被赋予更多的行政自主权。中央公积金局的具体运作形式是现代公司结构——董事会领导下的总经理负责制，其中董事会为最高管理机构，下设财金委员会和规划决策会。中央公积金的具体投资运营主体是新加坡货币管理局和新加坡政府投资管理公司，前者负责中央公积金对国债和银行存款的投资管理，而后者负责把积累的公积金投资于国内的住房和基础设施建设，并把大量资金投资于外国资产以获取较高的收益。[3]

新加坡社会保障体系如图1所示。

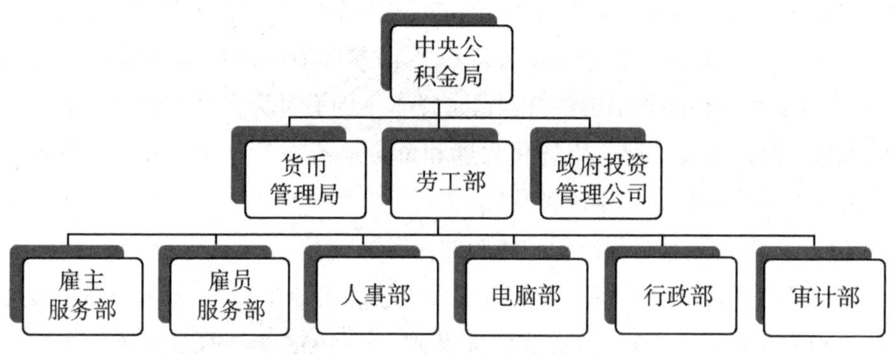

图1 新加坡社会保障体系图

新加坡中央公积金制度实行会员制，规定凡是有一定工作收入的新加坡居民都自动成为公积金会员，开设公积金账户并按规定缴纳公积金。中央公积金账户下设"普通账户、医疗账户、特别账户和退休账户"等四个子账户，其中，55岁以下会员的个人账户包括"普通账户、医疗账户和特别账户"三个子账户，而55岁后普通账户和特别账户转换为退休账户，因此包括"医疗账户和退休账户"两个子账户。普通账户用来购房、投资、教育以及转拨款项等，医疗账户用于支付本人及直系亲属住院医疗费用，特别账户则主要用作退休养老和批准的投资，退休账户的作用是作为养老金的主要来源。

总体上，新加坡的社会保障管理体制是一种由中央公积金局集中管理的体制，具有很强的独立性。而后续的改革，基本是在维持由中央公积金局集中管理的体制不变基础之上，对整体的进一步补充。

（二）俄罗斯社会保障管理体制的内容

俄罗斯的社会保障制度是在苏联时期的国家保险型社保制度的基础上逐步发展形成的，目前已基本建立了以失业、养老、医疗及福利救济为主的社保制度体系。

在苏联时期，社会保障制度已被写入宪法。1977 年《苏维埃社会主义共和国联盟宪法》对当时的社会保障制度表述为“苏联的社会生活准则是大家关心每个人的福利和每个人关心大家的福利”。[4]那一时期的社会保障已经较为全面，其中包括养老退休、医疗保健、妇女儿童补贴、残疾人和贫困户救济等；居民同时还享受着广泛的社会福利，如免费教育和进修、免费医疗、免费疗养和休假等，还有住房、食品、供暖等福利补贴。[5]但是由于当时实行的是高度集权的中央计划经济体制，所以相应的是由国家包揽一切的社会保障制度，所有的社会保障资金都由国家和单位全部承担。计划经济存在的一些弊端逐渐导致苏联经济增长速度放缓，“国家包揽一切”的社会保障制度使财政承受巨大压力。

俄罗斯现今的社会保障管理体制，是在原有的社保制度基础上进行改革而建立起来的。在健全养老保障、医疗保障和社会福利及社会救济之外，又增加了失业保障，并实行国家、企业和个人责任分担型社会保障制度，改变了过去单纯依靠国家预算拨款的方式。新增的失业保障其补助群体为 16 到 59 岁的男性、16 到 54 岁的女性、非自愿失业的劳动者，失业金由国家、社会、企业、个人根据各主体实力按比例缴费。此外，失业保障除了提供救济外还有促进就业的职能，为失业者提供就业培训，推动其再就业。[6]养老保障由国家、企业、劳动者共同负责。自 2010 年起，新的养老基金体系包括个人退休保险基金账户和个人储蓄基金账户。[7]医疗保障方面实行强制医疗保险制度，保险基金由企业和个人按比例缴费，没有劳动收入的居民由国家财政支出。社会福利及社会救济方面，资金来源于中央和地方政府预算及专项基金，由中央和地方政府管理，包括食品补贴、贫困家庭补助、老年人和残疾人的福利等。

总体上，俄罗斯的社会保障管理体制最重大的改革，是由国家保险型社会保障制度向国家、企业和个人责任分担型社会保障制度转变，尤其注重个人储蓄账户积累。

（三）智利社会保障管理体制的内容

智利的社会保障制度实行的是完全积累的个人账户制①，基金由私人养老基金管理公司负责运作经营，并在2008年建立了补充性社会互济养老金。

1980年智利开展了社会保障私有化改革。改革的法律基础是该国的《养老保险法》（1980年第3500号法令），其规定个人必须以强制性储蓄进行养老基金积累，并逐渐过渡成以此为主导。[8]财务模式由原有的现收现付制②转变为个人完全积累式，建立个人账户，包括基本个人账户和补充个人账户。养老金缴费全部由个人承担，单位从雇员月薪中按一定缴费比例扣除，其中基本个人账户为月收入的10.0%。补充个人账户是针对高收入人群建立的，在10.0%的基础上自愿增加。同时，养老金缴费由确定给付制（Defined Benefit，DB）转变为确定缴费制（Defined Contribution，DC），二者对应的财务模式分别为“现收现付制”和“完全积累制”。相较于之前的确定给付制，改革之后的确定缴费制更加符合养老保险的未来发展趋势，其有利于人力资源的自由流动，促进市场经济发展。在基金运营方面，改革后的负责机构是私营养老基金管理公司，具体承担养老金账户管理、费用收缴以及投资运营。[9]直至2008年后，针对完全市场化运作社会保障出现诸如缺乏公平性、覆盖面有限、收入差距拉大等弊端，智利政府采取“打补丁”的方式对已有的社保体制进行补充，最重要的措施是建立了社会互济养老金。

社会养老保险确定给付制与确定缴费制的比较见表1。

表1　社会养老保险确定给付制与确定缴费制比较

项目	确定给付制	确定缴费制
特色	由雇主承诺在劳工退休时，保证给付确定养老保险金	由雇主定期缴费确定金额到劳工养老保险金账户以筹措养老保险金

---

① 智利模式作为另一种强制储蓄类型，也强调自我保障，也采取了个人账户的模式，但与新加坡模式不同的是，个人账户的管理完全实行私有化，即将个人账户交由自负盈亏的私营养老保险公司规定最大化回报率，同时实行养老金最低保险制度。该模式于20世纪80年代在智利推出后，也被拉美一些国家所效仿。强制储蓄型的养老保险模式最大的特点是强调效率，但忽视公平，难以体现社会保险的保障功能。

② 参保对象在职工工作期间不需要缴纳任何养老保险费用，其退休养老金来源于企业生产收益并在企业营业外列支，并构成企业年度经营成本的开支项目。

续表

项目	确定给付制	确定缴费制
投资风险	由雇主承担，投资方式通常由雇主主导	由劳工承担
给付风险	雇主负担全部给付风险	雇主不负担全部给付风险，没有给付不足问题
违约风险	有届时雇主不能或不愿给付之风险	无
缴费责任	给付不足或有剩余时应调整缴费率	属于完全或足额缴费
给付金额	有明确给付计算公式	有明确缴费公式，但无法预知退休后所得水平，养老保险金多寡视该基金投资绩效而定
优点	退休给付没有保障，劳工没有投资风险，由专职投资人经营投资	携带性佳，劳工有机会得到较高的投资报酬
缺点	平均退休给付的投资报酬率偏低，携带性不佳	养老保险金额不确定，劳工有投资风险

（资料来源：陈听安．国民年金制度［M］．中国台北：三民书局，2009：5-9）

在智利的基金管理结构中，人力资源和社会保障部、养老基金公司监管司、基金管理公司、社会保险总监署、养老金规范化协会、风险鉴定委员会等部门主要负责政策制定、公司审批、标准制定和监督工作，而具体的业务则由养老保险基金公司负责运营。[2]

总体上，智利的社会保障管理体制先后经历了两次大的改革，形成了私营机构为主的管理体制。在最初的社会统筹、现收现付制之上，1980 年智利对公共养老金进行私有化改革，实行个人账户积累和养老基金进入金融市场并由私营金融机构运营管理；2008 年对私有化养老金制度补缺，建立起具有“普享型”支柱作用的社会互济养老金。

二、新加坡、俄罗斯和智利三国社会保障管理体制的改革

社会保障管理体制是一国政府为确保社会保障制度有效实施并持续运作，进而设置的一种管理制度。基于不同的国情，各个国家建立起了具有异质性的社会保障制度，并且随着各国形势的差异化发展，社会保障管理体制也随之不断地变革演进。新加坡为适应人口老龄化日趋严重的态势，

通过建立中央公积金养老金制度体系、出台辅助养老金制度以及调整缴费率等，对其社会保障管理体制进行改革；俄罗斯将改革重点置于改变"国家包揽一切"的社会保障体制，减轻国家财政负担，充分适应市场经济发展；智利则先后两次改革，探索社会保障的私有化新路。

（一）新加坡社会保障管理体制的改革

新加坡的人口老龄化问题较为严峻，在社会保障方面面临着养老金不足和公平性欠缺的问题。这其中包括一些显而易见的原因，如存款利息过低进而导致养老金替代率较低、实际缴费活跃会员人数少、个人累积基金制度共济性弱、低薪人口缺乏保障等。针对这些问题，新加坡对其社会保障管理体制进行改革。

第一，建立中央公积金养老金制度体系。首先，在原有的基础退休储蓄计划之上，1987 年制订最低储蓄计划，该计划的目的是使会员在退休后 20 年内每月能领取到一定数目的养老金，因此要求在退休账户中要留下足够的最低储蓄；2016 年该项制度继续完善，考虑到会员的收入水平差异，因此将最低储蓄定为"基本储蓄、全额储蓄和超额储蓄"三种额度（其中全额储蓄相当于原来的最低储蓄，基本储蓄是全额储蓄的一半，超额储蓄是基本储蓄的三倍）。其次，1987 年制订最低储蓄填补计划，该计划充分体现了家庭保障的关键作用，会员家庭成员之间可以彼此补充退休账户，使退休生活储蓄资金更为充足。2009 年提出了公积金终身养老金计划，该项计划的作用在于保障公积金会员能在退休后每月领取养老金，在个人累积养老金制度中创新性地融入了一小部分的社会统筹，提高了社会互济性。

第二，出台辅助养老金制度。2001 年制订退休辅助计划，这是一种作为养老保障的又一支柱的自愿性个人养老储蓄，由个人的工作收入自行决定储蓄金额，但每人每年有最高上限额度。2007 年制订就业收入补助计划，针对低薪员工缺乏社会保障这一问题，该政策补贴 35 岁以上低薪员工来增加收入和增加公积金储蓄，可以提高当前的生活水平和增加退休后的养老金，这也是新加坡多支柱养老金制度体系的又一组成部分。

第三，调整缴费率、存款利率和养老金领取年龄。1988 年新加坡根据年龄分组实行不同的缴费率，遵循的规定是"年龄越大，缴费率越低"；2000 年又逐步提高了 55 岁以上员工公积金缴费率，目的是补充养老金以增强持续性。从 1995 年，新加坡起陆续提高公积金各账户的存款利率，领取养老金的年龄从1955年的55岁推迟到1993年的60岁、2013年为62岁、2014年为63岁、2015年为64岁、2018年为65岁。[10]

（二）俄罗斯社会保障管理体制的改革

1991年12月，苏联解体，俄罗斯联邦宣布成立，原有的国家保险型社会保障制度不再适应社会发展，需要一个新的社会保障管理体制。① 因此，俄罗斯在原有的社保体制基础上进行了调整，于1992年开始了社会保障制度的根本性改革。随着社会不断发展，俄罗斯在社会保障方面各种问题逐渐凸显，如养老基金赤字、养老金支付困难、财政负担沉重、退休工资水平偏低等，社会保障管理体制需要不断地完善与变革。

第一，社会保障资金采取责任分担模式。基金制改变了过去单纯依靠国家预算拨款的做法，实行国家、企业和个人三方分担责任的筹集方式，这也是俄罗斯社会保障改革的最重要特征。1991年12月，俄罗斯国家议会审议通过了《俄罗斯联邦养老基金法》，因此养老保险基金来源由苏联时期完全依赖国家和企业，变为由国家、企业、劳动者共同负担。责任分担的模式使得退休金的发放水平与个人绩效直接相关，由个人账户的积累额所决定，这也极大地减轻了财政负担。

第二，建立完整的社会保障体系，尤其注重养老保障制度。俄罗斯社会保障制度体系在原有的养老保障、医疗保障、社会福利及社会救济基础之上，面对市场经济下大范围的失业问题，新增了失业保障制度。在养老保障方面，2002年建立的社会养老基金体系包括政府基本金、个人养老保险基金和个人养老储蓄基金三部分，其中仅对1967年1月1日后出生的人口建立个人养老储蓄基金账户，在此之前出生的人口作为过渡人群。2002年俄罗斯建立包括社会养老保险、强制养老保险、以及自愿补充性养老保险在内的三支柱养老保障体系。[11] 2010年改革后新的养老基金体系包括个

① 根据不同国家在养老保险金缴费方式、养老金待遇给付方式实施方面上的异同，世界各国社会养老保险制度可以分为传统型（traditional programs）社会养老保险制度、国家统筹型（universal programs）社会养老保险制度以及强制储蓄型（compulsory saving programs）社会养老保险制度等三种模式。国家统筹型的另一种类型是苏联所创设的，其理论基础为列宁的国家保险理论，后为东欧各国、蒙古、朝鲜以及我国改革以前所在地采用。该类型与福利国家的养老保险制度一样，都是由国家来包揽养老保险活动和筹集资金，实行统一的保险待遇水平，劳动者个人无须缴费，退休后可享受退休金。但与国家统筹型现收现付模式不同的是，其适用的对象并非全体社会成员，而是在职劳动者，养老金也只有一个层次，未建立多层次的养老保险，一般也不定期调整养老金水平。随着苏联和华沙条约国家的解体以及我国进行经济体制改革，采用这种模式的国家也越来越少。

人退休保险基金账户和个人储蓄账户两部分，将政府基本金直接合并进个人退休保险基金账户。

第三，提高社会和医疗强制保险费的征收比率、提高政府基本退休金补贴率。2010 年俄罗斯取消了统一社会税，改为社会和医疗强制保险费，并从 2011 年 1 月 1 日起，保险费征收比率由 2005 年的 26. 0% 提高到 34. 0%。个人如果有多个兼职工作，将从多处扣除保险费，工作职位越多则扣除越多，个人退休保险基金账户积累也就越多。关于政府基本退休金补贴率，2009 年一季度为 8. 7%，而当年 12 月补贴率升高了 31. 4%，平均发放 2562 卢布；从 2010 年 4 月开始，个人退休保险基金账户财政基本金补贴份额核定的基数为 2723 卢布。

（三）智利社会保障管理体制的改革

一方面，智利在原有的现收现付制度下，缴费水平难以满足多个社会保障机构的需求，国家不得不采取提高缴费率的措施并加大财政投入力度；另一方面，受新自由主义经济思想的影响，智利计划在社会保障制度方面作出创新性探索，因此进行了社会保障私有化改革。

第一，建立个人账户，并将基金资本化，同时将基金管理私有化。1981 年，智利原有的社会统筹、现收现付制，改变为建立个人账户、完全积累的社会保险制度，改变了由国家、企业和个人三方共同承担养老金的模式。此外，养老金由养老基金管理公司投资到市场，实现养老金的保值增值。同时，这一措施使社会保险性储蓄增加，进而带动总储蓄的增长。1981 年改革后，国内的储蓄率由 1981 年的 16. 4%上升到 1990 年的 30. 0%，社会保险性储蓄与 GDP 之比从 1984 年的 1. 90%增至 1994 年的 3. 80%。[12] 最后，养老基金管理公司是专业的私营机构，多家并存的养老基金管理公司在自由的市场竞争机制之下，接受居民的“用脚投票”，这促进了基金公司之间的良性竞争，显著提高了养老保险基金的投资收益率。

第二，在新旧制度过渡期发放“认可债券”，且政府承担担保与监管的责任。投保人若转入新制度，政府则向其发放一种“认可债券”，面额相当于本人向旧制度所缴纳积累的养老基金，退休时国家以现金将“认可债券”一次性兑回，过渡时期的成本由政府承担。[13] 此外，政府还起到重要的担保和监管作用。政府提供担保有三种情形，一是政府对于缴费满 20 年，但达不到领取最低养老金标准的人员进行担保；二是保障养老金管理公司养老金投资的最低回报率，同时政府对无法达到最低回报率的基金管理公司进行清算，并负责保证基金持有人权益；三是当养老基金管理公司停止支付或破产时，政府保证伤残和遗属保险金的支付。在监管方面，政府专门成立了养老基金监管局来行使对养老金管理公司的监管职能，由劳动与社会保障部管辖，经费由政府拨款。[14]

第三，通过采取完善“三支柱”养老保障体系和促进养老保障中性别平等的措施，扩大养老保障覆盖面。关于“三支柱”的养老保障体系，政府首先新增社会互济养老金作为“普享型”互济养老金支柱，一是针对无力缴费且没有其他养老金收入来源的工人，提供每月确定标准的基础养老金；二是针对有缴费积累但账户低于一定标准的参保者，政府提供补助。[15]其次，扩大第二支柱覆盖人群范围，将非传统雇佣的劳动者以及其他养老金制度边缘群体，纳入进养老金储蓄制度当中，具体通过提供与传统雇员对等的社会福利和部分补贴等方式。最后，加强自愿性私人养老储蓄的第三支柱，具体有：一是提升现行制度的额外自愿储蓄的财政刺激因素；二是制订新的资源储蓄计划，取消低收入者提前提取自愿储蓄账户中的储蓄时的税收，取消支付自愿储蓄账户公司的佣金税收。[16]另外，政府促进养老保障制度中性别平等的措施，如给参保妇女缴费补助、妇女每生养一个孩子则可获得一份额外津贴、离婚时养老基金可按各自权益划入账户。[15]

三、新加坡、俄罗斯和智利三国社会保障管理体制改革的特征

通过上一节对三个国家社会保障管理体制改革内容的描述，可进一步归纳并分析其改革的特征。新加坡的社会保障改革，一方面突出了家庭保障的作用，另一方面更是强调效率优先，遵循通过就业保障养老的原则。俄罗斯的社会保障管理体制的改革主要特征，是将社会保障资金筹集转变为由国家、企业和个人三方责任分担，以减轻国家财政压力。智利的改革特征则体现为采取政策组合的方式，对初次改革后体制中的不足进行修补，有效提高了社保基金积累。总体而言，新加坡、俄罗斯和智利这三个“一带一路”沿线国家社会保障管理体制及其改革趋势不尽相同，具有各自的特征，可以从不同的角度贡献经验与启示。

（一）新加坡社会保障管理体制改革的特征

新加坡的社会保障长期处于较高水平，在 2021 年美世全球养老金指数

排行榜中①，新加坡在全球排行榜位列第十，在亚洲区位列第一，也是连续十三年排名亚洲榜首。新加坡总面积约733.1平方千米（2021年），总人口约545万，其中公民和永久居民399万（2022年）。人均国内生产总值约7.11万美元（2021年）。新加坡经济属于外贸驱动型，主要以电子、石油化工、金融、航运、服务业为主，2020年人均国内生产总值5.98万美元。在人民生活方面，政府统一修建公共组屋，居民住房拥有率达91.0%，人均寿命83.2岁，识字率97.5%（15岁及以上）。[17]新加坡一直在不断完善本国的社会保障体制，其中体现出以下两个方面的特征：

第一，充分体现家庭在社会保障中的作用。新加坡实行最低储蓄计划，以此为多功能的社会保障提供足够的资金积累。然而，新加坡也存在一些低收入群体无法达到公积金最低储蓄额度的要求，因此其进一步推出了最低储蓄填补计划，人们可以为自己的家人补充账户的不足。随着当今世界人口老龄化程度的提高，新加坡养老压力随着代际传递，导致代际矛盾愈加突出，因此强调家庭保障既能缓解一部分社会养老压力，也能提高社会保障的可持续性。

第二，体现效率优先的原则。新加坡强调权利与义务相匹配，鼓励自主就业，通过个人的劳动积累完成养老保障，但个人账户的模式在一定程度上缺少互济性。新加坡的社会保障制度自建立之初，就以促进经济发展而最小化社会福利的发展战略为定位，因此采取强制个人储蓄完全积累式的管理体制，以个人及家庭成员的积累为主而非政府基础金补贴和社会保险的互济。财政补贴不在社会保障中起主要作用，而是致力于完善经济和工业基础设施，以及出台一系列鼓励就业政策，增加国民就业。

（二）俄罗斯社会保障管理体制改革的特征

截至2022年：俄罗斯总面积约1709.82万平方千米，国土面积居世界第一位，总人口约1.46亿，包括194个民族，其中俄罗斯族比重最大，占比77.7%。俄罗斯的自然资源十分丰富，在种类繁多的同时储量极大，自给程度高，其中包括已探明的天然气在内的多种自然资源，天然气蕴藏量

---

① 墨尔本美世全球养老金指数是由美世公司和澳大利亚金融研究中心共同制作完成，由澳大利亚维多利亚州政府资助。该指数基于对40多项指标的评估，这些指标被划分为三类次级指数：充足性指数、可持续性指数和全面性指数。总体数值越高，养老金体系越稳健。该指数使用充分性、可持续性和完整性分类指数的加权平均值对每个养老金体系进行打分，覆盖50多个底层指标，评估全球43个国家和地区的退休养老机制，调查对象覆盖世界三分之二的人口。

居世界第一位。2021 年，俄罗斯国内生产总值同比增长 4.7%，截至 2022 年 6 月 1 日，俄罗斯的国际储备为 5874.23 亿美元。[18] 早在苏联时期，俄罗斯就已经建立了相对完善的社会保障体系，并且对当时的国民尤其是低收入群体的生活起到了极为重要的作用。不过这种“国家包揽一切”的体制逐渐不再适应市场经济，因此苏联解体后，俄罗斯的社会保障管理不断地进行改革，其中体现出如下特征：

第一，改革重点在于减轻财政压力，采取责任分担模式。在苏联时期高度集中的计划经济体制下，俄罗斯采取的社会福利保障是完全依靠国家财政的，这导致社会保障的水平很低，同时助长了国民过分依赖国家保障的心理，致使社会保障政策“提倡平等”的初衷逐渐偏离向“平均主义”，大部分国民完全失去了追求工作效率的积极性。长此以往，俄罗斯的财政不堪重负。因此，苏联解体后的社会保障体制改革，首要解决的便是社会保障的资金来源问题，由原来的绝对依赖国家财政变为实行国家、企业和个人三方分担责任。多方共同管理的体制大大减轻了国家的经济压力。

第二，改革注重社会弱势群体的社会保障。为了保证社保基金充足稳定，俄罗斯首先为深化社会保障管理体制改革创造了扎实的经济基础，通过调整国家发展战略规划，使整体经济形势得到改善。与此同时，政府通过一系列的财政政策和货币政策有效抑制了通货膨胀，使物价上涨缓于工资增长，相对而言增加了国民实际收入。在社会保障体制的改革中，俄罗斯将目标聚焦在了对社会弱势群体的救助上，而取代了既有的平均主义的社会保障制度。针对社会上失业问题加剧的现象，俄罗斯新增了失业保障制度，失业金由国家、社会、企业、个人多方主体按比例共同负责缴费。同时政府通过提供就业培训等，帮助失业者提升再就业能力。此外，俄罗斯政府还为社会弱势群体提供社会福利以维持他们的基本生活，如提供困难家庭子女补助费、孕妇补助费、丧失劳动能力或暂时失去劳动能力补助等。

（三）智利社会保障管理体制改革的特征

截至 2021 年：智利总面积约为 756715 平方千米，总人口约 1967.8 万，其中城市人口占比 86.9%。人均国内生产总值约 14797 美元（2019 年），是拉美经济较发达的国家之一。智利的社会贫富差距相对较小，中产阶级约为 1100 万人，占全国人口的一半以上，贫困人口占全国人口的 8.6%

(2017年)。近年来，智利医疗卫生事业发展迅速，已建立起公私互补、相对完善的医保体系，其中公共医保占66.0%，私营部分占34.0%。此外，在联合国开发计划署发布的《2020年人类发展报告》中，2019年智利的人类发展指数为0.851，受国内外经济形势影响，近年来智利的经济面临考验，国际货币基金组织预计2020年智经济负增长6%。[19] 在历史上，智利也是西半球较早建立了社会保障制度的国家之一，创立了拉美地区最早的社会保障体制。同时，智利也是率先进行社会保障私有化改革的国家，这是对社会保障制度改革与发展的重大贡献。2008年后智利进行了第二次改革，以对现有体制中的不足进行修补。在整个过程中，智利的社会保障管理体制改革体现了如下的特征：

第一，在提高社保基金积累方面效果显著。智利在1981年改革后，新制度体制建立起个人账户且将资金资本化，交由自由竞争的私有化养老基金管理公司运营，政府仅负责对养老基金的收益风险和组合比例进行监管。个人有权选择投资收益更优的基金管理公司运作个人账户，这促使基金管理公司之间相互竞争，努力提高自身的投资收益率，这种运作方式有效提高了社保基金的积累。

第二，采取政策组合的形式，修补初次改革后的不足。智利在1980年进行的第一次社会保障私有化改革，虽然很有成效，但也存在许多问题，如缺乏公平性、参保率低、收入差距拉大。因此，在2008年智利补充建立了社会互济养老金，引入社会基础养老金作为“普享型”养老金支柱，加大对低收入人群的扶持力度，以弥补完全市场化的缺陷，这扩大了对低收入人口保障的覆盖面。

四、新加坡、俄罗斯和智利三国社会保障管理体制改革的异同

本研究对新加坡、俄罗斯和智利这三个“一带一路”沿线国家社会保障管理体制及改革进行了概括梳理。研究发现，新加坡的社会保障管理体制是一种集中管理的体制，而后续的改革基本是在维持由中央公积金局集中管理不变的基础上，对整体的进一步补充。俄罗斯的社会保障管理体制最重大的改革是由国家保险型社会保障制度向国家、企业和个人责任分担型社会保障制度转变，尤其注重个人储蓄账户积累的作用，目前已基本建立了以失业、养老、医疗及福利救济为主的社保体系。智利的社会保障管

理体制先后经历了两次大的改革，在最初的社会统筹、现收现付制基础之上，1980 年对公共养老金进行私有化改革，实行个人账户积累和养老基金进入金融市场并由私营金融机构运营管理；2008 年对私有化养老金制度“补缺”，建立起“普享型”支柱作用的社会互济养老金。

研究同时发现，新加坡、俄罗斯和智利三个“一带一路”沿线国家社会保障管理体制改革方面存在一些相似的特征，主要有以下几个方面的内容：

首先，改革的背景原因相似，如人口老龄化加剧、国家财政压力大。人口老龄化是一个全球性问题，《世界人口展望》（2017 年修订版）中的数据显示：到 2050 年，60 岁及以上人口数量将增长两倍多，到 2100 年将增长三倍以上，由 2017 年的 9.62 亿上升至 2050 年的 21 亿和 2100 年的 31 亿，人口老龄化正在给很多国家带来就业、经济发展、社会稳定、财政负担、养老制度等方面的严重压力和挑战。[10]一方面人口老龄化直接导致老龄人口数剧增，进而养老保险、医疗保险支出将增加；另一方面人口老龄化还意味着劳动力数量的减少，进而劳动生产率下降，整个国家的生产水平受到影响，更加难以负担养老支出。而国家财政压力过大、养老基金赤字问题也是多数国家面临的挑战，俄罗斯在苏联时期的社会保障是完全由国家财政拨款的制度模式，改革后转变为由国家、企业和个人三方负责的责任分担模式，目的就是想要缓解“国家包揽一切”下巨大的财政压力。智利也是由于国家为了补贴缴费不足的养老金，最终导致养老金财政上的入不敷出，于 1980 年进行社会保障的改革。

其次，不论是完全积累式还是部分积累式的社会保障体制，政府都承担一定的责任，作为各国多支柱社会保障体系的重要组成部分，只不过在不同的模式下政府承担的责任轻重比例不同。新加坡提倡就业导向型制度，因此采取的是个人账户完全积累的社会保障体制，也是在上述三个国家中，个人承担社会保障责任比重最大的。但尽管如此，政府依然有对国民的社会保障提供制度和财政上支持的责任。一是在个人累积养老金制度中引入保险的概念，设立公积金终身养老金计划，为高龄老人建立社会保险型的、具有共济功能的养老金制度；二是提出就业收入补助计划，政府对于低收入但勤劳工作的劳动者提供奖励金以填补公积金账户，是多支柱社会保障的组成部分。俄罗斯联邦在改革后，国家的责任比重减少，但必要的仍旧保留，采取的是国家、企业和个人三方负责的社会保障体制，通过不断增长的政府基本金基础补贴，提高国民退休工资水平。此外，新增加的失业保障，其中失业补助金一部分就是由中央和地方政府的财政拨款组成，为失业补助经费提供资金支持。关于医疗保障，对那些没有劳动收入的居民，国家从预算中支出为其缴纳保险费。智利改革后实行的是完全积累的个人账户制，并形成了私营机构为主的管理体制，但政府也承担了一定的责任。例如，在新旧制度转换的过渡时期，政府发放"认可债券"，从旧制度转换而来的居民在退休后，国家以现金将"认可债券"一次性兑回。政府还对达不到领取最低养老金标准的人员、无法达到最低回报率的基金管理公司，以及遇到养老基金管理公司破产，为伤残和遗属保险金的支付提供担保，这些支出均由政府承担。

最后，三国都回归对社会保障公平性的关注，如都加强对低收入群体的保障，提高对性别平等的重视程度。随着经济持续发展，让社会成员与时俱进地分享经济发展成果愈发重要，公平性是事关于此的重要维度。养老金公平性包括：第一，确保不同社会群体养老金保障水平没有过大差别对待；第二，男性与女性社会成员养老金保障享有同等待遇；第三，不同代际社会成员的养老金负担水平的公平性，如新加坡针对年满35岁的低收入劳动者提出就业收入补助计划，帮助他们弥补退休账户的不足，保障退休后有稳定的收入来源。为了促进低薪老年人收入提高，新加坡为雇用50岁以上月薪不超过4000美元的新加坡公民的企业雇主提供特别就业补贴。俄罗斯建立三支柱养老保障体系，其中第一支柱社会养老金，由国家负责，是针对弱势群体的养老保障。智利在1980年的私有化改革中将重心放置于效率而忽视了公平的建构，而在2008年的第二次补充性改革中作出调整，建立了社会互济养老金，引入"普享型"养老金支柱，目的是增加对低收入人群的补助。此外，在2008年的改革中，智利出台了许多帮助女性的政策，以改变原有的男女权益不对等的状况。这一改革成效显著，两性养老金替代率①的差别，在2008—2011年间缩小了6个百分点。具体措施如为属

① 养老金替代率是指劳动者退休时的养老金领取水平与退休前工资收入水平之间的比率，其计算公式为养老金替代率=某年度新退休人员的平均养老金/同一年度在职职工的平均工资收入×100%。它是衡量劳动者退休前后生活保障水平差异的基本指标之一。经验数据显示，退休后养老金替代率大于70.0%，即可维持退休前现有的生活水平；如果达到60.0%~70.0%，即可维持基本生活水平；如果低于50.0%，则生活水平较退休前会有大幅下降。

于60%最穷家庭的妇女生养一个孩子提供相当于一年最低工资缴费额的母亲津贴、私营养老保险基金管理公司向女性账户提供佣金折扣、离婚时个人账户中积累的养老金夫妻平分。

通过对新加坡、俄罗斯和智利这三个“一带一路”沿线国家社会保障管理体制的内容与改革措施的梳理，本文发现他们在社会保障管理体制改革方面存在一些相似之处：第一，他们的改革都是在人口老龄化加剧、国家财政压力大这样的背景原因下进行的改革；第二，不论是完全积累式还是部分积累式的社会保障体制，政府都承担一定的责任，作为各国多支柱社会保障体系的重要组成部分；第三，他们都回归对社会保障公平性的关注，采取措施以加强对低收入群体的保障、提高对性别平等的重视程度。

参考文献

[1] 已同中国签订共建“一带一路”合作文件的国家一览［EB/OL］.(2022-02-07)［2022-02-24］. https：//www. yidaiyilu. gov. cn/xwzx/roll/77298. htm.

[2] 邓大松，刘昌平．社会保障管理［M］. 北京：中国人民大学出版社，2011.

[3] 郭伟伟．新加坡社会保障管理体制及对中国改革的启示［J］. 行政管理改革，2010（7）：68-71.

[4] 徐海燕．俄罗斯社会保障方案中的基金制［J］. 俄罗斯中亚东欧市场，2009（2）：17-20.

[5] 李友华．俄罗斯社会保障体制改革缘何陷入困境［J］. 临沂师范学院学报，2005，27（5）：71-75.

[6] 丁奕宁，魏云娜．俄罗斯社会保障体系发展的研究与启示［J］. 当代经济，2019（2）：131-139.

[7] 徐林实．俄罗斯的退休养老体制改革及启示［J］. 国外社会科学，2012(2)：57-62.

[8] 张阳．浅谈智利社会保障改革对中国的启示［J］. 山西财经大学学报(高等教育版)，2009，12（2）：74.

[9] 金俊杰，童桂林，杨婧．社会保障私有化研究——以智利养老保险为

例［J］. 齐齐哈尔大学学报（哲学社会科学版），2018（8）：55-57.
［10］董克用，肖金喜. 人口老龄化背景下新加坡中央公积金养老金制度改革研究与启示［J］. 东岳论丛，2021，42（3）97-108+191-192.
［11］张晓艳，米军. 俄罗斯养老金制度改革评析［J］. 东北亚论坛，2007，16（02）：110-115.
［12］林俊岚，黄爱芳. 智利养老保险私有化对我国养老金制度改革的启示［J］. 湖北经济学院学报（人文社会科学版），2007，4（3）：104-105.
［13］杨爱兵，穆怀中. 智利社会保障制度改革成功的原因分析及启示［J］. 党政干部学刊，2005（4）：13-14.
［14］郑秉文，房连泉. 社保改革“智利模式”25年的发展历程回眸［J］. 拉丁美洲研究，2006，28（5）：3-15.
［15］房连泉. 建立国家主权养老基金——来自智利的经验启示［J］. 拉丁美洲研究，2008，30（5）：51-55.
［16］孙树菡，闫蕊. 2008年金融危机下智利养老金三支柱改革——政府责任的回归［J］. 兰州学刊，2010（1）：97-105.
［17］新加坡国家概况［EB/OL］.［2022-08-19］. https：//www. mfa. gov. cn/web/.
［18］俄罗斯国家概况［EB/OL］.［2022-08-19］. https：//www. mfa. gov. cn/web/.
［19］智利国家概况［EB/OL］.［2022-08-19］. https：//www. mfa. gov. cn/web/.
［20］黄国琴. 新加坡养老金制度改革述评［J］. 中国劳动，2018（3）：77-85.

“一带一路”沿线国家社会保障领域中的数字治理

王惠娜　谢秋婷　张洁銮*

摘　要：“数字丝绸之路”的倡议提出后，“一带一路”沿线国家竞相进行数字化转型，尤其是在疫情时期，各国在社会保障领域中的数字治理态势愈加突出。目前，“一带一路”沿线国家在数字化领域表现出巨大的差异性，各国之间的数字鸿沟越来越明显，网络安全问题突出，缺乏创新型的数字人才培养机制。鉴于此，沿线国家应该在借鉴别国经验的基础上，探讨未来的数字发展趋势，促进社会保障领域中的数字化治理协同发展。

关键词：“一带一路”；社会保障；数字治理

一、引言

进入21世纪后，高新科技呈现迅猛发展的态势，全球也随之开启了数字革命的进程。这对政府的治理体系产生了影响，传统的政府行政方式存在着效率低、成本高的问题，与日新月异的社会环境越来越无法适应。于是，各国纷纷将目光投入到数字政府、智慧政府建设中，希望通过探索发展数字化政府新模式来推动本国政府转型，从而成为全球数字化建设的先驱，获得发展优势。总体来看，数字政府意味着政府管理和公共服务要从线下为主转到线上为主，在功能上要实现从过去简单的信息公开转向电子服务供给和互动交流，在载体上实现从个人计算机（PC）向移动端（智能

* 王惠娜，华侨大学政治与公共管理学院教授，主要从事地方治理研究；谢秋婷，华侨大学政治与公共管理学院硕士研究生，主要从事地方治理研究；张洁銮，华侨大学政治与公共管理学院硕士研究生，主要从事地方治理研究。

手机）的转变，在组织模式上从每个部门各自为政转向政府整体化，在建设和运营方式上从以政府为主转向政府与企业合作。① 随着越来越多的国家和城市推行数字政府战略，全球平均电子政务发展指数（EGDI）从2018年的0.55上升到2020年的0.60，即使在情况特殊的国家和资源有限的国家中，进展也很明显。② 从全球范围来看，电子政务发展水平持续提升，这也意味着数字化政府发展水平在持续提升。(图1)

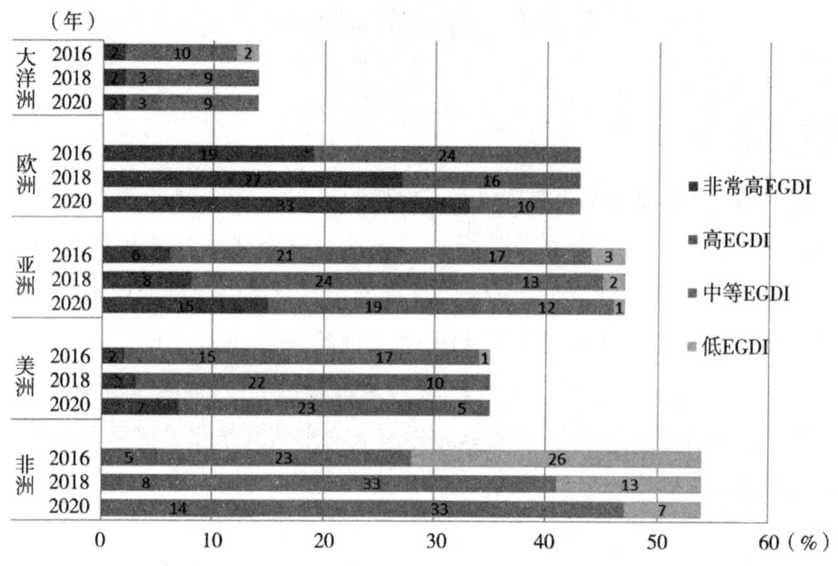

图1　2016、2018和2020年全球各区域不同国家EGDI水平对比

（资料来源：2016、2018和2020年《联合国电子政务调查报告》）

自2013年习近平主席首次提出“丝绸之路经济带”和“21世纪海上丝绸之路”的倡议以来，“一带一路”倡议就着眼于促进各国之间深化合作，破解世界发展难题，推动全球治理体系改革以及开放、包容、普惠、平衡、共赢的经济全球化。随着“一带一路”建设的推进和人们对于网络及信息通信技术的依赖日益增长，2017年，习近平主席又提出了建立连接21世纪“数字丝绸之路”（下称“数字丝路”）的倡议。他指出，“我们要顺应第四次工业革命的发展趋势，共同把握数字化、网络化、智能化发展机遇，

① 马亮．数字政府建设：文献述评与研究展望［J］．党政研究，2021（3）：99-111.

② UN DESA. United Nations E-Government Survey 2020 Digital Government in the Decade of Action for Sustainable Development［EB/OL］.（2020-07-10）［2022-08-20］. https：//www. un. org/en/node/101279.

共同探索新技术、新业态、新模式，探寻新的增长动能和发展路径，建设数字丝绸之路、创新丝绸之路。

因此，笔者以"一带一路"沿线国家中的新加坡、俄罗斯、爱沙尼亚为例，对这三个国家社会保障制度的数字化应用做了系统梳理，分析其存在的优缺点，并探讨其未来发展的研究趋势。深入探究"一带一路"沿线国家社会保障领域中的数字化转型实践，对总结社会保障服务数字化和智慧化改革的共同规律、构建符合本国国情的数字化改革有着特殊的借鉴意义。

二、"一带一路"沿线国家社会保障的数字化治理概况

近年来，数字"一带一路"持续深化，中国与沿线国家不断修建和完善通信基础设施，致力提升沿线国家信息化水平，缩小"数字鸿沟"。"一带一路"沿线国家的经济、社会、文化发展水平不一，差异较大，其信息化发展水平更是千差万别，而了解沿线各国信息基础设施水平，对呈现"一带一路"沿线国家的数字化发展情况有很大帮助。从"一带一路"沿线国家信息基础设施发展水平测评体系（Information Infrastructure Development Index，简称 IIDI）来看，"一带一路"沿线国家和地区的 IIDI 指数总体平均分为 55.4，信息化发展在全球范围内总体处于"中等"水平。新加坡、爱沙尼亚和以色列三个国家处于"高"水平行列，其中新加坡位居第一且得分遥遥领先；26 个国家处于"较高"水平；21 个国家位居"中等"，1 个国家处于"较低"水平；有一个国家为"低"水平。[①] 从地域分布来看，中东欧国家信息化发展水平整体较高，平均分为 67.2；其次是西亚北非地区，其国家信息化水平高于总体平均得分，平均分达到 57.2；东南亚和中亚各国的整体平均水平略低于平均水平，分别为 47.9 和 45.0；南亚 8 国的信息化水平的普遍落后。（图 2）

2020 年年初一场突如其来的新冠肺炎疫情引发了各国对数字治理的关注和重视，同时加速了社会保障领域中数字化实践的发展。"一带一路"沿线各国陆续利用人工智能、数字医疗、大数据和物联网等应用信息化技术，聚焦医疗、养老和公共卫生领域的数字化转型，推动数字化服务普惠应用。

① 杨道玲，王璟璇，李祥丽．"一带一路"沿线国家信息基础设施发展水平评估报告［J］．电子政务，2016（9）：2-15.

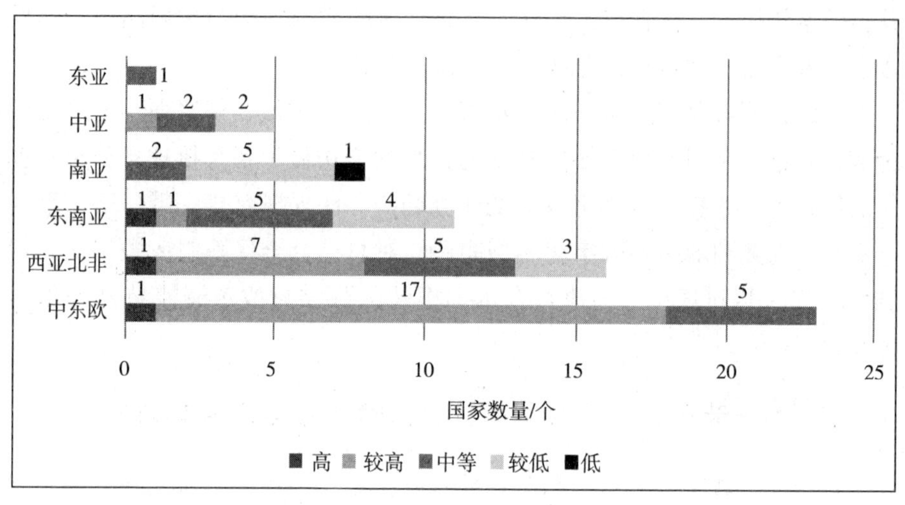

图2 “一带一路”沿线国家的信息基础设施发展水平指数的区域分布

（资料来源：2016年“一带一路”沿线国家《信息基础设施发展水平评估报告》）

在医疗层面上，数字治理可应用到电子病历、可穿戴设备、远程诊断和治疗等；在养老层面上，现代数字技术可以推动老年人的养老看护更加智能和便利，在慢性病监测和复建治疗中也能发挥很大的作用；在公共卫生层面上，利用数字化技术可以及时对疫情进行监测、分析、评估、干预，为防疫工作提供重要支撑。但是，由于“一带一路”国家和地区的发展水平不平衡，“数字鸿沟”现象在社会保障领域也十分突出，这导致了医疗服务、养老救护、卫生监督、疾病控制等在每个国家的发展进程不一致，造成的社会问题也越发凸显。而“一带一路”的信息化建设正为沿线国家带来数字治理发展的新契机，为各国之间实体合作提供更加坚实的网络信息基础，形成联动发展的力量，消除信息壁垒，更好地融入世界数字化发展的浪潮中，携手促进沿线各国社会保障的发展和改革，助力推动社会工作的繁荣振兴。

三、“一带一路”沿线国家社会保障的数字化治理典型个案

（一）新加坡社会保障领域中的数字治理

1. 新加坡的数字治理背景

曾被誉为“亚洲四小龙”之一的新加坡，作为东南亚经济最发达的城市，一直以来都是中国的友好邻邦。自1990年建交以来，两国在经贸、投

资、社会、科技、文化等多个领域的合作不断深化拓展，丰硕的合作成果不断呈现。2015 年 11 月 5 日，中国银行与新加坡工商联合总会签署了《中国银行—新加坡工商联合总会"一带一路"全球战略合作协议》，新加坡正式成为中国"一带一路"建设的成员国之一。①

新加坡成立于 1965 年，国土面积 728.6 平方千米，总人口 568.6 万，是个国土面积狭小，人口数量较少的弹丸岛国。新加坡自成立以来就面临人口老龄化、传统港口贸易竞争增加、经济发展缓慢等困境。原先以劳动密集型工业为主的经济发展模式面临巨大的挑战，为了重振经济，恢复民生，增强自身的国际竞争优势，新加坡政府将改革的方向逐步过渡到资本、技术密集型工业和高科技产业，进而发展到目前的信息产业。新加坡始终秉持"以公民为中心"的数字政府建设理念，现已取得了举世瞩目的优异成果，在日本早稻田大学 2020 年发布的《第十五届国际数字政府评估排名研究报告》中，新加坡以总分 93.493 的高分位居世界第三名。②

新加坡作为全球最早发展数字治理和治理能力现代化建设的国家之一，自 20 世纪 80 年代就开启了对数字政府建设的探索，通过普及信息技术和推进办公自动化，建立政府部门的计算机互联网络和管理系统，实现各级部门的信息共享和交换，并在政府和企业之间开展电子数据交换（EDI），运用数字化提升了政府公共服务能力。90 年代新加坡政府制订了"IT2000 智慧岛"计划，进一步拓宽了互联网信息服务范围，运用信息通信技术满足公众的服务需求。步入 21 世纪后，新加坡依靠着前期积累的信息技术实力和良好的信息基础设施，先是在 2006 年提出"智慧国 2015 计划"，旨在把新加坡打造成一个信息技术应用无处不在的智慧国家、一个全球化的城市，从根本上加快了数字政府建设，实现了"多个部门、一个政府"的目标，并在 2014 年就已提前达成目标。同年 6 月，新加坡又提出了智慧国计划的升级版——"智慧国 2025 计划"，为下一个十年的国家数字化建设规划好了蓝图。

随着智慧国家的进程不断加快，数字化公共服务水平的不断提高，近

---

① 新华社．"一带一路"国际合作高峰论坛成果清单［EB/OL］．（2017-05-16）［2022-08-20］．http：//www．xinhuanet．com/world/2017-05/16/c_ 1120976848．htm？agt=380．

② 早稻田大学数字政府研究中心．第 15 届国际数字政府评估排名发布［EB/OL］．（2020-10-26）［2022-08-20］．https：//www．thepaper．cn/newsDetail_ forward_ 9701216．

年来，新加坡社会保障体系也开启了数字化转型的历程，以数字治理的方式，逐步推动社会保障服务模式的转型升级和治理体系、治理能力的现代化。

2. 新加坡社会保障概况

新加坡实行以中央公积金制度为核心的覆盖养老、医疗、住房、家庭教育等领域的社会保障制度。新加坡于1955年通过《中央公积金法》，利用法律保障，实行强制性的、以个人储蓄为主的中央公积金制度。该制度采取完全积累的筹资模式，个人账户资金归个人所有，并且能解决个人基本生活上的多方面需求，在给予个人充分保障的同时也最大限度地节省了国家的福利开销，减轻了财政负担。此外，独具特色的医疗保健计划也在一定程度上解决了新加坡由于人口老龄化带来的一系列难题。这一计划主要包括“保健储蓄计划”（Medisave）、“健保双全计划”（Medisheild）和“保健基金计划”（Medifund），简称为“3M”计划。之后又补充了“增值健保双全计划”、乐龄健保补充计划等，构建了完备的医疗保障安全网，确保了新加坡国民获得基本的医疗保障。

3. 新加坡社会保障领域中的数字治理模式

（1）新加坡智慧医疗

在新加坡，智慧医疗一直作为该国医疗卫生体系建设中至关重要的一项内容，它先进的电子健康保障水平在世界范围内名列前茅。2003年，时任新加坡卫生部部长许文远就提出了“一个病人，一个健康记录”的目标，即将所有新加坡公民的个人保健资料和病例记录都录入收纳进电子系统中，共享至所有政府部门和私人医疗病院，甚至是基础和疗后护理机构，目的就是在最快的时间里了解病人的病情病史，提高就诊效率。2005年，新加坡卫生部推动各医院整合彼此的医疗系统，统一成立电子医药记录交换系统（Electronic Medical Record Exchange，简称EMRE），并注重保护患者的个人隐私，要求不得将性病和艾滋病等病症写入共享病历中。在此基础上，为进一步扩大电子病历的实施范围，将电子病历应用到整个医疗集群中，覆盖至公立医院、私营医院、志愿福利医疗部门以及基础和疗后护理机构，新加坡卫生部启动了全国范围的电子健康记录系统，即国家电子健康记录（National Electronic Health Records，简称NEHR）。该系统通过整合公民医疗数据，与公众的生活方式、行为、地理空间及基因数据相结合，能更好地为新加坡人口的健康风险提供资料，也能让医院和医疗机构进一步改善医疗服务、制定政策及提高病人的身心健康。

（2）新加坡智慧养老

当前，人口的快速老龄化是新加坡面临的一项重大挑战，预计到2030年，每五个新加坡人中就有一个超过65岁，到2050年新加坡将成为人口老龄化最严重的国家之一，民众的平均年龄将达到65岁。① 自20世纪90年代起，新加坡政府就着手从多个方面建立社会养老服务体系，使新加坡成为最适合老年人居住的国家之一。随着"智慧国"计划的不断成熟，在养老服务上，该计划提出要让老年人利用科技实现原地养老、智慧养老的服务。由此，老年人监测系统（the Elderly Monitoring System，简称EMS）应运而生，成为"智慧国"计划的重要组成部分。这种非侵害性的系统通过在门及室内安装传感器来检测老年人的活动情况，一旦监测到老人长时间没有活动迹象或者发生其他紧急事故，该系统会立即向其家人或者专业医护人员报警。

除了日常的看顾照料，老年人还面临着一个看病难的问题。据估计，在65岁及以上的老人中，约有85%会患上一种或多种慢性疾病，需要终身治疗。② 这种情况将导致医院病床供应不足和资源严重短缺，医院病床的等待时间延长到12小时左右③④，不仅使公共医疗系统负担沉重，也影响了生产力的发展。于是，新加坡国立大学研发出一套名为Home-rehab的家居康复系统，患者只需购置可穿戴的动作感应设备，通过相关App，即可在家进行康复训练。当他们训练时，传感器和摄像机将捕捉患者的体征数据并远程传输给治疗医生，病人和医生每周还会通过平板进行一次视频会诊。同时，医院的理疗医师也可以通过App检查病人康复的进度。该项技术可以帮助长时间患病的老年人实现居家康复治疗训练，减少了病人长途跋涉、舟车劳顿往返医院复诊的次数，更能省去家人陪同照料的时间，从而也解

---

① Stephanie L. Singapore's NEHR：Challenges on the path to connected health［C］//2017 IEEE International Conference on Industrial Engineering and Engineering Management（IEEM）. IEEE，2018.

② NgA. T. S.，Sy，C.，& Li，J.（2011，December）. A system dynamics model of Singapore healthcare affordability［C］. Simulation Conference. IEEE 2011：1-13.

③ Stephanie L. Singapore´s NEHR：Challenges on the path to connected health［C］//2017 IEEE International Conference on Industrial Engineering and Engineering Management（IEEM）. IEEE，2018.

④ Stephanie L. Singapore´s NEHR：Challenges on the path to connected health［C］//2017 IEEE International Conference on Industrial Engineering and Engineering Management（IEEM）. IEEE，2018.

决了看病难的问题，成为缓解医疗系统压力的一个有效方法。

（3）新加坡数字卫生

数字时代的来临使得公共卫生信息得到了深入发展，大量数据信息为提高公共卫生服务水平起到了相当大的作用。新加坡作为一个热带国家，常年湿热的热带雨林气候为各种疾病提供了温床，骨痛热或登革热常年来一直肆虐在该地区，每年都会爆发上万起病例。为了强化登革热的监测与预测，一方面，政府利用地理定位服务（GPS）技术来监测各个区域的发病情况，并构建数学模型，预测登革热在不同区域的爆发概率。另一方面，南洋理工大学的科研人员开发了 Mo-Buzz 系统，使用该网络系统的居民用户被鼓励利用自身移动设备上传蚊子滋生的照片和地理信息，系统会自动整合用户上传的信息并结合利用历史气象资料和以往的登革热症信息来提前预测该疾病的爆发周期，帮助政府卫生部门监测登革热的蔓延。此外，该系统最后会生成定制的健康信息发送给用户，并可以通过社交网络平台进行分享，扩大传播范围，联合社会各界采取行动，以降低人们感染登革热的风险。

4. 新加坡数字治理的优缺点

（1）优点

一是消除传统治理模式下的信息孤岛。新加坡作为全球公认的电子政务和数字治理方面的领先者，在社会保障领域的数字化方面发展迅猛，并积极地将电子信息技术应用在医疗、养老、公共卫生等多项工作中，实现社会保障资源的优化配置、高效利用，提升社会保障的服务质量，更高效快捷地满足民众社保方面的实际需求。

二是实现对政府工作的全方位数字化。在数字政府建设过程中，新加坡重新设置工作流程，在“智慧国 2015 计划”基础上再推出“智慧国 2025 计划”，这项计划主打“大数据治国”，能够准确预知公民需求，优化公共服务。

（2）缺点

毫无疑问，新加坡正在社会保障的数字化道路上稳步前进，然而不能忽视的是目前的各项举措依然存在着困境和挑战。

一是数字安全和隐私保护问题。例如，全国电子健康记录这类重要的大型信息系统，必须确保具备完善可靠的网络安全措施，能不断应对瞬息万变的网络安全维系额，保证公民的个人信息和资料的安全性。

二是公众参与不均衡。在推进数字服务、利用互联网为民众带来便利和福利的过程中，老年人、残障人士和低收入人群等在数字化能力上处于边缘地位，无法熟练掌握数字技能，他们因年龄、身体状况和文化程度等原因在学习和使用数字科技等方面还存在着相当大的困难。政府部门如何提供相应的帮助和支持，同时在产品和数字服务上照顾他们的需求，使之更加容易学习和方便操作，实现数字技术的包容和关怀，是一大挑战。

三是人才供给问题。数字技术的应用除了技术设备，还需要投入大量的人力，新加坡在人才方面受到了局限。新加坡虽然数字行业发展超前，但是随着财政收入和教育水平的提高，新加坡国民更倾向于发展经济，而对技术层面的兴趣不大。因此，新加坡政府有意识地发展信息人才战略，除了吸引外部人才，还从中小学基础教育抓起，开展信息技术课程。

（二）俄罗斯社会保障领域中的数字治理

1. 俄罗斯的数字治理背景

《2020 联合国电子政务调查报告》显示，俄罗斯的电子政务发展指数 EGDI 的组别等级仍然排在"非常高 EGDI 组"，说明俄罗斯正处于数字社会快速发展阶段。2017 年，俄罗斯政府正式将数字化列入"俄联邦 2018—2025 年主要战略发展方向目录"中。近年来，俄罗斯的政府工作逐步进入数字化转型阶段，政府部门内部除了常规性的纸质办公外，还配备了电脑等相关电子设备，但是仅仅政府机构内部的改革不足以充分实现数字化。因此，俄罗斯政府推行了"电子俄罗斯"的发展战略，对整个国家管理系统进行改革，创建国家服务平台，实现政府和民众的无纸化文件传递，使得俄罗斯在数字化发展方向上有新的进展。国家服务平台的开放帮助民众处理各类问题，受到俄罗斯国民的支持，此前俄罗斯统计局调查的截至 2020 年初俄罗斯总人口约 1.467 亿，其中就有 1 亿人从中受益。①

在此背景下，俄罗斯在信息化基础建设、智慧城市、数字技术的应用中都逐渐向全球数字趋势靠拢，具体表现在以下几个方面。

（1）信息化基础设施不断完善

鉴于新冠肺炎疫情带来的不稳定性，俄罗斯国家在数字化发展方面势

---

① 俄国家统计局：2020 年初俄罗斯人口约为 1.467 亿［EB/OL］.（2019-12-27）［2022-08-20］. https：//www.chinanews.com.cn/gj/2019/12-27/9045045.shtml.

头良好，特别是信息化基础设施呈现大规模拓展，如区块链、大数据市场、人工智能等。据俄罗斯大数据协会预测，俄罗斯大数据市场将在2024年前呈爆炸性增长，整个市场规模会达到有史以来最大。近年来，区块链技术逐渐向医疗、房屋住宅、保险等领域渗透，另外云服务板块的拓展也带来各种服务产品的衍生，在“基础设施即服务”产品上，俄罗斯实现创收。但是俄罗斯同样面临着诸如数据人才短缺、政府资金支持力度不够等问题。因此，俄罗斯已经在2018年—2024年《俄联邦数字经济规划》中指出要在数字经济、信息基础设施、政府云服务三个方面实现数字发展，并下设了六个规划项目：数字环境监管、信息基础设施、数字经济人力资源、信息安全、数字技术和数字化国家管理。①

（2）智慧城市飞速发展

智慧城市的发展是俄罗斯政府进行数字化转型的方向之一。根据国际咨询机构Tholons发布的“服务全球化指数”，在数字化转型城市中俄罗斯首都莫斯科的排名已经进入前二十名。② 俄罗斯政府计划将智慧城市建设建立在建筑项目的基础之上，在城市管理和现代化建设的工程中引入数字技术，打造宜居环境，既让居民的舒适度和安全性上升，也实现了城市基础设施的高水平，提高了全范围内的资源管理水平，真正做到在“住宅与城市环境”和“数字经济”的框架内实现“智慧城市”。另外，俄罗斯政府将和信息部、电信公司、莫斯科大学等研究团体签署协议，并且成立俄罗斯电信领域全国城市管理数字技术发展和推进联盟，共同推进“智慧城市”。②

（3）建立公共服务领域的数字化服务平台

俄罗斯联邦政府在2021年11月批准了“社会领域数字化转型计划”。③ 为了加速数字化发展进程，政府积极引进数据分析、人工智能等技术为公共服务领域创造电子工具，包括建立统一的数字管理平台、统一的公民联络中心、无纸化人力资源文件管理等工具，同时将实施数字档案和电子签名等举措，国民可以直接在门户网站上进行无纸化操作。据统计，目前在

① 高际香．俄罗斯数字经济发展与数字化转型［J］．欧亚经济，2020（1）：21-37+125+127.

② 莫斯科进入城市数字化转型排名前20位［EB/OL］．（2020-08-05）［2022-08-20］．https：//m. sohu. com/a/411617891_ 199394.

③ 潘宏远，杨越．俄罗斯联邦政府批准社会领域数字化转型计划［J］．互联网天地，2021（12）：60.

国家服务平台上排名靠前的服务项目包括医疗预约登记、退休金累计数额信息、数字交通、幼儿园登记、考试申请和取得驾照等。下一步，俄罗斯将发展民众生活场景与国家服务相结合的“超级服务”，针对个人需要匹配相应的服务和文件信息，通过数字化平台实现民众和政府间的互动场景化。

2. 俄罗斯社会保障概况

俄罗斯的社会保障制度基本上可以分为失业保障制度、养老保障制度、医疗制度、社会福利及社会救济制度四大板块。在失业保障和社会救济制度上，俄罗斯采取“救”“助”结合的方式，如失业救济和促进就业并行实施的手段，要求失业者只有按照规定参加就业培训才能领取就业补助金；社会救济中除了给予受助者现金津贴和物资救助外，还提供必要社会性服务的活动来帮扶受助者。俄罗斯对养老保障制度也十分重视，在2002年实施了由国家养老保障、强制养老保险以及按居民意愿自愿办理的补充养老保险三个项目共同组成“三支柱”式的养老金体系，使养老保险的各个系统进行强化和完善。俄罗斯在1993年就设立了强制医疗保险基金和医疗保险公司，向符合要求的单位和个人发放强制性医疗保险卡，其医保资金由强制缴费和自愿缴费组成。目前，俄罗斯已经形成了以国营为基础、私人为辅，以创办强制型医保为最终目标的医疗保障制度。

3. 俄罗斯社会保障领域中的数字医疗治理模式

在公共卫生领域，俄罗斯的医疗系统沿用了苏联的免费医疗制度，医疗资金的支出主要依靠联邦政府承担。但是，这种免费医疗并不是传统意义上的免费制度，而是建立在财政支持、个人缴费等基础之上的多主体共同承担责任的免费制度。

最近几年，数字医疗的应用满足了俄罗斯公民更为多样、便利的服务需求。首先，从医疗体制改革来看，早期政府推行的国家重点项目“Zdorovye”（健康）成为2020年俄罗斯发展战略中的一部分，而信息化建设也是国家重点建设的项目之一，数字健康计划与国家健康发展计划同步进行。据调查，截至目前已经有95%的俄罗斯公民拥有电子病历，几乎所有公民都加入了电子医疗系统，所有的医院和相关机构也纳入了数字化平台进行统一管理。其次，俄罗斯老龄化人口逐年增长，患者的数据信息也逐渐增多，在治疗方面，数字技术会起到越来越重要的作用，健康项目通过提供信息基础设施，引进高端的急救设备，与在线医疗的结合会为此提供良好的诊疗条件。另外，对于医院患者的医疗信息，俄罗斯政府加入了相应的移动应用程序来供应患者对个人看病记录的查询，也为医生在诊疗过程中查询既往病史提供了方便。这个应用程序还提供了医生咨询、药物检测信息等其他服务。值得一提的是，俄罗斯的电子医疗系统还提供了“心脏活动监测”系统和远程医疗自动监测系统，能够进行筛查、诊断、管理慢性病，有效收集患者的健康数据，起到了防护效用。

4. 俄罗斯数字治理的优缺点

(1) 优点

一是医疗服务多样化。俄罗斯数字医疗的发展，明显打通了线上和线下互通的医疗服务体系：一方面，在整个国家的移动网络覆盖下，线上医疗服务改善了看病的服务质量，医生诊断更有效率、病人获取信息更加容易，统一化的数字医疗管理实现了国家的监管机制；另一方面，数字技术和公共卫生方面进行了重组，有利于俄罗斯政府对整体资源的优化和配置，实现合理的调用。

二是政府资金投入大。俄罗斯的数字化产业相较其他数字领先国家偏向落后，但是近年来政府在电子政务上逐步加大资金扶持力度，确立了数字化发展战略，明确了未来的发展方向，引进了先进技术和设备，智慧城市的发展势头良好。

(2) 缺点

尽管整个数字医疗体系体现出了非常乐观的前景，但是还透露出了其中的不足之处：

一是数据信息方面的安全性。在医疗体系中，医疗信息的欺诈和数据的丢失都会对医院患者造成伤害，数字技术的安全性和透明度呼吁政府要更加关注网络的安全性，采取针对性的政策举措。

二是数字鸿沟明显。虽然俄罗斯的电子政务发展在全球处于靠前的位置，但从联合国调查中相较于新加坡、爱沙尼亚等其他“一带一路”沿线国家仍然落后，同时俄罗斯面积广阔，东西部的数字设备、电子政务、服务等方面都存在较大差异，国内处在不同年龄段的居民在移动网络的使用上也没有完全普及，国内数字系统仍然有较大的改善空间。

三是数字技术应用不成熟。俄罗斯本土的数字信息产业和其他领先国家相比仍然有差距，具体表现在对产品研发投入不足、产品质量较低等，主要还是依赖进口，引进技术和设备也造成了较大的财政支出。

（三）爱沙尼亚社会保障领域中的数字治理

1. 爱沙尼亚的数字治理背景

爱沙尼亚位于中东欧地区，自 1991 年独立以来，该国政府就着手发展互联网和 IT 行业并积极推动数字化社会转型，目前在数字政府建设中已经成为全球领先的典范。根据 2020 年发布的《第 15 届国际数字政府评估排名报告》显示，爱沙尼亚在全球数字政府评估中排名第 5 位，尤其是“在线服务”这一项指标名列前茅。从 1994—2019 年的“数字治理”发展历程（见表 1）来看，在过去 25 年里，爱沙尼亚在政府治理的各项领域中进行了创新性的探索，涵盖了包括政务、经济、民生、教育、网络安全等各个方面，居民只需要将个人身份证号码输入系统便可以线上实现几乎所有的公共服务，同时这种数字化也呈现出以下几个特点：

第一，战略引导。爱沙尼亚政府目标明确，指出要建立数字化的社会体系，通过制定能够引导全国数字化发展的信息政策战略，自上而下地推动政策有效执行。

第二，技术覆盖。爱沙尼亚政府积极推动信息化基础设施和信息系统的建设，在互联网技术爆发早期就积极尝试了各项技术的应用，推动电子银行、报税系统服务的发展，并且积极领导群众投入到互联网使用中，这也为后期政府推行数字身份、数据交换平台和区块链技术的应用奠定了重要基础。

第三，高质量服务。爱沙尼亚政府基于对群众密切相关的服务便利性考虑，创造了全球数字政府领域中多项服务创新的首例，如世界首个网上投票系统、首个数据大使馆、首个无纸化办公等，应用“X-Road”数据交换平台联结国内各种公共服务和私营企业服务。当然，这一切都必须建立在网络安全性的基础上，因此政府也建立了强大的网络防御系统，并且应用区块链技术对居民数据进行数字签名和加密，防止被操控。

表 1 爱沙尼亚 1994—2019 年的“数字治理”发展历程

年份	数字化内容	年份	数字化内容
1994 年	信息政策原则初稿	2010 年	电子处方
1996 年	虎跃计划 I 首个电子银行服务	2013 年	公共服务绿皮书
2000 年	电子内阁会议 I 在线报税系统	2014 年	数字交通 I 数字公民
2001 年	X-Road	2015 年	世界首个数据大使馆
2002 年	电子身份证 I 数字签名	2017 年	北欧互操作性解决方案研究所（基于 X-Rord 技术的 NIIS 协会）
2005 年	网上投票	2018 年	政务服务 Seamless Services
2007 年	网络安全	2019 年	政府 AI 战略
2008 年	区块链技术 I 电子医疗系统	……	……

（资料来源：根据 e-estonia. com 收集）

作为独联体最早独立的波罗的海三国之一，爱沙尼亚的养老体制具有很强的代表性。自独立以来，爱沙尼亚的养老保险制度就一直进行调整，直到建立了现如今的三支柱养老模式。其养老保险的三个支柱：一是以税收为资金来源的强制性公共养老金制度，为所有老年人提供最低的养老收入；二是以收定支，缴款和投资收入为来源、完全累积式、由私人管理的强制性养老基金；三是由自愿型的职业年金、个人储蓄计划品或保险公司的保险政策产品构成的，为想在老年得到更多收入及保险的人提供额外保护。爱沙尼亚的养老改革体系具有多样化、多功能的特点，目前这种多支柱的养老保险模式成为多数中东欧国家养老保障制度改革的首选方案。

2. 爱沙尼亚社会保障领域中的数字健康治理模式

2019 年，世界卫生组织（World Health Organization，WHO）发布全球第一份数字健康干预指南，随后又发布了《数字健康全球战略（2020—2024）》，并在世界各地广泛调研如何使用数字技术来促进全球医疗卫生系统的改善，这些举措都明确指出“数字健康”领域在全球医疗行业和互联网行业中的发展趋势，尤其是在新冠肺炎疫情下数字健康的实践起到了不可替代的作用。德国贝塔斯曼基金会的调查显示，在各国数字健康的实践情况中，爱沙尼亚位列第一，已经建立了国家级的数字健康门户系统，居民可以实现电子处方和在线健康登记等一系列工作，在很大程度上起到了方便就医、缩短疗程的作用。①

（1）区块链技术与在线健康登记

爱沙尼亚国家的数字健康领域得益于区块链技术的应用。群众的所有数据信息都由区块链技术进行存储和加密保护。在这个过程中，首先需要建立数字身份、各种传递联结等，因此电子身份证和数字签名成为群众接受在线服务的基础应用。群众依靠数字身份可以访问国家几乎所有的公共服务，爱沙尼亚拥有的在线医疗服务便是其中一种。而区块链技术能够永久记录和保护个人的在线健康档案，防止网络攻击者更改任何信息，增强了安全性。

（2）在线医疗服务与电子处方

爱沙尼亚将医疗服务转变成数字化治理，国民个人都会拥有一个健康数据库。据调查，有97%的信息数据都记录在电子医疗系统中，有关机构会提供电子救护车服务，在民众进行求助时便可看到求助者的个人信息和地理位置；医院也可直接通过数字身份确认求助者的信息以及查询到过往的医疗记录，从而快速提供治理方案。

在诊疗过程中，医生给定的处方都是数字化的，通过电子处方系统生成，实现医生和药房之间的数据交换，如果是旧疾，或者只需要在医疗系统中进行问诊，并持医生开具的电子处方到就近药店购药即可，这样能够最大限度地减少写处方和配药的冗杂工作，提高处方的管理效率，减少用药错误，更加方便快捷。

（3）数字抗疫

新冠肺炎疫情席卷全球之时，作为全球数字领先的国家之一，为了防止新冠肺炎疫情的蔓延，爱沙尼亚也通过数字治理展现其创新能力，采取了强有力的措施。

首先是确诊病例的捕捉。在疫情扩散期间，爱沙尼亚政府也迅速采取行动，通过“黑客马拉松”的方式对电子医疗系统中的记录进行快速搜索，以及时准确发现新增的确诊病例。这项线上比赛直击新冠肺炎疫情的挑战，短时间内便可快速地筛选出确诊病例，为疫情防控赢得了时间上的机会。

---

① 中华人民共和国科学技术部. 德国调查17国数字健康进展情况 爱沙尼亚位列第一［EB/OL］.（2020-01-31）［2022-08-20］. http：//www. most. gov. cn/gnwkjdt/202001/t20200131_ 151299. html.

与此同时，联合国教科文组织（UNESCO）也宣布开展为期一个月的线上黑客马拉松，以解决疫情期间的远程学习、社会健康重建、数字信息管理等问题。

其次，从安全性方面考虑。爱沙尼亚在网络安全上使用区块链技术记录来保护全国公民的健康记录。为了人们出入公共场所的安全性，一款名为“HOIA”的新冠病毒暴露追踪通知应用程序被提供给所有民众免费下载，旨在监测周围是否出现确诊患者并提供警示通知。

为了减轻公共危机带来的恐惧心理，同时促进社会秩序回归正常，爱沙尼亚进行了“数字免疫护照”的使用，帮助群众在区域疫情解除后回到正常的生活轨道以及工作环境中。“数字免疫护照”类似于一种健康证明，能够体现持有者的疫苗接种状态和新冠病毒检测情况。但是，在应用初期，世界卫生组织就认为这样的免疫护照不能完全表明已经康复的感染者不会遭到二次感染，因此免疫护照的适用性有待考量。

最后，日常的数字宣传也起到了一定作用。无人机设备在公共场所投入使用，提醒人们在公共场所要保持适当的距离；爱沙尼亚所有学校都转成远程教育，包括兴趣班；公司进行远程办公以维持经营。爱沙尼亚公民在疫情期间完全能适应数字化的生活，而数字化发展也降低了新冠肺炎疫情对爱沙尼亚带来的负面影响。

3. 爱沙尼亚数字治理的优缺点

（1）优点

爱沙尼亚政府数字化治理的发展始终坚持“分权、互连、开放、网络安全”的原则，[①] 利用各种数字技术在政务方面发挥更大的作用。从整个发展历程来看，爱沙尼亚数字治理在社会保障领域中的运用已经极为成熟。

一是极富远见的数字战略布局。爱沙尼亚从独立以来就开始培养适应互联网时代和掌握数字技术的青少年，在各个学校普及编程技术，这项数字教育战略为爱沙尼亚几十年的互联网发展打下了牢固的基础。同时，爱沙尼亚还积极与其他国家实现互联，引进各种先进技术来促进整个政府数字化，引导公民完全适应数字发展节奏。

二是在社会保障领域实现数字化全覆盖。在政务处理和公共服务上，

① 爱沙尼亚用区块链技术打造数字政府新典范［EB/OL］.（2017-08-31）［2022-08-20］. https：//www. sohu. com/a/168614411_ 99983415.

爱沙尼亚率先推行了数字技术，如区块链技术保障了民众的信息安全和个人权利，让医疗服务更加高效和方便；爱沙尼亚 99%的公共服务都可以通过在线办理，通过数字身份实现数据共享。

三是完善的基础设施配套。数据信息建立在众多公共服务领域上，相应的基础设施也实现了共建共享，为民众提供了便捷高效的服务，尤其是在新冠肺炎疫情的大流行下，数字治理创造了医疗便利、安全监控等优势，为解决公共危机状态提供了平台和途径。

（2）缺点

但是，爱沙尼亚各种因素导致数字发展时期仍然存在漏洞。

一是国家人口偏少，缺乏足够的人才支撑数字行业的稳定发展。爱沙尼亚是一个小国，也不具备移民的条件，人才不足却让爱沙尼亚走向世界，创建了电子居民项目（E-Residency），全球的人民只要有需求便可直接在网上操作成为电子居民，开展各项业务。

二是互联网应用的安全性仍需加强。爱沙尼亚在数字治理史上也曾遭到外国黑客的攻击，要加强网络安全，必须对互联网技术持谨慎态度，对网络信息进行常态化巡查和维护，并建立应急响应机制，保障公民的权益，只有这样才能真正实现数字健康治理。

四、“一带一路”沿线国家社会保障的数字治理发展动力

总体来说，在互联网背景下，“一带一路”沿线国家在社会保障领域中的数字治理呈现出良好的发展前景，尤其是在疫情时代，数字化、网络化、智能化等已经成为时代标志。“数字丝绸之路”是“一带一路”倡议中的重要组成部分，将数字技术与政府治理相结合，一方面有助于提升沿线国家本土的公共服务质量，提高办事效率；另一方面会推动沿线国家在各领域的全方位合作，克服各国之间的文化差异、信息不对称等问题，缩小数字鸿沟，加快数字社会发展。

（一）完善基础设施建设，缩小数字鸿沟

“一带一路”沿线国家中，既有新加坡、俄罗斯、爱沙尼亚这样的数字典范国家，也有诸如柬埔寨、菲律宾等存在数字短板的国家。这些数字短板国家要实现数字化转型，首要的任务是要完善数字基础设施建设，缩小数字鸿沟。目前由于差异化的影响，部分国家呈现出数据信息难以互联互

通、不共享的特点。基础设施是互联互通的基石，而构建互联互通的伙伴关系是顺应时代发展趋势，中国提倡共建“一带一路”合作能够为其他国家进行基础设施建设带来新的机遇。在此基础上，摒除“先发展后治理”的观念，沿线国家应提倡“技术+治理”相结合的理念，在政府治理中推进数字技术使用，借鉴别国的成功经验，缩小不同年龄差距的国民、不同地区错位发展造成的数字鸿沟，促进各地区协同发展。

（二）提高网络安全保障

信息化时代，数字技术产生的无边界性使得各国网络安全问题频发，国家政务系统被攻破、国民信息泄露等问题频发，即便是全球领先的数字国家仍然在网络安全问题上面临着各种困境，如网络安全意识薄弱、缺乏网络安全方面的法律法规等，建立一系列网络安全合作机制迫在眉睫。首先各国要在网络空间治理上达成一致，共同推进网络安全平台建设，各国要承认别国的网络主权，尊重别国的网络安全治理规范和相关的法律法规。其次，鼓励网络欠发达国家积极参与到网络安全治理中，如爱沙尼亚提出的“X-road”系统可以实现全球数据共享，推进政府部门间的信息共享，能够增强网络安全的互操作性，欠发达国家可以借鉴或者引进，促进沿线国家网络安全的协同治理。

（三）培养创新型数字人才

“一带一路”沿线国家绝大多数是发展中国家，在推动社会保障领域的数字建设过程中往往面临着数字人才不足的困境，加上技术性、创新性等特征导致各国无法灵活地解决人才资源的缺乏。2021 年 4 月，古特雷斯提出人工智能等高新技术的发展具有巨大的潜力，但也会加剧不平等，深化甚至创造出掌握技术方面的新的人才鸿沟。[①] 基于此，沿线各国可以根据具体问题具体分析，借鉴别国做法，如爱沙尼亚积极与世界联通，创造“电子居民”项目引进人才；新加坡的科技产业以及舒适的生活环境都为吸引信息人才打下基础。同时，各国可以联动推进创新型数字人才发展战略，加快推进人才培养。

（四）加强区域合作，促进协同发展

目前，“一带一路”合作体系虽然缩小了区域间的发展不平衡，但是沿

① António Guterres. “*Foreword*”, *in UNCTAD*, *Catching Technological Waves*: *Innovation with Equity* [R]. New York: United Nations, 2021: 4.

线国家中的数字治理发展仍然各有差异，各国的侧重点也不尽相同，受到新冠肺炎疫情常态化的影响，数字治理将扮演愈加重要的角色。沿线国家应该加强数字治理的多边交流，通过各种平台构建数字化治理的合作监管机制，共同促进数字发展，带动包括数字医疗、智慧城市、数字健康等社会保障领域的数字化建设，沿线各国应该遵守《联合国宪章》、和平共处五项原则等国际基本准则，坚持推进"相互尊重、公平正义、合作共赢"的国际关系，加强各领域的合作，促进协同发展。

参考文献

[1] 乔俊峰．推进城乡基本公共服务均等的政策思路——俄罗斯、印度、巴西三国的政策实践及启示［J］．学习与实践，2017（9）：56-60.

[2] 杨光．俄罗斯提出发展电子政府基础设施的 8 个方向［J］．计算机与网络，2014，40（18）：8-9.

[3] 张冬杨．俄罗斯数字经济发展现状浅析［J］．俄罗斯研究，2018（2）：130-158.

[4] 许垚，马晓白．以政府数字化转型推动营商环境建设——以爱沙尼亚经验为例［J］．统计科学与实践，2020（10）：17-19.

[5] 邓悦，倪星．国外数字健康的内涵、应用与发展趋势［J］．国外社会科学，2021（1）：104-116，159-160.

[6] 胡税根，杨竞楠．新加坡数字政府建设的实践与经验借鉴［J］．治理研究，2019，35（6）：53-59.

[7] 马亮．新加坡推进"互联网+政务服务"的经验与启示［J］．电子政务，2017（11）：48-54.

[8] 高望来．人工智能与后疫情时代的数字治理［J］．当代世界与社会主义，2021（6）：25-33.

[9] 向文军．新格局下"一带一路"沿线国家数字经济的发展研究［J］．漯河职业技术学院学报，2021，20（5）：65-67.

阿根廷和以色列医疗保障管理体制改革与成效

陈奕言　汤兆云*

摘　要： 医疗服务质量的提高是国民健康的重要保障，完善的医疗保障管理体制是医疗卫生发展的重要一环。探析和比较“一带一路”沿线国家医疗保障管理体制改革的思路与成效，需要综合考虑不同国家的经济、医疗保险传统、医疗技术和国民健康水平等因素。本研究系统地介绍了阿根廷和以色列两个国家医疗保障管理体制改革的背景、历程、举措、成效与问题。学习和借鉴其改革的经验和教训，可以避免犯不必要的错误，为中国医疗保障管理体制的改革之路提供有益思考。

关键词：“一带一路”沿线国家；医疗保障管理体制改革；阿根廷；以色列

作为一种与经济制度并存的制度体系的社会保障制度，其运行好坏与效率高低，社会保障制度体制发挥至关重要的作用，世界各国都非常重视社会保障制度体制的建立健全工作。社会保障制度体制是为了保证社会保障制度的有效运作而专门设置的管理制度。这一制度是由政府主导的，完成社会保障制度的行政管理、基金管理、信息管理等各种活动，并有着自己特有的内容、特征和规律。医疗保障管理体制管理是社会保障制度体制的重要内容，主要涉及对医疗保障的基金筹集、管理运营和支付等方面，它是医疗保障良性运行的重要组织保障。

* 陈奕言，云南大学民族学与社会学学院博士研究生，主要从事公共政策、社会保障研究；汤兆云，华侨大学政治与公共管理学院教授、博士生导师，主要从事公共政策、社会保障的教学与研究工作。

本研究选取“一带一路”沿线阿根廷和以色列两个国家，对其医疗保障管理体制改革的举措和成效进行系统的介绍。尽管“一带一路”沿线各国的医疗改革路线是根据自己的历史、文化、政治制度、经济发展水平来进行选择和调整，但各国对于追求完善医疗服务的态度应该是相同的。阿根廷和以色列作为两个处在医疗保障改革不同阶段的国家，了解和借鉴其改革的经验和教训，有助于实现各国医疗保障优势的互补共增，助力形成“一带一路”沿线国家的医疗卫生领域合作新格局。

一、阿根廷、以色列医疗保障管理体制的改革背景

一段时期以来，世界各国都依据各自的包括国家政体、经济发展状况、市场化程度以及资金运营方式等基本国情选择了不同的医疗保障制度。除国家政体基本上保持稳定外，经济发展状况、市场化程度以及资金运营方式等因素时刻发生着变化，因此，适时对医疗保障制度进行改革，是保障医疗保障制度适应社会经济发展和良性运行的重要步骤。

（一）阿根廷医疗保障管理体制的改革背景

阿根廷位于南美洲东南部，是一个拥有 4537 万人口的总统制联邦共和制国家，由 23 个省和联邦首都（布宜诺斯艾利斯）组成，各省在医疗卫生和教育领域实行自治。20 世纪 90 年代，阿根廷对其医疗保障体系进行了深刻的改革，其目标是努力建立一种医疗资源再分配机制，并在保证效率、公平和人口健康需求的基础上提供更广泛的公共医疗服务，努力实现全民医疗的有效覆盖。

阿根廷医疗卫生保障体制主要有三个组成部分组成[①]，分别为公共医疗系统（Public System）、社会保障系统（Social System）和私营医疗系统（Private System）。每个系统都有各自不同的医疗机构、服务对象和资金管理方式，阿根廷医疗卫生保障体制与大部分南美洲国家的医疗保障体制相似。

公共医疗系统包括公立医院、门诊和康复中心，主要由政府税收资助，各省、市、县三级政府负责管理，阿根廷联邦卫生部（MoH）在公共医疗系统中的管理作用相当狭窄。公共医疗支出仅占阿根廷整体医疗体系支出的 20.0%，其资金预算通常从国家流向各省，再流向地方政府，这使得公

① CAVAGNERO E, BILGER M. *Equity during an economic crisis*: *financing of the Argentine health system* [J]. *Journal of Health Economics*, 2010, 29 (4): 479-488.

立医院的服务效率极低。联邦卫生委员会作为国家和各省之间制定政策的交流谈判场所，负责召集并联合联邦和省级卫生部部长，但其决策权有限，也没有管理职能，只允许分享数据信息和协调技术方案。因此，在阿根廷的公共医疗服务系统中，联邦卫生部在技术和财政方面均无法直接影响省市级医院和私人医疗机构。

社会保障系统在阿根廷的医疗保障体系中占主导地位，由许多不同的保险公司组成。该系统包括了大约300多个范围和规模不同的社会医疗保险公司，但与南美洲的大多数国家不同，阿根廷的社会医疗保险公司从未整合成可管理的大型医疗保险基金①。除此之外，社会保障部门还包括了为各省工人、雇主和老年人/残疾人提供保险的组织。其中，国家社会保障组织OSN（Obra Sociales Nacionales）是由在业职工及其核心家庭成员组成的，主要由工会管理，该组织为1400万人提供医疗保险。此外，还有一个包括各省所有公共雇主在内的OSP（Obra Social Provincal），覆盖了24个省/区中约700万人。老年人和残疾人享受全国退休工人社会健康保险基金，与美国的医疗保险制度大致相当。总体而言，社会保障部门为60.0%的阿根廷人口提供医疗保险。

从医疗保险公平性的角度，阿根廷保险覆盖范围存在明显的收入梯度，其中在超过60.0%的较贫穷人口中有20.0%人口没有保险，而较富裕的20.0%人口也只有不到10.0%参保。由于大多数社会医疗保险基金规模太小，无法直接提供服务，他们从私人诊所和医院购买医疗服务，反过来又创造了一个庞大的私营医疗服务系统，占全国约50.0%的医院床位和一半以上的门诊中心。私营医疗系统由三类组织实体构成：自愿预付保费的保险公司、提供紧急护理的医疗服务机构以及通过廉价保险费提供一揽子基本门诊服务的医疗服务机构。阿根廷具有独特的医疗服务传统，公立医院往往待遇很低，人们认为行医就是奉献，因此绝大多数名医更倾向于在私立医院就职。由此可以看出，私营医疗系统在资金、设备和专业技术人员的配置方面都要优于其他两个系统，且在医疗服务和结果方面要优于公共医疗服务系统。

这种复杂且碎片化的医疗保障结构阻碍了正式卫生系统的组织协调，

① LONDONO J-L, FRENK J. *Structured pluralism: towards an innovative model for health system reform in Latin America* [J]. *Health Policy*, 1997, 41 (1): 1-36.

并导致了随之而来的后果，如效率低下，医疗保障政策缺乏联系性、子系统间的交叉覆盖率高、资源无法有效利用、医疗保障分配不平等。对此，1990 年代，阿根廷对其医疗保障体系进行了深刻的改革，以期确保建立“更有效地分配稀缺的医疗资源，并在保证公平和人口健康需求的基础上提供更广泛的医疗服务”这样一种机制，并得到了包括世界银行、美洲开发银行和国际货币基金组织等国际机构的资金支持。这些改革与其他中等收入国家或转型国家的改革是一致的，主要侧重于权力下放和社会保障体系的重组。[①]

（二）以色列医疗保障管理体制的改革背景

以色列位于亚洲西部，2020 年 10 月统计的总人口为 926 万人，是一个拥有长期公共医疗保险传统的国家。自 1990 年代以来，以色列实施了多项医疗保障管理体制的改革，从多个方面解决医疗资源的不平衡问题，并通过立法和制定一系列政策重塑医疗保障体制的格局，旨在缩小与主要发达国家在医保服务方面的差距。

以色列实行全民覆盖的国家医疗保障制度，通过四个（Clalit，Maccabi，Meuhedet，Leumit）全国性、非营利组织性质、竞争性的医疗计划来提供医疗服务[②]。以色列的医疗保障改革始于 20 世纪 90 年代中期，1995 年通过《国民健康保险法》，确保了健康保险覆盖以色列所有公民，同时允许公民自由选择医疗计划，使公民能够作为消费者角色参与医疗保险的市场竞争；1996 年的《患者权利法》明确界定了公民和医保服务提供者之间的权利和义务，提出了高质量和安全的护理期望，该法律集中体现了医疗服务由家长式的护理模式到以病人为中心护理模式的转变，并且规定了患者的权利，包括对于治疗的知情同意权、自主权、共同决定权以及第二次意见征询权等重要事项，保护了患者的尊严与隐私。两项法律的制定成为以色列医疗保障制度的分水岭。

近年来，以色列的医疗系统面临着许多质量和安全的挑战，其中大多数是其他发达国家所共有的，但有些挑战对以色列来说更为明显。例如，

---

① LLOYD-SHERLOCK，PETER. *Health sector reform in Argentina：a cautionary tale* [J]. *Social science & medicine*，2005，60（8）：1893-1903.

② ROSEN B，PORATH A，PAWLSON L G，et al. *Adherence to standards of care by he-alth maintenance organizations in Israel and the USA* [J]. *International Journal for Quality in Health Care*，2011，23（1）：15-25.

医院人满为患，预算不断削减，国家缺乏持续的监测和监督以及对医院服务质量的了解。除此之外，其他一些挑战还包括医院和社区之间如何过渡，如何更好地照顾老年人和慢性疾病人群，以及如何更好地完善以患者为中心的医保系统。

负责以色列医疗保障体制改革的是政府和卫生部。然而，对医疗服务质量产生有效影响的举措往往来自医疗计划，这些计划通常将议程置于国家政策之前，为随后的社区和医院制定国家政策、指标方案、大规模患者体验调查和综合医院认证提供参考和依据。在以色列的医疗保障体制中，另一个关键的参与者是以色列医学协会（IMA），它作为代表以色列医生的工会组织，负责制定和监督医生专业课程的标准，但同时这种二元性的改革角色可能会在医生利益、高质量服务和患者安全之间产生冲突。

二、阿根廷、以色列医疗保障管理体制的改革举措

由于受政治、经济、文化等诸多因素的影响，世界各国选择了各具特色的社会保障制度模式。因此，世界各国在社会保障管理体制上也存在着一些差异。在医疗保障管理体制过程中，阿根廷、以色列的改革举措有着一定的差别。

（一）阿根廷医疗保障管理体制的改革举措

尽管从历史上看，医疗改革一直不是阿根廷社会的优先事项，但推动改革的外部和内部因素越来越多。从外部因素来看，两场恶性通货膨胀和2002年的债务危机加速了阿根廷的医疗保障管理体制改革。20世纪90年代末，阿根廷经济暴跌，并在2001年底导致了严重的经济危机。2002年上半年，在经历了四年的经济深度衰退后，国内生产总值（GDP）下降了15.0%。在同一时期，阿根廷的通货膨胀率达到70.0%，超过50.0%的人口生活在贫困线以下①。从内部因素来看，阿根廷的医疗保障结构存在着一些不足之处，主要表现在以下两个方面：①医疗系统管理职能的分散。医疗资源（公立医院和门诊部）和医疗卫生相关项目由各省管理，国家卫生部制定总体政策和优先事项，并监督卫生系统。但是，中央卫生主管部门的职能仅局限于公共医疗服务领域，对其他领域的话语权较弱。从经济角度

① IRIART C，WAIZKIN H. *Argentina：no lesson learned* [J]. *International Journal of Health Services*，2006，36（1）：177-196.

来看，在这种分散性结构下，约 60.0%的系统财政资源是通过保险公司和私营医疗机构之间的行政联系来流通的。虽然公共医疗部门占比最大，但公立医院几乎没有管理预算的决策自主权，而且地方政府对于公共医疗或保险项目的实施往往推进困难。这种分散的监管模式导致阿根廷的医疗保障系统有多个参与者和决策者，没有连续性的模式，医疗保障管理难以协调整合，管理体系中存在着大量非政府倡议。②医疗资源分配严重不平等。一方面，公共医疗卫生系统在卫生保健导向和护理连续性方面要优于其他两个医疗系统，但由于政府的公共医疗机构与私营医疗机构之间存在较大的设备差异，使得公共医疗服务系统的可达性表现较差①，缺乏吸引用户的激励措施，也无法满足用户的多样化服务需求，因此人们更倾向于在私人医院接受治疗。另一方面，在阿根廷，非正式工人的比例很高（超过 30.0%），这部分没有社保贡献能力的非正式经济人口约占公共医疗系统的 1/3，导致医疗保障在提供与获得两方面的明显分配不平等。正式劳动者为国家社会保障系统做出贡献，而没有缴费能力的低收入人口无偿使用着公共医疗服务。

在此背景下，阿根廷的部分医疗改革旨在对医疗保障体系进行重新分配，设法解决目前的问题和协调不同劳动者之间的关系。为了达到这一目的，必须使省级和国家政府与专业协会、工会管理的社会保障机构以及各个保险公司结合起来。这将有助于制定变革战略，利用现有资源和科学专业人员的素质，缩小该国所发生的情况与可能实现的情况之间的差距。总体而言，该体系试图从分散监管的多元化模式演变为监管竞争的整合多元化模式。

20 世纪 90 年代，阿根廷医疗改革的主要方向是整合政府医疗保障和私人医疗机构之间的服务覆盖范围，并下放公立医院管理。到 1992 年，在国家管辖范围内，几乎所有现有的公立医院都转移到了省级管辖范围，只有少数医院仍在国家管辖范围内，由两个司法管辖区共同管理，包括大学医院和为武装部队和执法人员提供护理的医院。同时，阿根廷还推行了医院的分散管理模式，目的是向社会保险收取服务费用，但这些努力并不能改变公立医院的传统管理体制，公立医院的资源仍主要依赖国家预算。

---

① 胡清桂，唐秀琼，陈慧．阿根廷卫生保障子系统绩效表现与分析——以罗萨里奥市为例［J］．社会福利（理论版），2019（7）：37-41.

在21世纪的前十年中，阿根廷的医疗保障改革还致力于加强基础医疗建设，包括完善社区门诊医疗方案，在公共医疗服务中心提供基本的药物等，主要服务对象是那些受经济危机影响较大的弱势群体，为他们提供公共医疗卫生福利，包括对怀孕、分娩和生命前5年的医疗服务覆盖做出了较大的努力，以加强基础的卫生护理服务。

阿根廷对完善基础医疗保障的努力得到了世界银行和美洲开发银行贷款的资助，并于2003—2014年实施了关于药品政策、母婴健康以及基本医疗保障的改革项目。

2003年，阿根廷致力于完善药品政策，并且制定了《非专利药品法》。除此之外，卫生部制定了药品补贴政策（Remediar Program），按照“中央采购门诊药品、省级采购住院药品”的原则①，通过公共医疗系统向人民提供免费的药品服务，并将强制性医疗计划（Programa Médico Obligatorio，PMO）中所包含的基本药物清单扩大。

关于孕产妇和婴儿健康，阿根廷社会福利机构（ANSES）于2004年推出了社会救济计划框架下的孕妇和婴儿补贴政策，即出生计划（Nascer Plan），以降低指数最差地区的婴儿和产妇死亡率。2007年，这项计划扩展到全国，旨在为没有社会保险的孕妇和5岁以下儿童提供公共保险。该计划起到了省级公共医疗保险的作用，以支持基础医疗卫生保健体系的建设。

2008—2014年，阿根廷卫生部对药品补贴政策和出生计划继续进行扩展和监测。2009年，前者纳入了一项新的内容，以加强各省的卫生服务网络建设。2014年更名为“补贴+网络计划”（Remediar+Redes），由三个项目组成：提供基本药物，加强医疗服务网络建设，培训初级卫生保健专业人员和社区医生。

2012年，出生计划的覆盖范围进一步扩大，其范围涵盖了10岁以下的儿童、19岁以下的青少年和64岁以下的女性。2014年，该计划更名为汇总性政策（Sumar Program），重点针对失业或没有能力缴纳预付款的人，保障范围不仅包括了64岁以下的孕妇，还涵盖了儿童、青少年以及其成长过程中的医护和保健服务。

① 查竞春，段振楠．古巴、巴西、阿根廷医疗卫生体制机制及启示［J］．特区实践与理论，2019（2）：116-120.

（二）以色列医疗保障管理体制的改革举措

以色列的医疗保障管理体制的改革举措主要有以下几个方面：

1. 加强对社区和国家医疗服务质量的评估

从21世纪开始，以色列开始在国家层面进行医疗保障质量的衡量。2004年，以色列国家卫生政策和卫生服务研究所启动了以色列社区卫生保健质量指标的项目（Quality Indicators in Community Healthcare，QICH），该计划始于1999年，是本·古里安大学的一个研究项目①，以色列的4个医疗计划都参与并支持该项目。社区卫生保健质量指标运用了50个变量对医疗计划的绩效进行评估，多数变量监测的是初级卫生保健服务。另外，为了使指标评估结果能够在不同国家之间进行比较，所使用的数据大多来自美国国家质量保证委员会（NCQA）的医疗有效性数据和信息集（HEDIS），并不断进行更新和扩充。以色列对医院护理质量和治疗结果的评估起步较晚，直到2013年，卫生部才介入并填补了该方面的空白。截至2014年初，以色列的4个医疗计划均可自愿加入该评估系统上报数据，且这一制度已经成为法定义务。参与国家医院质量评估的医院有22所，其中10所为综合医院、6所为精神病院、6所为老年长期护理医院，所有医院均需向卫生部提交相关数据。同年年底，国家社区医疗服务质量指标项目首次发布了医疗计划的数据，但由于临床和行政系统的差异，此项对医疗服务质量的评估改革仍面临着较大的挑战。

2. 加快对医院进行综合性的认证

以色列卫生部在对国家医疗保障的评估重点不限于服务质量的衡量，还扩大到了对医院进行认证改革。多年来，以色列卫生部对医院护理、治疗和相关服务流程方面开展了较为深入的研究，但对于医院的评估体系与认证机构的建立相对较晚。直到2013年，卫生部才开始制定医院服务质量监督指标体系。制度建立之初，总共有5个相关的医院护理和服务标准的衡量指标，此后每年增加5个衡量指标。该制度从关注急诊开始，到逐渐扩展到了心理疾病的治疗和长期护理医院质量的监测，且所有的公立医院和非营利性医院都必须根据指标体系来上报数据信息。

以色列最大的医疗计划Clalit第一个参与并启动了医院认证，并与国际

---

① JAFFE D H, SHMUELI A, BEN-YEHUDA, et al. *Community healthcare in Israel: quality indicators* 2007-2009 [J]. *Israel Journal of Health Policy Research*, 2012 (1): 3-13.

医疗卫生机构认证联合委员会（JCI）签订了合同。这促使以色列卫生部考虑并接受将国际医疗卫生机构认证联合会作为所有综合性医院的国家认证机构，目的是在不久的将来扩大到非综合性医院。因此，以色列卫生部从2015年开始，将JCI认证作为综合医院重新获得许可证的重要条件。目前，以色列一半以上的综合医院已经获得了JCI的认证，这在医疗服务实施质量方面带来了重大变化。2015年6月，以色列卫生部发布了第一个医院服务质量报告，列出了具体医院的数据信息。可以说，在一定程度上，对医院的认证改革得益于社区医疗机构质量检测体系的成功实施。

3. 改善医疗服务的公平性与可及性

在解决医疗不平衡问题方面，以色列卫生部、医疗计划和医院相继确定了改善医疗服务公平性、可及性，且能够满足不同语言和文化需求的优先事项，并将之作为医疗保障体制改革的重要战略目标之一。从2010年开始，主要实施了包括以下四个方面在内的政策：①针对弱势群体和低收入人群采取措施推动医疗服务的均等化。2008年，以色列最大的医疗计划Clalit将40万低收入参保人群作为重点关注对象，扩大其医疗保险待遇范围，并减少了药品的自付费用。②在改善医疗服务的可及性方面，卫生部加大了部分重点地区的医疗人力资源的投入，并相应地增加了医疗设备、床位、急救中心等方面的成本。③为了更好地服务于少数民族患者，部分医院建立了能够提供翻译的急救中心，并招聘员工来满足少数民族文化需求，便于有针对性地提供医疗服务。④根据国家健康保险法，以色列卫生部和医疗计划发起了关于护理经验的全国调查。这些调查由耶路撒冷的迈尔斯-JDC-布鲁克代尔研究所（Myers-JDC-Brookdale Institute）进行，每两年组织一次，对成年居民的代表性样本进行电话咨询，此项调查结果将会对宏观层面（政策）和微观层面（医疗服务和消费者选择）产生影响。

4. 提高患者的医疗护理体验

旨在提高患者医疗体验的改革也在进行中，部分地方政府在国家政策出台之前就已经启动以患者为中心的医疗服务议程。通过试点和示范区的实践经验，以色列的4个医疗计划均积极开展对患者医疗体验的评估工作，将其作为整体医疗服务蓝图的一部分，并将患者的体验整合到其组织目标中。

在以色列，衡量和比较患者对于医疗服务与护理体验的情况较少，且调查结果很少公开。2011 年，卫生部公布了一项所有公立医院病人护理体验的对比调查，但却因信息不够透明和没有解决正确的问题而被媒体批评①。考虑到这一点，卫生部承诺，从 2014 年开始，将从针对急症的护理医院开始，陆续在其他医院的住院部和社区护理中心开展信息公开的患者体验调查。

5. 推出医疗保障数据的信息化系统

2005 年，以色列最大的医疗计划 Clalit 推出了医院和社区在线医疗记录的 Ofek（希伯来语为“地平线”）系统②，目的是为了改善 Clalit 社区护理和医院网络中的信息通道。2014 年，以色列的 4 个医疗计划和所有医院均加入了 Ofek 系统，且 Clalit 在此基础上启动了电子监健康信息交换系统，旨在使医疗服务提供者之间能够实现对于患者治疗和护理数据的共享。该项目的初步实施目标是在 2015 年之前将全国所有患者纳入其中，这是一个雄心勃勃的项目，这将使以色列成为拥有全国性医疗信息交换系统的国家之一。

三、阿根廷、以色列医疗保障管理体制的改革成效

（一）阿根廷医疗保障管理体制改革成效

1. 发病率和感染控制方面成效明显

关于发病率的数据，阿根廷一直是根据世界卫生组织（WHO）“国家医院发病率和死亡率统计计划”来进行诊断分类编制，其中包括儿童和产妇的一般死亡率数据，诊断结果更加可靠。然而，问题在于这些数据往往无法与阿根廷卫生部发布的官方出生和死亡数据相互对应。阿根廷的官方发病率数据只允许在公立医院收集，但由于公立医院只占医疗护理体系的 40.0%，而私人医疗机构一般不保存任何医疗数据记录，因此两类数据难以进行参照比较。考虑到这些限制因素，很难在技术上评估改革对于阿根廷医疗保障质量和人口健康的实际成效和影响范围。在感染控制方面，阿根

① LINDER-GANTZ, R. Patient satisfaction survey for hospitals: A castrated report that reveals nothing [N/OL]. (2012-02-24) [2022-03-11] Viewed February 28, 2014: http: //www.themarker.com/consumer/health/1.1649712.

② FRANKE M, CHINITZ D, SALZBER C A, et al. *Sustainable health information exchanges: The role of institutional factors* [J]. *Israel Journal of Health Policy Research*, 2013, 2 (1): 21-32.

廷一直有两个相关项目在致力于减少护理和治疗过程中的感染，一个是卫生部的公共项目（VIHDA），另一个是私营医疗部门组织的项目（VIGILAR），尽管其影响和范围没有达到预期，但结果好坏参半，并为其他类似项目的展开提供了一个可参考的范例。

2. 有效推动母婴健康

关于母婴健康的医疗改革，出生计划由世界银行资助，且在公共医疗体系中实现了重大飞跃。出生计划的推行对婴幼儿和产妇的健康产生了巨大的积极影响，低出生体重发生率降低了 9.0%，新生儿死亡率降低了 22.0%。[①] 尽管出生计划的覆盖范围有限，主要集中在妇幼健康方面，但它是唯一一个在省级层面实施公共医疗保障的国家计划。因此，该计划为阿根廷未来全民医疗覆盖战略的实现起到有效助推作用。

（二）以色列医疗保障管理体制改革成效

通过卓有成效的改革，以色列医疗保障管理体制取得了以下几个方面的成效：

1. 较高的人口健康指标

随着医疗服务质量和医院认证改革在以色列的推进，改革的成效逐渐开始显现。与其他国家相比，以色列人民享有较高的人口健康指标。2011 年，与其他经合组织国家相比，出生时预期寿命相对较高，为 81.8 岁，而美国的平均预期寿命为 78.7 岁，其他 34 个经合组织国家的平均预期寿命为 80.1 岁。婴儿死亡率是另一个经常用于国家间比较的指标，以色列的婴儿死亡率（3.5‰）低于经合组织国家的平均水平（4.1‰），也低于美国（6.1‰）。在经合组织使用的一些其他指标中，如急性心肌梗死和中风死亡率，以色列表现优于经合组织国家的平均水平。2006—2011 年，哮喘和慢性阻塞性肺病住院人数显著减少（哮喘患者从每 100000 人中 90 人降至 61.4 人；COPD 患者分别从 285 人降到 229 人），这些均可归因于以色列的医疗保障政策和加强社区服务的改革具有明显成效。[②]

① GERTLER P, GIOVAGNOLI P, MARTINEZ S. Rewarding performance to enable a healthy start to life: the impact of plan nacer on birth outcomes [R]. Policy Research Working Paper. Washington, DC: World Bank Group; 2014 (6884): 1-10.

② CHERNICHOVSKY D. *Not "socialized medicine" —an Israeli view of health care reform* [J]. *New England Journal of Medicine*, 2009, 361 (21): 46-49.

2. 国家社区卫生保健质量指标（QICH）的显著改善

2004 年启动的社区卫生保健质量指标允许对各国的绩效进行比较。正如 Rosen 等人在对以色列和美国就遵守医疗标准情况进行的比较分析中发现，以色列在几个初级医疗指标的改善较美国更快。虽然以色列在遵守筛查标准方面落后于美国，但在遵守糖尿病患者护理标准方面，以色列的依从性更高。此外，当纵向比较 QICH 项目的成果时，可以看到许多指标的明显改善。Jaffe 等人进行了为期三年（2006—2009 年）的比较，发现总体上的改革成效显著，尤其表现在初级预防措施和心血管风险的治疗记录方面。以色列卫生基金积极对待医保质量的评估工作，并随时跟进医疗服务改革，及时解决改革中出现的问题。

除此之外，由于全国一半以上的综合医院已经获得了 JCI 认证，可以假定医院服务质量正在改善，或至少正在建立服务质量和患者就医体验更好的基础设施。其次，以色列在全国范围内快速实施的 Ofek 医疗卫生信息交流计划，通过减少重复和不必要的血液检测和成像，已经提高了医疗保障和服务质量。①

对于以色列医疗服务改革和医疗保障管理方面的障碍，主要来自有限的人力和物力资源。20 世纪 90 年代，以色列高等教育委员会前主席认为，未来以色列将面临医生短缺的问题。但是，这个判断在当时没有引起任何关注，以色列的政策部门一向认为本国的医生处于过剩状态。但以欧洲医院的标准来看，以色列医院的人手确实相当不足。以色列重症监护病房的人员编制比率通常是两到三个病人配一名护士，而在美国重症监护病房通常是每位住院病人配一名护士。对于护士和医生的普通病房人员比例来说，这个差距甚至会更大。由于有证据表明，人员配备比例与患者预后的改善有关，尤其是感染控制工作、住院并发症预防和死亡率。② 因此，与其他经合组织国家相比，以色列在医院人力资源方面处于劣势。

2011 年以来，以色列政府实施了多项措施。首先，以色列成立了第 5 所医学院。其次，政府加大对现有医学院的投入，增加班级规模，扩招医

---

① NIREL N, ROSEN B, SHARON A, et al. *The impact of an integrated hospital comm-unity medical information system on quality of care and medical service utilization in primary-care clinics* [J]. *Informatics for Health and Social Care*, 2011, 36 (2): 63-74.

② SHEKELLE P G. *Nurse-patient ratios as a patient safety strategy: a systematic review* [J]. *Annals of Internal Medicine*, 2013, 58 (5): 404-410.

学生的数量，将四年制的医学生从2005年以来的400人左右，增加到了2014年的700人左右。同时，医学院也相应地增加了教师和培训中心的数量。通过上述一系列措施的实施，以色列在不到十年的时间中，考取医生执照的人数翻了一番，后来扩张到社区医疗机构和医院，为补充医院人力资源的短缺问题提供了有效帮助。

四、阿根廷、以色列医疗保障管理体制的发展方向

(一) 阿根廷医疗保障管理体制的发展方向

阿根廷的医疗改革是一个巨大的挑战，同时也代表着一个巨大且及时的持久变革机会。对于阿根廷来说，医疗保障管理体制的改革不仅需要关注其系统的具体组成部分，还需要创造一个支持改革的社会环境。不管改革的效果如何，医疗服务的质量和患者的安全一直是医疗政策中的边缘目标，医疗保障体制在服务和资金的管理方面仍有许多工作要做。中央与省级政府必须与社会保障部门、各保险公司、私营医疗机构以及专家学者联合协作，就改革的前进方向达成共识。努力实现有效的全民医疗覆盖，减少在医疗覆盖率和结果方面的健康差距，建立健全以基础医疗为导向的卫生保健体系，促进病人在接受护理和治疗方面的权利平等，并逐步实施电子临床信息记录系统，及时跟进并评估改革的进展。

(二) 以色列医疗保障管理体制的发展方向

以色列的医疗保障管理体制改革提供了一个有趣的例子：政府强有力的参与改革，同时医疗服务市场的竞争激烈；国家用于医疗保障的支出仅占GDP比重的7.6%，略低于OECD国家的平均水平（8.9%），然而国民健康水平不断改善，平均预期寿命高于欧盟国家，在OECD国家中也排名较前。高质量的社区医疗保健服务，医院的护理水平也在努力迎头赶上。在过去十几年中，以色列的医疗保障管理体制改革已经显现了实质性的成效，这主要得益于以色列对医疗计划的有序管理，以及对初级卫生保健专业性和可及性做出的努力。

以色列医保改革中的突出问题是日益依赖于私人资金，公共医疗改革的投入较低，人力和物力资源短缺。这种情况继续发展的话，将会加剧医疗保障的不均等，降低服务效率。因此，以色列政府应当采取措施加大公共资金对医疗保障的投入，公开透明的报告社区和医院评估结果，以及患

者体验相关调查的数据结果，保障公民作为医保消费者的权益以及市场竞争的活力。此外，以色列的医疗保障系统具有强大的信息技术基础设施和国家数据交换系统的优势，随着医疗保障改革的向前迈进，这必将在提高医疗服务质量和患者安全方面发挥重要作用。

五、结论与启示

纵观阿根廷和以色列两个国家的医改之路，无法确切地为中国医改提供完全实用的借鉴，毕竟两个国家在医疗技术水平、医疗保险参保率，以及人口健康指标上都有很大的差异。阿根廷医保改革的重点是提高初级卫生保健的普及率和服务质量，尤其是关注弱势群体和贫困人口的医疗保障，在梳理政府职责的同时促进公共医疗系统和私立医疗系统的健康竞争。虽然阿根廷医保管理体系较为碎片化，但其对医疗保障体系的管理方式，以及不同系统的功能、绩效和卫生成果之间的关系，可以为我国医疗保障制度设计者提供借鉴和参考。以色列的医疗保障管理体制改革在很大程度上已经是处于中高级阶段的医改，致力于将改革推向优化医疗服务并提高服务效率上。随着新冠肺炎疫情的发展，各国的医疗体系都面临着严峻的考验，而其中以色列的表现可圈可点，其全民覆盖的医疗卫生服务体系起到了重要作用。除此之外，以色列政府对医疗保障资金、服务内容和供给、以及市场竞争机制的高效有序的管控，为我国医保体系的管理方式和职能设置提供了有效借鉴。

在"一带一路"的框架下，医疗卫生领域的共通性强、政治敏感度低，实现各国医疗保障优势的互补共增，有助于形成"一带一路"沿线国家的医疗卫生领域合作新格局。从发展的角度看，"一带一路"沿线国家的医疗保障体系均各有优劣，如何打破国家间在医疗保障传统和卫生保健领域的壁垒，实现互补发展和资源流动，对各国医疗卫生事业乃至国家的整体利益都是有利的。

参考文献

[1] CAVAGNERO E, BILGER M. *Equity during an economic crisis: financing of the Argentine health system* [J]. *Jouranl of Health Economics*, 2010, 29

(4): 479-488.

[2] LONDONO J-L, FRENK J. *Structured pluralism: towards an innovative model for health system reform in Latin America* [J]. *Health Policy*, 1997, 41 (1): 1-36.

[3] LLOYD- SHERLOCK, PETER, *Health sector reform in Argentina: a cautionary tale* [J]. *Social science & medicine*, 2005, 60 (8): 1893-1903.

[4] ROSEN B, PORATH A, PAWLSON L G, et al. *Adherence to standards of care by he-alth maintenance organizations in Israel and the USA* [J]. *International Journal for Quality in Health Care*, 2011, 23 (1): 15-25.

[5] IRIART C, WAITZKIN H. *Argentina: no lesson learned* [J]. *International Journal of Health Services*, 2006, 36 (1): 177-196.

[6] 胡清桂，唐秀琼，陈慧．阿根廷卫生保障子系统绩效表现与分析——以罗萨里奥市为例 [J]. 社会福利（理论版），2019 (7): 37-41.

[7] 查竞春，段振楠．古巴、巴西、阿根廷医疗卫生体制机制及启示 [J]. 特区实践与理论，2019 (2): 116-120.

[8] JAFFE D H, SHMUELI A, SHMUELI A , et al. *Community healthcare in Israel: quality indicators 2007-2009* [J]. *Israel Journal of Health Policy Research*, 2012 (1): 3-13.

[9] LINDER-GANTZ, R. Patient satisfaction survey for hospitals: A castrated report that reveals nothing [N/OL]. (2012-02-24) [2022-03-11] Viewed February 28, 2014: http: //www. themarker. com/consumer/health/1. 1649712.

[10] FRANKE M, CHINITZ D, SALZBERG C A, et al. *Sustainable health information exchanges: The role of institutional factors* [J]. *Israel Journal of Health Policy Research*, 2013, 2 (1): 21-32.

[11] GERTLER P, GIOVAGNOLI P, MARTÍNEZ S. Rewarding performance to enable a healthy start to life: the impact of plan nacer on birth outcomes [R]. Policy Research Working Paper. Washington, DC: World Bank Group; 2014 (6884): 1-10.

[12] CHERNICHOVSKY D. *Not "socialized medicine"—an Israeli view of health care reform* [J]. *New England Journal of Medicine*, 2009, 361

(21): 46-49.

[13] NIREL N, ROSEN B, SHARON A, et al. *The impact of an integrated hospital comm-unity medical information system on quality of care and medical service utilization in primary-care clinics* [J]. *Informatics for Health and Social Care*, 2011, 36 (2): 63-74.

[14] SHEKELLE P G. *Nurse-patient ratios as a patient safety strategy: a systematic review* [J]. *Annals of Internal Medicine*, 2013, 58 (5): 404-410.

“一带一路”沿线国家个人账户养老金制度研究

晏月平　张舒贤*

摘　要：人口老龄化是当前世界许多国家面临的共同问题，老龄化程度不断加深，整个社会养老负担加重，养老难问题日益凸显，积极应对人口老龄化与解决养老问题将是未来很长一段时间内众多国家面临的重要“人口命题”，为此，很多国家及时地进行了养老金制度改革与探索。本研究重点针对“一带一路”沿线国家有关个人账户养老金制度建设，从已与中国签署合作文件的148个国家中，选取个人养老金制度实施强制储蓄型模式典型国家的新加坡和智利，从两国人口老龄化、经济发展状况以及养老金制度建设进行比较研究，并从两国养老制度改革与成功经验基础上，为有效完善与补充中国养老金制度提供经验借鉴与启示。

关键词：新加坡；智利；养老金制度；改革发展

截至2022年2月6日，中国已与148个国家和32个国际组织签署了200余份共建“一带一路”合作文件①，范围涉及非洲、亚洲、欧洲、大洋洲、南美洲和北美洲地区，中国与“一带一路”沿线国家的全方位合作已带动了诸多国家在人文社会、经济发展与文化发展等方面的交流互动与交往融合，推动了民心相通。与中国一样，“一带一路”绝大多数国家已进入老龄化社会，面临着养老难题，迫切需要养老制度改革。目前，国际上有

* 晏月平，云南大学人口研究所教授、博士生导师，主要从事人口社会学研究；张舒贤，云南大学民族学与社会学学院硕士研究生，主要从事婚姻家庭社会学研究。

① 已同中国签订共建“一带一路”合作文件的国家一览［EB/OL］. https：//www. yidaiyilu. gov. cn/xwzx/roll/77298. htm.

通用的三种保险制度与模式：传统型保险制度、国家统筹型养老保险制度和强制储蓄型模式，其中典型的强制储蓄型模式有"新加坡模式"和"智利模式"两种。[①] 本研究选取了"一带一路"沿线国家中关于个人账户养老金制度[②]中有典型特色的代表性国家进行比较，在强制储蓄模式下的新加坡和智利均涉及个人养老金，探讨其个人养老金制度的特点与发展实践，并从新加坡和智利两个国家的养老金制度改革与执行中所获得的成功经验，形成对我国个人养老金制度完善与发展的启示。同时，在研究新加坡、智利两国的人口老龄化、经济发展情况基础上，进一步分析两国选取强制储蓄型养老金制度的缘由并对中国养老金制度调整做出科学研判。

一、新加坡、智利人口结构现状

人口老龄化是当前经济社会发展面临的重要难题，世界各国逐渐步入老龄化社会，老龄人口比重持续攀升，老年人口数量急剧扩大。根据联合国 2019 年《世界人口展望》的预测结果，到 2050 年 65 岁及以上人口占比将超过 16%。[③] 老龄化带来的复杂社会经济问题，不仅在于少子化、劳动力短缺、投资减少等问题，也在于老年人口分布不均带来的养老压力等结构性失衡问题。随着老年人口数量的增多，其增长速度超过年轻群体，进一步加剧了各国老龄化的到来。人口老龄化正在给很多国家带来就业、经济发展、社会稳定、财政负担、养老制度等方面的严重压力和挑战。面对老龄化，世界上很多国家正在根据本国国情进行养老金制度改革与探索。[④]

（一）新加坡人口结构现状及特点

新加坡人主要由近一百多年来从欧亚地区迁移而来的移民及其后裔组成。其移民社会的特性加上殖民统治的历史和地理位置的影响，使得新加坡呈现出了多元文化的社会特色。截至 2019 年 6 月，新加坡总人口 570.36

---

① 本刊记者．世界各国实行养老保险制度的三种模式［J］．山东人力资源和社会保障，2012（4）：64.

② 个人养老金制度，一般是指政府鼓励个人向专门的账户进行缴费，并依据自身风险收益特征，选择相应的、符合条件的养老金融产品进行投资，以积累养老金资产的制度安排，在我国多层次养老保险体系中，第三支柱为个人养老金保险制度，但目前仅在部分地区试点，规模尚小，因此根据比较有代表的个人养老金制度国家的实施情况，为我国提供更多可操作性意见。

③ 联合国．2019 年世界人口展望［EB/OL］．https：//population. un. org/.

④ 董克用，肖金喜．人口老龄化背景下新加坡中央公积金养老金制度改革研究与启示［J］．东岳论丛，2021，42（3）：97-108，191-192.

万，其中居民402.62万（包括350.09万公民和52.53万永久居民），非本地居民167.74万。总人口增长率1.2%，人口密度7932人/平方千米，男女比例为957：1000。年龄中位数41.1岁。①

第一，人口老龄化程度不断加深，少儿人口和劳动力人口逐年下降。新加坡人口老龄化程度从1990年的5.6%上升至2020年的13.35%，30年上升了7.75个百分点，而其间少儿人口占总人口比重却下降了9.16个百分点，劳动力人口比重在2010年达到最大值（78.75%）后开始逐年下降，2010—2020年下降了4.4个百分点（表1）。另外，截至2011年6月底，在379万新加坡居民中，65岁及以上人口达35.26万人（表2），比1990年增加了18.81万人。老年人口占常住人口比例从1990年的6.0%上升到2000年的7.2%，2020年达13.35%（世界银行数据库资料）。这反映了老年人口数量快速增长，老龄化程度在不断加深。

表1　新加坡、智利人口年龄结构变化

（单位：%）

国家	年龄结构	1990年	2000年	2010年	2015年	2020年
新加坡	0~14岁	21.46	18.71	13.99	12.63	12.30
	15~64岁	72.94	74.91	78.75	78.32	74.35
	65岁及以上	5.60	6.38	7.26	9.05	13.35
智利	0~14岁	30.12	27.33	22.08	20.57	19.24
	15~64岁	63.95	65.02	68.56	68.84	68.52
	65岁及以上	5.93	7.65	9.36	10.60	12.24

（资料来源：世界银行数据库，https：//data.worldbank.org.cn/）

第二，高龄老年人口数量逐年递增。新加坡75~84岁的老年人从1990年的约5万人上升至2011年的约11万人，85岁及以上老年人从1990年的约1万人上升至2011年的3万多人，高龄老年人口数量在不断增加。1990—2011年，新加坡75~84岁、85岁及以上的老年人口分别增加了6万、2万人（表2）。

① 2020年对外投资合作国别地区指南新加坡［EB/OL］.https：//www.yidaiyilu.gov.cn/zchj/zcfg/159154.html.

表 2 新加坡常住人口和老年人口规模及增长

常住人口		65 岁及以上常住人口			
		总数	65~74 岁	75~84 岁	85 岁及以上
数量（千人）					
1990	2735.9	164.5（6.0%）	104.9	49.9	9.6
2000	3273.4	235.3（7.2%）	155.3	62.5	17.5
2005	3467.8	279.7（8.1%）	177.6	79.5	22.6
2010	3771.7	338.4（9.0%）	204.1	105.0	29.2
2011	3789.3	352.6（9.3%）	212.5	109.1	31.1
年变化率（%）					
2000*	1.8	3.6	4.0	2.3	6.2
2005	1.6	5.7	5.4	6.3	6.0
2010	1.0	2.5	0.2	6.5	5.1
2011	0.5	4.2	4.1	3.8	6.4

注：*2000 年的增长率是指过去十年（1990—2000 年）的年变化。
1990—2011 年数量统计中，总数一列括号内数字为来年居民占常住人口的比例。
（资料来源：新加坡统计局官网，https：//www.singstat.gov.sg/modules/infographics/population）

第三，预期寿命不断提高。2010 年，新加坡出生人口预期寿命为 81.7 岁，其中男性预期寿命为 79.2 岁，女性为 84 岁。2020 年，该国出生总人口预期寿命为 83.7 岁，比 2010 年增加了 2 岁①，其中男性 81.3 岁，女性为 85.9 岁，男性预期寿命增加更高。

第四，人口出现负增长。2021 年，新加坡常住人口首次出现了负增长，2020 年常住人口增长率下降至 0.4%，2021 年更降至-1.4%（图 1）。人口增长率下降一定程度上和新冠肺炎疫情有关，同时也与其人口年龄结构和出生率有关，新加坡年龄结构偏年老型，同时常住人口总和生育率早已低于更替水平，总和生育率 1975—1980 年起低于世代更替水平，仅为 1.84，此后总和生育率持续下降。出生人数的减少形成了典型的底部人口老龄化特征，导致新加坡老年人口占比快速上升，进一步加剧了其老龄化进程②。

① 出生预期寿命［DB/OL］. https：//www.singstat.gov.sg/modules/infographics/population.

② 新加坡国家统计局官网［DB/OL］. https：//www.singstat.gov.sg/modules/infographics/population.

（单位：%）

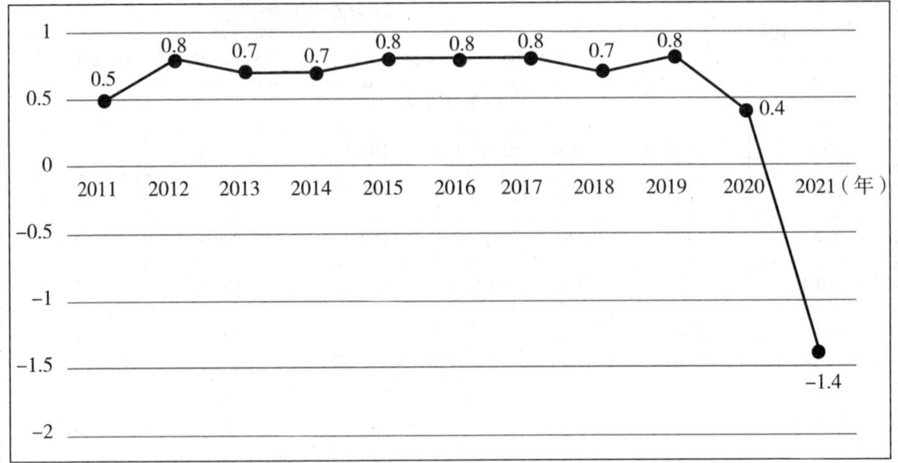

图 1　2011—2021 年新加坡常住人口增长率变化

（资料来源：新加坡国家统计局官网，https：//www. singstat. gov. sg/modules/infographics/population）

（二）智利人口结构现状及特点

根据世界银行数据库相关数据显示，2020 年智利总人口为 1911. 62 万人，其中男性人口 942. 57 万人，女性为 969. 05 万人，女性人口数量高于男性，城镇化率为 87. 727%。1990—2020 年，智利人口年均增长率为 1. 2%。①

一是人口老龄化程度不断加深，少儿人口比重和劳动力人口比重缓慢下降。1990 年，智利 65 岁及以上人口占总人口比重为 5. 93%，2020 年达 12. 24%。过去 30 年，65 岁及以上人口占总人口比重增长了 6. 31 个百分点。同时，智利少儿人口比重不断下降，1990 年为 30. 12%，2020 年下降至 19. 24%，其间下降了 10. 88 个百分点，2020 年少儿人口比重智利高于新加坡（表 1）。另外，智利劳动力人口比重在 2015 年之后才开始下降，不过其比重一直低于新加坡的该值，2020 年智利该值比新加坡低了 5. 83 个百分点。

二是生育率持续偏低，已进入人口老龄化晚期阶段。自 21 世纪以来，智利人口更替率持续处于较低水平（总和生育率低于 2. 1），死亡率也较低，

① 2021 年人口趋势［DB/OL］. https：//data. worldbank. org. cn/indicator/SP. DYN. LE00. IN?locations=CL&view=chart.

出生人口预期寿命持续增加。1960 年，男、女两性出生时预期寿命分别为：54.604 岁、60.056 岁，1990 年：70.386 岁、76.538 岁，2010 年：75.745 岁、81.661 岁，2019 年：77.771 岁、82.442 岁，两性差值在缩小。1990—2019 年，智利出生预期寿命从 73.509 岁提高至 80.181 岁①，提高了 6.672 岁，智利 2019 年该值是新加坡 2006 年左右的水平。不过，这也意味着在过去半个多世纪里，由于智利执行了公共卫生政策，减少了儿童营养不良问题，并随后消除了儿童营养不良现象，提高了学校教育水平和教育普及，提高了人口生活质量，降低了婴儿死亡率，促进该国出生人口预期寿命快速提高。而且随着时间的推移，死亡率下降带来了死亡流行病学特征的变化，智利从原来以传染病死亡为主导地位转变为以神经退行性疾病为主的死亡特征。基于该国 2017 年人口普查预测结果显示，随着时间的推移，上述现象将加剧。②

三是人口转型进程快，老龄化速度在加快。智利人口变动最明显的特征是生育率逐渐下降、人口老龄化程度加深，该国正处于人口转变的后期阶段。这一变动反映了该国人口持续老龄化，也是目前拉丁美洲人口老龄化程度最高的国家之一。其中该国人口老龄化的主要原因包括青年人口（60 岁以下）死亡率的下降以及生育率和育龄妇女生育子女数量的下降。首先，该国年轻年龄组的死亡率下降使得总人口中一大部分人生活的时间较长，这与其医学进步、技术和实质性改善生活条件有关，也意味着人口预期寿命增加。因此，随着人口预期寿命的增加，60 岁及以上人口数量和比例呈上升趋势。其次，人口老龄化的原因是生育率和每个妇女在育龄期间生育子女数量的下降，该过程从 20 世纪中期开始在该国急剧加速。目前，避孕方法的改进，以及职业妇女的出现，使得该现象越来越严重。因此智利青年人口死亡率下降、预期寿命延长和生育率持续下降等，导致智利人口老龄化程度不断上升，意味着人口老龄化在不断加剧。

二、经济发展状况

社会保障制度在一定程度上和经济发展目标密切相关，社会保障制度

① 自行整理［DB/OL］. https：//data. worldbank. org. cn/indicator/SP. DYN. LE00. IN？locations =CL&view=chart.

② 2017 年人口普查预测结果［DB/OL］. https：//www. gob. cl/.

的制定脱离不了社会经济发展，智利旧的社会保障制度没有及时根据社会经济发展进行调整，导致该国在1970年后出现了收支严重失衡，随后实施社会保障制度改革与完善紧跟经济发展目标。而新加坡社会保障制度的设计则是根据本国经济社会发展目标制定出来的，也切实起到了社会保障效应。整体上，新加坡和智利的社会保障制度目前都是根据当前经济发展目标设定，并根据经济社会发展方向与目标进行适时调整与完善。

（一）新加坡经济发展状况

新加坡经济是典型的外贸驱动型经济，以电子、石油化工、金融、航运、服务业为主，高度依赖中、美、日、欧和周边市场，外贸总额是GDP的四倍。该国20世纪90年代初就进入了高收入国家行列，并和中国台湾、中国香港、韩国获“亚洲四小龙”称号。20世纪，新加坡经济长期高速增长。2001年由于受全球经济放缓的影响，经济出现了负增长，陷入独立之后最严重的经济衰退。2008年受国际金融危机影响，金融、贸易、制造、旅游等多个产业接连遭到冲击。新加坡政府采取积极应对措施，推出了新一轮经济刺激政策。有关新加坡经济发展定位，20世纪60年代以前的经济可定性为贸易经济，1960—1990年可定性为工业经济，自21世纪初以来为典型的信息经济。①

从新加坡经济实际增长情况看，按名义价值计算，直接投资由2011年的1650亿元增加至2020年的2610亿元，复合年增长率（CAGR）为5.2%（表3）。这一增长速度低于前几十年，即20世纪80年代以来的增长速度，这与国际数据一致，即随着经济成熟，人均直接投资增长率往往会逐渐减弱。自20世纪80年代以来，新加坡人均可支配收入增长放缓，与同期欧洲委员会增长放缓相一致。几十年来，雇员薪酬的增长放缓与新加坡经济变得更加发达导致的国内生产总值增长放缓是一致的。然而，值得注意的是，2011—2020年，个人消费者价格指数的增长首次超过了国内生产总值的增长速度，这表明个人的收入增长速度超过了经济体生产产生收入的速度。

① Mahizhnan A. *Smart cities: The Singapore case* [J]. *Cities*, 1999, 16 (1): 13-18.

表 3 1981—2020 年个人可支配收入、雇员薪酬和国内生产总值名义增长率

（单位：%）

	1981—1990	1991—2000	2001—2010	2011—2020
个人可支配收入	9.2	7.7	6.3	5.2
雇员薪酬	10.4	8.7	6.5	4.7
国内生产总值	9.8	8.6	8.2	3.3

（资料来源：新加坡国家统计局，https：//www.singstat.gov.sg/modules/infographics/population）

新加坡的 GDP 增长率 1970—2010 年基本保持在 9%以上，但自 2015 起 GDP 增长率跌至 2.99%，2020 更是出现负增长，与新冠肺炎疫情有一定关系，但也可看出新加坡近几年的 GDP 增长率有所放缓。GDP 总量一直持续增长，从 1960 年的 7.05 亿美元增加到 2020 年的 3399.98 亿美元，60 年间增加了 3392.93 亿美元（表 4）。可见新加坡的经济发展取得了卓越成效，经济总量不断增加，除了个别年份，其他时间 GDP 均保持快速增长。

表 4 1960—2020 年新加坡、智利 GDP 增长率与 GDP

国家	年份	1960	1970	1980	1990	2000	2010	2015	2020
新加坡	GDP 增长率（%）	…	13.94	10.11	9.82	9.04	14.53	2.99	-5.39
	GDP（亿美元）	7.05	19.21	118.96	361.44	960.74	2398.09	3080.04	3399.98
智利	GDP 增长率（%）	…	1.83	7.99	3.33	5.33	5.84	2.30	-5.77
	GDP（亿美元）	41.1	91.26	290.37	331.14	778.61	2185.38	2439.19	2529.4

（资料来源：世界银行，https：//data.worldbank.org.cn/）

新加坡经济取得如此重大成果，更多的是利用优越的地理位置发展经济。在与马来西亚断绝关系后，新加坡政府制定了诸多发展战略，为当时大多数人处在贫穷、增长迅速、受教育程度低、居住在拥挤和不健康的住房中人口提供利益，因此政府采取了一系列措施，比如公共住房、吸引外国投资等，最终取得了显著成效。

（二）智利经济发展状况

智利是拉美经济较发达的国家之一，矿业、林业、渔业和农业是其国民经济四大支柱。1974 年皮诺切特军政府执政后实行经济改革，调整产业结构，全面开放市场，拓展全方位自由贸易。智利经济多年保持较快增长，其综合竞争力、经济自由化程度、市场开放度、国际信用等级均为拉美之首，被视为拉美经济发展样板。但智利经济结构单一、对外依存度高、能源短缺等问题较为突出。[①] 智利在 2012 年被世界银行列为“高收入经济与合作发展组织成员国”，这意味着作为一个发展中国家，智利率先进入了发达国家行列。

从历史变迁来看，自 1960 年起，智利已经运行 30 年的内向型进口替代工业化模式开始暴露出诸多弊端与局限性。鉴于此，1973 年皮诺切特上台，开启了长达 17 年的军政府统治，同时全面铺开经济改革，转向新自由主义发展模式，调整产业结构，实行私有化，开放市场，拓展自由贸易。自 20 世纪 80 年代末起，智利的社会经济度过了深度改革的“阵痛期”，基本面趋于平稳。并自 1990 年起智利驶入高速发展轨道。[②] 1999—2013 年，智利经济经历了一个强劲的经济周期。1999—2003 年经历了长期衰退，智利经济的表现一直受到贸易条件和资本账户冲击的影响。2003 年开始的大宗商品价格大幅上涨引领了经济的急剧复苏，2008—2009 年，全球危机的蔓延短暂打破了这一局面。[③]

智利的 GDP 增长率自 1970 年起一直保持在 2%~7%上下波动，2020 年出现负增长，和新加坡一样，在一定程度上受新冠肺炎疫情的影响。该国 GDP 总量一直显著增长，从 1960 年的 41.1 亿美元增加至 2020 年 2529.4 亿美元，60 年间增加了 2488.3 亿美元（表 4）。可见，智利经济发展取得了可观的成绩，这些成绩与其不断调整经济发展战略有关。

智利经济的增长主要得益于智利实施了逆周期性的、谨慎稳妥的、灵活高效的宏观经济政策，其财政保持平衡且管理高效，利率和汇率制度灵

① 智利国家概括［EB/OL］.［2022-02-15］https://baike.baidu.com/reference/23554696/f217-18GBjh4TlAMGTnQBzu1IA_ WdLLM61qC9POjQbeVjgfmQtFjFS6tE2aVovkhRwWPNCqWJCw5STfU_zY-zH3kNMA5Ly8RlsGD4JvV0m0v0J3j14F3M7vUzRZWKV4TRNaQBWFzkr2ISbMxlJsoOD7F_ f3xOA.

② 芦思姮. 智利模式：制度建设与经济腾飞［J］. 文化纵横，2019（3）：57-65，142.

③ Ffrench-Davis, Ricardo. *Challenges for the Chilean economy under cyclical shocks*, 1999-2016［J］. *Journal of Post Keynesian Economics*, 2017, 40（1）：61-74.

活自由，通胀幅度和金融资本流动受到制度约束。[①] 进入 21 世纪以来，受外部环境制约，经济增速连续下滑。近年来，智利经济保持平稳增长，但受金融危机与欧债危机的双重影响，经济增速有所放缓，尤其是 2011 年以来，经济增速持续下滑，2000—2010 年智利经济总量的年平均增长率为 10.87%，2010—2020 年则为 1.47%（表 4），年平均增长率显著下降。[②]

三、新加坡、智利养老金制度

当前，新加坡和智利均早已进入人口老龄化社会。养老金制度是为老年人服务的，是社会保障制度中的一部分。可以说，新加坡和智利的社会保障制度与其经济发展目标基本相符合，在了解上述两国人口老龄化与经济发展基础上，可更好地解释其养老金制度发展与变革。本研究着重关注两国个人账户养老金制度，该制度首先在新加坡建立，其特点是真正的全额个人账户，强调公民自己对确保养老保障的责任。[③] 而智利养老金系统也是个人账户养老金，其系统是一个费用明确的系统，它建立在个人账户基础上，以个人资本积累为基础，总的原则是，加入这一体系的每一个成员都建立自己的个人账户，按月向各自户头存入一定数额的保险金。

（一）新加坡养老金制度建立与发展

20 世纪 50 年代上半期[④]，新加坡人民生活艰苦，老年人生活没有保障，生活来源极为不稳定。同时英国殖民政府也不愿意为其养老负担相应财政开支，为解决上述困难，新加坡选择了完全由雇主和雇员共同承担，政府无须负担的中央公积金制度（CPF），即强制储蓄型社会保障制度。[⑤] 该种制度的建立部分原因是殖民政府不愿意建立一个养老金系统，因为这将导

① 黄乐平．智利宏观经济政策的特点及当前的挑战［J］．拉丁美洲研究，2016，38（5）：105-119，157.

② 张晓兰．智利经济形势及中智合作的建议［J］．宏观经济管理，2015（7）：90-92.

③ Chung-Yang Yeh, H Cheng, et al. *Public-private pension mixes in East Asia: institutional diversity and policy implications for old-age security* [J]. *Ageing & Society*, 2018.

④ 1959 年新加坡实现自治，成为自治邦。1963 年 9 月 16 日与马来亚、沙巴、沙捞越共同组成马来西亚联邦。1965 年 8 月 9 日脱离马来西亚，成立新加坡共和国。

⑤ 樊天霞，徐鼎亚．美国、瑞典、新加坡养老保障制度比较及对我国的启示［J］．上海大学学报（社会科学版），2004（3）：84-89.

致巨大的公共支出，还有部分原因是其呼吁促进资本积累。① 新加坡养老金制度就是按照国家公积金原则建立起来的，除了自雇人士外，所有工人必须参加中央公积金。中央公积金由中央公积金局（CPFB）管理，中央公积金局是一个公立机构，它管理本系统，收集供款，保存档案记录，支付待遇和运营积累基金。中央公积金局可以把所有基金投于政府债券。投资决策之类的事项则由另外两个重要政府机构作出，一个是新加坡金融管理局，另一个是新加坡投资公司管理机构。②

新加坡养老金制度演变历程主要是为解决公私部门养老待遇不公平等问题和扩大中央公积金社会保障功能③，并适应经济发展的目标。在改革过程中，殖民地时期的养老金制度包括两部分：①适用于政府公务员，由公共财政支持的非缴费型退休金计划；②针对私营部门雇员的缴费型养老金制度——中央公积金。（表 5）新加坡独立建国后，为解决原公私部门养老金制度缴费规则和待遇水平不公问题，在 1973 年，政府开始鼓励公务员自愿选择转入中央公积金，但很少有人这么做。直到 1986 年，大多数公务员的退休金计划被取消，合并计划此时才得以成功实施。

表 5　新加坡养老金制度体系

养老金制度体系	目标群体	制度特征	参与	筹资及收益方式
中央公积金制度	普通公务员、雇员	缴费确定型、基金积累制	强制型	劳资缴费+投资收益
公务员退休金制度	部分高级公务员	非缴费型	—	财政
军人退休金制度	军人	缴费确定型	—	个人缴费+财政+投资收益

（资料来源：黄国琴《新加坡养老金制度改革述评》）

个人养老金体系赋予了国家一个松散的监管角色，国家为个人在金融市场上积累退休收入设定了一个法定框架。新加坡依赖的是中央或商业管理公积金，而不是由国家管理的、与收入相关的供款养老金计划。公积金是一种强制计划，所有新加坡就业人员都必须参加。公积金包括强制性退

① Ramesh M. One and a half cheers for provident funds in Malaysia and Singapore [M]. Transforming the Developmental Welfare State in East Asia. Basingstoke, UK: Palgrave, 2005: 191-208.

② 贡森. 瑞士智利新加坡养老金制度 [J]. 宏观经济管理, 1995 (4): 35-37.

③ 黄国琴. 新加坡养老金制度改革述评 [J]. 中国劳动, 2018 (3): 77-85.

休储蓄、医疗保健和住房，自成立以来没有太大变化。2016 年，公积金缴费率为工资总额的 37%（雇主为 17%，雇员为 20%）。①

随着新加坡经济社会的发展，同时为了应对人口老龄化，在退休储蓄计划基础上，陆续推出了最低储蓄计划、最低储蓄填补计划、公积金终身养老金计划，并不断改革和发展这些计划，形成了中央公积金养老金制度体系（图 2）。② 中央公积金是一种固定缴款的储蓄计划，是新加坡养老金制度的关键支柱。公积金终身收入计划（LIFE）为退休人员提供终身收入，是新加坡所有居民的强制性养老金计划。③ 新加坡中央公积金委员会于 2009 年推出了终身收入计划，向退休人员提供递延终身年金，并可能在退休人员死亡时退还保险费作为遗赠。所有年满 55 岁或以上的公积金成员，如其公积金账户有足够资金，均须参加计划。④ 目前，LIFE 计划包括两个部分：标准计划和基本计划。标准计划提供更多的月支出和更少的遗赠，而基本计划提供更少的月支出和更多的遗赠。

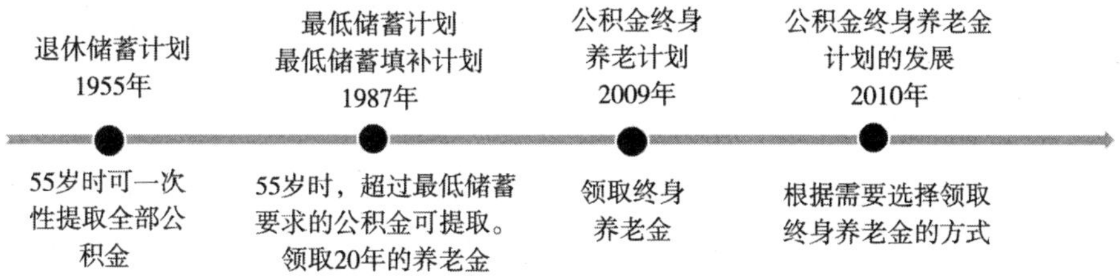

退休储蓄计划 1955年	最低储蓄计划 最低储蓄填补计划 1987年	公积金终身 养老计划 2009年	公积金终身养老金 计划的发展 2010年
55岁时可一次性提取全部公积金	55岁时，超过最低储蓄要求的公积金可提取。领取20年的养老金	领取终身养老金	根据需要选择领取终身养老金的方式

图 2　新加坡中央公积金养老金制度改革发展历程与体系

（资料来源：董克用，肖金喜《人口老龄化背景下新加坡中央公积金养老金制度改革研究与启示》）

自 1988 年起，新加坡私营机构及无须领取退休金的公营机构 55 岁以上的雇员的缴款率较低。这是为了在一定程度上将工资与资历脱钩，并降低

① Chung-Yang Yeh, H Cheng, et al. *Public - private pension mixes in East Asia: institutional diversity and policy implications for old - age security* [J]. *Ageing & Society*, 2018.

② 董克用，肖金喜．人口老龄化背景下新加坡中央公积金养老金制度改革研究与启示 [J]. 东岳论丛，2021，42（3）97-108，191-192.

③ Kwong K S , Tse Y K , Chan W S . *SINGAPORE'S LIFE PROGRAM: ACTUARIAL FRAMEWORK, LONGEVITY RISK AND IMPACT OF ANNUITY FUND RETURN* [J]. *Singapore Economic Review*, 2017: 1-17.

④ 所有在新加坡工作的公民和永久居民都必须开立公积金账户，有些成员因健康状况或同等拥有私人养恤金而豁免参加终身计划。

雇佣老年工人的成本。私营机构及无须领取退休金的公营机构雇员的中央公积金被分为三个不同的部分，这也适用于其他员工群体，但转入个人账户的比例和每月的最大供款可能会有所不同。[①]

普通账户：在55岁以下的人群中，72.2%～61.1%的缴款根据年龄进入该账户，比例随着年龄的增长而下降。这个账户的余额可以用于住房、退休前投资和其他用途。

特别账户：对于55岁以下的人群，11.1%～16.7%的捐款被转入该账户，这一比例随着年龄的增长而增加。但是，对于55岁以上的人来说，没有任何一笔缴款汇入这个账户。虽然这个账户的余额是用于退休用途的，但最近的改革允许它们用于某些低风险投资。

医疗储蓄账户：该账户可用于支付医院和选定的门诊服务；为医疗补助计划和医疗补助附加计划下的大病医疗保险保费，以及为长期护理保险计划——老年保健计划。与其他两个账户不同的是，自雇人员必须为这个账户提供资金。随着年龄的增长，这一比例增加，这些捐款被注入医疗储蓄。

个人公积金会员可将其普通账户结余及特别账户结余投资于核准资产。只有风险较低的投资才允许从特别账户中支取。从普通账户中最多可以将余额的35%直接投资于会员的股票和公司债券。通过核准的单位信托投资股份没有限制，任何实现的利润都需要转存。

总之，新加坡养老金系统是一个明确供款的计划，其供款率很高，养老金账户实际积累余额的收益率是正值。其主要特点是管理费用低，通过高额的对外投资收益积累了巨额资金储备。尽管向穷人提供社会救助金，但其系统仍存在着不合理的再分配弊端。

（二）智利养老金制度建立与发展

早在1924年，智利就建立了拉美国家第一个传统的养老保险制度，其最大特点是由政府管理社会保障基金并通过征收社会保险税来建立专门账户。1970年以来，智利人口老龄化明显加速和持续的高通货膨胀率使旧制度难以维系，智利正是在此背景下废除了旧制度，建立起新制度（1980年）：在养老保险领域建立起了全新的以个人退休账户为基础，以私营经营

---

① Asher M G. Pension Reform in an Affluent and Rapidly Ageing Society: The Singapore Case [J]. Hitotsubashi Journal of Economics, 2002, 43 (2): 105-118.

管理为特征的运行模式，创造了单一资金来源和私人管理的养老保险制度。① 国家通过制定和实施法律监督养老金的运作，政府承担工作变动的费用。在此基础上，智利政府建立了最低养老金作为兜底性制度，主要覆盖缴费满 20 年及以上的参保者，以及一项基于家庭计划调查的福利待遇，也称为社会救助养老金，覆盖对象为 65 岁及以上的贫困人口。社会救助养老金的覆盖率并不高，且受到地方财政预算的约束。除此之外，智利还建立了养老金第三支柱，即通过税收优惠激励个人储蓄的计划。②

智利的社会保障体系于 1981 年起开始私有化，系统的私有化是在现代化背景下改革的。这些措施旨在改变整个经济结构、国家的作用以及国家与经济行为者之间在教育、卫生、住房、社会保障和福利政策等几个方面的关系。改革的目的是加强市场作为社会经济关系调节者的作用，并减少国家在社会政策领域的作用。③ 在短期内，被保险人可以留在公共系统或转到私人系统；所有的新工人都必须加入私营体系。取消了雇主的缴款，工人必须支付其收入的 10%（确定缴款），这些收入存入私人营利性公司管理的个人账户，这些公司是为了这个目的而存在的（养老金管理机构）；此外，工人必须向法新社支付一笔佣金，用于老年计划的管理，其中一部分是转移给私人保险公司的保险费，以支付与残疾和幸存者（投保人的家属）有关的风险。养老金由被保险人个人账户中积累的基金提供资金，可以作为年金支付，也可以作为计划提现支付，或者两者的结合。④

智利巴切莱特政府在 2008 年又将养老金进行了进一步的改革。具体地说，这次改革的目标是寻求扩大福利，增加替代率，减少财政成本，并减少老年贫困。这项立法最重要的成就就是为所有 65 岁及以上从未对私有化制度做出贡献或受益的智利人提供基本的养老金保障，以国家缴款的方式增加支付给妇女的养老金（妇女在工作期间通常没有做出足够的贡献以获

① 李珍，罗莹．新加坡与智利养老保险制度比较［J］．中国保险管理干部学院学报，1996（4）：42-45.

② 大卫·布拉沃，石琤．智利多层次养老金的改革进程与最新动向［J］．社会保障评论，2018，2（3）：30-37.

③ Silvia Borzutzky, *Chile: has social security privatisation fostered economic development?* [J]. *Int J Soc Welfare*, 2001 (40): 294-299.

④ Alberto, Arenas, de, et al. *The Structural Pension Reform in Chile: Effects, Comparisons with Other Latin American Reforms, and Lessons* [J]. *Oxf Rev Econ Policy*, 2006.

得足够的养老金)，并促进将个体经营者纳入养老金体系。[①]

2019年，智利总统公布了新的养老金改革法案，开始逐步完善多层次养老保障体系，适应人口老龄化的发展。具体措施包括：①建立了团结养老金制度（SPS），主要包含非缴费型的基本养老金（PBS）和补充养老金（APS）两部分，融资来源均为政府财政。其中，PBS是向65岁以上且未向养老金制度缴费或没有领取任何形式养老金，同时在智利连续生活至少20年的人提供每月约120美元的基本养老金。而APS是对获得第二层次缴费型养老金不足的65岁以上退休者的给付补贴。②提高个人账户养老金制度缴费率。2019年，智利在新的养老金改革法案中明确，个人账户缴费率将逐步从10%提高到15%，且增加的缴费由雇主承担，并交由共同储蓄委员会（Collective Savings Council）运营管理。其中，3%将记录于个人账户名下，2%记为共同基金，用于代际互助或补偿女性因预期寿命延长而增加的养老金支出等。③增强自愿养老储蓄计划的激励。政府对自愿养老储蓄实行税收优惠，参保人员可以自行选择在缴费阶段还是领取阶段享受税收优惠。[②]

总体看，智利旧的养老金制度一定程度上存在制度缺乏统一性、公平性不高、公立管理机构效率低下和政府、企业负担沉重等问题。因此，1980年实施新的养老金制度就是为解决上述问题进行的综合改革。新的养老金制度伴随着经济体制的全面改革进行，尤其是近几年也存在养老金覆盖率降低、待遇不高和管理等问题，政府也在及时进行修改。综上所述，智利的养老金制度改革主要涉及以下几个方面：建立了个人账户，实行劳动者自我积累、自我保障的养老原则；个人养老金实行资本化；养老金实施私营化管理；新旧体制的转换和衔接较为及时；政府的监管作用十分明显。在改革过程中主要强调了个人责任、养老意识及为老储备，对智利养老保障起到了重要的支持作用。

四、对中国养老保障体系建设的启示

据全国第七次人口普查数据显示，我国60岁及以上人口已达2.64亿

① Silvia Borzutzky. *Reforming the Reform: Attempting Social Solidarity and Equity in Chile's Privatized Social Security System* [J]. *Journal of Policy Practice*, 2012, 11 (1-2): 77-91.

② 袁中美，郭金龙．后金融危机时代智利养老金制度改革创新及其效果评价［J］．兰州学刊，2019（12）：198-208.

人，65岁及以上人口达1.91亿人，分别占总人口的18.7%、13.5%，即将步入深度老龄化社会。我国于2000年进入人口老龄化社会，20年时间65岁及以上人口占总人口比重增加了将近一倍。可见老龄化增长速度非常快。未来随着人口老龄化程度的进一步加剧，离退休人员数量将不断增加，也将增加养老基金筹集难度。目前，中国养老金制度仍然存在养老金制度体系不够完善、养老金来源单一、代际的负担日益沉重、养老金支付压力巨大及养老金可持续性等一系列问题。① 中国与新加坡、智利的基本国情虽不一样，但与新加坡同属亚洲国家，进入老龄化社会时间差不多，老龄化程度和速度也都差不多，且两国都深受儒家文化的影响，针对养老问题有众多相似之处。同时智利的社会保障改革在全世界占据着重要地位。因此，为积极应对人口老龄化带来的相关问题，我国可借鉴新加坡和智利养老金制度改革的成功经验，这对我国养老金制度改革和完善有着积极且重要作用。

首先，完善保障制度体系，积极拓宽资金来源，解决地区间不均衡问题。当前中国制定的养老保障体系共包括三个层次：第一层是基本养老保险，保障退休人员的基本生活；第二层是以企业年金为主的企业补充养老保险，目标是对基本养老保险的补充；第三层是个人养老储蓄，目标是鼓励社会成员积极参与养老规划。② 但由于我国特殊的户籍性质，使得其中一大部分人被排除在上述三个层次之外，因此，有必要提高我国养老金覆盖人群，让更多人被包含在养老金制度保障体系中。针对资金扩源与扩大覆盖范围，可以借鉴新加坡成功经验，实现全民强制性储蓄型养老，以完善我国现有养老金制度体系，同时积极探讨覆盖更大范围、更多层次的养老金保证金制度，切实解决地区发展不平衡与差异问题。

其次，养老金制度改革与调整步伐应与人口经济发展规律基本一致。从智利社会保障制度成功改革经验来看，养老制度和社会经济协调发展改革同步进行是有可能的。因此，我国应更好地利用退休金制度以推动资本形成，既要促进经济发展，并在此基础上解决养老问题，使经济增长和基

① 董克用，张栋．人口老龄化高原背景下加快我国养老金体系结构化改革的思考［J］．新疆师范大学学报（哲学社会科学版），2018，39（6）：13-25，2.

② 景天魁，杨建海．底线公平和非缴费性养老金：多层次养老保障体系的思考［J］．学习与探索，2016（3）：32-36.

本养老走上互为良性循环之道。同时还要遵循人口发展规律与发展惯性，人口老龄化程度急剧增高是由于过去较长时间以来高出生人数、平均预期寿命延长等因素共同作用的结果。因此，在制定与完善养老金制度时，应根据时代发展步伐与特点，适时调整养老保障金制度。

再次，健全与完善养老金监督与管理制度。从新加坡、智利两个国家对养老金的监管可知，未来不断增长的人口老龄化现实，更大数量的老龄人口面临着越来越长的退休期，这使得政策制定、保障金增长的实现有必要与金融机构以及政府机构接触，以增加储蓄和更有效的长期投资。事实上，恢复人们对机构的信任可能是未来几代人成功退休的关键。在这种背景下，对养老机构的信任尤为重要，这在将工人的递延收入转化为退休期间应支付的福利方面至关重要。①

最后，应及时弥补制度设计缺陷，制定与设计安全有保障的养老金制度，及时修复与弥补制度设计缺陷及漏洞，兼采私有与公有的养老保险基金管理模式，合理解决制度转换成本问题，完善法制建设，尽快制定和实施相关法律尤为重要。智利养老金的私有化改革背景与中国当前现实情况、国情等并不完全一致，所以，在肯定智利养老制度私有化提高了养老金效率同时，也应该重点关注该制度在改革过程中有关公正问题的缺失。因此，中国养老保障制度改革中，在积极保证社会保障基金保值和增值的同时，应重点发挥政府的责任与担当，并植根中国传统文化与中国发展实际，合理地、有效地发挥中国特色的居家养老、社区居家养老保障功能，以满足老年人多样化、多层次、个性化的服务需求。同时也作为中国调结构、稳增长的新发力点与经济良性发展的改革目标。

参考文献

［1］董克用，肖金喜.人口老龄化背景下新加坡中央公积金养老金制度改革研究与启示［J］.东岳论丛，2021，42（3）：97-108，191-192.

［2］芦思姮.智利模式：制度建设与经济腾飞［J］.文化纵横，2019（3）：57-65，142.

① Koh，B.，O. S. Mitchell and J. H. Fong，Trust and retirement preparedness：Evidence from Singapore［J］. The Journal of the Economics of Ageing，2021（18）.

[3] 袁中美，郭金龙. 后金融危机时代智利养老金制度改革创新及其效果评价 [J]. 兰州学刊，2019 (12)：198-208.

[4] 大卫·布拉沃，石琤. 智利多层次养老金的改革进程与最新动向 [J]. 社会保障评论，2018，2 (3)：30-37.

[5] 董克用，张栋. 人口老龄化高原背景下加快我国养老金体系结构化改革的思考 [J]. 新疆师范大学学报（哲学社会科学版），2018，39 (6)：13-25，2.

[6] 黄国琴. 新加坡养老金制度改革述评 [J]. 中国劳动，2018 (3)：77-85.

[7] 黄乐平. 智利宏观经济政策的特点及当前的挑战 [J]. 拉丁美洲研究，2016，38 (5)：105-119，157.

[8] 景天魁，杨建海. 底线公平和非缴费性养老金：多层次养老保障体系的思考 [J]. 学习与探索，2016 (3)：32-36.

[9] 张晓兰. 智利经济形势及中智合作的建议 [J]. 宏观经济管理，2015 (7)：90-92.

[10] 本刊记者. 世界各国实行养老保险制度的三种模式 [J]. 山东人力资源和社会保障，2012 (4)：64.

[11] 樊天霞，徐鼎亚. 美国、瑞典、新加坡养老保障制度比较及对我国的启示 [J]. 上海大学学报（社会科学版），2004 (3)：84-89.

[12] 李珍，罗莹. 新加坡与智利养老保险制度比较 [J]. 中国保险管理干部学院学报，1996 (4)：42-45.

[13] 贡森. 瑞士智利新加坡养老金制度 [J]. 宏观经济管理，1995 (4)：35-37.

[14] Koh, B., O. S. Mitchell and J. H. Fong, Trust and retirement preparedness: Evidence from Singapore [J]. The Journal of the Economics of Ageing, 2021 (18).

[15] Yeh, C. Y., H. Cheng and S. J. Shi, Public-private pension mixes in East Asia: institutional diversity and policy implications for old-age security [J]. Ageing & Society, 2020. 40 (3): 604-625.

[16] Ffrench-Davis, Ricardo. *Challenges for the Chilean economy under cyclical shocks*, 1999-2016 [J]. *Journal of Post Keynesian Economics*, 2017, 40 (1): 61-74.

[17] Kwong K S, Tse Y K, Chan W S. *SINGAPORE' S LIFE PROGRAM: ACTUARIAL FRAMEWORK, LONGEVITY RISK AND IMPACT OF ANNUITY FUND RETURN* [J]. *Singapore Economic Review*, 2021, 66 (5): 1355 -1371.

[18] Borzutzkysupa/Supsup * /Sup S . *Reforming the Reform: Attempting Social Solidarity and Equity in Chile' s Privatized Social Security System* [J]. *Journal of Policy Practice*, 2012, 11 (1-2): 77-91.

[19] Ramesh M . One and a Half Cheers for Provident Funds in Malaysia and Singapore [J]. Palgrave Macmillan UK, 2005 (1): 191 - 208.

[20] Silvia Borzutzky, *Chile: has social security privatisation fostered economic development?* [J]. *Int J Soc Welfare*, 2001 (40): 294-299.

[21] Arenas D M A , Carmelo M L . The Structural Pension Reform in Chile: Effects, Comparisons with Other Latin American Reforms, and Lessons [J]. Oxford Review of Economic Policy, 2006 (1): 149-167.

[22] Mahizhnan A. *Smart cities: The Singapore case* [J]. Cities, 1999, 16 (1): 13-18.

"一带一路"沿线国家数字化贫困治理研究

黄秋风*

摘　要：世界各国国情不同，数字化发展阶段不同，面临的现实挑战也不尽相同，但各国普遍面临一个挑战就是数字化不平等造成的群体数字化贫困问题。本研究聚焦"一带一路"沿线涉及的主要国家，选择了俄罗斯、印度、土耳其、印度尼西亚、哈萨克斯坦、埃及等六个国家，分别介绍了各国政府数字化贫困现状和表现，从政府治理的角度具体分析了各国数字化贫困治理的举措。

关键词：数字经济；数字鸿沟；数字素养；数字化贫困

20世纪90年代以来，依托第四次工业革命，即信息与互联网技术为基础的数字化革命，各国逐步进入应用数字技术从事生产、生活、交往的"数字化"状态。[①] 2017年5月14日，国家主席习近平在北京举行的"一带一路"国际合作峰会上，提出了加强在数字经济、人工智能、纳米技术、量子计算机等前沿领域合作，推动大数据、云计算、智慧城市建设，共建21世纪数字丝绸之路的新理念。[②] 2017年12月3日，在中国举行的第四届世界互联网大会上，中国、埃及、老挝、沙特阿拉伯、塞尔维亚、泰国和

* 黄秋风，华侨大学政治与公共管理学院副教授，主要从事公共部门组织行为学研究。

① 吴玲，张福磊．精准扶贫背景下农村数字化贫困及其治理［J］．当代世界社会主义问题，2018（2）：28-35.

② 习近平．携手推进"一带一路"建设——在"一带一路"国际合作高峰论坛开幕式上的演讲．［EB/OL］．（2017-05-14）［2022-05-16］．http：//www.xinhuanet.com//politics/2017-05/14/c_1120969677.htm.

土耳其等国达成了《“一带一路”数字经济国际合作倡议》。[①] 2019 年 4 月，习近平在第二届“一带一路”国际高峰论坛讲话中指出：“我们要顺应第四次工业革命发展趋势，共同把握数字化、网络化、智能化发展机遇，共同探索新技术、新业态、新模式、探寻新的增长动能和发展路径，建设数字丝绸之路，创新丝绸之路。”[②]

世界各国国情不同，数字化发展阶段不同，面临的现实挑战也不尽相同。但各国普遍面临一个挑战，就是数字化不平等造成的群体数字化贫困问题。社会不同群体在数字资源和知识的创造、获取、利用和分享的能力与权利上存在不平等，从而引发新的社会和经济问题。具体而言，不同群体在互联网浏览、电子邮件、社交网络、在线求职、维基网站、在线图书馆、电子商务以及电子政府、电子医疗、电子学习和电子银行等数字化资源的创造、获取、利用和分享的能力与权利存在不平等。低收入群体、老年人群体、失业人员、农民、女性、低水平教育群体等，时常遭遇“数字鸿沟”“数字排斥”“数字不平等”或说是“数字区隔”，被排斥在数字技术进步主流之外，形成数字文盲群体。[③]

信息时代的数字文盲容易导致数字贫困。数字贫困可分为能力贫困和权利贫困[④]。数字能力贫困强调个体数字化技术和资源的应用能力存在不足从而导致数字化贫困，数字权利贫困指个体数字化技术和资源应用权利被剥夺。数字化贫困对个体的生存和发展产生不利影响。数字化贫困约束个体所能获得的资源，降低其社会和数字经济活动的参与度，加剧其边缘化。此外，数字化贫困意味着个体难以分享数字经济红利，抑制了人力资本开发，使个体容易陷入经济贫困。数字化贫困形成的影响要素除了互联网基础设施和信息技术的硬件投入和政府信息化发展政策外，还受到社会人口因素的影响，如城市经济文化发展、收入、年龄、性别、就业类型、职业

---

① 第四届世界互联网大会发布．“一带一路”数字经济国际合作倡议．[EB/OL].(2017-12-03).[2022-05-16]. https://news.cnstock.com/news，bwkx-201712-4159232.htm.

② 习近平．齐心开创共建“一带一路”美好未来——在第二届“一带一路”国际合作高峰论坛开幕式上的主旨演讲［N］. 人民日报，2019-04-26（1）.

③ 姚尚建．被计算的权利：数字城市的新贫困及其治理［J］. 理论与改革，2021（3）：80-91.

④ 同上。

类型、个体数字化技能与素养等。[①] 本研究介绍了“一带一路”沿线涉及的国家，即俄罗斯、印度、土耳其、印度尼西亚、哈萨克斯坦和埃及的数字化贫困现状及表现，从政府治理的角度具体分析了各国数字化贫困治理的举措。

一、俄罗斯数字化贫困及治理

（一）俄罗斯数字化贫困情况

目前，俄罗斯数字化发展各项指标均有再提升空间。2021 年最新数据显示，俄罗斯网民人数超 1.16 亿，占国内总人口的 80.9%，占欧洲网民总数的 16%。同期，法国网民人数占比 92.3%，德国 96%，意大利 92.5%。对比之下，俄罗斯网民比例远低于欧洲发达国家的指标。在“活力”“包容”“信任”3 个数字社会指数指标中，俄罗斯均明显落后于英国、美国和中国。在 2017 年的全球 ICT（信息通信技术）发展指数对比中，俄罗斯 ICT 发展指数排名第 45 位。2018 年全球电子政府发展指数对比中，俄罗斯排名第 32 位。2018 年数据显示，俄罗斯人的数字化素养水平得分为 60 分（满分 100 分）。[②] 俄罗斯幅员辽阔，各地区之间存在严重的数字发展不均衡问题。俄罗斯领土面积超过 17100 万平方千米，人口接近 1.46 亿，包括有 190 多个民族群体。地区的数字化发展水平受各地的社会经济状况和教育水平的影响。中央联邦区（如莫斯科）、乌拉尔联邦区和西北联邦区（如圣彼得堡）是经济规模较大、人均 GDP 较高、创新水平较高的区域，也是数字化发展水平最高的区域。

此外，俄罗斯农村与城市数字化发展水平存在显著差异，农村地区的数字化发展水平远远落后于城市。俄罗斯农村人口（超过 3700 万）从数字化发展中受益有限。据 2018 年发布的数据统计显示，只有 52.5%的俄罗斯农村人口使用电子政务服务，不到 10%的俄罗斯农村人口参与电子商务活动。农村和城市人口之间在互联网和信息通信技术获取与数字技能的掌握

① GRISHCHENKO. *The gap not only closes*: *Resistance and reverse shifts in the digital divide in Russia* [J]. *Telecommunications Policy*, 2020 (44): 1-15.

② DOBRINSKAYA D E, MARTYNENKO T S. *Defining the digital divide in Russia*: *key features and trends* [J]. *Мониторингобщественногомнения*: *экономические и социальныеперемены*, 2019 (5): 100-119.

方面存在较大差异。①

（二）俄罗斯数字化贫困治理

为遏制俄罗斯社会数字鸿沟的持续扩大，治理数字化贫困问题，学者Dobrinskaya等（2019）提出优化互联网和信息技术的基础设施、通过信息化教育培训体系提高贫困群体的数字化能力和数字化素养、落实政府制定的数字化包容政策等建议。首先，从数字化贫困的技术因素入手，加强互联网和信息技术的基础设施投入和建设。比如，早先的宽带和卫星建设，互联网和个人电脑服务，到新近的5G高速移动互联网建设。根据2018年全球互联互通指数，排名第36位的俄罗斯的优势是5G网络部署计划。5G网络将允许用户以超过10GB/S的速度实时交换信息，这是目前4G网络可用速度的30倍。另外，降低互联网使用成本，降低数字化使用门槛，从而提高贫困群体的数字化使用意愿。目前俄罗斯的移动互联网成本相对较低，1GB的平均成本大约是0.91美元，对比如津巴布韦，1GB移动互联网的价格为75.20美元。②

其次，完善数字化教育培训体系，提高全民尤其是弱势群体的数字化能力和数字化素养。例如，2019年5月，俄罗斯举办了第一届“数字听写”活动，这是一场旨在提升公民数字素养的教育运动。在2019—2021年，俄罗斯当局为个人颁发数字证书，培养和肯定俄罗斯国人的信息技术能力。NAFI分析中心调查了俄罗斯人的数字素养水平，并推出“未来经济的数字素养”研究项目，强调政府应该落实在2017年G20峰会上提出的数字扫盲策略。在不断完善教育计划和内容的基础上，俄罗斯建立了基于数字技术能力提升的继续教育系统。2015年，俄罗斯推出了“国家开放教育平台”，在2017年，推出了“俄罗斯联邦现代数字教育环境”的国家项目，以加大对国民数字化技能和素养的培养。年龄、工作经验和教育水平程度影响互联网参与者对于ICT实际使用效率。这意味着国家在制定公民的数字化能力和数字化素养培养的相关政策上，应该具有群体针对性。例如，俄罗斯推

① ŠTUSEK J, KUBATA K. OCENASEKV. *Strategic Importance of the Quality of Information Technology for Improved Competitiveness of Agricultural Companies and Its Evaluation* [J], *AGRIS on-line Papers in Economics and Informatics*, 2017, 9 (4): 109-122.

② DOBRINSKAYA D E, MARTYNENKO T S. *Defining the digital divide in Russia: key features and trends* [J]. *Мониторингобщественногомнения: экономические и социальныеперемены*, 2019 (5): 100-119.

行了“祖父母在线”的教育项目，以老年人为目标受众。帮助成千上万的老年人掌握 IT 技术，学会在线获得公共服务。

克服数字鸿沟，解决数字化贫困的另一个重要方式是制定和实施数字包容政策。制定和实践数字包容政策的主导机构是政府和教育系统。为落实数字包容政策具体方案，俄罗斯于 2017 年 5 月 9 日通过了《2017—2030 俄罗斯联邦信息社会发展战略》。战略中强调发展数字经济，为公民提供互联网资源，通过在线教育和在线医疗系统向公众传播利用数字资源的总体理念。在重要的社会领域，如教育、经济、政治、医疗保健等服务过程中鼓励和倡导信息技术的使用。2021 年 11 月，俄罗斯政府通过了社会领域数字化转型计划，旨在加速社会领域的数字化进程，为解决社会经济问题创造更多政策工具。此计划包括 4 个社会领域数字化发展项目，将使俄罗斯公民更加快速便捷和平等地享受政府各项公共服务。

二、印度数字化贫困及治理

（一）印度数字化贫困现状

据报告显示，印度最富有的 1% 的人拥有该国总财富的 73%，此外，6.7 亿人（包括该国最贫穷的一半人口）的财富增长缓慢。[①] 这表明，经济增长的好处并没有平等地渗透到每一阶层，数字化贫困加剧了印度贫富差距。在数字经济时代，印度社会的弱势群体（低种姓、教育水平低、低收入的劳动者、小店主、农村群体、妇女、老年群体）是被数字技术排除在外的边缘化人群。皮尤研究中心在 2017 年进行了一项全球调查，数据显示，印度只有四分之一的成年人使用互联网或拥有智能手机。在接受调查的 22 个新兴和发展中国家中，有 12 个国家的报告显示国民拥有智能手机的比例不到 50%，而在印度和坦桑尼亚，拥有智能手机的国民不到总人口的四分之一，是受调查国家中拥有智能手机比例最低的。

首先，印度种姓阶层存在数字化鸿沟。相比低种姓，高种姓拥有的信息通信技术的资源较多，增加了他们在社会和经济生活中的优势地位。其次，农村和城市存在数字化不平等，农村容易形成数字化贫困现象。印度

① Business Today. Income inequality gets worse; India's top 1% bag 73% of the country's wealth, says Oxfam. [EB/OL]. (2019-01-30) [2022-05-16]. https: //www. businesstoday. in/current/economy-politics/oxfam-india-wealth-report-income-inequality-richests-poor/story/268541. html.

人口已超14亿，其中约68%人口居住在农村，农村人口占比过半，但农村和城市数字化发展极为不均衡。印度城市地区的电话密度在2001年占比10.37%，在2012年底急剧上升到167.17%，随后在2016年下降到154.18%。但是，2001年农村地区的远程通信密度为0.93%，远低于城市地区。虽然2016年这一比例逐渐上升到51.26%。但农村数字化发展程度仍然远远落后于城市。再次，印度的数字化不平等还体现在性别上，女性更易成为数字化贫困群体。相比男性，印度女性识字率较低，约为65.46%，这极大地限制了女性对于数字化资源的占用与创造。最后，从年龄上来说，印度老年人群体面临的数字化贫困问题也较为明显。印度政府统计局2018年的数据显示，65岁以上的印度老年人占比近6.18%。55~64岁年龄段的全球互联网用户占比是19.8%，但印度这一年龄段互联网用户的比例还不到3%。印度老年人口大幅增加，但他们在互联网使用和创造方面根本没有任何实质性增长。①

同时，印度国内各地区之间数字化发展也极为不均衡。基于电话密度、识字率、人均国内生产总值、人均电力供应、拥有电脑的家庭、拥有互联网和无线用户的家庭等指标构建ICITDI指数来评估印度各邦的数字化发展水平。指数排名前五的是果阿邦、新德里、马哈拉施特拉邦、哈里亚纳邦和泰米尔纳德邦，指数最差的五个邦是贾坎德邦、比哈尔邦、阿萨姆邦、那加兰邦和梅加拉亚邦。数字化发展水平与各地的人口贫困率呈现负向相关关系，即数字化发展指数高的地区，其地区人口贫困率也相对较低。

（二）印度数字化贫困治理

印度是世界上特别大的经济体之一，也是世界上特别大的信息通信技术服务出口国之一，因此，印度政府将发展信息通信技术作为国家重大发展战略。同时，印度也采取一系列积极措施来解决弱势群体面临的数字化贫困问题。2015年7月，印度政府启动“数字印度”的重要改革项目。该项目总投资约140亿美元或1万亿卢比。“数字印度”项目，强调社会经济生活中数字资源的使用，旨在确保社会各群体从数字服务中受益，即获得技术、基础设施和政府服务，并加快知识经济发展。“数字印度”项目要实现两个具体的目标：一是为公民提供高速互联网服务，让所有政府公共服

---

① MAITI D, CASTELLACCI F, MELCHIOR A. Digitalisation and development: issues for India and beyond. In Digitalisation and Development [M]. Singapore: Springer, 2020: 14-28.

务惠及最广大民众；二是确保所有公民的数字赋权。除"数字印度"外，印度于2009年启动了"Aadhaar项目"，意在整合所有公民数字化身份信息，这是世界上雄心勃勃的数字身份管理项目之一。印度安德拉邦还通过公私合作（PPP）来建设通信基础设施向公民提供数字化公共服务。[①]

此外，印度政府还推行国家数字扫盲项目，强调提高技术获取机会和能力是解决数字化贫困的重要举措。数字通讯技术基础设施发展的不均衡是数字化不平等的先决性因素，特别是在农村地区。[②] 与城市地区相比，农村移动通信覆盖率较低。因此，数字化贫困解决政策首先要提高农村电信密度，以确保农村地区人口可以更快地接入和使用互联网。印度中央政府投入3400亿卢比，计划到2019年在15万个印度村庄铺设高速互联网，从而改善通信技术基础设施，打通农村和贫困人口获取信息和通信技术的通道。此外，全球数字化数据库是以英语为主导语言的知识信息，而由于缺乏正式教育途径，印度贫困人口英语识字率相当低，阻碍了人们互联网资源的获取。而非英语的本地化语言数字内容在体量和质量上都显得相形见绌，这成为贫困群体获取数字化知识的又一个障碍。个体为开发和利用互联网数字化知识，除了具备基本的语言素养外，还需要掌握必要的数字技能和基本读写和计算能力。因此，印度教育体系在这些方面进行了投入，如增加教育方面的公共支出，以此来降低农村和贫困人群的辍学率，并提高高等教育入学率，这些政策有利于提高国民数字化技能和素养。

三、土耳其数字化贫困及治理

（一）土耳其数字化贫困情况

自2004年以来，土耳其统计局每年定期开展"家庭和个人信息通信技术使用情况调查"。2004年的数据显示，土耳其家庭拥有电脑的比率为23.6%，其中男性为31.1%，女性为16.2%。2018的数据显示，16~74岁年龄段的土耳其人拥有电脑的比例为59.6%，使用互联网的比例为72.9%。男性拥有电脑的比率上升到68.6%，而女性拥有电脑的比率上升到50.6%。

---

① MAITI D, CASTELLACCI F, MELCHIOR A. Digitalisation and development: issues for India and beyond. In Digitalisation and Development [M]. Singapore: Springer, 2020: 339-345.

② VAN DEURSEN A J, VAN DIJK J. *The digital divide shifts to differences in usage* [J]. *New Media & Society*, 2014, 16 (3): 507-526.

而2019年的数据显示，土耳其88.3%的家庭拥有互联网接入权限，互联网使用率为75.3%。[①] 因此，可知，土耳其的数字化水平呈现增长态势，但性别之间的数字化程度存在显著差异。

不只是女性群体，老年人、残疾人和农村人口在数字化资源的获取和利用方面也处于劣势。年轻人相比老年人，互联网使用率高。在16~24岁年龄段的土耳其人中，66%是互联网用户，而在45~54岁年龄段人群中，这一比例下降到了23%，在55~64岁的人群中，这一比例更低，仅为10%。残疾人群体与农村居民的互联网使用率也相对较低。在土耳其，残疾人群体的互联网用户比例约为5%，农村互联网用户的比例大约为18%。此外，由于土耳其各地区人口和社会经济发展水平存在差异，各地区数字化发展水平也呈现不均衡状态。ICT发展指数（衡量数字化发展程度，得分越高，数字化程度越高）数据显示，土耳其81个省中伊斯坦布尔的ICT发展指数得分最高，位列第二的是安卡拉，埃斯基谢希尔和伊兹密尔，则分别位列第三和第四位。亚罗法、科贾埃利、布尔萨和穆拉等省紧随其后。[②]

（二）土耳其数字化贫困治理

土耳其于2003年启动了“土耳其信息化改革”综合项目，该项目试图实现土耳其“信息社会”的转型目标。国家规划组织（以国家信息部为主）和土耳其信息化转型执行委员会在该项目中发挥协调组织作用，公共部门和私营部门以及非政府组织也都广泛参与其中。Helbig等学者指出[③]，如果公民不能平等地享有和获取信息化服务和资源，那政府建设的信息技术系统将丧失社会价值。意识到这一点，土耳其政府在2006年《信息社会发展战略》中，首次提出将社会包容作为信息化建设和管理的重要内容，并提出两个重点发展方向。一是加快保障公民平等获取数字化资源的项目建设，旨在向所有公民，特别是弱势群体提供免费或廉价的信息通信技术服务；二是加快提高公民数字化素养和技能的项目建设。

---

① DUYGUÖZSOY , EYYUPAKBULUT , SAIT SINAN ATILGAN, et al. *Muschert. Determinants of digital skills in Northeast Anatolia, Turkey* [J], *Journal of Multicultural Discourses*, 2020, 15 (2): 148-164.

② KORAMAZ T K, NASROLLAHZADE S, OZDEMIR, Z. *Spatial Pattern of Digital Divide in Turkey* [J]. *Proceedings of Real Corp*, 2019 (4): 1-7.

③ HELBIG N, GIL -GARCIA J R, FERRO E. *Understanding the complexity of electronic government: Implications from the digital divide literature* [J]. *Government Information Quarterly*, 2009, 26 (1): 89-97.

首先，加大信息通信技术基础设施的建设。土耳其政府强调为社会各阶层提供更便宜，甚至是免费的互联网接入服务。土耳其的互联网接入费用相比其他购买力相似的国家低。但土耳其政府并非直接干预市场价格，而是于2000年成立信息和通信技术管理局，并采取多项措施开放电信业市场，鼓励市场竞争，以此来降低互联网接入费用。此外，土耳其政府强调通过公共场所，如学校等公共点接入互联网，为广大弱势群体提供低廉甚至是免费的互联网服务。根据土耳其政府规划，到2015年，宽带用户可从2010年的850万增加到1500万。自2002年起，全国各地的学校已安装84.4万台电脑，97%的学校拥有高速互联网连接权限，教育部设了大约1850个公共互联网接入点。此外，土耳其信息和通信技术局创建了950个"互联网之家"，近2万家私人网吧遍布全国各地，为公民提供小额低廉付费的互联网服务。①

其次，加快提升公民信息通信技术素养和技能的项目建设。这些项目主要解决因ICT技能和素养的不均衡导致的数字化贫困现象，政府在项目建设中强调"将通过各种项目提升公民ICT素养，鼓励个人进行数字化转型"。比如，政府在中小学教育培养中增加了ICT项目，即"FATIH"计划②。该建设项目由五个部分组成，包括硬件和软件基础设施的提供、对教师进行数字化技术培训、开发数字化资源以及在课堂上有效使用数字化技术。该项目由教育部主导实施，交通运输部也参与了与技术基础设施建设有关的事务。FATIH项目被认为是提高土耳其公民社会通信技术获取能力和数字化素养的重要举措。此外，这些ICT技能项目也同时面向非职业妇女、老年人、残疾人和生活在偏远地区的弱势群体，为他们提供相应的培训和服务。民间社会组织、市政当局和企业也参与公民ICT素养的建设项目。比如，"人人都会有计算机技能"的项目，通过欧洲计算机培训方案（ECDL）提高年轻人的ICT技能，该培训项目针对的人群是30岁以下处于社会弱势地位的年轻人及妇女群体。这一特别项目是由联合国开发计划署、青年人居署、国家规划组织和一家跨国软件公司等共同参与建设，成为国际信息和通信技术技能和能力建设的典范。

---

① DPT. Information society statistics [R]. Ankara: Devlet Planlama Teskilati, 2011.

② POLAT R K. Digital exclusion in Turkey: A policy perspective [J]. Government information quarterly, 2012, 29 (4): 589-596.

四、印度尼西亚数字化贫困及治理

（一）印度尼西亚数字化贫困情况

世界实时统计数据显示，截至2022年4月25日，印度尼西亚（印尼）总人口约为2.7亿。[①] 相比其他亚洲国家，印尼人均GDP相对较低，贫困人群占比较高，而贫困群体仍在为基本生存需求而挣扎，对信息通信的需求也就显得不那么重要。经济贫困直接造成了信息和通信技术的数字化贫困，进一步限制了贫困群体信息通信技术和数字化资源获取的能力和意愿。2016年ICT指标数据显示，超过一半（64%）的印尼家庭仍无法正常接入和使用互联网。[②] 具体来说，基础设施缺乏、服务和设备使用费用较高、个人缺乏使用数字化素养等因素，均限制了大多数印尼家庭数字化资源的获取和利用。此外，印尼社会各群体的数字化水平存在显著差距。2012年，在互联网接入方面，受教育程度高的群体和受教育程度低的群体的差距达到40%。穷人和富人群体在互联网接入方面的不平等程度也大幅加深，从2010年的8%增加到2012年的12%；年轻一代和老年人群体的互联网接入比例的差距也在不断扩大，从2010年的8%上升到2012年的15%；女性群体和男性群体之间的互联网接入比例差距也有所增加，从2010年的1%增加到2012年的3%。[③]

印尼的城乡互联网接入比例差距明显。据2016年的印尼信息通信技术指标报告显示，农村地区接入互联网的家庭数量只有城市地区家庭的一半，比例分别为26.3%和48.5%。[④] 此外，由于印尼多群岛的地理特点，各区地理位置，人力资本和基础设施禀赋存在显著差距，许多偏远和孤立的地区存在突出的数字化贫困现象。印尼拥有6个主要岛屿和数千个较小的岛屿，该国中部和东部大部分地区还没有稳定的电力连接，互联网使用受到极大限制。印尼爪哇地区居住了本国60%的人口，国内80%的互联网活动也集中在这个区域。中爪哇、东加里曼丹和北苏门答腊岛的大多数城市地区的

---

① 印尼最新人口统计数量［EB/OL］.（2022-5-02）［2022-05-16］. http：//www.52hrtt.com/ksl/n/w/info/A1650613069399.

② HADI A. *Bridging Indonesia's digital divide：Rural-urban linkages*［J］. *Jurnal IlmuSosial dan Ilmu Politik*, 2018, 22（1）：17-33.

③ 同②。

④ 同②。

互联网接入比印尼其他地区，特别是巴布亚、苏拉威西和横跨马鲁古和安汶的小岛更广泛，数字化发展水平也更高。

（二）印度尼西亚数字化贫困治理

面对印度尼西亚数字化贫困境遇，政府和社区相继提出了自上而下和自下而上的治理策略。自上而下治理策略体现了政府在数字化发展中的重要作用，政府是提供数字基础设施、保障所有公民数字化资源获取和利用的重要主体。印尼政府从 1996 年施行电信法案，为城乡居民提供高速宽带连接服务，对公共空间（如学校和图书馆）的互联网服务实行优惠价格，从而降低低收入者和边缘人群的通信费用，为公民提供更多可用的基础设施和互联网接入服务。① 自下而上策略主要是指由民间组织或社会组织来推行国民 ICT 技术能力的提升项目，如“帕拉帕环项目”和“智慧村庄项目”。智慧村庄项目的目的是确保所有公民有平等的互联网接入权限，尤其是在农村地区，而“帕拉帕环项目”的目的是建设光纤互联网骨干网，为国内 34 个省，440 多个地区提供互联网接入服务。②

个体数字技能的低下容易造成数字化贫困。数字技能包括与媒介相关的技能和与内容相关的技能、战略技能和内容创造技能。与媒介相关的技能又可分为操作技能（知识学习）和正式技能（处理媒介正式结构，如浏览和导航）；与内容相关的技能则包括信息技能（如搜索、选择和评估信息）、沟通技能（如邮寄、联系、交流技能）；战略技能是指个体使用 ICT 作为实现个人特定目标的能力；内容创造技能是指个体通过特定设计对互联网内容做出贡献③。研究表明，大多数印尼人掌握的是与媒介相关的技能和与内容相关的技能，如使用复制、粘贴工具，搜索和查找职位空缺或者健康信息，但是战略技能和内容创造技能相对较为缺乏，因此，只有少数具备高数字化技能的印尼人能从互联网中明显受益。政府通过教育、培训和终身学习对公民尤其是数字化贫困群体的数字技能和能力进行投资和开

---

① HADI A. *Bridging Indonesia' s digital divide: Rural-urban linkages* [J]. *Jurnal IlmuSosial dan Ilmu Politik*, 2018, 22 (1): 17-33.

② PURBO O W. Narrowing the digital divide [C] // E. Jurriëns & R. Tapsell (Eds.) . Digital Indonesia: Connectivity and Divergence. Singapore: ISEAS Publishing: 2017: 75-92.

③ VAN DIJK J A G M. The evolution of the digital divide: The digital divide turns into inequality of skills and usage. [C] // J. Bus, M. Crompton, M. Hildebrandt, G. Metakides (Eds.) . Digital Enlightenment Yearbook, Amsterdam: IOS Press: 2012: 57-75.

发，是解决数字化贫困的重要举措。①

五、哈萨克斯坦数字化贫困及治理

（一）哈萨克斯坦数字化贫困情况

哈萨克斯坦共和国位于中亚，是苏联的第二大国家。截至 2021 年，哈萨克斯坦接近 1900 万人，城镇人口占比 59.2%，农村人口占比 40.8%。② 哈萨克斯坦共有 140 个民族，其中，哈萨克族人口占全国人口的 68%，俄罗斯族人占全国 20%。2007 年统计数据显示，哈萨克斯坦国内贫困率已下降到 12.7%，是中上收入国家之一。哈萨克斯坦自 2013 年实行哈萨克斯坦国家信息化战略以来，ICT 发展指数增长了近 70%。2013—2017 年，互联网用户比例从 63.3%提高到 78.8%，人口数字化识字率从 63.2%提高到 78.2%。2013—2017 年，哈萨克斯坦在 ICT 发展指数（IDI）中的排名增长了近 70%。③ 截至 2019 年 11 月，哈萨克斯坦拥有 250 万互联网用户，拥有 1520 万移动电话用户，约占其总人口的 83%。④ 总体上，哈萨克斯坦的数字化水平有了很大的提升，但仍有发展空间。

不同群体存在数字化发展水平的差异。收入影响个体的数字化发展。据 2009 年数据显示，哈萨克斯坦贫穷线以下的群体未拥有家庭电脑的占比高达 48.1%，而在高收入群体中拥有家庭电脑的比例是 100%。在互联网接入方面，高收入群体中 93%的家庭能够在家中接入互联网服务，而低收入群体中只有 25%的家庭能够接入互联网服务，收入较高的家庭可以享受更好的互联网服务。城市与农村的数字化发展存在差距。有研究表明，由于输配电线路老化，电力损失平均为 15%，偏远地区的电力损失更高，达到 30%，这导致了农村地区居民遭遇更为频繁的电力中断情况，进一步限制数字化技术的发展。

---

① HADI A. *Bridging Indonesia's digital divide: Rural-urban linkages* [J]. *JurnalIlmuSosial dan Ilmu Politik*, 2018, 22 (1): 17-33.

② 哈萨克斯查全国人口总数 1894 万人 [EB/OL]. (2021-5-19) [2022-05-16]. http://kz.mofcom.gov.cn/article/jmxw/202105/20210503062087.shtml

③ ALIBEKOVA G, MEDENI T, PANZABEKOVA A, et al. Digital transformation enablers and barriers in the economy of Kazakhstan [J]. The Journal of Asian Finance, Economics, and Business, 2020, 7 (7): 565-575.

④ 王海燕. 中国与中亚国家共建数字丝绸之路：基础，挑战与路径 [J]. 国际问题研究，2020, (2): 107-133.

（二）哈萨克斯坦数字化贫困治理

1997 年，哈萨克斯坦通过了一项数字化发展计划，将信息技术纳入通识教育系统中。2007 年，政府为学校提供了计算机设备，平均每 21 名学生拥有一台计算机，相比于 2001 年，平均每 62 名学生拥有一台计算机的情况有所好转。[①] 2017 年，国家提出了数字哈萨克斯坦国家规划的发展项目。数字哈萨克斯坦国家规划的目标之一是开发人力资本和创建数字化创新生态系统。该项目将通过提升国家技术发展潜力从而促进行业经济结构变化。[②] 哈萨克斯坦在建设 ICT 基础设施方面表现得相当出色。但哈萨克斯坦数字化发展面临的挑战之一是如何为 ICT 行业培养更多合格的 IT 专家和其他相关领域的专家，以及怎样建立良好的环境，在当地留住高质量的 ICT 专家。为促进哈萨克斯坦信息和通信技术领域的发展，政府组建了信息化和通信机构（AIC）。AIC 作为独立的监管机构，有权制定并实施国家 ICT 政策，如其制定并实施了关于信息化的法律和关于修改哈萨克斯坦共和国在信息化领域的某些法律方案。

近些年，哈萨克斯坦的 IT 市场较为繁荣。2017 年，IT 市场总量较 2016 年增长了 123%，主要原因是 IT 设备市场规模的快速增加，以及 IT 服务市场的发展。但 2017 年授权软件的数量与 2016 相比下降了 29%。ICT 行业的法人单位数量亦逐年增加。截至 2017 年底，ICT 行业共有 5888 家企业法人单位，其中 52%从事计算机编程、咨询等相关服务。根据 2017 年的数据，工业化的前五年也使信息和通信领域的就业增加了 40%，这表明这一领域有了显著的发展。ICT 行业的发展，增加了数字化服务供给，加大数字化服务市场竞争，有利于扩大公民的数字化服务选择范围，降低数字化服务费用，有利于缓解弱势群体的数字化贫困问题。

六、埃及数字化贫困及治理

（一）埃及数字化贫困情况

2012 年 7 月，埃及互联网用户占总人口的 37.7%。2021 年 1 月，埃及

---

① BHUIYAN S H. *E-government in Kazakhstan: Challenges and its role to development* [J]. *Public Organization Review*, 2010, 10 (1): 31-47.

② Kazakhstan is one of the EEU countries with wide Internet access. Sputnik" International news agency and radio [EB/OL]. (2019-7-19) [2022-05-16]. https://ru.sputniknews.kz/society/20190719/10999071/tsifrovizatsiya-kazakhstan-perspektivy-EAES.html.

的互联网用户约占总人口（1.02亿）的57.3%。到2021年7月，埃及的移动互联网用户达到6010万。[①][②] 此外，到2021年6月，埃及的固定宽带平均网速为42.42MB，在非洲排名第三，在全球排名第91位。据华为（2019）的数据报告显示，埃及在2019年处于ICT基础设施建设的早期阶段，综合评价得分为52.6分，低于60分（100分为满分）。

此外，基于ICT综合指数（衡量数字鸿沟的指数）这一指标，研究者调研了15029名年龄为10~29岁的埃及居民，考察埃及城乡数字鸿沟的情况。研究结果表明，城市化与数字鸿沟之间存在显著正相关关系，相比城市地区，农村存在较为突出的数字化贫困现象，城市和农村之间的互联网使用差距为16.5%。研究同时表明了其他变量如性别、财富和教育水平亦是数字鸿沟的影响要素，女性、低收入、低水平的教育群体相比男性、高收入和高水平的教育群体更容易遭遇数字化贫困。[③]

（二）埃及数字化贫困治理

目前，埃及也在寻求国家数字化转型，目标是通过使用ICT工具建设繁荣、自由、人人享有公平的社会。数字化发展可以消除贫困，改善个人的日常生活质量，推进社会的增长和发展进程。[④] 埃及政府提出MCIT项目的建设。MCIT的使命是“依靠可负担的、公平的数字知识获取和使用，发展数字经济，建设知识型社会，并提升国家ICT产业的竞争力和创新能力”。埃及的数字化转型发展战略将重点放在基础设施建设、人力资本投资、有利的商业环境的建造、数字化创业的支持和投入，并创建智慧城市和社区，以促进技术创新和数字转型。因此，埃及在国家基础设施建设方面投入了大量资金，以便能够有效地利用信息通信技术促进经济增长，并积极参与全球竞争。据ESCP商学院（2021）的报告显示，2021年，埃及是中东和北非地区数字化发展速度较快的国家之一。

埃及不仅重视国家通信技术基础设施建设，也注重国民信息和通信技

① DataReportal. DIGITAL 2021：Egypt［EB/OL］.（2021-02-11）［2022-05-16］. https：//datareportal. com/reports/digital-2021-egypt.

② DataReportal. DIGITAL 2021：GLOBAL OVERVIEW REPORT［EB/OL］.（2021-08-01）［2022-05-16］. https：//datareportal. com/reports/digital-2021-global- overview-report.

③ KUEBLER J. *Overcoming the digital divide：The Internet and political mobilization in Egypt and Tunisia*［J］. *CyberOrient*，2011，5（1）：37-62.

④ RIZK N，KAMEL S. *ICT and building a knowledge society in Egypt*［J］. *International Journal of Knowledge Management*，2013，9（1）：1-20.

术技能与知识的人力资本开发。通信和信息技术部与其他部委、相关政府机构和私营合作伙伴合作，开展数字化技能培训项目，以促进可持续数字化转型的发展，项目主要包括电子政务、电子学习、电子商务、电子文化、电子卫生和 ICT 出口发展等内容。此外，在住房、教育、社会安全、公共卫生、政府服务和环境管理等各个方面的改革过程中引入了 PPP 模式（政府与社会资本合作模式）。政府进行数字倡议，公共部门和私营部门之间建立伙伴关系，为国家数字转型发展做出贡献。

埃及还提出了社会包容的发展目标，试图解决弱势群体面临的数字化贫困问题。国家监管机构推出了包括宽带全覆盖的服务普及项目。服务普及项目旨在确保所有公民都能获得基本服务（如语音服务）。充足的通信技术基础设施是该项目实施的必要条件。埃及《电信法》（The Telecom Law）第二条明确提出了服务普及原则。该法规定，服务普及包括语音和数据服务。但是，实践中，这一原则尚未完全实现。此外，政府提出要缩小城乡差距，在公共场所或网吧等地提供必要的基础设备，如个人电脑，以确保公民方便，低廉地使用互联网。

七、结语

各国数字化转型发展是大势所趋。数字化发展改变了行业面貌、社会经济结构、居民生活方式和思维方式。数字化时代的信息盲造成了难以克服的“数字鸿沟”和“信息贫困”。数字鸿沟不仅表现在国家与国家的数字化水平差距，地区之间、各年龄组之间、不同性别之间、不同职业技能水平的群体、不同种族之间等均存在数字化水平差异。数字经济时代，数字信息和知识的获取、利用和开发为个体增加经济收入提供了重要的机会。信息通信技术的发展对穷人有益处，具体体现在三个关键领域：扩大穷人可参与的市场范围，消除其业务的中间商，并通过服务外包创造国际就业机会，使穷人融入主流经济；为穷人友好、低廉地提供信息教育方案和技能培训服务等，甚至可辐射至最偏远的村庄地区；使穷人，特别是贫穷妇女群体，更好地获得信息，且能够在其村庄的边界内发出强有力的声音，改善地区民主发展进程。

自 2015 年以来，发达国家和发展中国家正在进入数字化转型和发展的重要阶段，重点提高 ICT 应用的效率和国家、企业和社会生活各方面的数字化发展。尽管各国信息通信技术发展迅速，硬件和软件价格不断下降，但各国内部的数字化鸿沟问题并没有完全消除。一方面，信息技术的发展增加了个体获取知识的机会，为收入增长开辟了新方式，这有利于缓解了弱势群体数字能力和权力贫困问题。另一方面，由于信息技术的发展，社会也不断分化为信息的“精英群体”和“局外人群体”，两个群体之间的数字化差距也在迅速加大。为此，从政府治理的角度来看，各国提出了数字化贫困治理的举措，如倡导数字化发展的社会包容理念、加大通信技术基础设施投入等、制定相关法律保障、明确数字化技能提升和培训的教育模式以提高国民的数字化素养等。

中国与“一带一路”沿线国家充分开展数字经济合作，如2017年，中国与老挝、沙特、塞尔维亚、泰国、土耳其、阿联酋签订《“一带一路”数字经济国际合作倡议》；2019年，中国与土耳其、沙特、老挝、古巴等16个国家签订关于建设“数字丝绸之路”的谅解备忘录；2019年，中国与意大利、阿根廷、俄罗斯、奥地利、澳大利亚、巴西、越南、新西兰、智利等22国签订了推动“丝路电商”建设计划；2019年，中国与塞尔维亚、捷克等12国提出了“数字丝绸之路”建设合作行动方案。中国通过提供人员、技术、资金的援助、技术建设等多种方式推动与“一带一路”沿线国家的数字化发展建设，有利于帮助各国解决数字化贫困问题。

参考文献

[1] 吴玲，张福磊. 精准扶贫背景下农村数字化贫困及其治理［J］. 当代世界社会主义问题，2018（2）：28-35.

[2] 习近平. 携手推进“一带一路”建设——在“一带一路”国际合作高峰论坛开幕式上的演讲［EB/OL］.（2017-05-14）［2022-05-16］. http：//www. xinhuanet. com//politics/2017-05/14/c_ 1120969677. htm.

[3] 第四届世界互联网大会发布. “一带一路”数字经济国际合作倡议［EB/OL］.（2017-12-03）［2022-05-16］. https：//news. cnstock. com/news，bwkx-201712-4159232. htm.

[4] 习近平. 齐心开创共建“一带一路”美好未来——在第二届“一带一路”国际合作高峰论坛开幕式上的主旨演讲［N］. 人民日报，2019-

04-26 (1).

[5] 姚尚建. 被计算的权利：数字城市的新贫困及其治理 [J]. 理论与改革, 2021 (3)：80-91.

[6] GRISHCHENKO. *The gap not only closes*：*Resistance and reverse shifts in the digital divide in Russia* [J]. *Telecommunications Policy*, 2020 (44)：1-15.

[7] DOBRINSKAYA D E, MARTYNENKO T S. *Defining the digital divide in Russia*：*key features and trends* [J]. *Мониторингобщественногомнения*：*экономические и социальныеперемены*, 2019 (5)：100-119.

[8] ŠTUSEK J, KUBATA K. OCENASEKV. *Strategic Importance of the Quality of Information Technology for Improved Competitiveness of Agricultural Companies and Its Evaluation* [J]. *AGRIS on-line Papers in Economics and Informatics*, 2017, 9 (4)：109-122.

[9] DOBRINSKAYA D E, MARTYNENKO T S. *Defining the digital divide in Russia*：*key features and trends* [J]. *Мониторингобщественногомнения*：*экономические и социальныеперемены*, 2019 (5)：100-119.

[10] Business Today. Income inequality gets worse; India' s top 1% bag 73% of the country' s wealth, says Oxfam [EB/OL]. (2019-01-30) [2022-05-16]. https：//www. businesstoday. in/current/economy-politics/oxfam-india-wealth-report-income-inequality-richests-poor/story/268541. html.

[11] MAITI D, CASTELLACCI F, MELCHIOR A. Digitalisation and development：issues for India and beyond. In Digitalisation and Development [M]. Singapore：Springer, 2020：14-28.

[12] MAITI D, CASTELLACCI F, MELCHIOR A. Digitalisation and development：issues for India and beyond. In Digitalisation and Development [M]. Singapore：Springer, 2020：339-345.

[13] VAN DEURSEN A J, VAN DIJK J. *The digital divide shifts to differences in usage* [J]. *New Media & Society*, 2014, 16 (3)：507-526.

[14] DUYGUÖZSOY, EYYUPAKBULUT, SAIT SINAN ATILGAN, et al. *Muschert. Determinants of digital skills in Northeast Anatolia*, *Turkey* [J]. *Journal of Multicultural Discourses*, 2020, 15 (2)：148-164.

[15] KORAMAZ T K, NASROLLAHZADE S, OZDEMIR, Z. *Spatial Pattern of*

Digital Divide in Turkey [J]. *Proceedings of Real Corp*, 2019: 1-7.

[16] HELBIG N, GIL -GARCIA J R, FERRO E. *Understanding the complexity of electronic government: Implications from the digital divide literature* [J]. *Government Information Quarterly*, 2009, 26 (1): 89-97.

[17] DPT. Information society statistics [R]. Ankara: Devlet Planlama Teskilati, 2011.

[18] POLAT R K. *Digital exclusion in Turkey: A policy perspective* [J]. *Government information quarterly*, 2012, 29 (4): 589-596.

[19] 印尼最新人口统计数量[EB/OL]. (2022-5-02) [2022-05-16]. http: //www. 52hrtt. com/ksl/n/w/info/A1650613069399.

[20] HADI A. *Bridging Indonesia' s digital divide: Rural-urban linkages* [J]. *Jurnal IlmuSosial dan Ilmu Politik*, 2018, 22 (1): 17-33.

[21] PURBO O W. Narrowing the digital divide [C] // E. Jurriëns& R. Tapsell (Eds.). Digital Indonesia: Connectivity and Divergence. Singapore: ISEAS Publishing: 2017: 75-92.

[22] VAN DIJK J A G M. The evolution of the digital divide: The digital divide turns into inequality of skills and usage [C] // J. Bus, M. Crompton, M. Hildebrandt, G. Metakides (Eds.). Digital Enlightenment Yearbook, Amsterdam: IOS Press: 2012: 57-75.

[23] 哈萨克斯查全国人口总数1894万人[EB/OL]. (2021-5-19) [2022-05-16]. http: //kz. mofcom. gov. cn/article/jmxw/202105/20210503062087. shtml

[24] ALIBEKOVA G, MEDENI T, PANZABEKOVA A, et al. *Digital transformation enablers and barriers in the economy of Kazakhstan* [J]. *The Journal of Asian Finance, Economics, and Business*, 2020, 7 (7): 565-575.

[25] 王海燕. 中国与中亚国家共建数字丝绸之路: 基础, 挑战与路径 [J]. 国际问题研究, 2020, (2): 107-133.

[26] BHUIYAN S H. *E-government in Kazakhstan: Challenges and its role to development* [J]. *Public Organization Review*, 2010, 10 (1): 31-47.

[27] Kazakhstan is one of the EEU countries with wide Internet access. Sputnik" International news agency and radio [EB/OL]. (2019-7-19) [2022-

05-16]. https://ru.sputniknews.kz/society/20190719/10999071/tsifrovizatsiya-kazakhstan-perspektivy-EAES.html.

[28] DataReportal. DIGITAL 2021: Egypt [EB/OL]. (2021-02-11) [2022-05-16]. https://datareportal.com/reports/digital-2021-egypt.

[29] DataReportal. DIGITAL 2021: GLOBAL OVERVIEW REPORT [EB/OL]. (2021-08-01) [2022-05-16]. https://datareportal.com/reports/digital-2021-global-overview-report.

[30] KUEBLER J. *Overcoming the digital divide: The Internet and political mobilization in Egypt and Tunisia* [J]. *CyberOrient*, 2011, 5 (1): 37-62.

[31] RIZK N, KAMEL S. *ICT and building a knowledge society in Egypt* [J]. *International Journal of Knowledge Management*, 2013, 9 (1): 1-20.

韩国长期护理保险制度的发展与变革

田洁玫*

摘　要：韩国是“一带一路”沿线国家重要组成部分，其在21世纪初期即构建起长期护理保险制度体系，并在十几年间的实践中不断发展与完善。通过对韩国长期护理保险制度的产生背景探根溯源、对发展现状综合评述、对主要内容分解剖析，进而可总结出韩国长期护理保险制度的变革趋势与经验启示，以此为“一带一路”沿线国家学习提供参考，并为提升“一带一路”沿线国家社会保障发展水平提供借鉴。

关键词：韩国；长期护理保险制度；发展；变革

2013年，习近平先后提出共建“丝绸之路经济带”和“21世纪海上丝绸之路”（以下简称“一带一路”）的重大倡议，得到国际社会高度关注。[①] 此后推动共建“一带一路”的相关研究也成为国内外专家学者的关注热点，韩国是“一带一路”沿线国家重要组成部分，其在21世纪初期即构建起长期护理保险制度体系，并在十几年间的实践中不断发展与完善，对其长期护理保险制度的研究能为提升“一带一路”沿线国家社会保障发展水平提供借鉴。

从20世纪50年代初开始，韩国经济转入高速发展时期，在战争废墟和冷战体制下，韩国造就了“汉江奇迹”，一跃成为新兴工业化国家。20世纪70年代，韩国人均国民收入达到272美元；90年代则增长20多倍，达到5893美元。韩国1996年加入经合组织（Organisation for Economic Co -

* 田洁玫，华侨大学政治与公共管理学院讲师，主要从事社会保障研究。

① 国家发展改革委，外交部，商务部．推动共建丝绸之路经济带和21世纪海上丝绸之路的愿景与行动［N］．人民日报，2015-03-29（04）．

operation and Development, OECD), 挤进先进国家的行列。根据韩国统计厅2007年统计结果, 2000年韩国社会福利费用总支出在GDP中所占比例为7.57%, 2007年上升到10.15%, 但在OECD国家中处于下位, 未达到OECD的平均水平。在整个社会福利支出中, 老年福利和保健部门的支出比例逐年提高。

随着民主化进程推进, 韩国的政策选择模式逐渐由精英模式向民主化方向转变, 不同政党代表不同利益集团, 在国会内部进行博弈, 产出了许多利于民生的社会政策。随着韩国老龄化进程的加快, 老年人的需求在政治经济社会生活等各个方面表现出来, 老年人的政治集团化趋势也逐年增强, 在未来的选举中, 老人的投票率占据更多的比例, 因而韩国各个政党在为老年人谋权方面能够达到共识。

韩国借鉴日本的经验, 于2007年4月该国通过了《老年长期护理保险法》, 该法于2008年7月1日正式实施。法规的颁布、制度的建立意味着韩国的养老模式开始实现由家庭养老到社会养老的转变, 韩国成为继日本、新加坡之后, 通过立法形式引进长期护理制度的第三个亚洲国家。

一、韩国长期护理保险制度产生背景

(一) 老龄人口数量激增

进入2000年, 世界各国的老龄人口数量均呈现激增态势, 国家人口老龄化率也相较于20世纪出现急剧上涨。韩国的人口基数小, 近年来少子化和高龄化发展趋势迅猛, 随着生活条件的改善、医疗条件的进步, 人均寿命增长, 中老年人口比重提高。根据联合国人口司 (United Nations world Population Prospects, UNPOPO) 2006年世界人口展望修订人口数据库资料, 韩国的老龄化率到2050年预计高达38.2%, 具体如表1所示。

韩国人口老龄化进程加快, 高龄老年人口数量不断增多, 更多的老年人需要长期护理, 根据丁英顺的研究可知: 2000年, 韩国65岁以上的老年人口占总人口比重的7.2%, 进入了老龄社会; 2018年, 65岁以上人口占比为14.3%; 预计到2026年将达到20.8%, 进入超老龄社会。在日本和韩国两国的比较研究中, 虽然韩国在1950年的老龄化率仅有3.0%, 远低于日本4.9%; 但2000年韩国老龄化率增加到7.4%, 预计2050年韩国老龄化率将达到38.2%, 这说明韩国的老龄化速度正在以超过日本的速度向前发展。

表1　世界部分国家人口老龄化率变化表（1950—2050年）

（单位:%）

国家	1950年	1970年	1990年	2000年	2015年	2030年	2050年
日本	4.9	7.1	12.1	17.4	26.8	31.6	38.8
英国	10.7	13.0	15.7	15.8	18.1	21.6	24.1
法国	11.4	12.9	14.0	16.3	18.5	23.2	25.9
德国	9.7	13.7	15.0	16.4	20.9	27.3	30.2
瑞典	10.3	13.7	17.8	17.3	20.2	22.8	24.1
美国	8.3	9.8	12.2	12.3	14.1	19.4	21.0
中国	4.5	4.3	5.4	6.9	9.6	16.2	23.7
韩国	3.0	3.3	5.0	7.4	12.9	24.3	38.2
新加坡	2.4	3.4	5.6	7.2	13.5	27.4	32.8

（数据来源：UNPOP, *World Population Prospects*: *The* 2006 *Revision Population Database*）

韩国人口老龄化问题的凸显，随之而来的是老年人的长期护理问题，对于以居家养老为主的亚洲国家，尤其是韩国来说，青壮年数量的下降与老年人数量的增多及寿命的延长，使老年人的长期护理越来越成为一个亟待解决的难题。为了应对老龄化社会的到来，韩国从20世纪90年代就开始研讨老年长期护理问题。

（二）传统家庭照顾困难

除了需要面对人口老龄化速度加快、中风及痴呆等日常生活困难老年人急剧增加的现实情况，韩国政府和社会同时需要面临由于职业妇女增多和家庭结构小型化，传统家庭照料模式呈现出的新形态的严峻挑战。

韩国女性长期主要负责家庭照顾事务，而随着工业化的发展，女性的社会地位和经济地位逐步提升，这从一定层面上解放了家庭女性，瓦解了韩国照顾责任女性化的传统，从某种程度上缩小了男女之间的不平等。① 随着韩国传统大家庭模式的解体，核心家庭的小规模家庭模式成为主流形态。家庭结构小型化的核心家庭模式下，家庭人口少但其中大多数老年人都患有慢性疾病，需要接受长期护理和持续治疗。随着老龄及高龄人口总数的急速增加及人口寿命的延长，需要接受护理及照料的老人总数不断增加，

① An, Mi Y. *Welfare States and Care Arrangements*: *Care Time Mix Approach and Its Application to Japan and Korea* [J]. *Social Policy & Society*, 2015, 16 (2): 183-198.

家庭护理长期化的趋势也非常明显。家庭结构的变化和家庭女性的解放，却也使得家庭对老年人的护理功能越来越弱，缺乏替代解决方式，这给韩国的养老及护理体系带来了极大压力。

单纯地依靠传统家庭照顾养老已经无法解决韩国老年人的长期护理问题，这种居家养老模式越来越需要社会的支持。在韩国护理保险制度正式建立起来之前，现实中韩国家庭对老人的照顾已经无法满足越来越多的老年人的养老护理需求，关于老年人的长期护理也急迫需要以一种制度化的形式确定下来，使其更加社会化。

（三）社会保险体系缺失

韩国国营医疗保险机构——国民健康保险公团（NHIS）是运营保护国民避免疾病风险的健康保险和保障晚年生活舒适的老人长期疗养保险的机构，承担着保障国民健康生活的重任。根据其官网资料显示，韩国的社会保障体系由社会保险、公共救济及社会福利服务三大支柱构成。韩国国家规定所有国民应依照相关法律，义务加入健康保险、年金保险、雇佣保险、工伤保险四大社会保险。其目的是通过保险的方式应对疾病、残疾、老龄、失业、死亡等社会风险，由此保障国民收入、医疗治疗、康复及就业机会。但此前在面向被认定因老年痴呆、脑血管性疾病等老年疾病而很难独自进行日常生活的老人群体时，则出现社会保险体系的设计缺失。

针对老龄人口的增加、高龄老人生活不便、老年痴呆病患者人数增加以及老年性疾病发病率增加等社会现状。① 为了缓解国民经济压力、改变现状、实现福利国家目标，韩国于 20 世纪 80 年代即开始高度关注老龄化问题，并出台了诸多针对老年人的立法和政策。在长期实践中，韩国政府迫切希望通过建立长期护理保险缓解老年医疗费用日益增加的问题，合理区分医疗费用与护理费用。② 基于此种背景，韩国在社会保险体系中增加提供长期护理保险成为必然趋势。

---

① 郑载旭，白泽政和．对作为介护保险制度的韩国人疗养保险制度的内容及构造的考察［J］．海外社会保健研究，2007（春刊）：80.

② 李容适．老年人长期疗养保险法的主要内容与焦点问题［J］．韩国保险法研究，2008（7）：7.

二、韩国长期护理保险制度发展与实施现状

（一）韩国长期护理保险制度发展历史沿革

为应对人口老龄化带来的挑战，韩国政府自1999年起着手制定老年人长期护理保护综合对策。有关长期护理保险制度的发展沿革，韩国保健福祉部（2008年厚生劳动省改组）将其划分为以下三个阶段：

第一阶段，萌芽阶段（1999—2007年）。2000年，韩国人口老龄化率超过7%，政府正式考虑建立长期护理保险制度。同年8月15日，韩国总统金大中在纪念光复节讲话中宣布建立长期护理保险制度。2005年7月，实施老人长期疗养保险示范项目。

第二阶段，初创阶段（2008年）。2008年7月1日，在3次试点和老人长期疗养保险法（法律第8403号）制定的基础上，长期护理保险制度在韩国全国范围内正式施行，为日常生活自理困难的老年人提供居家和设施护理服务。同年9月，保健福祉部成立“长期护理保险制度改善委员会”。

第三阶段，发展阶段（2009—2018年）。2009年6月，韩国保健福祉部举办活动纪念长期护理保险制度施行1周年。2010年1月，正式实施护理师资格证考试制度，并于同年2月，开启长期护理认证调查及相关业务教育培训。2011年2月，政府经营的长期护理机构（首尔护理院）成立，同年10月，长期护理保险网站和长期护理机构咨询开通。2012年，韩国发布“长期护理基本计划”（2013—2017年）。2013年，韩国开展痴呆症等级试点。2014年7月，保健福祉部修改长期护理保险制度等级体系，将原先的3个等级扩大到5个等级，第5级为“轻症痴呆”等级。2016年6月，保健福祉部建立长期护理综合信息体系，同年7月，保健福祉部开设专门接收痴呆症老人的护理设施。2017年4月，为制订“长期护理基本计划”（2018—2022年），由学界专家、投保人、政府相关部门人员共同成立企划团。2018年1月，保健福祉部在既有5个等级基础上追加了“痴呆症支援”等级，也被称为第6级。2018年6月，保健福祉部举办关于国家负责痴呆症的方案研讨会，同年7月，长期护理保险制度施行10周年纪念。

（二）韩国长期护理保险制度实施现状效果

目前韩国的长期护理保险制度已经施行十余年，韩国学者金恩京早在2006年的研究中便指明，该系统在实施时将对长期护理风险起到安全网的

作用，将相应的损失或负担降到最低。① 老年长期护理保险制度的实施，使以往无法享受公共护理服务的老年人得到制度化照护服务，减轻了家庭负担，缓解了因老年护理而带来的家庭矛盾。韩国学者金贤植的研究也指出，知晓长期护理保险制度的被调查者更容易产生较高的健康主观感受和较高的体力活动水平。②

2010 年韩国保健福祉部调查结果显示：利用长期护理服务的老年人从 1%增加到 6.2%，减轻家庭照护者 84.7%的身体负担和 75.9%的心理负担，提高被护理者生活质量的 85.4%，对护理者亲和性满意度为 86.8%，服务水平的满意度为 86.2%，25.6 万人投入到护理服务中，极大地促进了新工作岗位的开发。虽然韩国长期护理保险的对象是选定的，而不是普遍的，大多数老年人在接受福利方面存在局限性，但相关领域的专家在长期的研究与实践中仍认为，韩国长期护理保险制度具有以下明显优势：

其一，老年人生命健康质量得到提升。韩国长期护理保险虽然实施时间不长，但历史数据已显示出与保健福祉部 2007 年的预期效果基本吻合，即通过一些非专门性的家庭疗养机构提供计划性的专门护理和看护服务，老年人的身体健康状况有很大的好转，死亡率下降。

其二，政府和个人经济负担得以减轻。在韩国接受长期护理保险的护理者个人及家庭实际经济压力明显有所减轻。韩国对低收入者长期护理保险费的减免以及对符合条件者的保险费豁免政策，一定程度体现了公平原则，提供保障的同时减轻经济负担。

其三，就业岗位有效且可持续性增加。形成了家庭护理员，并且通过对家庭护理员的培训，推进了护理培训行业的发展。同时，韩国长期护理保险制度也使许多承担老人照顾义务的亲属得到公共服务的支持，能够享有“喘息服务”，从而确保了照顾的可持续性。③

---

① 김은경. *Long-term Care Insurance System as the Safety Network of Long-Term Care Risk* [J]. 한국학연구, 2006 (24): 97-127.

② Hyun-Shik Kim et al. *Socio-demographic and health-related characteristics associated with awareness of the Long-Term Care Insurance System in Korean older adults* [J]. *Journal of the Global Senior Health Promotion Institute*, 2011, 1 (1): 29-40.

③ Kim, H. & W. Lim. *Long-term Care Insurance, Informal Care, and Medical Expenditures* [J]. *Journal of Public Economics*, 2015 (125): 128-142.

三、韩国长期护理保险制度主要内容

韩国长期护理保险制度，旨在为因年老或老年病等而不能独自生活的人提供体育锻炼和日常生活支持等服务，以稳定其退休生活并减轻他们和家人的负担。该项制度由三个主体组成，即参保人、承保人和长期护理机构（疗养机构）。参保人为参加健康保险的全体国民，承保人是韩国健康保险公团。若想领取护理保险给付，需由参保人提出长期护理保险认证申请，由护理评级委员会认定参保人能够接受的护理等级（分为 1 等级、2 等级、3 等级、4 等级、5 等级、认知支援等级）。向参保人发送认证书，对于符合护理等级的老年人需要与提供护理服务的机构签订合同，并开始长期护理保险申领。

（一）适用对象界定

根据韩国 2008 年 7 月 1 日颁布的《老年人长期护理保险法》：被保险者为 65 岁以上的老年人、年龄在 65 岁以下患有痴呆症和脑血管疾病等老年疾病的老年病患者以及享受医疗救助者，不包括轻度老年病患者和残疾人。其中，65 岁以上的老年群体又可分为患有重症老年性疾病的老人（LTCI）和患有轻微老年性疾病的老人（HACC）；65 岁以下群体又可分为一等级的残障人士（PAS）和患有老年性疾病的人群（LTCI）。

（二）管理主体区分

韩国在长期护理保险管理上采取的是中央集权方式，韩国政府作为管理主体，采用强制保险方式将长期护理保险纳入社会保险范畴，保险基金由国家健康保险机构统一集中管理。主管部门是保健福祉部，具体工作由其下属的国民健康保险公团负责管理和实施。政府部门在整个政策的制定、执行和改革过程中都起着主导作用，并为保险的运营管理者和受保障人提供各种社会公共资源，保障护理保险的正常、顺畅运行。

长期护理保险和医疗健康保险管理工作主体都是国民健康保险公团，公团负责保险费的征收、护理等级的认定、服务质量的监督等事。国民健康保险公团将护理保险费纳入健康保险费里一起征收，但征收后独立核算管理。①

---

① Jong Chul Rheea, Nicolae Donec, Gerard F. Anderson. *Considering long-term care insurance for middle-income countries: comparing South Korea with Japan and Germany* [J]. *Health Policy*, 2015 (119): 1319-1329.

（三）长期护理机构

长期护理机构包括提供长期护理保险中设施福利的机构和家庭福利提供者。韩国1981年颁布的《老年福利法》，规定的老年照料设施以及与老年护理同居的家庭，以及居家老年福利设施和老年人长期照料保险。2002年韩国政府发布《扩充老年护理机构十年计划》，计划每年扩充100所老年护理机构。2005年发布的《老年护理机构综合投资计划》，计划在2006—2008年三年时间，集中投资建设919所老年护理机构，以满足制度实施的需要。韩国长期护理机构主要由市、县、区负责人指定或审核。长期护理机构中最主要的护理者包括护理人员、护士等。

（四）资金筹集来源

韩国在对比中等收入国家长期护理保险经验的基础上，对长期护理保险基金筹集的重要性有所认识，各类筹资方式比较见表2。长期护理保险主要采取筹资模式，保险资金由保险费、国家支持、个人负担三部分构成。

表2　韩国长期护理保险筹资方式比较

比较类目	方案1	方案2	方案3
筹资方式	财政→社会保险	社会保险	财政
给付对象	初期低保户→普通市民	第一，65岁以上；第二，45~64岁	初期低保户→普通市民
费用负担	国民（医保参与者）	第一，65岁以上；第二，医保参与者	全体国民
资金来源	税收→保险费+财政	保险费+财政+贫困阶级补助（国家）	财政（一般财政或专项税）
管理	地方政府→保险公团	保险公团或地方政府	地方政府+中央政府
服务供给	公共设施+扩充民间机构	公共投资+民间机构	公共机构
优点	根据服务机构发展状况阶段性扩大；优先保护低收入阶层，逐渐扩大保护对象	容易向中产阶级扩大；有利于资金筹集；容易与既有的社会保险体制整合	容易控制管理和支出费用；提高地方政府作用
缺点	在制度变更时容易引起国民反对；向保护中产阶层老人转移需要很长时间	构建新的社会保险制度，增加保险费用负担；难以制定合理的保险费和给付费用	增加政府财政负担；向保护中产阶层老人转移需要很长时间

（资料来源：韩国保健福祉部，《公共老年护理保障体系开发研究》）

韩国的长期护理保险费由保险机构（管理健康保险缴费和长期护理保险缴费）出资60%。长期护理保险的参保人与国民健康保险的参保人相同，参保费用与健康保险参保费用一并收集。其长期护理保险费率由保健福祉部的长期护理委员会审议后，再由总统令规定执行。

国家对长期护理保险的费用支付有所支持，政府财政承担长期护理保险费预算收入的20%，并由国家政府和地方政府分担长期护理保险费用，包括医生签发的全部费用，并分担医疗受益人的护理指导签发费用。长期护理保险的个人负担部分，个人需要负担设施补助金的20%（不支付食品材料费、美容费用等），家庭补助金15%。其中，对于低收入人群（如有资格获得医疗福利的人群）可以相应减少1/2（机构为10%，居家为7.5%）。最低生活保障者、医疗救助对象的护理费用以及其他业务费用由健康保险公团承担，个人相应免费。

（五）保险给付方式

韩国长期护理保险的给付服务包括排泄辅助、沐浴辅助、用餐辅助、洗脸辅助、看护、治疗、情感支援等。一般认为，保险给付包括三种类型：居家护理给付、入住护理设施给付、现金给付。韩国长期护理保险给付采用总额预付制，超过规定额度的部分将由个人负担。

其一，居家护理给付。包括上门护理，长期护理人员来到领取人家庭，提供身体活动及家务活动支援；上门沐浴，长期护理人员运用具有沐浴设备的装备，为领取人提供沐浴服务；上门看护，长期护理人员中的护士、助理护士等按照医师的指示书，来到领取人家里提供看护或疗养相关咨询。还包括周/夜间护理，在一天里的一定时间段里，由长期护理机构提供领取人的服务；短期护理，在一定期间（一个月最多9天），由长期护理机构提供领取人的服务。

其二，入住护理设施给付。包括老人护理设施机构，为长期入住该护理设施的领取人提供教育、训练等，从而保持和提高其身体活动及身心功能；老人护理共同生活家庭，为入住该护理设施的领取人提供家庭般的居住条件。

其三，现金给付。出于各种事由，领取人需要接受自己家庭成员照料时，应向该家庭成员实施现金给付，作为相应照料服务的代价。包括对一些居住在交通不便或养老机构极端匮乏的边远地区的老人的家属支付疗养费；支付给在指定设施外接受护理的老人的特别疗养费；在老年人专门医院住院期间给予的医院看护费。[①]

四、韩国长期护理保险制度变革趋势

（一）护理机构规范提升

韩国长期护理保险制度的实施中护理服务主体多元化，出现了机构乱设、过度竞争现象。在护理机构中增长最快的是上门护理机构，在居家护理80%是上门服务。上门护理机构通过免去个人负担费用、提供礼品等方式吸引护理对象；用延长或虚假记录服务时间、使用无资格护理员等不当方式申请护理保险费用。

为了规范护理机构，韩国政府从2009年开始对生活护理机构进行评估，2011年对居家护理机构进行评估，此后每两年对护理机构进行评估。评估项目包括机构运营、环境及安全、权利与责任、给付过程、给付结果等98个选项。韩国的评估机构由政府等多方机构的成员而组成，评估流程分为三次，首先是相关机构的专业人员进行初次评估；其次是由主治医生根据材料进行审核；最后由委员会或审查会等相关机构进行判定。通过严格的评估流程和手段，增强护理机构的监管水平，促进机构不断走向规范化。

（二）护理对象范围扩大

韩国长期护理保险制度实施初期，为了减轻参保者负担，促使保险效果的持续扩大，韩国政府严格规定护理等级资格，期望以此缩小护理服务对象范围，只将重度失能老人纳入保护范围。对于长期护理保险对象的选定有严格的限制，必须通过专家审定通过后，才能得到护理服务，并且随着缴费率的小额上调，审核标准以及等级评定标准逐渐得到放宽，使服务对象范围不断扩大，有需要人群不断包含在内。

2014年韩国政府修改了《老年长期护理保险法实施令》，把长期护理保险给付对象等级认定从三个扩大为五个，其中第五个等级是针对痴呆老人的特别等级，将一部分未包括的对象进一步扩大进入长期护理保险制度体系。韩国长期护理保险制度扩大服务对象覆盖范围是必然趋势[②]，韩国政府

---

① 横山和彦．看韩国长期护理保险制度［N］．日本日经产业晚报，2007-10-23（05）．

② Lee T B, Chang H S. *The effects of assistive products in Korean long-term care insurance system for the beneficiary older adults* [J]. 보건행정학회지 제 20 권 제 4 호, 2010, 20 (4): 126-138.

在 2017 年最终将占总数 7%的 50 万名老人纳入制度范围。

（三）护理人员待遇提高

韩国长期护理保险制度在实践中面临专业性人力资源不足，服务质量不高的现实状况。韩国的生活护理机构护理师工资按月发放，居家护理机构按小时支付。据保健福祉部调查，在长期护理机构服务的护理师平均月工资是 136 万韩元，居家护理服务的护理师平均工资是 6938 韩元/小时。而根据统计资料，2013 年韩国的月最低工资是 126 万韩元，小时最低工资为 6030 韩元，可见护理师的收入仅略高于最低工资水平。

为了改善护理师待遇，从而进一步提高长期护理保险的护理服务质量，韩国努力重新设立护理师制度。2013 年韩国保健福祉部颁布《护理师待遇改善规定》：规定月工作时间超过 160 小时，可多支付 10 万韩元的待遇改善费；护理师的工资需要与生活管理员工资水平相当，可提高到 157 万韩元。并且把减轻业务负担、改善护理师待遇、促进就业安全等事项纳入机构评估指标中。

（四）护理设施供给加强

长期护理中辅助护理设施用品的使用可以改善老年人的日常生活功能。韩国政府调查统计，2006 年末韩国长期护理保险设施的满足率首尔为 37%、釜山为 54%、大邱为 53%，大城市水平较低，地区间的差异大。这说明单靠中央政府难以周全，根据韩国学者的研究，韩国政府引入市场化原理，鼓励社会性机构参与，并资助建设相关护理设施。① 除了鼓励民营机构介入小型社区护理中心，韩国地方政府也积极配合，设立负担较少的小规模护理设施、老人护理共同生活家庭设施等，将经营不善的中小医院转换为护理设施，最大限度地利用废弃的学校、儿童福利设施、宗教设施等。

2018 年问卷调查结果显示，护理设施从 2008 年的 8444 家增加到 2018 年的 20377 家，其中入住型护理机构从 2008 年的 1700 家，增加到 2018 年的 5304 家。居家护理服务机构从 2008 年的 6744 家，增加到 2018 年的 15073 家。

（五）变革趋势综合评价

韩国政府在社会养老福利和老年人保健医疗等方面的支出水平不断增

① Jong Chul Rheea, Nicolae Donec, Gerard F. Anderson. *Considering long-term care insurance for middle-income countries: comparing South Korea with Japan and Germany* [J]. *Health Policy*, 2015 (119): 1319-1329.

加，并不断修正完善政府主导的长期护理保险制度准则的不足之处，说明韩国政府正积极地承担一直以来被视为家庭责任的老年人长期照料问题。这些变革性的补充、调整和完善是韩国政府在充满不确定性的时代中承担制定养老社会政策责任的重要标志。

五、韩国长期护理保险制度经验启示

（一）韩国长期护理保险制度发展经验

作为应对社会问题的一种有效探索实践，韩国长期护理保险制度的运作有效地缓解了韩国进行家庭护理的人手短缺，也为养老市场的发展提供了物质基础。如果将各级机构照顾和家庭照顾带来的财政成本进行计算，我们可以发现，对于疗养需求高的老人来说，家庭照顾比机构照顾的成本低，而对于疗养需求低的老人来说，机构照顾比家庭照顾的成本低。除了成本问题之外，韩国学者全宝英 2017 年的研究指出在韩国不同的社会阶层中，存在着较大的健康护理质量的差异，而长期护理保险制度的运作明显地缩小了健康护理质量的差异。①

韩国护理保险制度之所以能够取得较大的成效，很大程度上是因为其服务内容丰富、服务范围广泛，能够基本上满足所有需要长期护理的老年人的需求。

其一，先行颁布正式的法律体系并不断完善，可以确保长期护理保险制度在运行时有法可依，实现了老年人长期护理的制度化与规范化。

其二，护理制度的确定，切实适应社会需求，缓解了老龄化背景下家庭的负担，免去了家庭的后顾之忧，许多年轻人得以全心地投入到工作中去。

其三，优先发展社区和居家护理模式，重视家庭护理职责的培育，适应失能失智人群的实际护理需求和心理满足。

其四，将护理保险统一，有利于对整个护理保险市场的统一管理，避免医疗资源的浪费，使真正有需要的人得到照顾。

其五，采用全国统一的失能评定和护理服务标准，并有相应的监督体系同步运营，在规范化上足够重视，才能保证系统运行正常。

---

① Jeon B, Kwon S. *Health and Long-Term Care Systems for Older People in the Republic of Korea: Policy Challenges and Lessons* [J]. *Health Systems & Reform*, 2017: 214-223.

其六，护理保险法中明确了政府、护理机构与个人三方的权利与义务，缓解了政府财政在老年人护理方面的压力，同时也有助于老年人护理或增加老年人护理时长，增加就业。

（二）韩国长期护理保险制度变革启示

韩国从2008年7月正式实施老年长期护理保险制度，很多专家学者认为尽管处在制度实施早期，很多问题还没有暴露出来，但借鉴日本经验可以及早做好应对准备。在长期护理保险制度上，韩国和日本面临的问题大同小异，因为制度设计本身有很多相似性，韩国在实践中像日本一样不断加强长期护理保险的预防功能，同时在提高护理服务质量、加强护理服务机构的管理、增强从业者的服务专门性、改善服务人员待遇等方面不断加以变革。韩国学者林允申等曾明确指出需要根据日本的优势加快韩国老年人长期护理保险制度的发展。①

早在2000年日本实施介护保险制度之时，其实也充分借鉴了德国的经验。而韩国则是在深入研究和考察了日本的介护保险后，才开始发展和完善自身的长期护理保险制度，从框架到内容中，不但具有日本经验的痕迹同时又结合本国的特点，通过本土化不断发展变革。

近年来，学者们均指出韩国长期护理保险制度给受益者的范围设立了一些限制，因此与众多的申请者人数相比，被机构认定护理等级的老年人口占老年人口总数的比重仍然很小。韩国用了近六年的时间做基础设施建设，但即使这样，实施之时尚不能满足需要。韩国放宽了护理机构和护理人员培训机构的准入条件，导致护理机构和培训机构的乱设，直接影响了护理服务质量。韩国学者郑英浩在《韩国长期护理改革：亚洲第二长期护理保险制度引入的经验教训》一文中指出，“尽管政府对长期护理制度进行了改革，但也出现了一些新的挑战，如覆盖面有限、服务提供者的不道德行为等。这些问题似乎与该方案最初的设计缺陷以及政府对这些问题的被动反应密切相关”。②

虽然韩国长期护理保险制度在发展与变革中仍有很多问题存在，但韩

① Park, Yoon, Ja, et al. *A Comparative Study on the Operation of the Senior Long-Term Care Insurance System on Korea and Japan* [J]. *Japanese Cultural Studies*, 2013 (45): 173-192.

② Chon, Yongho. *Long-term care reform in Korea: lessons from the introduction of Asia's second long-term care insurance system* [J]. *Asia Pacific Journal of Social Work & Development*, 2012, 22 (4): 219-227.

国政府不断学习社会保障发达国家的经验与教训，做好先进经验与本国实际的充分融合，这是值得“一带一路”沿线国家学习的变革启示，也是提高社会保障发展水平的有效经验。

参考文献

[1] 戴卫东. 国外长期护理保险制度：分析、评价及启示 [J]. 人口与发展，2011，17（5）：80-86.

[2] 丁英顺. 韩国老年护理制度探析 [J]. 中国人力资源社会保障，2013（12）：38-39.

[3] 高春兰. 韩国老年长期护理保险制度决策过程中的争议焦点分析 [J]. 社会保障研究，2015（3）：86-91.

[4] 詹军，乔钰涵. 韩国的人口老龄化与社会养老政策 [J]. 世界地理研究，2017，26（4）：49-61.

[5] 房连泉. 老年护理服务的市场化发展路径——基于德国、日本和韩国长期护理保险制度的经验比较 [J]. 新疆师范大学学报（哲学社会科学版），2019，40（2）：88-98+2.

[6] 田香兰. 韩国长期护理保险制度解析 [J]. 东北亚学刊，2019（3）：118-131，151-152.

[7] 刘俊萍，尹文强，李玲玉，等. 美德日韩 4 国长期护理保险制度对我国的启示 [J]. 卫生软科学，2020，34（4）：92-95.

[8] 高春兰，刘铭钰. 韩国老年长期护理保险制度改革及启示 [J]. 中国民政，2021（19）：57-58.

合作篇

粤港澳社会保障融合发展与合作

庄思薇*

摘　要：建设粤港澳大湾区是国家重大发展战略。实现粤港澳社会保障领域的融合发展是高质量建设大湾区生活圈的重要内容，有助于增进三地的民生福祉，深化港澳同胞的祖国认同。笔者梳理了粤港澳三地社会保障制度的发展历程与特征，总结三地在社会救助、社会保险、社会福利等领域的融合现状。在中央和地方政府的推动下，目前在广东的港澳居民基本落实了社会保险同等化待遇，但是实现三地社会保障深度融合发展还面临着制度壁垒和福利落差问题，因此建议未来应从完善社会保障政策的合作和协商机制、开展社会保障深度合作示范基地试验、创新社会保险规则衔接机制、推进社会保障信息化建设等方面着手，加速推进粤港澳三地社会保障一体化进程。

关键词：粤港澳；社会保障；融合发展

一、问题的提出

建设粤港澳大湾区，是习近平总书记亲自谋划、亲自部署、亲自推动的重大国家战略，是新时代形成全面开放新格局的新举措，也是推动“一

* 庄思薇，华侨大学政治与公共管理学院副教授，主要研究领域为政治社会学。

国两制”事业发展的新实践。自 2019 年《粤港澳大湾区发展规划纲要》实施以来，粤港澳大湾区的融合发展呈现全方位、多领域、高层次的特征，三地合作从经济领域延伸至社会、民生等多个领域。

伴随着粤港澳建设的纵深推进，湾区内的人口跨境流动成为常态。2021 年第七次全国人口普查数据显示，居住在内地并接受人口普查登记的香港居民 37.14 万人，澳门居民 5.57 万人，其中居住在广东省的港澳居民人数最多。[①]《中华人民共和国国民经济和社会发展第十四个五年规划和 2035 年远景目标纲要》明确提出“要加强内地与港澳各领域交流合作，完善便利港澳居民在内地发展和生活居住的政策措施”，社会保障是民生之安，跨境人口流动的规模日益扩大对粤港澳三地社会保障合作提出了新要求。由于粤港澳三地经济社会发展水平不同，社会保障的制度、政策法规和具体标准迥异，如何打破粤港澳三地社会保障制度壁垒和阻碍，实现社会保障权益的跨境可携，从而增进跨境工作和生活人员的福祉成为亟待解决的难题。

粤港澳社会保障融合发展实践的推进亟须理论和政策的支持。关于三地社会保障融合发展与合作问题，不少学者围绕着社会保障制度的协同与衔接、社会保险跨境可携性等议题展开研究。谢华清通过对粤港澳社会保障衔接现状的评估，认为现有粤港澳社会保障衔接政策的对象覆盖不全、转移机制并未建立，政策衔接的难点在于三地社会保障制度性质和结构不同、待遇领取条件不同。目前亟须解决问题主要是在职流动人员的养老保险和医疗保险衔接问题。[②] 张树剑、黄卫平针对三地社会保障体系和公共服务体制的融合困境，从新区域主义理论的视角提出大湾区公共物品供给的协同治理路径，建议应按照多主体协作治理的原则，重视大湾区发展的顶层规划与制度设计，强化三地政府和社会在区域的发展规划、财政税收、医疗卫生、养老健康等领域的协作能力，在此基础上建立平行社会保障体系以及促进跨境公共服务合作。[③] 岳经纶、程璆认为推动粤港澳大湾区社会福利一体化进程要秉承嵌入性、包容性、可携性的基本原则，通过建立社

---

① 国家统计局．第七次全国人口普查公报（第八号）——接受普查登记的港澳台居民和外籍人员情况［R/OL］．（2021-05-11）［2022-03-18］．http：//www.stats.gov.cn/tjsj/tjgb/rkpcgb/qgrkpcgb/202106/t20210628_ 1818827.html.

② 谢华清．粤港澳大湾区社会保障衔接探究［J］．中国社会保障，2020，（8）：54-55.

③ 张树剑，黄卫平．新区域主义理论下粤港澳大湾区公共品供给的协同治理路径［J］．深圳大学学报（人文社会科学版），2020，37（1）：42-49.

会政策协商机制、推进社会政策信息化建设、建立大湾区社会服务交易中心、开展社区服务示范区试验等举措促进三地建立基于统一公民身份的社会福利制度。[①] 在现有相关文献中，学者们尤为关注跨境养老服务和养老保险的可携性难题。苏炜杰认为粤港澳三地养老服务合作存在着发展水平低、制度间协调不足、专业合作机制缺位等问题，并从制定协同发展规划、创新协同治理机制、提升养老服务法治化水平、增强跨境养老福利可携带性、加强智慧养老以及医养结合服务领域的合作等角度提出促进粤港澳养老服务协同发展的对策建议。[②] 吴伟东、帅昌哲重在探讨养老保险制度衔接的主要障碍，其中包括政治法律制度、经济结构、汇率制度等宏观层面阻碍以及信息共享技术、缴费率、缴费年限、待遇给付等微观层面阻碍。[③] 覃曼卿借鉴欧盟关于养老保险跨境协调的原则，设计出一套养老保险跨境便利可携的具体方案，主要包括养老保险供款管理各自监管、输出地保留养老保险关系、三地累积的养老保险年资互认、养老金请领分段给付及各自负责。[④]

国内学者从多种角度对粤澳港三地社会保障协同发展问题进行了初步的理论探索，普遍认为当前亟须破除制约社会保障事业融合发展的体制机制障碍，强化粤港澳城市间的制度协同与政策对接。随着三地在民生领域交流合作的深入，近年来广东省政府、澳门和香港特区政府充分尊重三地社会保障制度的差异，加强社会保障的顶层设计和统筹布局，在社会保障的规则对接、关系衔接、信息共享、服务配套方面积极探索，创新社保经办服务模式，完善社会保险的跨境政策。

拓展粤港澳社会保障领域的合作是高质量建设粤港澳大湾区生活圈的重要内容，有助于增进粤港澳三地的民生福祉及社会融合，但目前相关的理论研究和政策实践领域仍处于探索阶段，因此本文运用比较分析法梳理粤港澳三地社会保障制度的发展历程与特征，聚焦粤港澳社会保障领域的跨境协调合作和规则衔接问题，总结粤港澳大湾区社会保障融合发展的现

① 岳经纶，程璆．粤港澳大湾区社会福利制度的协同研究［R］//涂成林，苏泽群，李罗力．中国粤港澳大湾区改革创新报告（2020）．北京：社会科学文献出版社，2020.

② 苏炜杰．粤港澳大湾区养老服务业协同发展研究［J］．港澳研究，2021（1）：56-73，96.

③ 吴伟东，帅昌哲．粤港澳大湾区的退休保障衔接方案研究［J］．港澳研究，2018（4）：66-74，93.

④ 覃曼卿．粤港澳大湾区养老保险跨境可携性问题探究［J］．特区经济，2021（9）：54-59.

状及现存障碍，探索粤港澳三地社会保障协同合作的新思路。

需要说明的是，由于港澳地区和内地地区对社会保障的界定存在较大差异，本研究主要采用内地地区对社会保障体系的定义，即社会保障是国家通过立法并依法采取强制手段对国民收入进行再分配，对公民在暂时或永久丧失劳动能力以及由于各种原因而导致生活困难时给予基本生活保障的制度。① 社会保障是一个由诸多内容构成的综合体系，主要包括社会保险、社会救助、社会福利等内容。因此本文选取以上三个领域的重点合作议题展开研究。

二、粤港澳三地社会保障制度的发展状况

基于不同地区经济、政治、社会、历史、文化等因素的交互影响，现代社会保障制度在粤港澳三地实践中呈现出差异性、多元化的发展特征。

（一）香港社会保障制度的发展状况

1. 香港社会保障制度的发展历程

20 世纪 60 年代中期以前，香港社会保障主要是来自民间机构的救济，港英政府奉行“自由放任”和“积极不干预”原则，并未提供制度性的社会保障。1965 年和 1966 年《香港社会福利工作之目标与政策》和《香港社会保障服务提供及有关问题之可行性研究》的相继出台，标志着香港社会保障事业的真正起步。

20 世纪 60 年代中期至 80 年代末期，香港逐步形成覆盖医疗、教育、济贫等多个领域的现代社会保障制度体系。在这一时期，港英政府设立了公共援助计划、暴力执法伤亡赔偿计划和伤残老弱津贴计划，制定了《雇员补偿条例》，实施了强制性工伤保险制度，将年老、失业、伤残、贫穷等种种弱势群体纳入社会保障的范畴。除了直接援助之外，港英政府还提供了廉价的公屋、公共医疗和公共教育设施。②③

20 世纪 90 年代以后是香港社会保障制度的发展完善阶段，香港政府的社会保障支出大幅度增长。在这一阶段，香港政府通过了《职业退休计划

---

① 郑功成．社会保障学［M］．北京：中国劳动社会保障出版社，2005.

② 曹云华．香港的社会保障制度［J］．社会学研究，1996（6）：56-65.

③ 杨伟国，雷珂，张慧云．中国香港社会保障政策的变迁及启示［J］．北京航空航天大学学报（社会科学版），2016（7）：1-7.

条例》和《强制公积金》计划条例，为就业人员提供了退休保障。香港回归之后，社会保障模式以再分配为重点，特区政府通过最低工资立法、实施一次性纾困补贴、完善综合社会保障援助计划等措施来回应社会要求，医疗、教育和房屋补贴等再分配措施对收入两极化的改变作用越来越显著。①

2. 香港社会保障事业的主要内容

（1）社会救助

作为社会安全网的香港社会救助制度主要包括综合社会保障援助计划和公共福利金计划。综合社会保障援助计划是为收入低于一定水平或处在贫困线以下的市民提供现金救助，使其收入能保证生活的基本需要。这一计划由社会福利署负责实施，援助金包括标准金额、补助金和特别津贴三类。申请人需要通过经济状况调查，经费全部来源于税收和政府收入资助。② 公共福利金计划是每月为严重残疾或年龄在 65 岁以上的香港居民提供现金津贴，以满足因严重残疾或年老而引致的特别需要。这一计划的内容包括高龄津贴、高额长者生活津贴、普通伤残津贴及高额伤残津贴。③ 除此之外，香港社会保障制度还包括暴力及执法伤亡赔偿计划、交通意外伤亡援助计划及紧急救济三类意外事故赔偿计划。

（2）养老保障

香港面向劳动者的退休保障主要包括强制性公积金计划和职业退休计划。2000 年开始实施的强制性公积金计划属于典型的缴费确定型的养老金计划，是一种完全积累的个人账户制。它是以职业为本，由雇主及雇员双方共同供款以成立基金，账户累计额和投资收益全部归雇员所有。强制性供款由商业机构实行市场化管理和运作管理，由积金局监管。④ 职业退休计划属于自愿性的养老保险计划，是雇主自愿为雇员营办的退休计划，政府

① 黎熙元，严丽君．从港式自由主义到港式福利主义：回归后香港复利模式的转变［J］．当代港澳研究，2018（4）：149-167.

② 香港特别行政区政府社会福利署．综合社会保障援助计划［EB/OL］．（2022-03-31）［2022-03-31］．https：//www. swd. gov. hk/tc/index/site_ pubsvc/page_ socsecu/sub_ comprehens/.

③ 香港特别行政区政府社会福利署．公共福利金计划［EB/OL］．（2022-03-9）［2022-03-21］．https：//www. swd. gov. hk/tc/index/site_ pubsvc/page_ socsecu/sub_ ssallowance/.

④ 香港强制性公积金计划管理局．强基金制度背景［EB/OL］．［2022-03-21］．https：//www. mpfa. org. hk/mpf-system/background/why-mpf.

帮助雇主对参与退休计划的雇员履行承诺，保障其利益。[①]

(3) 社会福利

香港特区政府在医疗、住房、养老等多个领域承担着社会福利职能。在养老服务方面，香港社会福利署设立长者社区照顾服务、长者社区支援服务以及安老院舍照顾服务等计划，照顾老年人各方面的需要，尽量让他们留在熟悉的社区环境生活，并为有需要的老年人提供院舍照顾服务。《长者社区照顾服务券试验计划》是让符合资格的老年人使用社区照顾服务券选择合适的社区照顾服务，支援他们居家安老。[②]《长者院舍住宿照顾服务券试验计划》是为有需要院舍住宿照顾服务的老年人提供院舍券面值下的标准服务。[③]

在医疗保障方面，香港的医疗保险项目包含全民健康保险和商业健康保险，由公立医院为居民提供基本医疗服务，居民只需要根据最低标准缴纳费用就能够享受高质量的服务。香港卫生署还提供一系列长者健康、家庭健康、学生健康服务，并推行长者医疗券计划，资助长者使用私营基层医疗服务。

在住房福利方面，为了解决居民的住房问题，香港特区政府推行公房廉租制度，经由政府、公营机构或非营利机构兴建的公共房屋以低廉的租金出租给低收入居民。

3. 香港社会保障事业的主要特征

香港社会保障事业经历了从"补救型"向"补救与普救兼顾型"转型[④]，具有以下鲜明特征。第一，从制度理念来看，香港社会保障制度受到新自由主义和东方儒家文化的深刻影响。一方面，香港社会保障体系强调对弱势群体基本需要的保障，而非追求福利国家的高保障水平和广保障范围。另一方面，香港社会保障制度倡导个人和家庭责任，重视对家庭的扶

---

① 香港强制性公积金计划管理局．职业退休计划概览［EB/OL］.［2022-03-21］. https：//www. mpfa. org. hk/orso/overview.

② 香港特别行政区政府社会福利署．长者社区照顾服务券试验计划［EB/OL］.（2022-05-04）［2022-03-21］. https：//www. swd. gov. hk/tc/index/site_ pubsvc/page_ elderly/sub_ csselderly/id_ psccsv/.

③ 香港特别行政区政府社会福利署．长者院舍住宿照顾服务券试验计划［EB/OL］.（2022-05-06）［2022-03-21］. https：//www. swd. gov. hk/tc/index/site_ pubsvc/page_ elderly/sub_ residentia/id_ psrcsv/.

④ 刘祖云，田北海．老年社会福利的香港模式解析［J］. 社会，2008（1）：164-190.

持和保障。第二，从制度运行来看，香港社会保障制度在运行过程中注重政府、商界、社会组织等多元化福利主体的协同合作，特别强调发挥社会组织的积极作用。第三，从制度设计来看，香港社会保障制度嵌入到公共服务体系之中，政府的整体福利支出水平较高。社会保障项目根据受助者需求具有高度的细分性和精准性，不仅包括政府直接提供的各种现金保障，而且强调社会福利与服务的多样化供给。①

（二）澳门社会保障制度的发展状况

1. 澳门社会保障制度的发展历程

在20世纪30年代之前，澳门社会保障的供给主要依赖于民间的慈善组织暂时性、非制度化的救济活动，政府的介入非常有限。1930—1990年，从订立第140号法发行慈善印花税票开始，澳葡政府逐步介入济贫式的社会救助领域。1935年，政府设立了公共慈善救济总会，负责管理印花税和社会捐赠，向贫困者和家庭提供救济援助。1980年，政府改组成立社会工作司。1990年，澳葡政府正式开始运作社会保障基金。澳门的社会保障制度体系基本成形，呈现出以政府部门为主、民间社团为辅的特点。② 澳门回归之后，澳门的社会保障体系日臻完善，社会救助水平持续提高，形成了社会保险与社会救助的“双轨”社会保障制度。2011年和2018年，特区政府分别出台《社会保障制度》和《非强制性中央公积金制度》，建立了双层式社会保障制度。为了应对人口老龄化，特区政府积极完善涵盖社会救助、社会保险、职业性储蓄计划、私人储蓄、家庭支持的五支柱养老保障体系。

2. 澳门社会保障事业的主要内容

（1）社会救助

社会救助制度是由澳门社会工作局（社工局）负责，主要是向陷入经济贫乏状况的个人及家庭提供援助金，确保其生活上的基本需要能得到满足。社工局设立的经济援助主要包括一般援助金、偶发性援助金和特别援助金（涵盖学习活动补助、护理补助、残疾补助）。社会救助水平按照政府设定的“最低维生指数”作为依据，一般援助金的发放金额为最低维生指

① 岳经纶．香港社会救助制度的发展及其对中国内地的借鉴［J］．暨南学报（哲学社会科学版），2017（7）：50-59.

② 魏健馨，马子云．澳门社会福利制度的比较优势及未来发展［J］．“一国两制”研究，2014（4）：154-159.

数减去家庭总收入。最低维生指数的标准与家庭人口数密切相关，如目前1人家庭维生指数为4350澳门币，2人家庭为7990澳门币。2020年，社会工作局调高了最低维生指数，升幅为2.84%。① 特区政府还向65岁以上的老年人发放敬老金以及加强对残疾人士的救济。现行敬老金9000澳门币/年，普通残疾津贴9000澳门币/年，特别残疾津贴18000澳门币/年。②

（2）养老保障

澳门社会保障基金建立于1990年，是一项针对就业人口的供款性的社会保障计划，使居民在因年老、残疾、失业及患病等原因而不能工作时能得到生活保障。初期的保障对象为本地长工，并逐步将受益范围拓展至临时工、自雇劳工等群体，给付项目包括养老金、失业救济金、丧失工作能力金、疾病津贴等。

特区政府于2008年提出了构建双层式社会保障制度的构想，即透过第一层社会保障制度让所有居民都能够获得基本的社会保障，尤其是养老保障，以改善居民的生活素质；而退休后较宽裕生活保障则由第二层非强制性中央公积金制度支持。

2011年，特区政府颁布《社会保障制度》，健全了第一层社会保障制度，使保障覆盖范围从就业人员扩展至全民。社会保障供款制度分为强制性制度及任意性制度，具有劳动关系的本地雇员及雇主需向社会保障基金缴纳强制性制度供款，而符合法律规定的其他澳门居民可选择进行任意性制度供款。在社会保险的运作原则下，居民透过履行供款义务，便可依法享受包括养老金、残疾金、失业津贴、疾病津贴、出生津贴、结婚津贴及丧葬津贴等给付。社会保障基金的财政收入主要来自雇员、雇主、任意性制度供款人士的定额供款、外地雇员聘用费、政府财政收入、博彩拨款及投资所得的收益。③

2018年，《非强制性中央公积金制度》正式实施，该制度旨在保障居民的老年生活，以及对现行的社会保障制度作出补足。非强制中央公积金分

---

① 澳门特别行政区政府社会工作局．个人及家庭服务：经济援助［EB/OL］.［2022-03-21］. https：//www. ias. gov. mo/ch/swb-services/individual-and-family-service/financial-assistance.

② 澳门特别行政区政府社会工作局．个人及家庭服务：敬老金［EB/OL］.［2022-03-21］. https：//www. ias. gov. mo/ch/swb-services/individual-and-family-service/subsidio_ para_ idosos.

③ 澳门特别行政区政府社会保险基金．社会保障制度［EB/OL］.［2022-03-21］. https：//www. fss. gov. mo/zh-hans/social/social-intro.

为分配制度及供款制度。分配制度是特区政府在财政年度预算执行情况允许下，向符合资格的居民作出鼓励性基本款项和预算盈余特别分配，由社会保障基金管理；而供款制度是制度的核心部分，由居民自愿参与，形式是通过雇主及雇员共同供款，或居民个人供款，并由符合资格的基金管理实体管理。年满65岁的账户拥有人方可申请提取款项。①

3. 社会福利

澳门回归后，社会服务已由过去单一针对贫困群体逐步拓展，服务覆盖个人及家庭、儿童及青少年、安老、康复、防治药物依赖、防治问题赌博、社会重返等多个范畴，福利支出不断提升，2020年社工局投放于社会服务范围内的费用超过29亿澳门元。②

在个人和家庭服务方面，澳门社工局为贫困人士、单亲家庭、长期患病者、残疾人士等援助金受益群体提供就业辅导计划、社会融合计划、积极人生服务、心理辅导服务等关怀支援活动，促使其恢复社会功能。

在长者服务方面，特区政府重视养老服务的宏观统筹规划和安老政策的制度化建设，提出了“澳门特区养老保障机制政策框架”及“2016至2025年长者服务十年行动计划”，并于2018年颁布了《长者权益保障法律制度》。澳门社会工作局积极落实“家庭照顾、原居安老、积极参与、跃动耆年”的政策方针，以社区服务为中心和主轴，注重加强家庭功能，积极协助专业民间组织推行各项社区支援、院舍照顾、日间护理、家居照护、紧急呼援等多元服务。

在医疗服务方面，澳门特区政府提供的公共医疗服务包括初级卫生保健和医院医疗服务，卫生局下属的卫生中心对全体澳门居民提供免费的基本医疗服务。65岁以上老人、幼儿及中小学生、孕产妇、精神病、传染病和癌症病人等可享有免费的医院专科医疗服务，其他居民可享有30%的医疗费用减免。政府也从私立医院购买服务满足澳门居民对医疗服务多样性需求，为特殊群体提供医疗保障计划和医疗津贴，并通过每年发放医疗券

① 澳门特别行政区政府社会保险基金．非强制性中央公积金制度［EB/OL］．［2022-03-21］．https：//www.fss.gov.mo/zh-hans/rpc/rpc-intro.

② 澳门特别行政区政府社会工作局．2020年工作报告［R/OL］．［2022-03-21］．http：//www.ias.gov.mo/wp-content/uploads/file/ias_ report_ 2020.pdf.

的方式为居民购买私立医疗机构的基础医疗服务。①

4. 澳门社会保障事业的主要特征

第一，澳门社会保障模式经历了从补救到普惠的转型，在理念上倾向于建立覆盖全民的、全面的社会保障体系。特区政府不断扩大福利范畴以及提高公共财政投入力度，现已形成体系健全、服务面广的社会保障制度，切实保障了居民的生存发展权。第二，特区政府注重法治保障和顶层设计，不断完善社会保障事业的政策体系。② 特区政府颁布了规范特定保障对象的基本法、规范社会保障专责部门职能运作的组织法以及规范特定服务机构设置运行规则的标准法，并推出长者服务、康复服务、托儿服务、妇女发展等领域工作规划。第三，特区政府倡导官民合办模式，重视对民间社会服务机构的引导和资助，有效发挥民间机构在社会福利事业领域的重要作用。第四，随着人口结构的老龄化，澳门社会保障基金中个人供款比重偏低而导致政府在养老金方面的负担加重，且澳门经济结构单一，政府税收严重依赖博彩业，这些因素也对社会保障制度的可持续发展带来挑战。③

（三）广东社会保障制度的发展状况

中国内地的社会保障制度始建于20世纪50年代初期。中华人民共和国成立后，建立了以劳动保险为主的社会保障制度。改革开放以来，中国对计划经济时期的社会保障制度进行了一系列改革，探索建立国家、企业、个人共同负担的社会保障制度。1983年，广东省率先在全国进行了以企业职工养老保险为重点的各项社会保险制度改革试点，随后推出了社会养老保险、失业保险和工伤保险等社会保险制度改革。④ 20世纪90年代以后，广东省确立了社会统筹与个人账户相结合的新型养老保险模式，相继实施城乡居民最低生活保障制度、农村合作医疗制度、城镇居民医疗保险制度、城乡居民社会养老保险制度。经历了近40年的改革发展，广东省现已形成了以养老保险、医疗保险、失业保险、工伤保险、生育保险等五大社会保险为主体，包括社会救助、社会福利、优抚安置、住房保障和社会慈善事业在内的社会保障制度框架。“十三五”期间，广东省养老、医疗保险基本

① 澳门特别行政区政府卫生局．澳门医疗保障制度研究报告［R/OL］．［2022-03-21］．https://www.ssm.gov.mo/docs/16852/16852_fd2f5777d77249598d338b103bdde3df_000.pdf.

② 姚坚．1999年回归以来澳门民生保障和社会善治建设［J］．行政管理改革，2019（10）：4-10.

③ 孙代尧，薛伟玲．人口老龄化背景下的澳门社会保障制度［J］．港澳研究，2013（1）：83-96.

④ 王丽娅．粤港澳三地社会保障制度的比较研究［J］．国际经贸探索，2010（6）：45-52.

实现全覆盖，其中养老、失业、工伤三大险种累计参保1.5亿次，基金累计结余1.35万亿元，基本医疗保险参保人数1.009亿人，均居全国第一。养老保险、失业保险、工伤津贴的保障标准逐年提升。①

广东省在保障理念、管理体制等方面具有以下特点：第一，社会保障理念兼顾了公平和效率相统一的原则。国民的社会保障观念从单纯依赖政府与单位转向政府、单位、个人、社会责任共担。第二，政府处于主导地位，社会保障制度是由中央政府和各级地方政府共同负责，地方政府负责根据中央政策制定本地法规和标准，筹集社会保障基金，支付社会保障待遇。第三，社会保障体系建设实现了从国家—单位保障制向国家—社会保障制的转型，从选择性制度安排走向普惠性制度安排。

通过上述分析可以发现，粤港澳三地社会保障制度建设和实施的责任主体是政府，但由于粤港澳属于“一国两制”背景下跨域三个关税区并且拥有三个法律体系的异质城市群，三地社会保障在制度模式、体系结构、管理制度、基金来源、保障水平、保障规模、待遇领取条件等方面存在显著差异，这些因素也形成了粤港澳社会保障融合发展的制度壁垒，在一定程度上阻碍了社会保障可携性的实现。

三、粤港澳社会保障融合发展的探索与实践

随着“一国两制”的成功实施，跨境人员数量增加，粤港澳三地政府努力增强民生事务的合作（表1），共同打造公共服务优质、宜居宜业宜游的优质生活圈。2007年，《内地与香港关于建立更紧密经贸关系的安排》补充协议四将社会服务纳入开放领域，允许香港服务提供者以独资民办非企业单位形式举办养老机构，提供养老服务。《粤港合作框架协议》《粤澳合作框架协议》中提出建立社会保障交流合作机制，扩大开放医疗服务市场，建立医疗机构互助机制，推进医疗服务便利化，支持港澳社会服务提供者到广东举办老年人和残疾人的社会福利机构并给予同等政策待遇。

2019年，《粤港澳大湾区发展纲要》正式颁布，这标志着粤港澳大湾区作为国家发展大局中的战略性高地，三地全面迈向多领域融合发展的新阶段。《粤港澳大湾区发展纲要》强调要推进社会保障合作，主要包括探索推

① 广东省人民政府办公厅. 广东省社会保障事业发展“十三五”规划［EB/OL］.（2021-11-18）［2022-03-21］. http：//www.gd.gov.cn/attachment/0/478/478986/3775855.

进在广东工作和生活的港澳居民享有同等民生待遇、加强跨境公共服务和社会保障的衔接、建立鼓励社会福利和慈善事业合作、深化养老服务合作等内容。《粤港澳大湾区发展纲要》颁布后，国家和广东省随之出台了港澳台居民在内地参保的政策，强化社保跨境经办服务能力，率先实现港澳居民在广东享有与内地居民同等的社保待遇。现从社会救济、社会保险、社会福利等方面梳理三地融合发展的政策探索与实践。

表 1　有关粤港澳社会保障合作的中央与地方政策

时间	相关政策
2007 年 2008 年	《内地与香港关于建立更紧密经贸关系的安排》补充协议四、五
2010 年	《粤港合作框架协议》
2011 年	《粤澳合作框架协议》
2017 年	《深化粤港澳合作推进大湾区建设框架协议》
2017 年	《关于在内地（大陆）就业的港澳台同胞享有住房公积金待遇有关问题的意见》
2019 年	《粤港澳大湾区发展规划纲要》
2019 年	《珠海市人民政府关于常住横琴的澳门居民参加珠海市基本医疗保险试点有关问题的通知》
2019 年	《居住于横琴的澳门特别行政区居民医疗保险津贴计划》
2019 年	《香港澳门台湾居民在内地（大陆）参加社会保险暂行办法》
2019 年	《关于进一步完善我省港澳台居民养老保险措施的意见》
2020 年	《〈港澳专业社会工作从业人员在珠海市执业规定（试行）〉的通知》
2021 年	《关于加快推动医疗服务跨境衔接的若干措施》

（资料来源：粤港澳大湾区门户网，http：//www. cnbayarea. org. cn）

（一）社会救济领域

1. 经济援助的跨境发放

港澳政府通过专项计划形式实现对内地养老的香港居民的救济援助。香港回归后，特区因老年人跨境养老的需求，于 1997 年推出了“综援长者自愿回广东省养老计划”，向返回广东省居住的香港永久居民中的受助老年人发放综援金。2013 年香港特区政府在公共福利金计划下实施了“广东计划”，为选择移居广东省的符合资格的香港居民每月提供高龄津贴和长者生活津贴。受惠人无须每年返港，只需要在每一个付款年度内居住在广东满

60天，便可领取全年津贴。截至2021年3月，公共福利金“广东计划”的受惠人数为19257人。①

澳门特区政府于2007年推行了经济援助的“回内地定居计划”，年满65岁及长期无工作能力的援助金受益人，选择返回内地生活后亦可继续领取经济援助。

尽管上述计划为居住在内地的老年人提供了便利，但也有调查显示部分老年人认为申请和审批手续相对烦琐，援助金直接存入受惠人的香港或澳门账户，未能进行跨境支付。因此，未来在加强宣传、简化手续、实现福利金跨境支付方面可以进一步探索完善。

2. 粤港澳跨境社会救助信息平台的建设

2021年广东省发布《关于改革完善社会救助制度的实施方案》，提出2022年底基本建成广东大救助信息平台，完善政务数据共享机制，汇集政府部门、群团组织、社会力量等各类救助帮扶信息，推动系统协同、部门协同、政社协同，探索建立粤港澳跨境社会救助信息平台，推进面向跨境粤港澳居民的社会救助工作。②

（二）社会保险领域

1. 港澳居民在广东参加社会保险政策的推行

随着港澳居民来广东省就业的人数不断增加，保障其享有社会保险同等化待遇已然成为不容忽视的重要议题。2019年，中央政府以及广东省人民政府先后颁布了《香港澳门台湾居民在内地（大陆）参加社会保险暂行办法》《关于进一步完善我省港澳台居民养老保险措施的意见》，对参与社会保险群体、办理社会保险登记、发放社会保障卡、离开内地社会保险关系处理、跨省社会保险关系转移等问题做出了具体规定，为跨境居民提供了更多的便利和保障。

在参保群体方面，将在广东就业、居住、就读的港澳居民均纳入保障范围，其中包括用人单位依法聘用的居民、从事个体工商经营的居民、办理居住证的未就业居民、在内地就读的大学生。在办理手续、缴费标准、

① 香港特别行政区政府社会福利署.综援长者广东及福建省养老计划［EB/OL］.（2021-06-18）［2022-03-21］. https：//www.swd.gov.hk/tc/index/site_ pubsvc/page_ socsecu/sub_ portableco/.

② 广东省人民政府.关于改革完善社会救助制度的实施方案［EB/OL］.（2021-07-26）［2022-03-21］. http：//www.gd.gov.cn/gdywdt/gdyw/content/post_ 3368048.html.

享受待遇方面，港澳居民与本地户籍居民享受同等养老、医疗保险待遇。在保险年资累计方面，《香港澳门台湾居民在内地（大陆）参加社会保险暂行办法》规定了港澳居民参加内地养老保险需要累计缴费15年，不足15年的，可以延长缴费或者补缴。在离开内地社会保险关系处理方面，其社会保险个人账户予以保留，再次来内地就业、居住并继续缴费的，缴费年限可累计计算。目前《香港澳门台湾居民在内地（大陆）参加社会保险暂行办法》仅针对内地的制度安排，并未真正实现社会保险权益在三地之间的跨境可携。

2. 社会保障服务体系的创新

为了积极推动在广东就业和生活的港澳居民“应保尽保”，广东省推出了湾区“社保通”工程，加快完善社会保障服务体系。截至2021年8月底，港澳居民在粤参保23.8万人次，比2020年增长了27.6%，享受待遇达2.54万人。① 湾区各城市发挥各自优势，探索粤港澳社会保障合作的新路径，积极畅通服务港澳居民“最后一公里”。

一是聚焦机制对接，强化社保服务“跨境办”。深圳市社保局与中银香港、深圳中行联合三方签订《湾区（深港）社保服务通“跨境办”合作协议书》，开启深港社保跨境服务新模式。符合条件的香港居民可在中银香港指定网点申请养老保险参保登记业务，在“家门口”畅享优质、高效、便利的深圳社保服务。

二是推动数字化经办，完善线上线下服务。在线上服务方面，广东省加快社保经办数字化转型，在“粤省事”和广东政务服务网两个平台上线“湾区社保通”，一站式提供社保政策咨询和经办服务，让港澳居民“足不出境”即可办理社保业务。在线下服务方面，各地方联合银行、社团组织探索“跨境办”的服务载体。珠海市社保中心与澳门街坊会联合总会、澳门工会联合总会、民众建澳联盟、中国银行澳门分行合作为澳门居民办理社保业务。江门市依托香港五邑总会、澳门的同乡会设立服务点。

三是深化多方合作，加强社保跨境宣传。广东省积极联系文汇大公报、香港经济导报等港媒，面向香港地区开展参保政策及经办宣传。根据港澳人员的语言特点和生活习惯，编制繁体版参保政策问答、缴费及待遇指南

① 张苗．千帆阅尽，粤港澳社保融通共赢［J］．中国社会保障，2021（11）：14-17.

等宣传手册，并制作普通话和粤语版本宣传短片，为港澳人员提供全方位社保政策解读和服务指引。

（三）社会福利领域

1. 住房福利

2017年，国家颁布了《关于在内地（大陆）就业的港澳台同胞享有住房公积金待遇有关问题的意见》，规定在内地就业的港澳同胞，均可按照《住房公积金管理条例》和相关政策的规定缴存住房公积金。缴存基数、缴存比例、办理流程等实行与内地缴存职工一致的政策规定，并同等享有提取个人住房公积金、申请住房公积金个人住房贷款等权利。在内地跨城市就业的，可以办理住房公积金异地转移接续。

广州和深圳为了支持港澳青年来内地发展，提供多项住房保障。广州市支持符合共有产权住房申购条件的港澳青年购买产权住房，并加大力度筹建人才公寓，面向满足条件的港澳青年进行配租。深圳也面向港澳居民分配保障性住房和人才住房。

2. 医疗服务

多年来，粤港澳三地积极开展医疗卫生领域的交流与合作，致力为三地居民提供优质的医疗保健服务。第一，在医疗保险及福利津贴方面，国家允许居住于内地的港澳居民参加医疗保险。2020年，澳门特区政府为了协助更多澳门居民无障碍加入内地基本医疗保险制度，推出了《居住于内地的澳门特别行政区居民医疗保险津贴计划》以补贴其个人缴纳的费用。申请人为居住于珠海、中山、江门及已参加医疗保险的澳门居民，年龄为65岁以上、10岁以下或中小学生、残疾人士。医疗保险津贴金额上限为澳门元1000元。[①] 2015年，香港特区政府在香港大学深圳医院试点使用长者医疗券，允许符合资格的港籍老年人使用医疗券支付门诊费用。2020年，香港特区政府推出“香港医管局在粤患者复诊特别支援计划”。2021年，深圳市颁布了《关于加快推动医疗服务跨境衔接的若干措施》，未来将推动更多深圳特定医疗机构纳入香港医疗服务费用异地结算单位。

第二，在畅通病人的跨境转运方面，早在2008年，深圳和香港签署了《香港病人转介合作项目协议》，为在深圳住院的香港居民提供病历转介的

① 澳门特别行政区政府卫生局．居住于内地的澳门特别行政区居民医疗保险津贴计划［EB/OL］.（2022-01-05）［2022-03-22］. https：//www. ssm. gov. mo/apps1/rminsurance/ch. aspx#l20994.

服务。《关于加快推动医疗服务跨境衔接的若干措施》中提出，深圳将增加为香港病人提供转诊服务的深圳定点医疗机构，进一步优化医疗转运车辆口岸通关模式。

第三，在医疗机构协作平台建设方面，2018 年，“微医大湾区协作平台”在香港正式成立，该平台以互联网方式密切联合大湾区内医院，共同为居民提供预约就诊、线上复诊、诊后随访、远端会诊、送药上门等便捷服务，让粤港澳大湾区任一城市居民可享受其他城市优质的医疗资源。

第四，在医疗人才、技术流动方面，广东省鼓励港澳医师来粤办医、行医以及开展交流活动，大力推进境内外医疗合作。

3. 养老服务

随着粤港澳地区步入老龄化社会，中央和广东省出台一系列政策为跨区域的养老服务合作提供支持。《内地与香港关于建立更紧密经贸关系的安排》中明确港澳资本可以进入内地投资养老院。《粤港合作框架协议》《粤澳合作框架协议》支持港澳服务提供者到广东举办养老社会福利机构，广东提供与内地服务机构同等的政策待遇。《粤港澳大湾区发展规划纲要》中提出要为港澳居民在广东养老创造便利条件，建设一批区域性健康养老示范基地。

为了让香港老年人能在内地享受院舍照护与医护服务，2014 年香港特区政府推出“广东院舍住宿照顾服务计划”，香港非政府组织在深圳、肇庆营办了两间安老院，政府资助符合条件的老年人在院舍的食宿费用、护理服务及个人照顾费用、医疗费等。

四、加快粤港澳社会保障融合发展的基本思路

目前国家和广东省为支持港澳居民到内地就业、生活出台了一系列社会保障相关政策，在一定程度上让拥有居住证的港澳居民享受到与内地常住居民同等的社会保障待遇。随着粤港澳大湾区建设的纵深推进，改变碎片化的福利地区格局、实现粤港澳大湾区社会保障一体化目标还面临着诸多障碍。一是来自制度的障碍。由于政治、经济、法律体制的差异，粤港澳三地社会保障在制度理念和运行设计方面显著不同。以养老保障为例，广东采取“统账结合”的部分积累制模式，香港是完全积累制，而澳门推行现收现付制。在具体运行过程中，三地在缴费率、缴费年限、待遇给付

方面有着不同的标准。目前三地社保体系独立运作，实现跨境衔接还面临着信息共享、汇率制度的困难。二是来自福利落差的障碍。港澳地区已经建立完善的社会保障制度和框架，在福利待遇和服务水平方面具有相对优势。如何协调三地社会保障制度的差异，破除制约社会保障事业融合发展的体制机制障碍，本文从以下方面提出对策建议。

（一）完善社会保障政策的合作和协商机制

新区域主义强调区域成员为了共同利益自发组成的区域联盟，吸纳各级政府、私人部门、非营利组织等"国家—市场—社会"构成的多元行为主体参与区域治理和协作，可以有效解决城市群的区域协调发展问题①。要解决粤港澳社会保障的基础性制度融合难题，三地政府和社会应加大协同治理的力度。

首先，政府是建设跨区域社会保障体系的统筹者和引导者，三地政府应在中央政府的组织协调下，打破传统社会保障政策体系的"孤岛"思维，成立由中央、粤、港、澳四方社会保障职能部门共同参与的顶层设计委员会，建立联席会议制度，设立常设办公室，针对三地社会保障可携性、便捷性和互通性的方案展开研究，定期协商处理三地社会保障制度的衔接难题，编制粤港澳社会保障事业发展规划，达成跨境政策创新共识。通过成立粤港澳社会保障工作联盟增强区域的联合规划能力，推动三地政策协调的常态化、制度化。

其次，港澳地区的社会保障事业具有良好的社会参与氛围和实践基础，可以通过搭建对话协商机制，促进粤港澳三地政府与相关社会组织、研究型智库、私人部门的常态化沟通，形成政府、商界与第三部门之间的社会福利合作机制，在政策出台征询意见阶段和政策评估阶段有效发挥民间机构的积极作用。

（二）开展社会保障深度合作示范基地试验

第一，深圳前海、广州南沙、珠海横琴是粤港澳深度合作的先行区，建议以这三大平台为支撑，先行先试探索粤港澳社会保障合作新机制，继续创新推进企业跨境参保服务，出台更多便利港澳居民在前海、横琴、南沙就业创业的社保服务新举措。

---

① 张树剑，黄卫平．新区域主义理论下粤港澳大湾区公共品供给的协同治理路径［J］．深圳大学学报（人文社会科学版），2020，37（1）：42-49.

第二，加强粤港澳地区老年人服务组织开展业务交流和人员培训，支持港澳投资者在广东省以独资、合资或合作等方式兴办养老社会服务机构。通过建设一批区域性跨境健康养老示范基地，探索将养老示范基地内设医养结合服务纳入医疗保险、长期护理保险定点协议管理保障范围。① 借鉴香港特区政府的“广东院舍住宿照顾服务试验计划”，将更多符合要求的养老机构纳入试验计划中，让在广东养老的港澳居民也可以享受到港澳特区政府的资助。

（三）创新社会保险规则衔接机制

粤港澳社会保障制度衔接的难点是养老保险和医疗保险的转换和衔接问题。首先可对目前三地在制度层面的共通点进行全面梳理，形成共同规则，其次是寻找三地制度上可能的对接点而进行适当衔接，最后由广东省政府与澳门特区、香港特区政府签订协议或修订法规，建立有利于共同发展的体制机制。②

在养老保险的衔接方面，澳门养老金与内地职业养老保险可转移衔接，分段累计缴费年限。澳门中央公积金可以与内地企业年金衔接，转移资金，按照所在地规则领取待遇。针对双重缴费问题，可以通过三地政府共同签订社会保障互免协议，规定在三地参加了任一强制性社会保障缴费制度的，可在另外两地免予参加当地相应类型的强制性社会保障制度。③

在医疗保险的衔接方面，遵循居住地参保和异地参保不影响原则，鼓励长期跨区域工作、生活的居民加入居住地的医疗保险制度，异地参保后也不会影响其在原居住地的医疗保障福利。为了保证医保资金在不同地区的衔接，可以考虑采用“按缴纳比例分别支付”的做法，根据参保人在不同地区的缴纳金额，按比例分别支付医疗费用。考虑到三个地区使用的货币不同，建议按照缴纳当年的年平均汇率来计算缴纳金额。依据不同跨区域就医类型（长期跨区域就医、临时跨区域就医、退休人员跨区域就医等）制定不同的报销方法。当前可以扩大医疗券在广东省“三甲”医院的适用范围，未来应探索建立跨区域统一报销结算的方案和平台。

（四）推进跨境社会保障的信息化建设

社会保障制度的衔接首先要实现信息共享，通过现代信息科技构建粤

---

① 苏炜杰．粤港澳大湾区养老服务业协同发展研究［J］．港澳研究，2021（1）：56-73.

② 梁理文．加强粤港澳大湾区民生合作的思考［J］．广东经济，2020（8）：14-19.

③ 谢华清．粤港澳大湾区社会保障衔接探究［J］．中国社会保障，2020（8）：54-55.

港澳三地社会保障的信息联通机制，切实提升跨境社会保障体系的信息化水平。一是构建粤港澳跨境社会保障政策与公共服务数据库①，发展智能化福利服务递送体系，提升跨境家庭和个人获取社会福利政策咨询、办理社会保障相关业务的可及性和便利性。二是构建粤港澳社会组织数据库，探索建立社会组织资格互认、数据共享、信息传递、交流合作的互联互通平台，有利于促进三地社会福利和慈善事业合作。三是构建跨境社会保险信息数据库，共享跨境参保记录，实现数据统计、信息通报、监督检查的功能，切实解决跨境人员社会保险的“双重覆盖”与“覆盖盲区”的难题，促进社会保障的公平公正性。特别应加快探索建立统一的跨区域就医结算平台，进一步完善跨境医疗费用的数字化结算、支付和资助环节，这是推进粤港澳医疗保障制度衔接的重要基础。

参考文献

[1] 国家统计局．第七次全国人口普查公报（第八号）——接受普查登记的港澳台居民和外籍人员情况［R/OL］．（2021-05-11）［2022-03-18］．http：//www.stats.gov.cn/tjsj/tjgb/rkpcgb/qgrkpcgb/202106/t20210628_1818827.html.

[2] 谢华清．粤港澳大湾区社会保障衔接探究［J］．中国社会保障，2020（8）：54-55.

[3] 张树剑，黄卫平．新区域主义理论下粤港澳大湾区公共品供给的协同治理路径［J］．深圳大学学报（人文社会科学版），2020，37（1）：42-49.

[4] 岳经纶，程璆．粤港澳大湾区社会福利制度的协同研究［R］//涂成林，苏泽群，李罗力．中国粤港澳大湾区改革创新报告（2020）．北京：社会科学文献出版社，2020.

[5] 苏炜杰．粤港澳大湾区养老服务业协同发展研究［J］．港澳研究，2021（1）：56-73，96.

[6] 吴伟东，帅昌哲．粤港澳大湾区的退休保障衔接方案研究［J］．港澳研究，2018（4）：66-74，93.

① 岳经纶，程璆．粤港澳大湾区社会福利制度的协同研究［R］//涂成林，苏泽群，李罗力．中国粤港澳大湾区改革创新报告（2020）．北京：社会科学文献出版社，2020.

[7] 覃曼卿．粤港澳大湾区养老保险跨境可携性问题探究［J］．特区经济，2021（9）：54-59.
[8] 郑功成．社会保障学［M］．北京：中国劳动社会保障出版社，2005.
[9] 曹云华．香港的社会保障制度［J］．社会学研究，1996（6）：56-65.
[10] 杨伟国，雷珂，张慧云．中国香港社会保障政策的变迁及启示［J］．北京航空航天大学学报（社会科学版），2016（7）：1-7.
[11] 黎熙元，严丽君．从港式自由主义到港式福利主义：回归后香港复利模式的转变［J］．当代港澳研究，2018（4）：149-167.
[12] 香港特别行政区政府社会福利署．综合社会保障援助计划［EB/OL］．（2022-03-31）［2022-03-31］．https：//www. swd. gov. hk/tc/index/site_ pubsvc/page_ socsecu/sub_ comprehens/.
[13] 香港特别行政区政府社会福利署．公共福利金计划［EB/OL］．（2022-03-9）［2022-03-21］．https：//www. swd. gov. hk/tc/index/site_ pubsvc/page_ socsecu/sub_ ssallowance/.
[14] 香港强制性公积金计划管理局．强基金制度背景［EB/OL］．［2022-03-21］．https：//www. mpfa. org. hk/mpf-system/background/why-mpf.
[15] 香港强制性公积金计划管理局．职业退休计划概览［EB/OL］．［2022-03-21］．https：//www. mpfa. org. hk/orso/overview.
[16] 香港特别行政区政府社会福利署．长者社区照顾服务券试验计划［EB/OL］．（2022-05-04）［2022-03-21］．https：//www. swd. gov. hk/tc/index/site_ pubsvc/page_ elderly/sub_ csselderly/id_ psccsv/.
[17] 香港特别行政区政府社会福利署．长者院舍住宿照顾服务券试验计划［EB/OL］．（2022-05-06）［2022-03-21］．https：//www. swd. gov. hk/tc/index/site_ pubsvc/page_ elderly/sub_ residentia/id_ psrcsv/.
[18] 刘祖云，田北海．老年社会福利的香港模式解析［J］．社会，2008（1）：164-190.
[19] 岳经纶．香港社会救助制度的发展及其对中国内地的借鉴［J］．暨南学报（哲学社会科学版），2017（7）：50-59.
[20] 魏健馨，马子云．澳门社会福利制度的比较优势及未来发展［J］．"一国两制"研究，2014（4）：154-159.
[21] 澳门特别行政区政府社会工作局．个人及家庭服务：经济援助［EB/

OL]. [2022-03-21]. https: //www. ias. gov. mo/ch/swb-services/individual-and-family-service/financial-assistance.

[22] 澳门特别行政区政府社会工作局. 个人及家庭服务：敬老金 [EB/OL]. [2022-03-21]. https: //www. ias. gov. mo/ch/swb-services/individual-and-family-service/subsidio_ para_ idosos.

[23] 澳门特别行政区政府社会保险基金. 社会保障制度 [EB/OL]. [2022-03-21]. https: //www. fss. gov. mo/zh-hans/social/social-intro.

[24] 澳门特别行政区政府社会保险基金. 非强制性中央公积金制度 [EB/OL]. [2022-03-21]. https: //www. fss. gov. mo/zh-hans/rpc/rpc-intro.

[25] 澳门特别行政区政府社会工作局. 2020 年工作报告 [R/OL]. [2022-03-21]. http: //www. ias. gov. mo/wp-content/uploads/file/ias_ report_ 2020.

[26] 澳门特别行政区政府卫生局. 澳门医疗保障制度研究报告 [R/OL]. [2022-03-21]. https: //www. ssm. gov. mo/docs/16852/16852_fd2f5777d77249598d338b103bdde3df_ 000.

[27] 姚坚. 1999 年回归以来澳门民生保障和社会善治建设 [J]. 行政管理改革，2019 (10)：4-10.

[28] 孙代尧，薛伟玲. 人口老龄化背景下的澳门社会保障制度 [J]. 港澳研究，2013 (1)：83-96.

[29] 王丽娅. 粤港澳三地社会保障制度的比较研究 [J]. 国际经贸探索，2010 (6)：45-52.

[30] 广东省人民政府办公厅. 广东省社会保障事业发展“十三五”规划 [EB/OL]. (2021-11-18) [2022-03-21]. http: //www. gd. gov. cn/attachment/0/478/478986/3775855.

[31] 香港特别行政区政府社会福利署. 综援长者广东及福建省养老计划 [EB/OL]. (2021-06-18) [2022-03-21]. https: //www. swd. gov. hk/tc/index/site_ pubsvc/page_ socsecu/sub_ portableco/.

[32] 广东省人民政府. 关于改革完善社会救助制度的实施方案 [EB/OL]. (2021-07-26) [2022-03-21]. http: //www. gd. gov. cn/gdywdt/gdyw/content/post_ 3368048. html.

[33] 张苗. 千帆阅尽，粤港澳社保融通共赢 [J]. 中国社会保障，2021 (11)：14-17.

［34］澳门特别行政区政府卫生局．居住于内地的澳门特别行政区居民医疗保险津贴计划［EB/OL］.（2022－01－05）［2022－03－22］. https：//www. ssm. gov. mo/apps1/rminsurance/ch. aspx#l20994.

［35］苏炜杰．粤港澳大湾区养老服务业协同发展研究［J］. 港澳研究，2021（1）：56-73.

［36］梁理文．加强粤港澳大湾区民生合作的思考［J］. 广东经济，2020（8）：14-19.

中国社会组织在“一带一路”沿线国家应急管理能力共建中的参与和合作*

韩金成**

摘　要：“一带一路”倡议的持续深入为中国社会组织“走出去”开展对外交流，扩大自身影响力，实现多元化发展提供了良好契机。特别是随着各类灾害事件的频发和新冠肺炎疫情的暴发，中国社会组织在“一带一路”安全共同体建设中的作用开始凸显。主要表现为：作为“一带一路”应急管理合作网络的构建者，中国社会组织开始制定和传播国际化标准，构建合作平台和网络，以服务提供者的身份开展协同治理；作为“一带一路”应急管理合作网络的参与者，中国社会组织的政策倡导者、项目助推者、风险识别者和服务承接者的身份日益得到巩固。中国社会组织在领导和参与“一带一路”应急管理合作网络的过程中也面临着自身独立地位受到威胁、所处法律环境复杂多样、内外部组织竞争激烈、公共舆论环境污名化等方面的风险，以及应急管理合作模式有待明确、合作角色有待明晰、合作范围有待拓展、共建成果有待深化、专业人才有待挖掘等方面的挑战。未来，中国社会组织需要从完善制度设计、找准主攻方向、加快平台建设、开辟人才培养新模式、实现转型和升级五个方面全面开创“一带一路”应急管理能力建设和合作网络建设的新图景。

关键词：“一带一路”；中国社会组织；应急管理；社会参与；社会合作

社会组织，常与民间组织、非政府组织、非营利组织、第三部门、公

---

* 本研究受到华侨大学高层次人才科研启动项目（21SKBS001）的资助。

** 韩金成，华侨大学政治与公共管理学院讲师，主要从事公共价值管理研究。

益组织等概念混用，是一种非国家行为体，主要包括社会团体、民办非企业、基金会等机构。社会组织作为介于政府与市场之间的第三部门，能够凭借其公益性、志愿服务、专业性、灵活性等功能特色，在全球治理体系中发挥不可替代的作用，为世界各国人民提供日益丰富的公共产品和服务。自2013年中国提出“一带一路”倡议以来，沿线各国社会组织充分利用“一带一路”倡议持续释放的合作共赢红利，全方位地参与地区治理与国际合作事务，在自然灾害防治、人道主义救援、对外援助等领域做出了巨大贡献，是“一带一路”建设中必不可少的参与者和合作者。但随着2019年12月新冠肺炎疫情暴发，疫情防控及其次生的应急管理事务很快地成为“一带一路”沿线各国社会组织工作的重心。以往社会组织关心的医疗卫生、扶贫救济、妇幼保护等议题几乎都要从全球新冠肺炎疫情的大背景下进行重新思考和布局。可以预见的是，在今后相当长的一段时间内，包括卫生安全、人口安全在内的国家和地区安全建设在“一带一路”共建中的地位会显著提升。2021年11月，中华人民共和国应急管理部举办“一带一路”自然灾害防治和应急管理国际合作部长论坛并发布《“一带一路”自然灾害防治和应急管理国际合作北京宣言》，提议共同建立“一带一路”自然灾害防治和应急管理国际合作机制。因此，未来在“一带一路”沿线各国间构建周边安全共同体这一设想已变得越发清晰，而社会组织在这一设想中的作用不可低估。

一直以来，“一带一路”沿线各国就存在着多重安全风险，传统安全风险和非传统安全风险相互交织，不仅有战争威胁、宗教冲突、民族矛盾等传统安全问题，而且还受到气候变化、流行性传染病、人口贩卖、恐怖主义等非传统安全问题的威胁。[①] 与之相对的另一大问题是，“一带一路”沿线各国所表现出来的安全风险治理能力存在着显著的差距，不少国家因治理失灵问题而进一步加大了安全赤字，更加不利于“一带一路”倡议的长期持续推进。因此，“一带一路”沿线各国特别是其中安全赤字明显的国家，需要先从加强应急管理能力建设着手，逐步提升治理效能。毫无疑问，“一带一路”倡议为沿线各国提供了应急管理能力共建契机。但需要注意的是，安全事务历来在国家间属于敏感问题，带有政府官方性质的干预途径

① 吴志成，王慧婷．“一带一路”建设中民间外交发展面临的机遇与挑战［J］．理论与现代化，2019（5）：37-43.

和手段，极易引发受援国人民的抵触和国际社会的"威胁论"论调。而社会组织因其所具有的民间性、中立性和志愿性特征，作为非政府行为体容易在受援国开展应急管理行动，进而在安全事务上持续与当地政府、企业和社会进行合作。可以说，社会组织是"一带一路"应急管理能力共建的一大重要新生力量，其未来在沿线各国安全事务中的作用不容小觑。

多年来，中国社会组织一直保持蓬勃发展的良好态势，在规模和实力上取得了较为优异的成绩。到 2020 年，中国各类社会组织已达 89.4 万个，全国社会组织捐赠收入 1059.1 亿元。[①] 中国各类社会组织在国内政治、经济、社会发展中的作用也日渐被人认可。中国各类社会组织在拉动投资、促进消费、直接创造 GDP、提升社会资本、促进就业、服务宏观调控等方面做出了重大突出贡献。从经济层面看，2019 年中国各类社会组织的 GDP 贡献估算值逾 6000 亿元。从社会层面看，截至 2020 年底，中国各类社会组织吸纳社会各类人员就业 1061.9 万人。从政治和行政层面看，作为第三方，中国各类社会组织在政府和公众之间发挥着中介作用：一方面，中国各类社会组织作为一股重要的协商力量，可以通过座谈会等形式参与到各级政府的治理实践中；另一方面，在政府购买服务背景下，中国各类社会组织作为公共服务承接者，为广大社会公众提供了多方位的公共服务。在肯定上述既有成绩的同时，也需要注意到中国社会组织一直以来无法克服的对外发展困境。虽然中国社会组织的数量已蔚为大观，但其中开展国际交流与合作的社会组织仍相对较少，国际及涉外组织类的社会组织仅有 500 多个，能够真正参与国际事务的不到 300 个，在联合国经济及社会理事会享有咨商地位的社会组织只有 72 个（含港澳台地区）。[②] 除了全球孔子学院、中国红十字会、中国扶贫基金会、爱德基金会等少数几个社会组织，目前中国社会组织在"走出去"过程中依然面临无固定项目、无固定资金支持、无长期工作人员、无固定办公场所的"四无"困境，这与中国越来越突出的国际地位极不相称。

最近几年，为了深入贯彻落实"一带一路"倡议以及加强自身建设和发展的需要，中国一些比较有实力的社会组织开始走出国门，在全球重大

---

① 2020 年民政事业发展统计公报. [EB/OL]. (2021-09-10) [2022-05-08]. http://www.mca.gov.cn/article/sj/tjgb/.

② 舒小立. 探索我国社会组织"走出去"的有效路径 [J]. 人民论坛, 2019 (26): 66-67.

安全事件应急管理活动中崭露头角。特别是2015年尼泊尔地震、2016年厄瓜多尔地震以及2019年新冠肺炎疫情发生后，中国社会组织高度参与到应急管理事务中，与国际组织、受援国政府开展密切合作，赢得了各界的广泛赞誉。以上种种论述已表明，在未来相当长的一段时间之内，中国社会组织可以选择以“一带一路”应急管理能力共建为窗口，全面打开对外交流领域。因此，本文对“一带一路”应急管理能力共建中中国社会组织的参与和合作展开研究，具有很强的理论价值和现实指导意义。

一、中国社会组织开展应急管理能力共建活动的意义

长期以来，国外社会组织在全球重大公共安全事件应急管理事务中发挥了显著的作用，赢得了受援国政府和人民的广泛认可与支持。面对后疫情时代全新的国内外局势，中国社会组织亟须抓住这一战略机遇期“走出去”，力争能够全方位、多层次地进行国际应急管理参与和合作。这是因为，一方面，对于中国政府对外布局而言，中国社会组织需要担负起国家所赋予的“一带一路”建设，特别是民心相通使命；另一方面，对于自身对外发展而言，中国社会组织以应急管理能力建设为突破口走出国门也面临着前所未有的现实有利条件。因此，中国社会组织开展“一带一路”应急管理能力共建行动使命重大、意义非凡。具体来说，主要体现为以下三个方面：

第一，中国社会组织开展“一带一路”应急管理能力共建活动对于沿线各国政府和人民而言势在必行。“一带一路”沿线各国地理环境复杂，社会经济发展水平较低，自然风险和社会风险对抗能力偏弱。以自然灾害为例，有数据显示，1980—2015年，“一带一路”沿线各国共发生4581个对社会造成一定损失的水灾、地震等自然灾害事件，其中大多数事件发生在东南亚地区、南亚地区和中国境内。此外，在全球新冠肺炎疫情大背景下，“一带一路”沿线各国出现了一定规模的粮食危机、难民危机等人道主义救援缺口，中国社会组织所能参与和合作的应急管理领域与安全保障工作大为扩展。中国社会组织以其自身优势参与区域间应急管理能力建设，契合于“一带一路”沿线各国的安全合作需要。因此，中国社会组织在“一带一路”沿线各国开展应急管理能力共建活动符合各国政府和人民的切实需要，具有广阔的发展想象空间。

第二，中国社会组织开展“一带一路”应急管理能力共建活动有利于确保全球价值链的正常稳定运行。作为全球价值链当中的必要一环，“一带一路”沿线国家社会组织的应急管理能力建设情况对于全球公共产品和服务的生产、流通和分配来说起着非常重要的作用。长期以来，在全球范围内，各类社会组织通过与自身和外界广泛开展参与、合作活动，不断地往网络化、系统化方向发展，从而形塑了大大小小的、彼此交叠的跨地区乃至全球性网络结构。① 这些全球范围内的社会组织所建构和所参与的无数网络结构是全球公共产品和服务进行生产、流通和分配的重要通路。其中，“一带一路”沿线各国在全球价值链中具有非常重要的地位，沿线各国借助全球性的分工活动也为自身的生存和发展带来了持续活力。而一旦全球价值链在“一带一路”沿线各国因重大危机事件而部分中断，那么将会给沿线各国和全世界带来不可估量的影响。因此，中国社会组织和“一带一路”沿线各国社会组织一道在已有社会组织网络结构的基础上进行修补、完善，甚至建立新的社会组织网络结构，就变得至关重要。而这需要中国社会组织和“一带一路”沿线各国社会组织一起在应急管理能力共建活动上下大气力。

第三，中国社会组织开展“一带一路”应急管理能力共建活动对于中国社会组织的对外发展意义重大。在“一带一路”沿线各国开展应急管理能力建设，有利于全面统筹中国国内和国际安全布局，将自身安全和共同安全融入“一带一路”倡议图景当中，从而有效提升中国的政治公信力和“一带一路”倡议的吸引力。因此，最近几年，以应急管理部为代表的中国政府部门高度重视“一带一路”应急管理建设工作，中国社会组织审时度势、主动出击，也收到了很好的效果。2015 年尼泊尔地震发生后，中国扶贫基金会和爱德基金会等中国社会组织首次以集体身份联合参与国际救援，在“走出去”的过程中获得了宝贵的跨国应急救援专业经验。而随着 2019 年新冠肺炎疫情暴发后，中国越来越多的社会组织开始主动发起海外抗疫援助，标志着中国社会组织应急管理能力的全面提升。

第四，中国社会组织开展“一带一路”应急管理能力共建活动有助于讲好中国故事并赢得世界性认可。社会组织是中国政府和企业在“一带一

① 黄浩明．我国社会组织国际化战略与路径研究［J］．学会，2014（9）：5-16，24.

路"建设过程中密切联系各国人民的重要帮手，中国社会组织以急"一带一路"沿线各国人民之所急为对外工作中心，能够帮助中国政府和企业进一步打开对外交流合作的局面。目前，中国社会组织已逐步承担起"一带一路"民心建设的重要任务，中国社会组织所开展的各项对外援助工作也已成为"一带一路"共建中的一道靓丽风景线。2019 年 4 月，在第二届"一带一路"国际合作高峰论坛"民心相通"分论坛上，中国正式发起"丝路一家亲"行动。自行动实施以来，中国社会组织已与"一带一路"沿线各国社会组织建立约 600 对合作伙伴关系，共同合作开展了 300 多个涉及卫生健康、妇女儿童、扶贫救助、环保公益等领域的民生合作项目。[①] 中国社会组织参与"一带一路"应急管理建设的光辉事迹为讲好中国故事提供了生动的素材，沿线各国人民也通过中国社会组织所开展的国际人道主义援助更好地认识了中国。

虽然社会组织在"一带一路"沿线各国应急管理工作格局中不是第一责任主体，但其所发挥的引领和推动作用无可替代。"一带一路"应急管理合作网络的建构与实施能够为沿线各国社会组织奠定人道主义救援的联合通路，不同类型和角色的社会组织都可以根据自身使命与目标在自然灾害防治、流行性传染病救治等领域发挥作用。中国社会组织需要紧紧把握住世界形势急剧变化和中国政府治理转型的时代命脉，将自身使命和愿景融入中国对外开放发展的快车道，以应急管理能力共建为突破口，在地区和国际安全领域抢占滩头、开辟新阵地。在这一过程中，中国社会组织也能够将自身锻炼成为维护国家安全、促进民间交往和提升国家形象的国家的坚实臂膀。

二、中国社会组织在应急管理能力共建中的角色定位

"一带一路"沿线各国政府、企业和社会组织间加强联系，共建合作伙伴关系和互通网络是"一带一路"倡议顶层设计的核心要义之一。在全面落实"一带一路"倡议的过程中，对中国社会组织的定位经历了从模糊到清晰的转变过程。如今，政界、商界和学界一个逐渐形成的共识是中国社会组织既可以作为排头兵引领民间力量，又可以作为护航员配合政府行动。

① 杨逸夫."一带一路"建设结硕果：惠及世界的中国方案［N］.光明日报，2022-03-29（05）.

在新冠肺炎疫情防控领域，中国社会组织有时机、有能力、有信心以构建者的身份创建“一带一路”应急管理合作网络。而在其他应急管理领域，中国社会组织作为参与者、学习者、追赶者也应该不断扩大自身在“一带一路”应急管理合作网络中的影响力。对于大多数中国社会组织来说，能够以参与者的身份融入“一带一路”应急管理合作网络已实属不易。而对于已身处合作网络的中国社会组织来说，要找准自身定位，学会“踩线而不越线”，在尽可能提升自身影响力的同时遵守法律法规的要求。

（一）中国社会组织是应急管理合作网络的构建者

总体来说，想要成为区域性和国际性应急管理合作网络的构建者，中国社会组织从能力上看还稍显稚嫩，从经验上看还较为不足。但中国社会组织注意审时度势、把握机遇，通过采取一步一个台阶、步步为营、稳扎稳打的行动战略，针对“一带一路”沿线各国的现实需要，在充分利用自身特长的基础上向外全面探索应急管理合作领域，当前已在新冠肺炎疫情防控这一应急管理热点领域取得了不小突破。

第一，开始作为主要提出者制定和传播国际化标准与规范。在向海外开展新冠肺炎疫情防控援助工作时，中国社会组织开始作为国际化标准的制定者和传播者发挥重要影响。例如，在新冠肺炎疫情暴发初期，由马云公益基金会和阿里巴巴公益基金会联合发起并资助，浙江大学医学院编写的《新冠肺炎防治手册》，为全世界提供了针对患者不同分型的救治原则及诊疗经验。[①] 有的“中字头”社会组织甚至主动承担起了国际化标准指导者的角色。例如，中国红十字会一方面通过分享国际人道主义援助的成功经验，提升了国内相关社会组织对国际化标准的认识；另一方面，中国红十字会还向伊朗等“一带一路”沿线国家派出专家团队，分享疫情防控知识和经验。[②]

第二，加强合作平台建设，构建跨地区乃至全球合作网络。作为平台构建者，中国社会组织在合作网络中居于中心或枢纽地位。2015 年尼泊尔地震发生后，中国社会组织会同联合国开发计划署（中国办公室）、亚洲基

---

① 马云公益基金会、阿里巴巴公益基金会联合一线医生向全球提供新冠肺炎防治临床经验［EB/OL］.（2020-03-18）［2022-05-09］. https：//www. mayun. xin/news/jmf-19318.

② 胡明山 . 中国社会组织的海外抗疫：跨界抱团，覆盖六大洲上百个国家［EB/OL］.（2020-03-28）［2022-05-10］. http：//m. mp. oeeee. com/a/BAAFRD000020200328292643. html.

金会等国际伙伴，依托北京师范大学成立了“尼泊尔4·25地震中国社会组织应急响应协调中心”，搭建了信息协同平台，成为中国社会组织构建跨国合作交流网络的首次尝试。[①] 而在全球新冠肺炎疫情期间，中国社会组织通过网络新媒体举办线上研讨会的形式和国内外政府、企业、学术机构开展互动与合作已屡见不鲜。例如，由联合国开发计划署驻华代表处、商务部中国国际经济技术交流中心和深圳市国际交流合作基金会三方共同发起成立的中国（深圳）社会组织“走出去”能力建设与交流合作平台（简称Value Plus），项目为期三年（2019—2021），助力中国社会组织参与国际抗疫行动，融入“后疫情时代”国际合作。[②] 由中国民间组织国际交流促进会等中国社会组织发起的“丝绸之路沿线民间组织合作网络国际抗疫线上交流系列活动”，涉及柬埔寨、缅甸、马来西亚、南非、塞尔维亚、意大利、巴西、秘鲁等“一带一路”沿线国家。[③] 中央党校（国家行政学院）应急管理培训中心（中欧应急管理学院）根据自身的学术专业优势，搭建了“一带一路”应急管理交流合作平台，也取得了初步成效。

第三，直接作为应急管理服务的提供者进行协同治理。当前，中国社会组织对外提供的常态化援助项目主要涉及减贫、医疗卫生、基础设施改善等领域，惠及“一带一路”沿线各国人民。[④] 特别是在一些落后国家或地区，中国社会组织可以在当地政府的授权下直接向公众提供包括粮食援助在内的一系列国际人道主义援助。在开展国际救援时，中国社会组织可以充分利用自身专业以及人脉优势，联合当地救援组织，承担人员搜救、伤员救治、救灾减灾等任务。2016年厄瓜多尔地震发生后，中国扶贫基金会第一时间就启动救援行动，联合当地志愿者组织开展了灾情排查、伤员救助、医疗巡诊、防疫消杀等一系列针对灾区民众的救援工作，受到灾区民

① 南都公益基金会．“尼泊尔4·25地震中国社会组织应急响应协调中心”紧急启动［EB/OL］．（2015-04-27）［2022-05-11］．http：//www.naradafoundation.org/content/4482.

② 深圳市国际交流合作基金会．抗疫进行时：中国社会组织参与国际抗疫线上经验分享会成功举办［EB/OL］．（2020-05-01）［2022-05-11］．https：//sfiec.org.cn/whatsNew/Inner/246.

③ 刘洪才．发挥民间社会组织作用 推动“一带一路”民心相通［EB/OL］．（2020-06-03）［2022-05-13］．http：//www.rmzxb.com.cn/c/2020-06-03/2588229.shtml.

④ 康晓丽．中国涉外民间组织参与全球治理的战略与机制研究［J］．太平洋学报，2020，28（12）：16-29.

众的广泛赞许。[①] 在开展国际新冠肺炎疫情防控援助时，众多的中国社会组织将国内募集到的大量疫情防控医疗物资输送到了受援助国家。2020 年 3 月，中国民间组织国际交流促进会发起了“丝路一家亲”民间抗疫共同行动，协调中国社会组织向很多国家捐赠了医疗器械、防疫物资和中医药品等社会必需公共物品。在国家援外统一部署下，中国红十字会承担起了中国社会组织援外协调总任务，成立用于海外援助的“抗疫国际人道援助基金”，先后向几十个国家发运超亿元的抗疫国际人道援助物资。

第四，对接多方行动主体，开展社会公共物品的递送服务。中国社会组织根据自身优势和对方需要，在受援国当地寻找越来越多的“属地伙伴”是构建“一带一路”应急管理合作网络的一种重要模式。[②] 在开展国际新冠肺炎疫情防控援助时，中国社会组织采取灵活多样的对接方式进行跨界合作，与当地政府、行业交流平台以及在外商会、侨团合作。[③] 既有采取独立性对接方式进行一对一合作运营国际抗疫合作项目的形式，也有采取抱团和联盟形式共同援助的集体性对接方式。中国社会组织通过灵活多样的“属地伙伴”对接方式，形塑出多种形式的“一带一路”应急管理合作网络，便于相关各方全方位、多渠道地开展社会公共物品的递送服务。

中国社会组织在参与“一带一路”建设的过程中，能够依靠自身的优势、凭借多方的支持，建立起包括社会组织、政府、企业等多元主体在内的应急管理服务平台和网络，是中国社会组织集群化、国际化发展的重要途径。面对这样的应急管理能力共建形势，有学者建议，可以先结合各方优势在区域层面上建立一个应急管理的联动机制，通过这一机制实现多方的参与和合作，最终迈向构建综合性协调和支持网络。

（二）中国社会组织是应急管理合作网络的参与者

总体来说，作为国际性应急管理合作网络的参与者，中国社会组织在合作网络中往往处于次级或边缘地位。作为网络行动的支持者，倡导、助推和监督作为典型的话语-行动参与行为，能够为合作网络注入新的活力。此外，作为中国政府和企业对外建设项目的重要帮手，中国社会组织通过

---

① 中国扶贫基金会．厄瓜多尔国际人道救援项目简介［EB/OL］．(2016-04-23)［2022-05-19］．http：//www.cfpa.org.cn/project/GJrdjyProject.aspx？tid=41.

② 黄浩明．我国社会组织国际化战略与路径研究［J］．学会，2014（9）：5-16，24.

③ 胡明山．中国社会组织的海外抗疫：跨界抱团，覆盖六大洲上百个国家［EB/OL］．(2020-03-28)［2022-05-10］．http：//m.mp.oeeee.com/a/BAAFRD000020200328292643.html.

承包和递送公共产品与服务的方式嵌入合作网络中，也是提升自身网络影响力的重要方式。

第一，作为区域或全球政策的倡导者。中国社会组织可以通过议程设定、参与政策决议的方式进行政策倡导。近年来，国家安全问题成为全球治理中的重要议题。在中国边疆地区，社会组织在跨境合作当中的作用日益突出，中国和周边国家的社会组织可以就恐怖分裂活动、民族宗教矛盾、毒品贩卖、自然灾害等一些共有性的社会安全议题，开展跨境性的组织合作，形成内外联动的治理体系。① 在气候变化、生物安全等全球性重大决策议题上，中国社会组织代表应当学习扮演民间外交人员的角色，以倡导者的身份配合中国政府参与国际会议谈判，不断提升自身在全球安全事务上的影响力。

第二，作为公共服务项目的助推者。作为助推者，中国社会组织的动员对象是广大民众，主要配合中国政府和企业开展项目援助相关工作。中国社会组织的助推作用主要表现在通过倾听项目受援国当地群众的需求并加以沟通和引导，从而起到提升项目满意度的效果。② 中国社会组织在自然灾害防治、医疗卫生、抢险救援等应急管理领域表现出来的专业能力，也能够引导和帮助中国项目企业切实履行社会责任，从而进一步降低援助项目的风险。③

第三，作为国外风险来源的识别者。中国社会组织中的各种行业协会和学术团体可以通过调查、协调、质询、谈判等方式为“一带一路”沿线国家具体行动的相关企业和其他类型的社会组织建言献策，为各类合作项目提供论证支持。例如，在一些较为敏感的应急管理领域，中国行业协会类社会组织和学术团体类社会组织较为熟悉受援国的政治、法律、社会环境，不但可以直接帮助中国企业和其他类型的社会组织认识新环境中的风险因素，还可以利用自己已建立的合作关系对各方权益进行协调。

第四，作为公共服务项目的承接者。2021 年 10 月，我国《对外援助管

① 张茂一，陈天柱．“一带一路”建设对西部边疆社会治理的影响及对策［J］．前沿，2020（5）：71-77.

② 沈海燕．“一带一路”背景下社会组织在对外援助中的作用及实现路径［J］．大连海事大学学报（社会科学版），2021，20（5）：82-86.

③ 仇墨涵，刘培峰．“一带一路”背景下中国社会组织国际化问题与建议［J］．湘潭大学学报（哲学社会科学版），2019，43（6）：143-149.

理办法》正式施行，中国社会组织正式被纳入中国对外援助工作体系中。当新冠肺炎疫情在全世界蔓延后，商务部和外交部、中共中央对外联络部以及国家国际发展合作署等机构通过委托执行、购买服务等方式，鼓励、引导和支持中国社会组织通过“南南合作”援助基金等方式，参与对外援助工作，以开展公益项目的形式与当地政府、企业和社区共建合作网络。① 一些实力和经验较弱的中国社会组织还可以通过借力国际组织的方式实现自身发展壮大。例如，主动申请联合国项目，寻求与国际组织的合作，学习借鉴国际组织先进的项目管理与运营经验。②

三、中国社会组织在应急管理能力共建中的风险与挑战

在全球新冠肺炎疫情的大背景下，全世界的社会组织迎来了新一轮的“洗牌期”。中国社会组织选择“走出去”，在“一带一路”沿线各国开展应急管理能力共建活动，也必然会经受一些前所未有的风险和挑战。

（一）中国社会组织在应急管理能力共建中的风险

第一，自身的独立地位受到影响。资金来源逐渐单一化是国内外社会组织普遍经历的一个现实情况。对于中国社会组织而言，资金来源依赖于政府拨款的比例远高于其他国家，这不利于中国社会组织长期良性的发展。此外，中国社会组织参与应急管理能力共建活动本身也会给自己带来风险。一些国外社会组织正逐渐成为“一带一路”共建网络中的重要风险来源，中国社会组织在与国外社会组织进行项目合作过程中要时刻警惕对方是否在项目内容中融入了政治目的。③ 因此，对于国内社会组织而言，在“走出去”过程中，需要注意提升风险意识，强化自身风险管理能力。

第二，面临的法律环境复杂多样。中国社会组织在“一带一路”沿线各国面临的法律和制度环境各异，截至目前国际社会对社会组织的法律规制与政策监管仍存在着不少争议。“一带一路”应急管理能力建设涉及卫生安全、人口安全等不少国家安全领域，各国政府对外国社会组织的经营活

① 沈海燕．“一带一路”背景下社会组织在对外援助中的作用及实现路径［J］．大连海事大学学报（社会科学版），2021，20（5）：82-86.

② 王淑婕．“一带一路”背景下青海社会组织“走出去”可行模式研究［J］．青藏高原论坛，2020，8（2）：13-18.

③ 康晓丽．中国涉外民间组织参与全球治理的战略与机制研究［J］．太平洋学报，2020，28（12）：16-29.

动范围有着不同的规定。因此，中国社会组织在一些政治环境不稳定、监管措施严格的国家需要特别注意对自身经营活动开展合法性审查，以避免不必要的误解或争端。

第三，内外部组织竞争越演越烈。从全球社会组织外部来看，市场中的跨国公司、平台企业等新兴主体逐渐渗透进社会诸领域，公众的个人化生活日益受到市场力量的干预。从全球社会组织内部来看，除一些欧美发达国家之外，广大的“一带一路”沿线各国社会组织在全球治理体系中的数量少、地位低、话语权弱。因此，对于中国社会组织而言，如何从日益激烈的内外部组织竞争中寻求更多的合作机会，是一个普遍性的难题。

第四，公共舆论环境呈现污名化。一方面，随着保护主义思想及保守主义势力的抬头，不同国家和地区人民间的结社热情逐年下降；另一方面，某些西方国家以文明冲突和意识形态竞争为由对来自不同文明和意识形态国家的社会组织进行污名化。[①] 这就导致从全球范围看，各国人民对区域性、国际性社会组织的认同感变弱，甚至有的国家的政府和民众开始怀疑外国社会组织的合作动机。因此，中国社会组织如何积极应对民族主义和民粹主义风险，在对外交往中寻求广泛的团结与合作是一个重大的研究与实践课题。

（二）中国社会组织在应急管理能力共建中的挑战

第一，应急管理合作模式有待明确。中国社会组织在开展区域化和国际化应急管理能力共建活动之前，需要对自身的对外发展战略和所采取的对外合作模式进行合理定位。其中，对外发展战略应当契合受援国的政治、法律和社会环境要求，并及时予以动态调整；对外合作模式则应当根据应急管理共建领域和事项的实际情况，在对外发展战略的指导下，找准自己的应急管理服务角色和应急管理服务范围。

第二，应急管理合作角色有待明晰。未来的中国社会组织在“一带一路”沿线各国开展应急管理合作，需要做好内部的角色分工和外部的角色定位两方面的认识工作。在“走出去”之前，中国社会组织应当“化零为整”，作为一个整体做好系统内分工，从而避免中国社会组织“扎堆竞争”；在“走出去”之后，中国社会组织应当“化整为零”，按照既定的角色分工

---

① 邵任薇，文英，刘颖．“一带一路”背景下社会组织“走出去”的风险防控——以广东为例［J］．广东行政学院学报，2021，33（2）：37-44.

计划，在与受援国的活动接触中因地制宜地找准自身的角色定位。

第三，应急管理合作范围有待拓展。目前中国社会组织所开展的应急管理合作主要集中于事后的人道主义救援服务，在事前的防灾备灾事务和事中的减灾事务上缺乏与受援国的合作，应急管理合作范围较为狭窄。当然，未来在拓展应急管理合作范围的过程中，中国社会组织需要注意自己有可能受到受援国政府的安全性审查，因此所能开展的应急管理合作事务必然存在着一定的限度，这就要求中国社会组织及时追踪受援国的相关法律和政策要求。

第四，应急管理共建成果有待深化。目前中国社会组织所开展的应急管理合作尚处于“官热民冷”的阶段，各项应急管理共建活动直接对接的是受援国政府，受援国民众大多作为对公共产品和服务有需求的顾客与中国社会组织进行接触，中国社会组织所取得的应急管理共建成果很难广泛惠及受援国人民。因此，中国社会组织需要及时将应急管理共建成果向外界展示和输送，进一步打好“宣传牌”和“民情牌”，提升“一带一路”沿线各国人民在应急管理共建活动中的参与感和获得感是维系与扩大共建成果的必由之路。

第五，应急管理专业人才有待挖掘。从长远来看，人才是决定中国社会组织国际化发展水平的重要因素，直接影响着中国社会组织的应急管理合作建设能力。因此，中国社会组织亟须培养一批具有国际化视野的应急管理专业人才，他们不仅需要具有出色的外语表达能力，而且能够熟练掌握应急管理领域的专业知识和技能。[①] 这样的国际性应急管理专业人才需求要求中国政府、高校、社会组织等机构在人才培养模式上进行创新，加强紧密合作，形成一套孵化国际性应急管理专业人才的三方合作生产机制。

全球新冠肺炎疫情成为“一带一路”应急管理能力建设的分水岭，同时也给中国社会组织“走出去”带来了一系列的风险和挑战。作为中国海外安全保障体系中的重要组成部分，[②] 面对复杂多变的国际安全环境，中国社会组织自身必须做大做强，将风险和挑战逐步转化为发展机遇和有利条件。

---

① 康晓丽．中国涉外民间组织参与全球治理的战略与机制研究［J］．太平洋学报，2020，28（12）：16-29.

② 赵明昊．“一带一路”：互联互通新外交［M］．北京：商务印书馆，2020.

四、中国社会组织在应急管理能力共建中的发展路径

对于“一带一路”沿线各国社会组织而言，在全球新冠肺炎疫情这一大背景下，构建应急管理合作网络并积极参与其中变得势在必行。中国社会组织同样也敏锐地认识到了“走出去”合作对抗风险的发展趋势，并逐渐在新冠肺炎疫情防控等国际性应急管理领域发挥影响力，越来越成为中国参与国际社会人道主义援助的一股重要力量。未来一段时间，是中国社会组织在“一带一路”沿线各国乃至全球铺设应急管理合作网络的重要机遇期，这也将在很大程度上决定着中国社会组织能否真正参与国际重大事务。因此，中国社会组织只有乘势而上，扎扎实实把“一带一路”应急管理能力共建工作干好并以此为突破口，才有可能大幅度缩小与欧美发达国家社会组织的地位差距，开创对外发展的新格局。具体来说，需要做好以下五个方面的工作：

第一，完善社会组织应急管理能力建设的制度设计。社会组织应急管理能力建设需要遵循“共商共建共享”原则，这离不开制度的有力规范和政策的有效支持。对于中国政府来说，一方面，应加快相关立法，突破关税、外汇管理等政策瓶颈，优化行政审批流程，为中国社会组织“出海”保驾护航；① 另一方面，也可以尝试设立“一带一路”应急管理能力建设专项扶持资金，给参加“一带一路”沿线各国开展人道主义援助的中国社会组织提供专项补贴。在中国，“一带一路”建设工作领导小组全面部署“一带一路”安全保障工作。因此，中国社会组织还要学会争取立法、公安、财政等相关职能部门的支持，探索包含政府、企业、高校等多元主体在内的复合型合作新模式。

第二，找准社会组织应急管理能力建设的主攻方向。社会组织应急管理能力主要由组织能力、募捐能力、舆情处置能力、社区下沉能力四个方面构成。在组织方面，需要以党建工作引领中国社会组织应急管理能力建设，通过凝聚共识的方式提升社会组织的向心力。在资金来源方面，“一带一路”沿线各国社会组织可以充分利用“南南合作”基金，以应急管理能力共建为窗口进一步打开民间外交格局。在舆情处置方面，中国社会组织

---

① 胡明山．中国社会组织的海外抗疫：跨界抱团，覆盖六大洲上百个国家［EB/OL］.（2020-03-28）［2022-05-10］. http：//m. mp. oeeee. com/a/BAAFRD000020200328292643. html.

需要主动出击、敢于竞争，学会掌握话语权，为“一带一路”建设做好宣传工作。在社区下沉方面，需要以深入基层、密切联系群众为途径，充分发挥中国社会组织对敏感性、脆弱性群体的关怀和帮扶。

第三，共同成立“一带一路”应急管理能力建设平台。平台化是未来社会组织应急管理合作网络建设的重要方向，中国社会组织可以借助国家已有的各类“一带一路”建设平台，以对外联盟的方式成立“一带一路”应急管理能力建设平台。在某些关键性领域，中国社会组织要积极开展对口交流活动，搭建交流合作平台，构建常态化合作机制，实现“集群式”发展。[①] 中国社会组织还需要特别重视“一带一路”应急管理数据库的建设，搭建中国社会组织涉外应急管理信息系统。

第四，开辟社会组织应急管理高素质人才培养新模式。最近几年，广东省在开辟社会组织应急管理高素质人才培养新模式上取得了较好的成绩。广东省以高校、企业为依托开辟社会组织高素质人才培养新模式，目前已成立广东省社会组织管理学院、广东省“一带一路”职业教育联盟、广州市社会组织研究院等培养机构，可以通过联动政府和社会，开创社会组织培训品牌，培育和输送应急管理人才。[②] 中国其他地区的政府和社会组织可以充分借鉴广东省的成功经验，在社会组织应急管理高素质人才培养上下大功夫，为地方和对外交往储备一批高素质的专业人才。

第五，围绕应急管理能力建设实现社会组织的新发展。抗压、抗风险、抗逆力能力成为世界各国社会组织生存与发展的必然要求。对于绝大多数的社会组织来说，积极主动参与并广泛寻求合作是从外部环境获得资源和支持，提升自身影响力，规避生存与发展困境的必要手段。中国社会组织如果不选择顺应外部环境的发展变化，积极地做出改变，就有可能从经营风险走向生存困境。“一带一路”倡议带来的大量参与和合作机会为中国社会组织的转型与升级提供了更多可能性。因此，将外部危机转变为自身发展机遇，围绕应急管理能力建设实现自身转型和升级，是未来中国社会组织发展的必由之路。

---

① 车广杰．重大公共安全事件中社会组织参与应急管理分析报告——北京经验［M］//黄晓勇．中国社会组织报告（2020）．北京：社会科学文献出版社，2020.

② 邵任薇，文英，刘颖．“一带一路”背景下社会组织“走出去”的风险防控——以广东为例［J］．广东行政学院学报，2021，33（2）：37-44.

参考文献

[1] 吴志成，王慧婷．“一带一路”建设中民间外交发展面临的机遇与挑战［J］．理论与现代化，2019（5）：37-43.

[2] 舒小立．探索我国社会组织“走出去”的有效路径［J］．人民论坛，2019（26）：66-67.

[3] 黄浩明．我国社会组织国际化战略与路径研究［J］．学会，2014（9）：5-16，24.

[4] 康晓丽．中国涉外民间组织参与全球治理的战略与机制研究［J］．太平洋学报，2020，28（12）：16-29.

[5] 张茂一，陈天柱．“一带一路”建设对西部边疆社会治理的影响及对策［J］．前沿，2020（5）：71-77.

[6] 沈海燕．“一带一路”背景下社会组织在对外援助中的作用及实现路径［J］．大连海事大学学报（社会科学版），2021，20（5）：82-86.

[7] 仇墨涵，刘培峰．“一带一路”背景下中国社会组织国际化问题与建议［J］．湘潭大学学报（哲学社会科学版），2019，43（6）：143-149.

[8] 王淑婕．“一带一路”背景下青海社会组织“走出去”可行模式研究［J］．青藏高原论坛，2020，8（2）：13-18.

[9] 邵任薇，文英，刘颖．“一带一路”背景下社会组织“走出去”的风险防控——以广东为例［J］．广东行政学院学报，2021，33（2）：37-44.

[10] 赵明昊．“一带一路”：互联互通新外交［M］．北京：商务印书馆，2020.

“一带一路”沿线国家劳动力跨国流动趋势研究

王焕芝　林舒琪*

摘　要：随着“一带一路”倡议的深入开展，中国与沿线国家的合作互动带来日趋频繁的国际人口迁徙运动，中国与沿线国家劳动力跨国流动的趋势日益显现。目前，中国劳动力在“一带一路”沿线国家的区位选择上总体相对集中，尤以东南亚国家最为集中，但由于“一带一路”沿线国家劳动力市场发展情况、市场制度、市场风险等存在差异，因而不同形式的劳动力在区位选择上仍存在些许差异。本研究以东南亚国家中的新加坡和泰国为例，探讨在所处的劳务市场发展情况、外籍劳务政策与外籍劳务风险多有不同的情况下，“一带一路”沿线国家如何发展适合本国国情的劳动力跨国流动模式。

关键词：“一带一路”；劳动力跨国流动；外籍劳务政策

“一带一路”倡议自 2013 年提出以来，至今已经进入持续推进建设的第 10 个年头，截至 2022 年 3 月，本着求同存异的基本原则，“一带一路”倡议已经获得了全球 149 个国家、32 个国际组织的共建支持，将触角由亚欧延伸至非洲、拉美、南太平洋等区域。① 2022 年全国两会政府工作报告中，多次提到共建“一带一路”，再次传递了中国坚定不移地共建“一带一路”高质量发展的决心，强调坚持共商共建共享，巩固互联互通合作基础，

---

* 王焕芝，华侨大学政治与公共管理学院教授，主要从事侨务政策与闽台区域治理研究；林舒琪，华侨大学政治与公共管理学院硕士研究生，研究方向：侨务政策与闽台区域治理。

① 徐秀军. 共建“一带一路”共享繁荣发展［EB/OL］.（2022-04-27）［2022-05-08］. https://news.gmw.cn/2022-04/27/content_35692177.htm.

扩大高水平对外开放，推动外贸外资平稳发展。① 从中国"一带一路"基础数据库公布的数据来看（图1），自"一带一路"倡议提出以来，我国实际利用外资额保持稳步增长，得到广泛关注和积极反响，拓展了对外经贸合作水平。

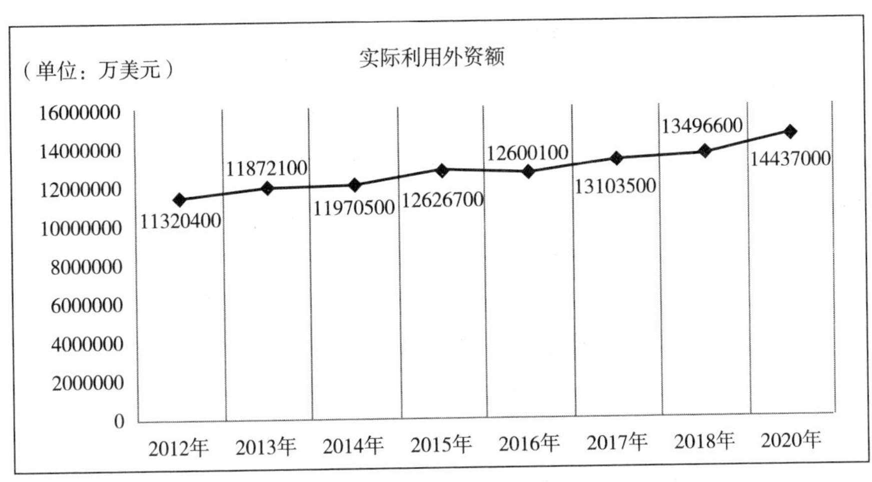

图1　2012—2020年中国实际利用外资额情况

（数据来源：中华人民共和国国家统计局．中国统计年鉴［M］．北京：中国统计出版社，2021，11-13.）

根据世界银行数据库公布的数据，"一带一路"倡议提出的前5年，即2008—2012年，沿线国家国内生产总值合计约101万亿美元，而"一带一路"倡议提出的后5年，即2013—2017年，沿线国家国内生产总值合计约141万亿美元，GDP增长幅度高达39.6%。② 纵观"一带一路"倡议持续开展以来的国内、国际经济形势，在中国企业"走出去"与"融进去"的背景下，以"和平与发展"为核心牵引的"一带一路"倡议无疑为我国及沿线国家带来了良好的经济效应和经济发展新契机。

随着"一带一路"倡议的深入开展，我国对外投资与进出口存量的持续增长，经济发展利好格局的形成，中国与"一带一路"沿线国家的合作互动将带来日趋频繁的国际人口迁徙运动，促进劳动力跨国流动。同时，

① 2022年全国两会：政府工作报告中的"一带一路"［EB/OL］．中国"一带一路"网，（2022-03-05）［2022-05-08］．https：//www.yidaiyilu.gov.cn/xwzx/gnxw/226286.htm.

② 曹翔，李慎婷．"一带一路"倡议对沿线国家经济增长的影响及中国作用［J］．世界经济研究，2021（10）：13-24，134.

在中国国际移民的兴盛期，中国对外承包工程以及对外劳务合作的规模日渐扩大，意味着在“一带一路”背景下，具有中国特色的国际移民体系和劳动力跨国流动体系已经形成并发挥着强大的辐射作用，对中国及沿线国家产生长远影响，深刻地改变国际迁移格局。①

一、中国劳动力跨国流动区位选择偏向“一带一路”沿线国家的趋势明显

在“一带一路”背景下，中国劳动力跨国流动规模不断扩大。根据2019年全球国际移民存量数据，中国已成为世界第三大移民输出国，约输出移民1073.23万人。较2015年，新增移民输出存量57.06万人，增幅约为5.62%，移民输出数量仍在不断上涨，劳动力跨国流动增幅较大。② 根据侨汇汇入金额排前列的国家数据（表1），2018年，侨汇汇入金额最高的前五位国家中，印度和中国接收的侨汇远超其他国家，均高于670亿美元，中国成为世界上第二大侨汇汇入国，说明规范的中国劳务移民与劳动力跨国流动已形成一定规模，成为我国经济增长和社会发展的关键动力。

表1　2015年、2018年侨汇汇入金额排前列的国家

（单位：亿美元）

	2015年		2018年	
1	印度	689.1	印度	786.1
2	中国	639.4	中国	674.1
3	菲律宾	298.0	墨西哥	356.6
4	墨西哥	262.3	菲律宾	338.3
5	法国	240.6	埃及	289.2
6	尼日利亚	211.6	法国	264.3
7	巴基斯坦	193.1	尼日利亚	243.1
8	埃及	183.3	巴基斯坦	210.1

① 梁在，王楠．中国和21世纪的国际移民研究［J］．学术月刊，2021，53（8）：123-134.

② International migrant stock 2019［EB/OL］. United Nations, Department of Economic and Social Affairs,［2022-05-08］. https://www.un.org/en/development/desa/population/migration/data/estimates2/estimates19.asp.

续表

	2015 年		2018 年	
9	德国	158.1	德国	173.6
10	孟加拉国	153.0	越南	159.3

（数据来源：全球化智库（CCG）．《世界移民报告 2020》［C］//《世界移民报告》．国际移民组织（IOM）．2019：36.）

同时，根据我国对外经济合作中的对外劳务合作参数可以直观地看出，自 2013 年"一带一路"倡议启动以来，我国对外劳务合作派出人员呈平稳增长趋势（图 2），中国劳动力跨国流动得到长足发展。

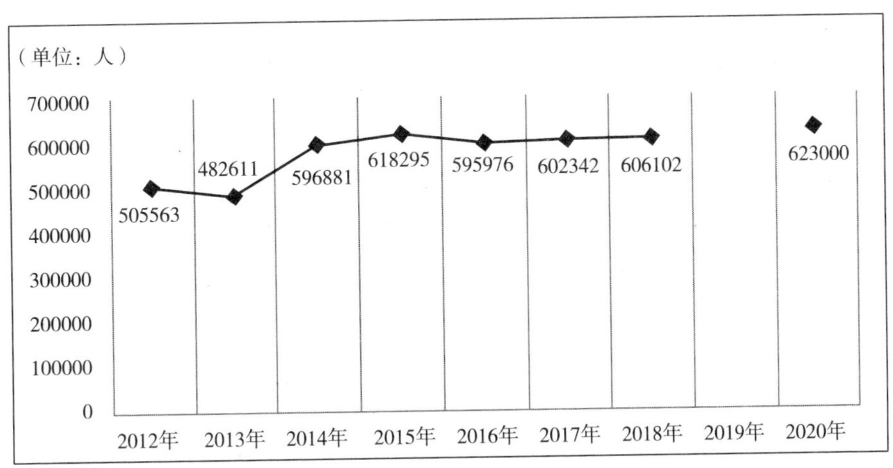

图 2　对外劳务合作年末在外人数（2012—2020 年）

（数据来源：中华人民共和国国家统计局．中国统计年鉴［M］. 北京：中国统计出版社，2021，11-21.）

早期中国劳动力跨国流动主要集中在美国、日本、加拿大、澳大利亚等发达国家，这些国家尤其受永久性移民和留学生的青睐和欢迎，但由于近年来反全球化势力抬头所导致的国际形势变化，主要西方发达国家倾向于实施更为严格且更具政治化色彩的移民政策。① 比如，美、英两国加高投资移民门槛，为经济发展定制企业家移民政策；由东道国经济状况形成的劳务移民、就业岗位与

① Hein de Haas, Stephen Castles, Mark J. et al. The Age of Migration: International PopulationMovements in the Modern World (Sixth Edition) [M]. the Guilford Press in cooperation with Red Globe Press, 2020, 2-4.

创新的相互调试政策等,[①] 导致中国劳动力进入这些国家的门槛相应提高，劳动力流动争论不断增加。而另一方面，我国“一带一路”建设不断推进，战略合作不断增加，带来了更广泛的全球政治、经济、社会和技术变革，促使“一带一路”沿线国家成为中国劳动力跨国流动重要目的地。根据联合国经济和社会事务部（UNDESA）公布的移民输出前20大目的国的数据，截至2019年，中国内地移民的前20个国家中就有9个“一带一路”沿线国家，分别是韩国（62.03万人）、新加坡（38.01万人）、孟加拉国（16.49万人）、印度（10.83万人）、新西兰（9.52万人）、泰国（7.56万人）、印度尼西亚（7.55万人）、俄罗斯（5.61万人）和菲律宾（3.71万人），[②] 这进一步说明中国移民在流动区位选择上逐渐向“一带一路”沿线国家迈进。

中国劳务输出的变化状况数据（图3）显示，1991年中国对“一带一路”沿线国家劳务输出占劳务总输出的32%，此时我国劳动力跨国流动目的地主要集中在西方发达国家，相对而言，“一带一路”沿线国家对中国劳务移民和劳动力跨国流动的吸引力较弱。而2017年中国对“一带一路”沿线国家劳务输出占劳务总输出的69%，与以往流向发达国家的跨国流动区位选择不同，这一变化意味着我国的国际移民体系和劳动力跨国流动体系发生了深刻变化，在区位选择上偏向“一带一路”沿线国家的趋势日益明显。

另外，留学生群体作为潜在的劳动力跨国流动形式也在一定程度上为“一带一路”沿线劳动力跨国流动增添动力，2016年中国提出共建“一带一路”教育行动计划，该教育行动主要是通过建立丝路合作机制为共建“一带一路”提供人才支撑，为此，签订了一系列“一带一路”教育行动国际合作备忘录、成立了“一带一路”高校联盟和“一带一路”交流合作促进委员会,[③] 以教育政策红利为牵引，不仅增加了教师和留学生前往“一带一路”沿线国家的机会，也通过出国留学这一潜在形式促进了中国劳动力向

① 全球化智库（CCG）.《中国国际移民报告（2018）》总报告［C］//《中国国际移民报告（2018）》总报告.2018：2-41.

② International migrant stock 2019 [EB/OL]. United Nations, Department of Economic and Social Affairs, [2022 - 05 - 08]. https://www. un. org/en/development/desa/population/migration/data/estimates2/estimates19. asp.

③ 教育部关于印发《推进共建“一带一路”教育行动》的通知［EB/OL］.（2016-07-15）［2022-05-08］. http://www. moe. gov. cn/srcsite/A20/s7068/201608/t20160811_ 274679. html.

"一带一路"沿线国家的跨国流动。

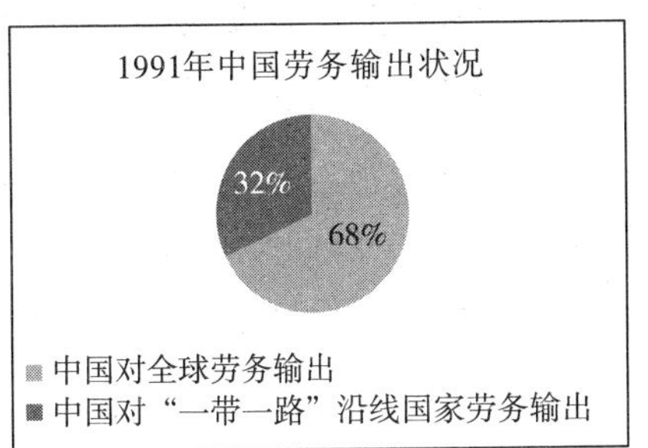

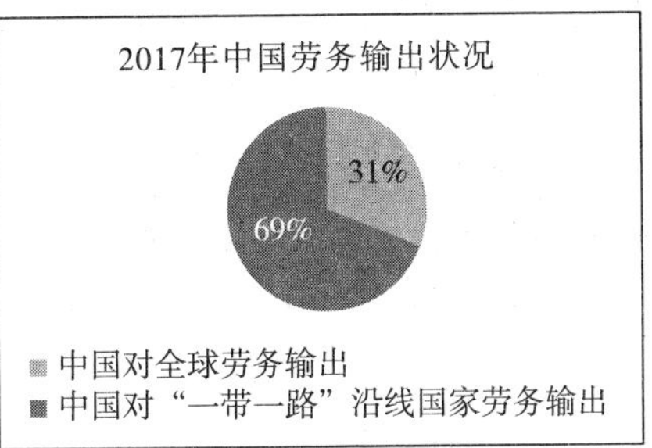

图 3　中国对"一带一路"沿线国家劳务输出变化状况

（数据来源：张秀丽．中国劳动力跨国流动区位选择研究——基于"一带一路"部分国家数据分析［D］．淄博：山东理工大学，2020.）

二、"一带一路"沿线国家劳动力跨国流动的区位选择

在"一带一路"背景下，国际贸易增长、对外投资扩张和人口跨国流动无疑会为各共建国的劳动力市场发展带来良好机遇，但由于"一带一路"沿线国家劳动力市场发展情况、市场制度、市场风险等存在差异，因此，随着中国与"一带一路"沿线国家劳动力跨国流动范围越来越广泛，不同层次的劳动力在区位选择上也将出现明显差异。① 本研究选取中国移民输出排名前 20 目的国中位于"一带一路"沿线国家的新加坡和泰国两国作为案例，两国均有广阔的外籍劳务市场且移民和劳务流动历史悠久，在"一带一路"沿线国家劳动力跨国流动趋势研究中具备典型性与代表性。

（一）新加坡外籍劳务市场

1. 新加坡外籍劳务市场发展情况

第一，新加坡人口总增长率放缓、劳动结构供求失衡，导致外籍劳务需求增加。根据世界人口网的数据，新加坡人口总增长率自 2012 年起，出现明显的放缓趋势，2017 年已降至 0.09%，尽管 2018 年有所回调，但人口增长率仍低于 0.5%（图 4）。在人口增长率放缓的背景下，新加坡人口呈现出出生率逐年降低、人口老龄化日趋严重的显著特点，人口结构发生明显变化。首先，新加坡总体生育率自 2014 年的 1.25%开始持续走低，至 2018

① 张原，刘丽．"一带一路"沿线国家劳动力市场比较及启示［J］．西部论坛，2017，27（6）：93-110.

年已降为1.14%。[①] 其次，随着新加坡人民的生活质量显著提高，在医疗福利、社会保障、退休储值得到充分保护的优渥环境下，新加坡人均寿命普遍延长，人口老龄化日益显现。因此，生育率低、老龄化严重且人口自然增长放缓的严峻形势使得新加坡政府需要引入移民弥补劳动力不足、缓解老龄化趋势、改善人口结构以保持其国际竞争力和产业竞争力。[②]

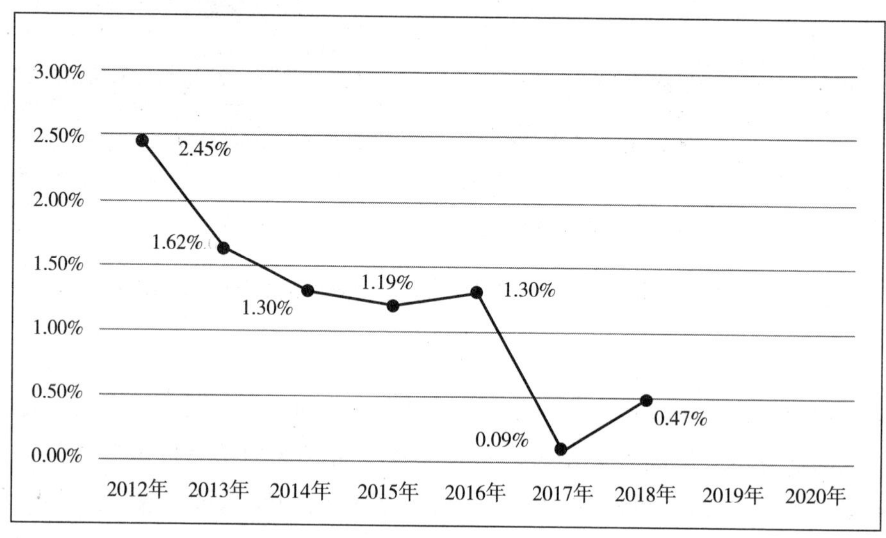

图4　2012—2020年新加坡人口年度增长率

（数据来源：新加坡1959—2020历年人口年度增长率［EB/OL］．（2020-04-26）［2022-05-08］．https：//www.renkou.org.cn/countries/xinjiapo/2020/171468.html.）

受国内劳动力供应不足及结构性供求失衡影响，新加坡对外籍劳务需求很大，外来劳动力构成了新加坡的主要就业力量。根据新加坡人力部最新数据，截至2019年底新加坡本地年末劳动力总数达374.08万人，整体失业率为3%，居民失业率为4.2%，总失业率与居民失业率呈增长趋势（表2），人力部进一步指出新加坡到2026年前，劳动力将会萎缩1.7%，并且在之后的10年内继续萎缩2.5%，[③] 也进一步印证了新加坡劳动力市场的供

① 新加坡1959—2020历年人口年度增长率［EB/OL］．（2020-04-26）［2022-05-08］．https：//www.renkou.org.cn/countries/xinjiapo/2020/171468.html.

② 全球化智库（CCG）．《中国国际移民报告（2018）》总报告［C］//《中国国际移民报告（2018）》总报告．2018：2-41.

③ 2020年“一带一路”对外投资合作国别（地区）指南——新加坡［EB/OL］．中国“一带一路”网，（2020-12-25）［2022-05-08］．https：//www.yidaiyilu.gov.cn/zchj/zcfg/159154.htm.

应紧张情况。同时，根据新加坡人力部数据，截至2019年末，在新加坡外国劳动力总数达141.2万人，同比2018年增加2.6万人，同年中国内地企业向新加坡派出各类劳务人员3.65万人，年末在新加坡中国内地劳务人员9.86万人，中国内地劳务人员在新加坡总外来劳务人口中排名第三位，仅次于日本和中国澳门。进一步说明外籍劳劳动力对新加坡劳务市场的必要性以及中国在劳动力跨国流动方面的重要作用。

表2　2016—2019年新加坡总体就业与失业数据

项目	2016年	2017年	2018年	2019年
总劳动力（万人）	367.28	365.70	367.56	374.08
总就业人口（万人）	357.00	355.01	357.53	363.00
总失业率（%）	2.1	2.2	2.2	3.0
居民劳动力（万人）	225.76	226.97	229.27	232.85
居民就业人口（万人）	216.53	217.53	220.37	223.04
居民失业率（%）	3.0	3.1	2.9	4.2

（数据来源：2020年"一带一路"对外投资合作国别（地区）指南——新加坡［EB/OL］.（2020-12-25）［2022-05-08］. https：//www.yidaiyilu.gov.cn/zchj/zcfg/159154.htm.）

第二，新加坡经济与社会发展对外来移民和外籍劳动力的依赖性较高，促进移民政策和外籍劳务政策向宽松调整。近年来，新加坡的国际移民和外籍劳务人员总量增加，各类签证批准量也同比增加，就其迁入人群结构来看，主要由外籍专业人士、留学生和外来劳动者组成。新加坡移民局2019年公布的移民政策报告显示，长期以来，新加坡每年都会批准大约3万份永久居留权和2万份入籍申请。与此同时，根据新加坡公布《2020人口简报》数据，2020年新加坡总人口数接近569万人，其中新加坡籍公民352万，永久居民52万，非居民人口165万，分别占61.9%、9.1%和29%。[①] 说明外来移民和外来劳务人员在新加坡总人口中占据"一席之地"，该国存在着宽松的移民环境和广阔的外籍劳动力市场。然而，事实上大量的国际移民和外籍务工人员迁入也对新加坡经济与社会发展造成了一定冲击。一方面，海外移民、海外人才和外籍劳动力的加入一直是新加坡经济与社会发展中不可或缺的一部分，新加坡需要通过施行宽松的移民政策来

① 张奕辉. 新加坡移民政策的调整与延续［J］. 世界知识，2021（21）：66-67.

保证本国经济与社会的平稳发展。另一方面，瓜分本地资源、增加本地失业、影响本地人生活品质、造成治安问题等移民归因舆论一直在新加坡本地居民社会中盛行，更有甚者，认为永久居留权居民（PR）的存在使权责不对等现象越演越烈，进而无法保障新加坡人的利益和福利被优先考虑。随着民众抗议日益加剧，新加坡政府也就此问题陷入尴尬境地，如2013年反对党工人党对新加坡人口与移民政策的公开示威、2015年人口白皮书成为新加坡大选的热门议题。[①] 但由于新加坡长期鼓励跨国企业在新加坡投资与扩展、实行吸引国际人才和人力的产业政策，使得国际化人才与技术型外籍劳务人员一旦大幅减少或缺失，将极大地影响新加坡知识型经济与创新型强稳工业的发展，进而影响新加坡金融、科研等行业的竞争力水平。[②] 此外，根据Michael Piore的劳力市场分割理论，结合新加坡本地居民的就业惯性短板，可判断新加坡已形成了双重劳动力需求市场。高级市场为资本密集型劳务市场，提供薪资高、稳定性强、优渥舒适的工作条件；低级市场为劳动密集型劳务市场，工作待遇和工作条件较差。[③] 在新加坡，由于本地居民大多转向增长迅速的现代化经济部门就业，不愿进入低级劳务市场，使得诸如酒店、餐饮、家政、清洁等服务行业，制造、建筑、运输等传统产业，以及其他低技术劳动技能岗大多依靠外籍劳务人员，导致劳动力跨国流动，此类劳动力的缺失将使新加坡无法对廉价劳动力市场进行补缺，最终将导致产业结构发展失衡。

综上，新加坡经济与社会发展对外来移民和外籍劳动力的依赖程度在较长一段时间内仍将处于较高水平，其劳动力跨国流动趋势也将十分明显。

2. 新加坡外籍劳务政策

第一，新加坡外籍劳务管理法规。新加坡主要通过《移民法案》（*Immigration Act*）、《雇佣法案》（*Employment Act*）、《外国人力雇佣法案》（*Employment of Foreign Manpower Act*）、《职业安全与健康法案》（*Workplace Safety and Health Act*）、《工伤赔偿法案》（*Work Injury Compensation Act*）、《雇佣代理法案》（*Employment Agencies Act*）等法律规范工作准证、劳动关系、外国

① 张奕辉．新加坡移民政策的调整与延续［J］．世界知识，2021（21）：66-67.

② 陈小谊．新加坡外籍劳务政策及其经验借鉴［D］．上海：上海交通大学，2010.

③ 李明欢．20世纪西方国际移民理论［J］．厦门大学学报（哲学社会科学版），2000（4）：12-18，140.

工人管理、工伤赔偿及职业安全与健康等方面的问题。[①] 根据上述外籍劳务法规，新加坡无最低工资标准，工资完全由公司和员工、劳工代表工会协商，且外籍劳务法规立场中立，因此，新加坡社会劳动关系普遍温和，开放的劳动力市场给企业和外籍劳务所带来的风险极小。

第二，新加坡外国人就业准证制度。新加坡通过外国人就业准证制度，将不同层次的外籍人力进行分级管理，进而发放不同的外国人工作准证，不同的工作准证也标志着不同的权利与义务。同时，外籍人士在新加坡必须持有工作准证才能工作，否则视为非法务工。新加坡工作准证主要分为三大类：就业准证（Employment Pass，EP）、S 准证（S Pass，SP）、劳务准证（Work Permit，WP），其中申请就业准证和 S 准证的最低薪水要求分别为 3900 新元/月和 2400 新元/月，劳务准证无最低薪水要求（截至 2020 年），但申请 S 准证和劳务准证需满足新加坡的分行业就业配额制度和外劳税条件，具体情况如表 3 所示。此外，为满足多样化的外籍劳工就业需求，新加坡人力部还根据外来人才进入新加坡的不同目的，发放多种相应的准证，如个人化就业准证（Personalised Employment Pass）、企业家准证（Entre Pass）、其他工作准证（Miscellaneous Work Pass）等，进一步体现了新加坡在海外人才与海外劳动力引进方面的多层次性和开放性。

表 3　2018—2019 年新加坡外籍劳务人员（表中简称外劳）比例顶限与征税标准

工作准证种类	外劳比例顶限（%）	外劳税征收标准	
		实际雇用外劳比例（%）	外劳税额（新元/人月）技术工/非技术工
S 准证（S Pass）			
S Pass（不含服务业）	20	≤10	330
		>10 ≤20	650
S Pass（服务业）	15	≤10	330
		>10 ≤15	650

① 2020 年“一带一路”对外投资合作国别（地区）指南——新加坡［EB/OL］.（2020-12-25）［2022-05-08］. https://www.yidaiyilu.gov.cn/zchj/zcfg/159154.htm.

续表

工作准证种类	外劳比例顶限（%）	外劳税征收标准	
		实际雇用外劳比例（%）	外劳税额（新元/人月）技术工/非技术工
劳务准证（Work Permit）			
制造业	60	≤25	250/370
		>25 ≤50	350/470
		>50 ≤60	550/650
服务业	40	≤10	300/450
		>10 ≤25	400/600
		>25 ≤40	600/800
建筑业	有 MYE 指标	≤87.5	300/700
	无 MYE 指标		600/950
加工行业	有 MYE 指标	≤87.5	300/450
	无 MYE 指标		600/750
海事业	81.8	≤81.8	300/400

（数据来源：2020 年“一带一路”对外投资合作国别（地区）指南——新加坡［EB/OL］.（2020-12-25）［2022-05-08］. https：//www. yidaiyilu. gov. cn/zchj/zcfg/159154. htm.）

第三，新加坡外籍劳务人员的福利制度与社会保险制度。与世界上的其他国家一样，新加坡政府在国家社会保障事务上始终扮演着最终责任主体的角色，新加坡的社会保障制度被国际上、各学界研究社会保障问题的学者称作“独树一帜且难以复制的社会保障制度”。[①] 首先，新加坡外籍劳务人员的工作时间较为灵活自由，雇员的正常工作时间每天不得超过 8 小时，每周不得超过 44 小时（五天半）。若在劳动合同中约定，一周工作时间可以超过 44 小时，但不得超过 48 小时或每两周不超过 88 小时，工人可要求雇主在超过规定时间以外的工作，支付其至少正常工资的 1.5 倍（非劳力工人工资最高按 2250 新元计算）且雇员每月加班时间不得超过 72 小时，因此，受雇佣法令保护，新加坡不存在压榨劳力的情况，外籍劳务人员的劳动风险较小。其次，根据《工伤赔偿法案》（WICA），雇主与雇员签

① 刘翠霄．对独树一帜且难以复制的新加坡社会保障制度的几点思考［J］．温州大学学报（社会科学版），2018，31（4）：3-9.

订劳动合同或学徒合同后，所有雇主需为其员工购买保险以防其在受雇佣期间受伤或生病，若出现员工因公受伤致死的情况，则不论雇主是否存在过错，雇主均应向任何在受雇期间受伤的员工或其被抚养人支付赔偿金。另外，雇主也必须偿付医药费、住院费等，并在员工疗伤期间照常支付工资。最后，若外籍劳务人员获得新加坡永久居民身份，将被列入中央公积金（Central Provident Fund，CPF）计划。中央公积金是一项全面的社会保障储蓄计划，在新加坡国内始终处于"高储蓄、高积累、高增长"的良性循环过程中，覆盖到新加坡居民生活的方方面面，所有在新加坡工作的新加坡公民及新加坡永久居民均需强制缴纳以保证"老有所养、病有所医、住有所居、鳏寡孤独废疾者皆有所养"理想社保目标的实现。中央公积金的范围和福利包括退休储蓄、医疗福利、自置居所、家庭保护和资产增值等。目前，私营领域雇主的缴纳比例介于7.5%~17%，雇员缴纳比例介于5%~20%，个人账户分为三部分：普通账户，用于购房、投资、教育支出；保健账户，用于支付住院医疗费用和重症医疗保险；特别账户，用于养老和特殊情况下的紧急支付，一般在退休前不能动用。①

3. 新加坡外籍劳务风险

首先，财务风险。新加坡劳务中介公司只允许按照外籍劳务人员的雇佣合同期限或工作准证有效期限，每年向其收取1个月或至多2个月的工资额作为中介费。若雇主在6个月内提前解除雇佣合同，新加坡劳务中介公司必须退还劳务人员50%的中介费；若雇佣合同中约定的工作完成、合同约定的期限届满或外籍劳务人员自愿提前解除合同，新加坡劳务中介公司可不退中介费。因此，劳务人员向国内中介、新加坡劳务中介公司缴纳任何费用，应及时索取收据，收据上应列明收费项目、数额、公司名称，加盖公章或有公司负责人签字。如无收据，在追索中介费时将面临很大困难，只能回国后按照与国内中介签订的外派协议和国内有关法律法规追索中介费。② 其次，治安风险。近年来，新加坡发生了多起中国劳务人员在新加坡租房遭遇诈骗的案件，中国已敦促新加坡有关机构加强房屋租赁管理，打

① 2020年"一带一路"对外投资合作国别（地区）指南——新加坡［EB/OL］.（2020-12-25）［2022-05-08］. https://www.yidaiyilu.gov.cn/zchj/zcfg/159154.htm.

② 2020年"一带一路"对外投资合作国别（地区）指南——新加坡［EB/OL］.（2020-12-25）［2022-05-08］. https://www.yidaiyilu.gov.cn/zchj/zcfg/159154.htm.

击非法中介。因此，在新加坡的中国劳务人员应选择可靠的房屋租赁中介机构，避免受骗。再次，签证风险。中国公民持因私普通护照前往新加坡，须提前办理入境签证；中国公民持外交护照、公务护照（含公务普通护照），到新加坡停留不超过30天者，免办签证，若停留超过30天，或以工作、学习及任何盈利活动为目的，应根据新加坡政府主管部门规定申办签证或有关准证。因此，赴新加坡务工人员应按要求办理相关签证，避免误解签证政策造成的贻误和损失。最后，纠纷风险。当雇员权益受侵害，或与雇主、中介发生劳资纠纷时，外籍劳务人员可向新加坡人力资源部求助，但新加坡人力资源部处理纠纷需要一定程序和时间，其间中国劳务人员大多需留在新加坡配合调查，特别对一些工伤赔偿、雇主或中介涉及比较复杂违法行为的案件，人力资源部调查处理所需时间较长。因此，中国劳务人员需花费一定的时间成本，也要有较好的心理素质。

（二）泰国外籍劳务市场

1. 泰国外籍劳务市场发展情况

第一，多层次移民条件与中国劳务输出增加。根据泰国颁布的《外籍人工作法》的有关规定，泰国外籍劳务引进具有明确的标准和条件，呈现出移民与劳动力跨国流动限制条件高低分化的局面，这里的高低条件分别指高技术型、管理型劳工与低技术型劳工。首先，泰国境内的外来低技术型劳工移民大多来自老挝、柬埔寨、缅甸、越南等国，主要是通过每年固定与各国签订劳务合作协议的方式向其引进普通劳工以规范外籍劳务市场，在一定程度上缓解了大规模非法移民现象。这些国家的劳工一般通过以下渠道获得在泰国的合法工作身份：国籍核查、谅解备忘录引进、身份正规化程序和作为边界季节性往返的劳工。① 其次，泰国境内的高技术型、管理型劳工主要来自外商投资国，人数相对于低技术型劳工较少，但近年来随着泰国产业转型期的到来，其比重呈现出明显增长的趋势。根据泰国2021年吸引外资刺激经济的计划，泰国将为以下四类目标群体提供10年长期居留签证，并保障其配偶和子女也有机会获得10年长期居留签证，包括：①高收入、经常旅行、曾在许多国家居住及在世界各地拥有资产的富裕人士；②外国富裕退休群体，年龄必须为50岁以上，在外国有稳定的退休收入；

① 周威．泰国外来劳工移民研究［D］．泉州：华侨大学，2019.

③有意在泰国工作的群体，无年龄限制，受雇于外国雇主，可跨境远程工作，拥有稳定的国外收入；④高技能群体，无年龄限制，拥有高技术工作从业经验，且将在2017年增强国家竞争力法（目标产业）规定的泰国目标产业公司工作，或是即将在泰国国家机构工作的专家或学者，或是即将在泰国大学任教的教师。[①] 该群体获得长期居留签证后无须申请工作证即可在泰工作，且免除外国个人收入所得税，有权长期租赁或持有规定区域内房地产产权，意味着泰国接收并欢迎优质人士和高层次人才，对其放宽准入门槛，给予福利优惠，同时希望其对泰国的经济增长做出一定贡献。泰国劳工移民中的高技术型、管理型劳工来源国主要包括日本、英国、菲律宾、中国、印度、美国等国，缘于“一带一路”倡议的持续开展，中资企业“走出去”与中方承包基础设施改造项目进驻泰国的同时为其带来了大量的中国管理人员和技术工人，致使中国向泰国的劳工输出也在持续增加，根据联合国经济与社会事务部（UNDESA）公布的数据，中国作为世界第二大经济体和第三大移民输出国，2015至2019年中国大陆输出移民排名前20大目的国中，泰国连年稳居第15位，且输出移民总量稳步增长，[②] 足以说明泰国在“一带一路”东南亚地区的重要地位以及我国技术型、管理型劳务资源向“一带一路”沿线跨国流动的明显态势。

第二，泰国产业转型背景下，对中国经济引擎与人才的需求不断增加。由于泰国产业竞争力尤其是创新型产业竞争力需要外商投资和技术引进拉动，因此为使泰国摆脱中等收入陷阱，促进原有产业和新兴产业转型升级，推动泰国经济发展新动能，近年来泰国推出了多项改革措施和发展规划，其范围涵盖基础设施建设、加大投资力度、吸引外国游客、提振出口等多个方面。值得一提的是，2015年泰国政府提出了东部经济走廊（EEC）计划，聚焦高附加值新兴产业，在东部经济园区发展新型汽车、机器人、生物材料、食品加工、高端农业等10大产业，同时完善经济走廊地区高铁、公路等基础设施的建设。根据发展规划，2017—2021年该计划需投入440亿美元，其中私营部门出资80%，泰国政府出资20%，为此，吸引外商对

① 秦昐达. 泰国通过吸引外资刺激经济计划，提供10年长期居留签证［EB/OL］.（2021-09-15）［2022-05-08］. http：//www. chinaqw. com/hqhr/2021/09-15/308001. shtml.

② International migrant stock 2019［EB/OL］. United Nations，Department of Economic and Social Affairs，［2022-05-08］. https：//www. un. org/en/development/desa/population/migration/data/estimates2/estimates19. asp.

东部经济走廊地区进行投资并借此达到拉动经济增长的目标成为东部经济走廊（EEC）计划的一大必然需求。在中国持续推进“一带一路”倡议的背景下，当“东部经济走廊”遇上“一带一路”，寻求战略合作、分享建设红利便成为两国的重点关切，泰国希望实现同中国在商贸往来、物流、人才等方面进行联通，从而解决泰国高素质人力资源枯竭的深层次矛盾，打造人力资本，通过高科技创新升级泰国工业产业竞争力，进而更广泛地借助“一带一路”经济和人力纽带，实现与马来西亚、新加坡等东南亚国家的连接。中国则希望借此巩固中泰战略合作基础，实现东部经济走廊传统优势产业、未来产业与“一带一路”的合作互补，为中国电子商务、网络金融、应用软件等行业“走出去”提供机遇。[①] 因此，中泰针对“东部经济走廊计划”与“一带一路”的积极对接，使中国经济引擎对泰国的影响力进一步放大，也进一步提高了中国向泰国输出高技术人才的可能性。另外，在这一背景下，泰国政府于 2016 年正式提出了“泰国 4.0”高附加值经济模式，可以说是泰国应对产业转型期的一种外资政策与产业规划方案，该方案以发展核心技术、优质人才、基础设施、企业和目标产业领域为核心，促进高新技术和创新技术应用的诞生，从而使创新真正成为推动泰国经济增长的新动力。根据中国 2015 年出台的《中国制造 2025》（表 4），泰国 4.0 与《中国制造 2025》所涉及的多个发展领域具有明显的相似性和互补性，这一战略合作亮点为中国积极对接泰国经济发展计划提供了基础，助推中泰投资进程，进一步增加了泰国对中国经济引擎与人力资源的需求。

表 4　泰国 4.0 与《中国制造 2025》十大发展领域对比

序号	泰国 4.0	中国制造 2025
1	数字化产业	新一代信息技术产业
2	自动化和机器人	高档数控机床和机器人
3	航空和物流	航空航天设备
4	医药中心	生物医药及高性能医疗器械
5	新一代汽车产业	节能与新能源汽车
6	食品深加工	农机装备
7	智能电子	电力装备

① 常翔，张锡镇 . 泰国东部经济走廊发展规划［J］. 东南亚纵横，2017（4）：14-20.

续表

序号	泰国 4.0	中国制造 2025
8	生物化工和生物能源	新材料
9	生物科技和农业	海洋工程装备及高技术船舶
10	高端旅游和医疗旅游	先进轨道交通装备

资料来源：常翔，张锡镇．泰国东部经济走廊发展规划［J］．东南亚纵横，2017（4）：14-20.

2. 泰国外籍劳务政策

第一，泰国外籍劳务管理法规。泰国目前主要通过《劳工保护法》（*Labour Protection Act*）（1998 年）、《劳动关系法》（*labor Relation Act*）（1975 年）、《设立劳动法庭及劳动案件审理办法》（*Act on Establishment of Labor Courts and Labor Courts Procedures*）（1979 年）、《社会保险法》（*Social Security Act*）（1990 年）和《工人补偿金法》（*Workmen's Compensation Act*）（1994 年）等规范工作准证、劳动关系、外国工人管理、工伤赔偿及职业安全与健康等方面的问题，其中《劳工保护法》（1998 年）最为权威，该法明确了雇主和雇员的权利与义务，建立了关于工资报酬、解除雇佣关系和雇员救济基金等方面的最低标准，同时也赋予了政府干预管理的权利以确保雇主和雇员双方关系的公平、健康发展。① 此外，泰国政府对外国人在泰国投资、经商、从教等申请工作许可基本持积极态度，鼓励在泰国的外国人通过合法程序申请工作许可。2017 年泰国颁布《外籍人工作管理法》（2018 年修订版），树立了泰国政府管理外籍劳务人员的基本工作法则，所有在泰国工作的外籍劳务人员需根据移民法规定，持泰国合法居住或持非移民签证，向泰国劳工部申请工作许可证，否则禁止在泰国从事任何形式的工作。②

第二，智慧签证（Smart Visa）准则。智慧签证是泰国为吸引外籍技术人才、投资者为经济发展、产业转型服务的一项准入准则，泰国明确规定了高技术人才、投资者、高层管理者及初创企业者等可根据申请、审批流程获得智慧签证，持智慧签证的外籍人士可在泰国获得短暂的居留权，并在居留期间可根据入境法从事泰国允许外劳从事的工作，而不用申请工作签证，同时其合法配偶可根据入境法获得在泰国居留 1 年以上的权利，其子

① 2020 年"一带一路"对外投资合作国别（地区）指南——泰国［EB/OL］.（2020-12-25）［2022-05-08］. https://www.yidaiyilu.gov.cn/zchj/zcfg/159152.htm.

② 同①。

女可根据入境法获得在泰国居留18年以上的权利。为鼓励外籍优秀人士来泰国建设，2020年泰国进一步调整智慧签证准则，扩大外籍人士的活动范围和目标产业范围，在某种程度上，允许持有智慧签证的人士从事认证工作以外的工作，包括发展初创生态系统和创新、发展除科学和技术以外其他领域的人力资源、增加无雇佣合约的自由专家群体、对部分高水平专家群体放宽最低收入标准、放宽高级管理人员的工作经验和资格标准。同时，调整智慧签证的持有者特权，包括服务、代替纠纷解决方式（ADR）、人力资源开发、科学和技术、环境管理及代替能源等。①

第三，泰国外籍劳工的福利制度与社会保险制度。泰国有关外籍劳工权益保护与管理的法律法规相对齐全，这与泰国长期与协议国引进低技术劳工的历史有着极大的关系，但其劳工法与雇佣法在很大程度上受到政府的干预。首先，泰国的工作时间标准为每日不超过8小时，每周不超过48小时，特殊行业每日工作时间可以延长，但是每周工作总时长不得超过48小时。对于有害雇员健康的工作和危险工作，每日不得超过7小时，每周不得超过42小时。雇员每周至少应休假一天，且除非雇员同意，雇主不得要求雇员加班，且超过最高工作时间必须付给雇员加班费，加班费为正常工作时间工资的1.5（工作日加班）至3（假日加班）倍。这与新加坡极为相似，尊重人权且外籍劳工工作的时间成本风险较小。其次，雇员因工作原因或在工作过程中受伤、生病或死亡的，可向雇主合理索求抚恤，抚恤标准根据事件的严重程度而定，具体包括抚恤金、医药费、复原费和丧葬费四类。所有雇主都需于每年1月31日前向社会保险办公室管理的工人抚恤基金缴款，缴款标准由劳工部规定。最后，所有雇主必须依法在雇员每月工资中代扣社保基金（雇员月工资的5%），同时必须为雇员缴纳同样金额的社保基金。在社保基金注册的雇员非因公受伤、患病、残疾或死亡可以申请补偿，还可以享受儿童福利、养老金和失业金。②

3. 泰国外籍劳务风险

首先，就业限制。虽然泰国政府对外籍人士在泰国投资、经商、从教

① 泰国世界日报：泰国调整智慧签证准则吸引投资者［EB/OL］.（2020-09-18）［2022-05-08］. http：//www. chinaqw. com/hqhr/2020/09-18/270344. shtml.

② 2020年“一带一路”对外投资合作国别（地区）指南——泰国［EB/OL］.（2020-12-25）［2022-05-08］. https：//www. yidaiyilu. gov. cn/zchj/zcfg/159152. htm.

等申请工作许可基本持积极态度，但仍对部分工种有条件的放开，严格限制外籍人士从事以下27类工种：①木雕工作；②汽车驾驶或其他非机动交通工具的驾驶，除国家航班的驾驶和叉车驾驶；③拍卖；④珠宝钻石加工；⑤美容美发；⑥手工织布；⑦织席或使用藤麻草竹子制作器具的工作；⑧手工造纸；⑨漆器制作；⑩泰国乐器制作；⑪乌银镶嵌器制作；⑫金、银、铜饰品器具的制作；⑬石器制作；⑭泰国玩偶制作；⑮僧钵制作；⑯手工泰丝制作；⑰佛像制作；⑱纸伞或布伞制作；⑲经理人或者代理人工作，国际投资贸易代理人除外；⑳泰式按摩；㉑手工卷烟；㉒导游和旅行社工作；㉓个体小商贩；㉔泰文字符手工印刷；㉕手工抽丝；㉖文书工作或秘书；㉗法律服务或法律程序，仲裁、协助工作或代理仲裁程序除外。若外籍人士违法从事上述行业，泰国政府将视情节轻重处罚其5000至50000泰铢，并将其驱逐出境。雇主非法雇佣外籍劳务人员将视情节处以每个外劳1万至10万泰铢的罚款。[①] 其次，出入境风险。受新冠疫情影响，泰国政府于2020年7月1日起，只允许两类外籍人士入境。第一类为持工作许可的外籍人士的配偶和子女、配偶为泰国人的外籍人士、拥有永久居留权的外籍人士、外国留学生及其父母以及前往泰国接受医疗服务的外籍人士。第二类为来自和泰国政府签有特殊双边协议国家或地区的商务人士和专业技术人员，且每天不超过200人；包括日本、新加坡、韩国、中国内地及中国香港。因此，为防控疫情，泰国的入境风险较大。

参考文献

[1] 曹翔，李慎婷．"一带一路"倡议对沿线国家经济增长的影响及中国作用［J］．世界经济研究，2021（10）：13-24，134.

[2] 梁在，王楠．中国和21世纪的国际移民研究［J］．学术月刊，2021，53（8）：123-134.

[3] Hein de Haas, Stephen Castles, Mark J. ed al., The Age of Migration: International Population Movements in the Modern World (Sixth Edition), Published by the Guilford Press in cooperation with Red Globe Press, 2020.

① 2020年"一带一路"对外投资合作国别（地区）指南——泰国［EB/OL］．(2020-12-25)［2022-05-08］．https://www.yidaiyilu.gov.cn/zchj/zcfg/159152.htm.

[4] 张秀丽 . 中国劳动力跨国流动区位选择研究 [D]. 淄博：山东理工大学，2020.

[5] 张原，刘丽 . “一带一路”沿线国家劳动力市场比较及启示 [J]. 西部论坛，2017，27 (6)：93-110.

[6] 张奕辉 . 新加坡移民政策的调整与延续 [J]. 世界知识，2021 (21)：66-67.

[7] 陈小谊 . 新加坡外籍劳务政策及其经验借鉴 [D]. 上海：上海交通大学，2010.

[8] 李明欢 . 20 世纪西方国际移民理论 [J]. 厦门大学学报（哲学社会科学版），2000 (4)：12-18，140.

[9] 刘翠霄 . 对独树一帜且难以复制的新加坡社会保障制度的几点思考 [J]. 温州大学学报（社会科学版），2018，31 (4)：3-9.

[10] 周威 . 泰国外来劳工移民研究 [D]. 泉州：华侨大学，2019.

[11] 常翔，张锡镇 . 泰国东部经济走廊发展规划 [J]. 东南亚纵横，2017 (4)：14-20.

华侨华人篇

社会公益慈善事业中的华侨华人参与研究

张赛群　林政华*

摘　要：社会公益慈善事业作为社会保障的一种补充形式，对于促进社会公平正义、维护社会稳定等具有不可替代的作用。由于华侨华人对祖籍国的特殊情感和责任意识，即使身处海外，他们也心系桑梓，在自身有余力的情况下，大多积极投身于我国社会公益慈善事业。此外，基于社会责任意识以及为了更好地融入当地社会，许多华侨华人也活跃在住在国的社会公益慈善事业中。华侨华人参与社会公益慈善事业，不仅引领和促进了我国社会公益慈善事业的发展，对住在国的公益慈善事业也做出了一定贡献，对于他们融入当地有所帮助。

关键词：公益慈善事业；华侨华人；参与动因

随着全球化进程的加快，中国与世界各国的联系更为紧密。2013 年，我国提出共建“一带一路”倡议，强调与“一带一路”沿线国家建立更密切的经济合作关系，打造政治互信、经济融合、文化包容的命运共同体。

---

* 张赛群，博士，华侨大学政治与公共管理学院教授、博士生导师，主要研究方向为华侨华人公益、侨务政策；林政华，华侨大学政治与公共管理学院公共管理专业研究生，研究方向为侨务政策与闽台区域治理。

社会公益慈善事业不分国界，华侨华人在中国与住在国从事社会公益慈善事业，对于增进我国与沿线国家的经济融合和民心相通具有重要的意义。

长期以来，华侨华人是我国社会公益事业的引领者和示范者。近年来，得益于“一带一路”的不断发展，华侨华人的经济实力不断提升，越来越多的华侨华人投入到我国社会公益慈善事业当中，成为我国重要的公益资源。据不完全统计，改革开放40多年来，华侨华人对我国公益慈善事业的捐赠累计超过1000亿元人民币（下文若无特别说明，亦指人民币）。① 不仅如此，华侨华人也为住在国的公益慈善事业贡献力量，救灾、扶贫、卫生是较为典型的领域。在近期各国抗击新冠肺炎疫情的行动中，也涌现出许多华侨华人的身影，他们捐资捐物，尽己所能帮助住在国抗疫。② 可见，对于我国和住在国而言，华侨华人均是社会公益慈善事业的重要参与力量。因此，深入了解华侨华人参与社会公益事业的现状和意义，分析其背后的动因，对于促进社会公益慈善事业的良性发展具有重要意义。

一、相关概念阐释

研究华侨华人参与社会公益慈善事业，需要对华侨华人及公益慈善事业的概念有一个相对清晰的认识。

（一）华侨华人的内涵

华侨华人包含了“华侨”和“华人”这两个不同的群体，二者既有共性，也有各自不同的特点。共同点在于，二者都具有中华民族血统且一般旅居海外；不同点在于，“华侨”虽然常年旅居在海外，但具有中国国籍，而“华人”虽具有中华民族血统，但已加入外国国籍。由于现行统计资料中并未对华侨华人严格区分，本研究为方便写作和资料收集，也统一用“华侨华人”来表述。

（二）社会公益慈善事业

1. 社会公益慈善事业的内涵

中华上下五千年的历史，我国拥有许多宝贵的精神财富，慈善思想是其中的一种。由于受到儒家学说和佛教等宗教信仰的影响，国人有乐善好

---

① 吴侃.2020年度全国侨联接收或受理侨捐超64亿元人民币［EB/OL］.［2021-07-13］. https://www.chinanews.com.cn/hr/2021/07-13/9518940.shtml.

② 周悦磊，张奕足.传递中国力量温州华侨捐资捐物助尼日利亚抗击疫情［EB/OL］.［2021-05-25］. http://www.chinanews.com/hr/2020/05-25/9194409.shtml.

施的传统，如中国古代的施粥、赠药、赈灾等活动。伴随着慈善活动组织化、规模化的出现，慈善事业随之而生。

在概念上，我国倾向于将“慈善事业”界定为社会事业或公益事业，如《中国大百科全书》将“慈善事业”界定为：从同情、怜悯或宗教信仰出发给予贫弱者以金钱或物品的帮助，或者提供其他一些实际援助的社会事业。[①] 学者郑功成认为：慈善事业是一种有利于社会与人群的公益事业。相关法律也对慈善事业的具体内涵予以明确，如 1999 年颁布的《中华人民共和国公益事业捐赠法》中公益事业包括救助灾害、救济贫困、扶助残疾人等困难的社会群体和个人的活动；教育、科学、文化、卫生、体育事业；环境保护、社会公共设施建设；促进社会发展和进步的其他社会公共和福利事业。在此基础上，2016 年颁布《中华人民共和国慈善法》将慈善活动界定为：扶贫、济困；扶老、救孤、恤病、助残、优抚；救助自然灾害、事故灾难和公共卫生事件等突发事件造成的损害；促进教育、科学、文化、卫生、体育等事业发展；防治污染和其他公害，保护和改善生态环境；符合慈善法规定的其他公益活动。可见，我国对公益事业与慈善事业未作严格区分，但近年来其内涵外延更加明确。

综合以上解释，我们将社会公益慈善事业定义为：社会团体或个人自愿、无偿地为他人（组织）提供资金、物品或其他援助的社会活动。

2. 社会公益慈善事业的特点

社会公益慈善事业与其他社会事业有所区别，具有以下三个特征：

第一，自愿性。即完全出自于公益慈善事业参与者的自我意愿，任何组织或个人不得以任何理由强制要求。

第二，无偿性。即社会公益慈善事业的参与者无法得到任何形式的物质回报，也不得以捐赠为名进行任何营利活动。

第三，非官方性。即社会公益慈善事业是由社会团体或个人自行组织参与，政府组织成员从事公益活动也以非官方形式进行。

（三）侨捐

“侨捐”是华侨华人捐赠的简称，而捐赠又是华侨华人参与社会公益慈善事业的传统方式和主要方式。由于当前华侨华人参与我国内地公益慈善

---

① 《中国大百科全书》编委会. 中国大百科全书［M］. 北京：中国大百科全书出版社，2011.

事业的捐赠数据多将港澳同胞捐赠列入其中，因此，文中华侨华人参与我国内地公益慈善事业的侨捐数据也包含了港澳同胞的捐赠。

二、社会公益慈善事业中华侨华人参与现状

华侨华人有热心公益事业的传统，近年来，其参与我国社会公益慈善事业的热情持续高涨，是我国社会公益慈善事业的重要参与者和贡献者。同时，华侨华人对住在国公益慈善事业的支持与参与同样不容忽视。

（一）华侨华人参与我国社会公益慈善事业

1. 华侨华人公益慈善参与规模

华侨华人一直热心于我国公益慈善事业，捐赠是其主要形式。近年来，华侨华人捐赠热情不减，侨捐数额常年稳定在 30 亿元左右。根据中国侨联系统的统计数据，[①] 据不完全统计，2018—2020 年这三年，全国侨联系统年度接收或协助受理华侨华人公益慈善捐赠款物分别为 31. 94 亿元、34. 83 亿元和 64. 97 亿元。与 2019 年相比，2020 年侨捐额同比增长 86. 5%（表 1），其中 44. 14 亿元来自抗疫捐赠，体现了华侨华人与祖籍国患难与共的决心。

表 1　2018—2020 年度侨捐总额

年度	侨捐总额（亿元）	同比增长（%）
2018	31. 94	—
2019	34. 83	9. 05
2020	64. 97	86. 5

值得说明的是，捐赠并非华侨华人参与中国公益慈善事业唯一的方式。近年来，发挥各人所长，担任义工、参与实地救援等也是华侨华人新的参与方式。例如，南非侨胞陈清姐弟不远万里回乡担任 2015 年全国首届青运会志愿者；2020 年瑞典华人、中医药专家王维武毅然投身于家乡抗疫一线等。而无论是捐钱献物，还是亲力亲为，华侨华人的参与均使我国公益资源更加丰富，形式更加多元。

① 2018 年度全国侨联系统华侨捐赠情况［EB/OL］.［2019-06-17］. http：//www.chinaql.org/n1/2019/0617/c425857-31163780.html；2019 年度全国侨联系统华侨捐赠情况［EB/OL］.［2020-09-18］. http：//www.chinaql.org/n1/2020/0918/c425857-31867301.html；2020 年度全国侨联系统华侨捐赠情况［EB/OL］.［2021-07-12］. http：//www.chinaql.org/n1/2021/0712/c425857-32155531.html.

2. 华侨华人公益慈善参与地域

华侨华人虽远在海外，但仍心系桑梓，因此，其参与我国社会公益慈善事业常以自己的家乡为主。根据侨联系统的侨捐统计数据，2018—2020年度华侨华人侨捐主要以福建、广东、浙江等传统侨乡为主，这些侨乡的侨捐额通常占年度侨捐总额的60%以上。[①] 以地区而论，我国东部、中部、西部侨捐存在明显差异：由于闽粤等东部地区属于传统侨乡，侨捐占比最高，中部次之，西部最少。2018—2020年西部地区侨捐浮动不大，2020年中部地区侨捐大幅上涨，东部地区稍有下滑（表2）。受新冠肺炎疫情影响，2020年对湖北武汉的抗疫捐赠激增，这也是2020年中部地区侨捐上涨的主要原因。类似的情况也出现在2008年，该年因汶川地震，四川省成为全国接受侨捐最多的省份。虽然东部地区2020年度侨捐比例有所下滑，但该年东部地区侨捐额达44.5亿元，较2019年的30.57亿元仍呈上涨趋势（图1）。

表2　2018—2020年度侨捐东中西部占比

（单位:%）

年度	东部侨捐占比	中部侨捐占比	西部侨捐占比
2018	85.9	7.33	6.78
2019	87.77	7.23	5
2020	68.5	22.94	8.56

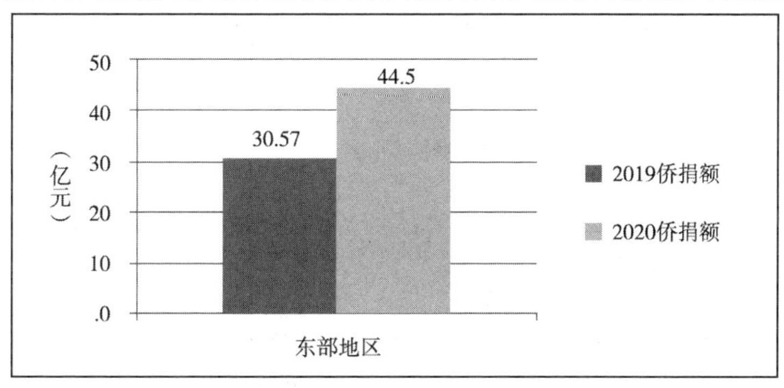

图1　东部地区2019—2020年侨捐情况

① 2018年度全国侨联系统华侨捐赠情况［EB/OL］.［2019-06-17］. http://www.chinaql.org/n1/2019/0617/c425857-31163780.html；2019年度全国侨联系统华侨捐赠情况［EB/OL］.［2020-09-18］. http://www.chinaql.org/n1/2020/0918/c425857-31867301.html；2020年度全国侨联系统华侨捐赠情况［EB/OL］.［2021-07-12］. http://www.chinaql.org/n1/2021/0712/c425857-32155531.html.

3. 华侨华人公益慈善参与领域

一直以来，教育文化、扶贫、卫生、救灾等民生相关领域是华侨华人参与中国社会公益慈善事业的传统领域。各领域的参与方式和参与内容有所差异，大体上，教育领域以捐赠和义教为主，前者包括修建教学楼和宿舍、奖教助学、捐赠教学设备、资助开展各类教育培训活动等，后者主要是回国免费教学，通常以教授英语为主；扶贫领域以捐赠为主，主要是对鳏寡孤独困难人群的救助及贫困地区的生产生活设施建设等，近年来也涉及职业培训等就业支持方面；卫生领域主要是捐建医院及卫生院、捐赠医疗设备及开展义诊活动；文体领域主要是捐建文体设施、捐助文化活动或助力中国与住在国的文化交流；救灾领域主要是灾后捐款赠物和参与一线救援。各领域中，受"教育兴国、教育兴乡"的影响，华侨华人尤其热衷于教育领域的参与。一般年份，教育侨捐占年度侨捐总额的半壁江山。2020年，由于新冠肺炎疫情突如其来，抗疫侨捐高达67.94%。当然，重大自然灾害或公共卫生事件具有偶发性，在一般年份，救灾捐赠或抗疫捐赠就较少甚至没有（表3）。

表3 2019—2020年度华侨华人捐赠涉及的领域

捐赠领域	主要类型	年份	金额（亿元）	占年侨捐比重（%）
抗疫	捐赠物资	2019	—	—
		2020	44.14	67.94
教育	捐建校舍、资助学生、捐赠图书、开展教育培训活动	2019	19.97	57.32
		2020	9.86	15.18
扶贫	对困难人群的帮扶和救助、生产生活设施建设	2019	10.09	28.97
		2020	6.25	9.62
卫生	捐建医院及卫生院、捐赠医疗设备及开展义诊活动	2019	2.49	7.14
		2020	2.93	4.51
文体	捐建文体设施、捐助文化活动	2019	1.65	4.72
		2020	1.46	2.25
救灾	减灾救灾	2019	0.64	1.84
		2020	—	—

4. 华侨华人公益慈善参与案例

“胡马依北风，越鸟巢南枝。”华侨华人虽常年旅居海外，但始终心系桑梓。近年来，随着华侨华人经济实力的增强，华侨华人活跃在我国教育、扶贫、救灾、卫生、抗疫等公益慈善领域，尽显桑梓情深。

1995 年，我国提出科教兴国战略，教育成为国之大计。而教育一直也是华侨华人参与我国公益慈善事业的重点领域。近年来，一些华侨华人更是为此一掷千金。例如，加拿大籍华人叶嘉莹 2018 年决定将把毕生积蓄捐赠给南开大学，支持该校开展古典文化研究。截至 2019 年 5 月，叶嘉莹累计为南开大学捐赠 3568 万元。① 美籍华人李道多年来一直热心于教育公益事业，为培养师资，2017 年他以公司名义捐赠 1 亿元用于偏远地区学校教师培训、进修、健康保险等项目。同时，其所在的宝健公益基金为改善校舍捐资 500 万元。截至 2018 年 9 月，其公司在国内捐建希望小学 107 所，帮扶青少年 12 万余名。② 马来西亚华人古润金多年来一直关注华文教育，从 2011 年至 2022 年初，通过其所在公司向中国华文教育基金会捐赠 1.36 亿元，助力华侨华人文化交流和中华文化传承。③ 可见，华侨华人为推动我国教育事业的全方面发展做出了重要贡献。

“一方有难，八方支援”是中华民族的传统美德。华侨华人虽远居海外，然而，每当中国国内发生重大灾情，海外侨胞均会自觉为灾区和灾民慷慨解囊，生动诠释了中华民族灾难面前团结一心、共克时艰的优良品德。例如，截至 2008 年 9 月，海外侨胞为当年我国抗雪抗震救灾捐款赠物合计超过 15 亿元；④ 2010 年 6 月闽西北遭遇特大洪灾，当年该省救灾侨捐达 5 亿余元；⑤ 2020 年全国侨联系统年度接收或协助受理华侨华人抗疫捐赠 44.14 亿元，占 2020 年度侨捐总额的 67.94%；2021 年 7 月下旬河南突发特大洪涝灾害，海外多地的华侨华人纷纷捐款捐物。不仅如此，在 2008 年汶

---

① 张道正．叶嘉莹再向南开大学捐赠 1711 万［EB/OL］．［2019-05-12］．http：//www.chinanews.com/hr/2019/05-12/8834599.shtml.

② 李嘉宝，黄云欢．李道：扎根中国成就创业梦想［EB/OL］．［2018-09-27］．https：//baijiahao.baidu.com/s?id=1612726426594058802&wfr=spider&for=pc.

③ 怀揣“侨商”之心，立足脚下热土［EB/OL］．［2022-02-15］．https：//baijiahao.baidu.com/s?id=1724791698753363094&wfr=spider&for=pc.

④ 周军．世界华商的荣景与困境［J］．华人时刊，2009（4）：40.

⑤ 孙贤迅，陈鸿鹏．福建籍海外侨胞去年捐赠家乡公益事业近 13 亿元［EB/OL］．［2011-02-09］．https：//www.chinanews.com/zgqj/2011/02-09/2830776.shtml.

川地震发生后，我国政府允许境外救援队和医疗队进入灾区救援，此后华侨华人常亲赴灾区一线救灾。例如，汶川地震中，日本侨胞施海潮不仅参加了四川绵阳安县茶坪乡的现场救助和防疫工作，还直接领导了一支志愿救援防疫队战斗在救援第一线。[①] 灾难面前，华侨华人的表现令人感动。

脱贫攻坚是建设和谐社会的必然举措。习近平总书记在2021年全国脱贫攻坚总结表彰大会上庄严宣告，我国脱贫攻坚战取得了全面胜利。而这一切离不开全体人民的共同奋斗，也离不开众多海内外华侨华人的共同努力，涉及侨商企业、涉侨基金会和侨胞个体。据不完全统计，2007—2013年间，广东省侨商会会员企业在各类扶贫济困活动中先后捐款约7.65亿元；[②] 李新炎慈善基金会2009年专门设立“扶贫助侨”项目，持续资助困难归侨侨眷；2016年成立的林文镜慈善基金会一年内为精准扶贫捐资1300万元；[③] 而由美国福建联合总会驻闽办事处发起的“精准扶贫献爱心”慰问行动，自2017年起持续至今。2018年《中共中央国务院关于打赢脱贫攻坚战三年行动的指导意见》下发以后，各地华侨华人纷纷响应全国侨联系统的号召，积极参与我国脱贫攻坚工作。据不完全统计，2018—2020年三年时间里，华侨华人用于扶贫的捐赠额高达65.46亿元。同时，一些侨企也以新的方式参与我国的扶贫事业，如泰国华人创办的正大集团开创了“四位一体”产业扶贫模式，极大地助力了区域脱贫。[④] 不少侨胞个体也对扶贫事业情有独钟，如2018年8月，数名阿根廷侨胞前往甘肃定西开展教育扶贫帮扶活动，其活动内容包括贫困学生助学金捐赠、贫困学生冬衣捐赠、“致公学校”温暖工程资金捐赠等公益活动，此次帮扶资金超百万元；[⑤] 2022年初，中美洲华侨周翔一家向家乡古田县捐资100万元，助力家乡廊桥项目建设。[⑥] 虽然上述华侨华人旅居在不同的国家，扶贫的方式、领域不尽相同，

---

① 国新办就汶川地震灾害和抗震救灾情况举行第二十一次发布会［EB/OL］.［2008-06-02］. http：//www. scio. gov. cn/photo/5/Document/795703/795703. htm.

② 孙少锋，顾彦秋．海外侨胞助力脱贫攻坚［N］. 人民日报海外版，2016-09-18（06）.

③ 刘琳．林文镜慈善基金会捐巨款助困难教师子女上大学［EB/OL］.［2017-08-17］. http：//fq. fjsen. com/2017-08/17/content_ 19977416. htm.

④ 贾平凡．以侨为桥华侨华人多种方式助力中国脱贫攻坚［N］. 人民日报海外版，2020-11-18（6）.

⑤ 张金川．西部精准扶贫海外侨胞在行动［EB/OL］.［2018-08-06］. http：//www. chinanews. com/hr/2018/08-06/8591348. shtml.

⑥ 李国镔．华侨捐资建廊桥：承载乡情乡愁的“连心桥”［EB/OL］.［2022-02-03］. http：//www. chinanews. com. cn/hr/2022/02-03/9667907. shtml.

但他们均为我国打赢脱贫攻坚战做出了一定贡献。

华侨华人参与我国教育、救灾抗疫、扶贫等公益慈善事业的事例，表明华侨华人参与我国社会公益慈善事业的热情极高，他们通过捐赠款物、亲力亲为，为我国社会公益慈善事业的发展添砖加瓦。

（二）华侨华人参与住在国社会公益慈善事业

华侨华人参与住在国公益慈善事业有利于增进侨胞与当地民众的情感，更好地发挥侨胞在“一带一路”建设中的桥梁和纽带作用。实践中，华侨华人遍布全球，是住在国社会公益慈善事业的重要参与者和贡献者，他们积极参与住在国抗疫、救灾、扶贫、卫生等领域，积极回馈当地社会，获得了当地政府和民众的赞誉。

2020 年以来，新冠肺炎疫情在全球肆虐，严重影响各国的发展，危害民众的生命健康。华侨华人除支援中国抗疫，还通过捐赠款物、分享经验等方式积极帮助住在国抗击疫情。2020 年 3 月，泰国华人谢国民的正大集团注资 1 亿泰铢（约 2220 万元人民币）用于口罩生产。截至当年 6 月，正大集团口罩工厂已向全泰约 500 所医院累计输送了 450 余万个口罩。此后，该厂仍继续为医护机构免费供应口罩，并通过各慈善基金会向弱势群体免费发放口罩；[①] 2020 年 3 月，华商施至诚通过 SM 基金会向菲律宾 50 多家医院捐赠 1.7 亿比索防疫抗疫物资。[②] 除这些华商巨贾的慷慨捐献外，一般的华侨华人也尽其所能，为当地政府与民众抗疫出力。例如，2020 年 3 月，加拿大华侨华人向当地 5 家医院捐出多批物资，并为当地养老院送去了口罩、新鲜水果等物资；意大利华侨华人向当地防疫应急中心及医院捐赠口罩 10 万个，并多次为医护人员准备餐食；西班牙华侨华人向马德里 6 家医院捐赠了防护服，并向其他一些医院和警局捐赠了口罩、防护服、护目镜等防疫物资；南非华侨华人和科特迪瓦华侨华人分别向当地捐赠 120.5 万元和 53 余万元用于购买防疫物资；希腊华侨华人向当地捐赠了 12 万个口罩和 2000 副护目镜。[③] 2020 年 4 月，波兰华侨华人向当地医院捐赠口罩和防护

---

① 灾疫无情，人间有爱！正大集团开始向弱势群体免费发放口罩［EB/OL］.［2020-06-15］. https://www.sohu.com/a/401969138_481645?_trans_=000014_bdss_dklzxbpcgp3p:cp.

② 关向东．全球抗疫：菲律宾疫情告急 SM 集团捐赠 1.7 亿比索物资助力抗疫［EB/OL］.［2020-04-01］. https://baijiahao.baidu.com/s?id=1662732690260122496&wfr=spider&for=pc.

③ 李嘉宝．向海外传递咱中华儿女的善意（侨界关注）［N］. 人民日报海外版，2020-03-25（06）.

服，并向当地民众捐赠口罩；[①] 意大利、美国、西班牙、匈牙利、塞尔维亚等国也收到了来自当地华侨华人捐赠的防疫物资；一些法国的中餐厅还为当地的医护人员及消防员送去"爱心便当"。[②] 2020 年 5 月，全美华人文化教育基金会（ACCEF）携手亚美医师协会（CAIPA）向纽约艾姆赫斯特医院捐赠价值约 6 万美元的防疫物资；[③] 尼日利亚的华侨华人向卡诺州、吉噶瓦州、贡北州捐赠了包括口罩、呼吸机、酒精和喷雾器等在内的大量防疫物资。[④] 此后，类似捐献活动一直持续。截至 2021 年 1 月，肯尼亚中华总商会及其会员企业向肯尼亚政府部门及多家机构捐赠了 20 多批次的防疫物资；[⑤] 而据不完全统计，截至 2021 年 10 月，米兰华侨华人已向当地市政府、警察局、医院、红十字会等捐赠医用口罩 650 万个，另还捐赠了手套、防护服、消毒液等若干。博茨瓦纳华侨华人为当地抗疫捐赠了价值超过 100 万美元的现金和防疫物资。[⑥] 可见，在各国抗疫的艰难时刻，华侨华人始终与住在国的政府与民众并肩作战，其情其景与当初他们尽心尽力援助祖籍国抗疫别无二致，体现了中华民族守望相助的优良传统，也体现了华侨华人的大爱精神和扎根当地的决心。

中华民族向来就有扶危济困的传统美德，当住在国发生灾情时，华侨华人也会及时伸出援手。2016 年 9 月，阿根廷遭遇严重水灾，侨胞李先生、林先生捐赠了 1000 余箱清洁用品，并组织车辆将之送至急需此类物品的贫困家庭。[⑦] 2019 年 7 月，澳大利亚发生重大森林火灾。11 月，新南威尔士州华侨华人为奋战在火灾一线的消防队员、相关爱心医院和灾民们筹集了

---

① 波兰华侨华人募款捐物资支援抗疫［EB/OL］.［2020-04-06］. http：//www. chinaqw. com/hqhr/2020/04-06/252498. shtml.

② 严瑜．海外战疫，侨胞作出独特贡献［N］. 人民日报海外版，2020-04-24（06）.

③ 美国华人侨团联合向纽约医院捐赠医疗物资［EB/OL］.［2020-05-15］. http：//www. chinaqw. com/hqhr/2020/05-15/256918. shtml.

④ 周悦磊，张奕足．传递中国力量温州华侨捐资捐物助尼日利亚抗击疫情［EB/OL］.［2020-05-25］. http：//www. chinanews. com/hr/2020/05-25/9194409. shtml.

⑤ 贾平凡．在非侨胞团结抗疫憧憬未来［N］. 人民日报海外版，2021-01-06（06）.

⑥ 吴侃：扶危济困显担当　华侨华人与住在国民众"疫"路同行［EB/OL］.［2021-10-04］. http：//www. chinanews. com/hr/2021/10-04/9579615. shtml.

⑦ 行善最快乐海外华侨华人积极投身慈善公益活动［N］. 人民日报海外版，2016-09-24（06）.

38 万澳元资金。① 2020 年末，受超级热带气旋“亚萨”影响，斐济瓦努阿岛出现山体滑坡、停水停电、房屋倒塌等严重灾情。斐济新侨联谊会及时组织了慰问小组深入灾区，捐赠大米、面粉、救灾应急包（含食用油、罐头、奶粉、香皂等）各 225 袋，矿泉水 225 箱，60 盏太阳能 LED 灯和床单等物资，帮助灾区居民解决燃眉之急。② 2022 年 2 月，巴西里约热内卢州彼得罗波利斯市遭受暴雨侵袭，引发洪水和山体滑坡，造成重大人员伤亡，巴西中国浙江商会、巴西中国和平统一促进会及时伸出援手。③ 华侨华人上述雪中送炭行为，加深了华侨华人与住在国民众的情谊。

当今世界，贫困仍然是一个全球性的问题，华侨华人同样参与了住在国的扶贫事业。乌干达水资源与环境部表示，该国约 30%的人口无法获得清洁饮用水，他们大多是从浅井、沼泽、河流或湖泊中取水。2019 年成立的乌干达华侨华人慈善基金会关注到这一点，并将打井供水作为其重要的慈善项目，截至 2022 年 2 月，该基金会已在乌干达农村地区打了 25 口水井，惠及 2 万多个家庭、10 多万人口。④ 2020 年 5 月，巴西华侨华人通过慈善机构向当地贫困民众捐赠了 1200 个食品篮。⑤ 2021 年，随着博茨瓦纳冬季的到来和疫情的反复，博茨瓦纳华侨华人前往当地贫困乡村和部落献爱心，为他们送去御寒毛毯和防疫用品等物资。阿根廷华人义工团则通过转送各类“爱心旧衣”，帮助阿根廷南部查科省生活困难的原住民温暖过冬。⑥“众人拾柴火焰高”，无数海外华侨华人团结一心，用自己的力量给住在国贫困居民送去了温暖。

此外，华侨华人还积极为住在国的卫生事业贡献力量。据统计，2014—2018 年，华人社区累计为多伦多病童医院捐款逾 400 万加元。为支持该院

---

① 李大勇．澳大利亚山火肆虐华人华侨踊跃捐款赈灾［EB/OL］．［2019-11-30］．https：//baijiahao. baidu. com/s？ id＝1651590269796887538&wfr＝spider&for＝pc.

② 斐济青年侨领诠释中坚责任　助力灾区重建彰显华人担当［EB/OL］．［2021-01-09］．http：//www. chinaqw. com/hqhr/2021/01-09/282349. shtml.

③ 莫成雄：巴西华侨华人社团和中资企业捐助巴西暴雨灾区［EB/OL］．［2022-02-23］．https：//www. chinanews. com. cn/hr/2022/02-23/9684536. shtml.

④ 张改萍．中国侨胞助乌干达村民喝上干净水［EB/OL］．［2022-02-15］．http：//www. chinaqw. com/hqhr/2022/02-15/322227. shtml.

⑤ 巴西华人向当地贫困民众捐 1200 个食品篮［EB/OL］．［2020-05-22］．http：//www. chinaqw. com/hqhr/2020/05-22/257619. shtml.

⑥ 吴侃．扶危济困显担当　华侨华人与住在国民众“疫”路同行［EB/OL］．［2021-10-04］．http：//www. chinanews. com/hr/2021/10-04/9579615. shtml.

重建，2019 年 9 月华人社区还确定了未来五年为该院筹款 2500 万加元的计划。[①] 2018 年 7 月，柬埔寨柬华理事总会给该国儿童医院基金会捐赠了 50 余万美元和 2.17 亿柬币的善款，用于救助该国贫困儿童。[②] 2018 年 8—10 月，巴西闽商联合会、巴西福建同乡总会等多家侨团先后两次捐助圣保罗公立医院慈善基金会，表达旅巴华人对当地贫困患者的关心。[③] 华侨华人的慷慨捐赠，为当地医疗卫生事业的进步做出了贡献。

总之，近年来，华侨华人更加广泛地参与到住在国的公益慈善事业当中，回馈当地社会，体现了华侨华人的大爱情怀和融入当地的积极心态。

三、华侨华人参与社会公益慈善事业的动因

一般而言，人类行为的背后需要一定的动力支撑。因此，探析华侨华人参与我国和其住在国社会公益慈善事业的动力因素，对于更好地调动和引导其公益慈善行为，促进华侨华人社会公益慈善事业的持续、健康发展具有一定的意义。

（一）华侨华人参与我国社会公益慈善事业的动因

1. 思想观念和家风传承

作为世界文明古国之一，中华文明历史悠久、精彩纷呈，儒家文化是其中熠熠生辉的一种，其思想精髓包括“仁爱”“忠孝节义”等。由于中华儿女长期接受儒家思想的熏陶，因此儒家思想已融入中华儿女的家庭教育及一言一行之中。华侨华人无论身处何方，长期的家族文化熏陶仍使其程度不同地受到儒家文化的影响，“仁爱”“忠孝”等观念影响着他们，并使他们具有一定的“大爱”精神。除儒家文化外，宗族观念也深刻影响着华侨华人，尤以老一辈华侨华人为甚。受宗族观念影响，他们往往有叶落归根、光宗耀祖等心理。而在儒家“仁义”“达则兼济天下”思想和“荣归故里”“光宗耀祖”等宗族观念的影响下，华侨华人往往热衷于公益慈善事

① 余瑞冬．多伦多病童医院携手华人社区发起最大规模慈善募捐［EB/OL］．［2019-09-05］．http：//www.chinaqw.com/hqhr/2019/09-05/230911.shtml.

② 黄耀辉．柬埔寨华侨华人向柬儿童医院基金会捐助 50 万美元［EB/OL］．［2018-07-05］．https：//baijiahao.baidu.com/s?id=1605114293956821614&wfr=spider&for=pc.

③ 巴西圣保罗侨团献爱心向公立医院捐赠物品［EB/OL］．［2018-10-16］．http：//www.chinaqw.com/hqhr/2018/10-16/205174.shtml.

业。再者，家庭是人生的第一课堂，好的家风对个人发展无疑具有重要的助推作用。华侨华人热衷于公益慈善事业与好的家风密不可分，在老一辈华侨华人的言传身教下，新一代华侨华人也传承祖辈们热心公益慈善事业的传统，从而形成公益慈善事业华侨华人家族薪火相传的现象。这样的案例屡见不鲜，如南安侨胞张水荃每次回乡行善均带上子女，试图将这份浓浓桑梓情传承下去。其子虽出生海外，但受父亲爱乡思想的影响，2019 年为南安梅岭中学建设捐资 1350 万元。[①] 可见，以儒家文化、宗族观念为主的思想观念和慈善家风是华侨华人参与我国社会公益慈善事业的内在精神动力。

2. 爱国思乡情怀和自我实现

自辛亥革命以来，近代社会的国家、民族观念开始深入民心，此后，爱国主义成为民众思想观念的重要组成部分。多数华侨不论身处何方，离家多远，心中均怀着一份对祖国的情感以及对中华民族前途命运的牵挂。实践中，中国国力强盛之时，华侨通常发展得更为顺利，这种休戚相关的利害关系进一步强化了他们对祖国的情感。对于华人而言，即便从未回过中国，但由于家族“根”的意识根深蒂固，对家乡也有一种特殊的情感。近年来，“寻根之旅”盛行也证明了这一点。正是这种对祖籍国或家乡的挂念，使得但凡中国国内有所需求，华侨华人便能尽己所能，“挺身而出”，或慷慨解囊或亲力亲为，为中国公益慈善事业发展贡献力量。

华侨华人从事中国公益慈善事业既是对中国的回馈，也是其自身的需求。根据马斯洛需求层次理论，人的需求分为：生理需求、安全需求、社交需求、尊重需求和自我实现需求五个层次。其中，自我实现是指实现个人理想抱负和最大限度地发挥自己的能力，是人类最高层次的需求。[②] 华侨华人在海外奋力拼搏，一段时间后往往能够实现马斯洛需求层次的前三个、甚至第四个需求，即衣食住行有保障、生命和生活的安全、与他人交往的顺畅、自尊和受他人尊重等。当这些需求都得到满足后，侨胞们便开始追求自我实现。而参与我国公益慈善事业，会得到中国政府的肯定、社会的

① 南安侨亲张水荃的节俭与慷慨——一生节衣缩食 3000 多万元巨款奉献故乡［N］. 福建侨报，2019-11-29（05）.

② 周三多，陈传明，鲁明泓 . 管理学——原理与方法［M］. 6 版. 上海：复旦大学出版社，2014.

称赞和受益者的感恩，这对华侨华人而言是一种正反馈，可使其更深刻地体会到自己的价值，从而满足其自我实现的需求。而华侨华人的爱国思乡情怀和自我实现的需求正是华侨华人参与我国社会公益慈善事业的内在驱动力。

3. 政策引导和政府支持

政策法规具有规范和引导公民行为的作用。华侨华人素来就有参与我国社会公益慈善事业的传统，近年来，为保护华侨华人参与我国公益慈善事业的热情，维护其参与过程中的合法权益，同时也规范国内相关部门接收或受理华侨华人捐赠等公益慈善事业的行为，我国制定并出台了许多鼓励和保护华侨华人捐赠的政策法规，如1999年颁布的《中华人民共和国公益事业捐赠法》，2001年财政部、国家税务总局、海关总署印发的《扶贫、慈善性捐赠物资免征进口税收的暂行办法》，2007年财政部、国家税务总局印发的《关于公益救济性捐赠税前扣除政策及相关管理问题的通知》，2016年颁布的《中华人民共和国慈善法》等，这些法律政策对包括华侨华人在内的自然人、法人和其他组织参与我国公益慈善事业给予税收优待，同时并保护其参与我国公益慈善事业的合法权益。除这些综合性政策外，近年来各级各地涉侨部门还出台了一些专项公益引导政策。例如，为配合精准扶贫工作，2016年泉州市外侨办出台《关于组织引导华侨华人侨资企业参与精准扶贫工作的通知》，2018年福建省侨联出台的《福建省侨联“百侨帮百村——联村助户”精准帮扶活动实施方案》等，这些政策对调动侨胞公益热情、引导侨胞公益流向有着显著的影响。实践中，政府还对华侨华人参与我国公益慈善活动予以种种便利。例如，在救灾领域，根据1991年国务院办公厅印发的《关于做好境外救灾援助和捐赠款物管理工作的通知》，各口岸对进关的救援物资，尽快免费检验，尽快转运；2008年汶川地震发生后，民政部、外交部、海关总署等多个部门相互配合，联同建立了特事特办、简化手续、通关验放的“快速通道”，最大程度地为国际救灾物资传递提供便利。这既提升了救灾效率，又借此凝聚了“侨心”。不仅如此，各地还专门针对华侨华人公益慈善活动出台表彰性政策，如2003年福建省人民政府出台的《福建省华侨捐赠兴办公益事业表彰办法》等，有利于进一步调动华侨华人参与我国公益慈善事业的积极性。实践中，各级政府也根据政策对华侨华人从事公益慈善活动予以表彰或奖励，包括对捐赠者的高规格接待、授予荣誉称号、颁发奖牌奖状、推荐其担任各级政协委员等。例如，福建省政府对捐资千万元以上的海外侨胞、港澳同胞，于 2004 年世界恳亲大会，2007 年、2010 年、2013 年、2016 年、2019 年的世界闽商大会上进行了六次集体表彰。这既是对捐赠者捐赠行为的肯定，也让捐赠者受到应有的礼遇，极大地激发了广大海外侨胞、港澳同胞的捐赠热情。可以说，公益慈善方面的政策法规和政府部门的引导支持是华侨华人参与我国公益慈善事业的外在驱动力。

4. 经济实力与利害关系

参与公益慈善活动需要一定的经济实力作后盾，因此，某种程度上可将华侨华人参与我国公益慈善事业的程度视为华侨华人经济发展水平的"晴雨表"。一般而言，华侨出国初期，往往需要为自己的生计奔波，即便有心为祖国的公益慈善事业出钱出力，也难免心有余而力不足，程度受限。而当他们的事业有所发展，个人生活有了保障之后，在内外驱动力的共同作用下，他们往往会积极参与我国社会公益慈善事业。同时，改革开放以来，华侨华人与中国的经贸联系十分密切，一些华侨华人在中国国内投资兴业，或从事对华进出口贸易。对这些侨企或华商而言，投身于中国公益慈善活动，有利于塑造良好形象，维系与中国政府的密切联系，同时也有利于其事业的持续发展。因此，侨企和华商始终是我国公益慈善活动的重要力量。

（二）华侨华人参与住在国社会公益慈善事业的动因

华侨华人是住在国公益慈善事业的参与者和贡献者，其动因与其参与国内公益慈善事业有相似之处，如公益精神、政策支持、自我实现需求等，但也有其独特之处。本文择其要者分析如下：

首先，中华民族乐善好施的历史传统。华侨华人虽远离祖籍国，但他们仍有着中华民族扶危济困的美好品德。因此，当住在国有所需求时，华侨华人多能慷慨解囊，伸出援助之手，尽显中华儿女乐善好施的本色。

其次，强烈的社会责任感。华侨华人常年旅居在外，是住在国的一份子。作为住在国的一员，华侨华人也会积极参与住在国公益慈善事业，履行其社会责任。同时，一些国家公民意识和公益慈善意识较为浓厚，华侨华人耳濡目染，其公益精神和社会责任意识也会得到较大程度地提升，进而热心于当地公益慈善事业。

再次，融入当地的观念和决心。华侨华人作为一个整体，近年来其海外形象存在一定的争议，并因此影响到其海外发展。无论如何，作为外来者或作为当地的少数族裔，从长远发展来看，融入当地是华侨华人的必经之路。而参与住在国的公益慈善事业，有利于改变当地政府和民众对华人的印象，改善华人形象，是华侨华人融入当地的重要渠道。因此，在自身实力有所保障后，一些华侨华人会积极参与当地公益慈善活动，体现了华侨华人改善自身形象、积极融入当地的一种努力，也反映了其立足当地长期发展的打算。

最后，政府倡导。可分为中国政府和当地政府倡导两方面。2014 年是“和谐侨社建设年”，当年，习近平总书记强调，海外侨胞要“更好地融入和回馈当地社会”。[①] 国务院侨办、使领馆等也反复动员侨领、华商和中资企业践行企业责任或公民责任，回馈当地。这种倡议对华侨华人在当地从事公益慈善活动起到了一定的推动作用。而住在国政府从吸纳社会资本出发，也倡导民间力量参与公益慈善活动，并从税收、表彰等方面予以补偿和激励，前者如对捐赠者的个人（企业）所得税优惠及慈善基金收益税减免等，后者如 2018 年底美国南加州新港滩市圣人山高中（Sage Hill High）专门为该校华裔家长举办亮灯仪式及晚会，以表彰他们对学校的无私捐助。[②]

总的来说，华侨华人参与我国和住在国公益慈善事业均是多种内外因素共同作用的结果。

四、华侨华人参与社会公益慈善事业的意义

随着华侨华人群体的不断扩大，华侨华人经济水平和社会影响力不断提升，越来越多的华侨华人参与到社会公益慈善事业中。而华侨华人参与社会公益慈善事业，不论是对我国还是对住在国抑或对华侨华人自身都具有极为重要的意义。

（一）华侨华人参与社会公益慈善事业对我国的意义

华侨华人积极参与我国社会公益慈善事业，对促进我国经济、社会发

① 以“侨”架“桥”习近平这样谈侨务工作［EB/OL］.［2019-05-29］. http：//news. cctv. com/2019/05/29/ARTI9uVgvrYLub6XLtIXWiW8190529. shtml.

② 尚颖 . 美国南加州华人家长积极捐助学校获社区表彰［EB/OL］.［2019-01-02］. https：//baijiahao. baidu. com/s？ id=1621529090292014234&wfr=spider&for=pc.

展具有重要的意义。

首先，华侨华人为我国教育、扶贫、卫生、救灾抗疫等领域的社会公益慈善事业捐款捐物，有利于相关事业的发展，也有利于社会的繁荣安定和中华民族伟大复兴的实现。尤其在侨乡，一些村庄或社区甚至因为侨胞的公益关注而获得较大的发展。例如，福建省福清市阳下镇溪头村近年来的蜕变与印尼侨商林文镜的慷慨解囊密切相关。该村曾是福建省最穷的乡村，从20世纪80年代末开始，林文镜先生捐资数亿元改造村里的基础设施，为家乡修桥铺路、接通电话，还兴办学校、医院、养老院等公益设施，极大地改变了家乡的面貌。如今，溪头村成了名副其实的"美丽乡村"。① 其次，华侨华人身体力行，投身于公益慈善事业，既延续和发扬了中华民族乐善好施的优良传统，又为社会公众树立了典范，有利于在全社会形成一股向善向上的优良风气，带动更多的中华儿女参与我国的社会公益慈善事业。最后，华侨华人参与我国社会公益慈善事业，既推动了我国公益慈善相关法律法规尤其是监督体系、表彰体系等方面的完善，促进了我国公益慈善事业的健康发展，也为其他相关事业的发展提供了经验和借鉴。

华侨华人积极参与住在国的公益慈善事业对于我国来说同样具有重大意义。每一位华侨华人均是中国的一张名片，华侨华人积极参与住在国公益慈善事业，有利于展现中华儿女扶危济困的优良品质，弘扬中华慈善文化，传播积极、正面的中国形象。此外，华侨华人对住在国的慈善捐助，向当地民众表明了中华儿女的友善负责态度，有利于增进华侨华人与"一带一路"沿线国家民众的情感。于我国而言，则有利于更好地发挥华侨华人在"一带一路"建设中的桥梁纽带作用，促进中国与其他国家的民心相通，推进"一带一路"倡议的实现。

（二）华侨华人参与社会公益慈善事业对住在国的意义

华侨华人积极参与当地的公益慈善事业，对住在国具有重要意义。首先，有利于住在国经济社会各方面事业的发展。例如，华侨华人参与住在国的抗疫、救灾等方面的公益慈善事业，有利于帮助住在国度过危机，维护社会稳定；参与卫生、扶贫等方面的公益慈善事业，有利于改善住在国的民生问题，缓和住在国的社会矛盾，促进社会的和谐与发展；参与教育、

① 闫旭．海内外各界追思著名侨领林文镜：贡献与风范长存［EB/OL］．［2018-07-08］．https：//baijiahao．baidu．com/s？id=1605435805981373950&wfr=spider&for=pc．

产业扶贫等方面的公益慈善事业，有利于促进人力资本提升，促进住在国经济的发展。其次，作为外来民族，华侨华人积极投身当地公益慈善事业，有利于促进住在国公益慈善精神的发展，也有利于促进华侨华人与当地其他民族的融合，促进民族和谐和社会稳定。

（三）华侨华人参与社会公益慈善事业对华侨华人自身的意义

华侨华人参与社会公益慈善事业对于华侨华人自身同样具有重要的意义。对华侨华人参与我国社会公益慈善事业来说，首先，华侨华人通过参与我国社会公益慈善事业，加强了与祖籍国的联系，在情感上获得更多的归属感；其次，华侨华人参与我国社会公益慈善事业，为祖籍国经济社会发展做贡献，一定程度上实现了自己的人生价值；再次，华侨华人在参与我国公益慈善事业的同时，也获得政府的支持和社会各界的赞誉，有利于提升华侨华人的社会声誉，并因此有利于其在中国国内事业的发展；最后，华侨华人回馈祖籍国、回馈家乡，作为回报，在华侨华人遇到难事的时候，祖籍国和家乡也不会袖手旁观。

对华侨华人参与住在国公益慈善事业来说，华侨华人的广泛、真诚参与，有利于改善华侨华人形象，与住在国居民建立深厚情谊，从而更好地融入当地社会；在心理层面，与当地居民的和谐相处，也能使旅居在外的华侨华人获得更多的认同感和归属感。此外，华侨华人较好地融入当地社会，也能为其在当地的持续发展营造更好的环境，助推华侨华人事业的发展。

总之，华侨华人参与社会公益慈善事业有利于形成良性循环，造福于我国、住在国和华侨华人自身。

参考文献

[1] 董青．中国特色社会主义慈善事业发展问题研究［D］．长春：长春理工大学，2018.

[2] 郑功成．中国慈善事业的发展方向［J］．社会治理，2020（10）：10-13.

[3] 张赛群．华侨华人捐助新中国公益事业研究［J］．当代中国史研究，2019，26（6）：122-133，160.

［4］张钟鑫．华侨华人与侨乡公益事业——泉州市鲤城区浮桥镇华侨捐建公益事业调查［J］．福建论坛（经济社会版），2002（10）：79-81.
［5］郭惠杰．闽粤侨乡体育公益慈善的地方实践与动力机制［J］．体育文化导刊，2017（9）：30-34.
［6］郑一省．华侨华人、港澳同胞与侨乡社会公益事业——梅州市个案研究［J］．八桂侨刊，2001（4）：50-52.
［7］张秀明．改革开放以来华侨华人对中国慈善事业的贡献探析［J］．华侨华人历史研究，2018（04）：23-33.
［8］周秋光，曾桂林．中国慈善简史［M］．北京：人民出版社，2006.
［9］中国侨务通论课题组．中国侨务通论（试用版）［M］．广州：暨南大学出版社，2012.

华侨华人参与住在国社会福利事业建设

刘子瑄*

摘　要：本研究以“一带一路”沿线涉及的主要国家为基础，选择了印度尼西亚、新加坡、泰国、菲律宾、缅甸等东南亚国家，首先简要介绍我国与这些国家在“一带一路”建设上的合作进展，以及华侨华人在我国与上述国家之间的桥梁作用；还概述了华侨华人参与住在国社会福利事业建设的现况，并具体分析了华侨华人参与该国社会福利事业建设的主要内容。

关键词：“一带一路”；社会福利；华侨华人

截至2022年2月，我国已与149个国家以及32个国际组织签署共建“一带一路”合作文件。① 华侨华人及其相关组织，在其住在国以及祖国往来中发挥重要的桥梁纽带作用。本研究择要介绍“一带一路”沿线国家中华侨华人参与住在国社会福利事业建设。根据学者估计，2020年世界华侨华人约有6000万，其中，约有4000余万的华侨华人居住在东南亚地区②，数量居世界各地之冠，因此，本研究将以东南亚华侨华人参与住在国社会福利事业建设为主。

移民到异国的华侨华人将中国的文化、习俗、价值观等带到居住国，与当地居民交流且共存共荣，为融入当地社会以及解决生存、教育等问题，华侨华人在居住国基于业缘、地缘、血缘，开始成立宗亲会、同乡会并开

---

* 刘子瑄，华侨大学政治与公共管理学院讲师，主要从事侨务政策与管理。

① 已同中国签订共建“一带一路”合作文件的国家一览. [EB/OL]. (2021-03-20) [2022-04-27]. https://www.yidaiyilu.gov.cn/gbjg/gbgk/77073.htm.

② 庄国土.21世纪前期海外华侨华人社团发展的特点评析 [J]. 南洋问题研究，2020 (1)：55-64.

展慈善活动，以及参与住在国的社会福利事业建设，在医疗、教育、赈灾、济贫等方面不遗余力，为解决华人及当地民众的社会福利问题发挥了良好作用。更重要的是，参与住在国的社会福利事业建设有效地增进了华侨华人与住在国的非华侨人民的情感，使华侨华人跟其住在国民族的情感更融洽，进而促进了社会安康以及促进中国与其他国家的友谊。本文选择印度尼西亚、新加坡、泰国、菲律宾、缅甸等东南亚国家，简述华侨华人参与其住在国社会福利事业建设的现况，并具体分析华侨华人参与该国社会福利事业建设主要内容。

一、华侨华人参与印度尼西亚的社会福利事业建设

在第一届“一带一路”国际合作高峰论坛中，中国与印度尼西亚建立全面战略伙伴关系，共同签署经济技术合作、基础设施建设等合作文件，推动两国的合作关系。李克强总理于 2018 年 5 月访问印度尼西亚期间，双方共同签署共建“一带一路”和全球海洋支点战略的谅解备忘录，强化“一带一路”和区域综合经济走廊的战略，促进两国战略对接。[①] 2021 年 6 月，我国与印度尼西亚举行高级别对话合作机制首次会议，确立共建两国命运共同体的宏伟目标，推动双方在政治、经济、安全、抗疫、公共卫生和人文等领域的整体合作总体框架。[②] 据估计，印度尼西亚的华侨华人人数在 1000 万以上，约占印度尼西亚人口总数的 5%[③]，当地的许多华商为印度尼西亚经济的主力，印度尼西亚华侨华人与其组织在参与印度尼西亚的经济建设、人文建设、公共卫生建设，以及社会福利建设等方面不遗余力，在“一带一路”我国与印度尼西亚的战略对接中，因印度尼西亚华侨华人一方面与我国血脉相连，另一方面又在印度尼西亚参与各项重要建设，是联结我国和印度尼西亚的重要桥梁，能在“一带一路”我国与印度尼西亚战略联动时，发挥重要力量。[④] 以下节选对印度尼西亚社会福利建设有重要

---

① 钟帅，邱华盛，沈镭，等．关于中国和印度尼西亚在资源环境领域开展重点合作的建议［J］．中国科学院院刊，2019（34）：94-103.

② 门洪华，李次园．中国—印度尼西亚伙伴关系升级的战略分析［J］．东南亚研究，2021（3）：94-113.

③ 宋灵．印度尼西亚华侨华人对“一带一路”倡议的认知——基于《印度尼西亚国际日报》的文本分析［J］．湖北经济学院学报（人文社会科学版），2021（2）：68-72.

④ 同③。

贡献的华侨以及华侨组织，对其贡献进行介绍。

（一）印度尼西亚华裔总会

成立于1999年的印尼华裔总会（INTI），该会将如何消除印度尼西亚社会的贫富差距，帮助当地人民脱离贫困当做其工作的重点，故此，该会致力于参与当地的社会福利建设。例如，当发生自然或人为灾害时，华裔总会会发起人道主义援助活动；华裔总会亦定期开展献血活动；新冠肺炎疫情期间，华裔总会发起联合疫苗接种计划的人道主义行动，并协助组织疫苗接种活动。对受疫情影响的印度尼西亚民众分发大米，并协助孤儿院开展疫情防控活动。华裔总会协助政府开展各项社会福利活动，发挥极大贡献，因此，该会于2021年获得国家灾难管理局颁发奖项，得到政府高度。①

（二）棉兰江夏公所

印尼棉兰江夏公所成立于1907年，多年来致力于参与印度尼西亚的社会福利建设，该公所成立了诊疗部，专为社会上困苦的民众服务，诊疗部内会有医生每天轮流值班，而公所只象征性地收取十分低廉的诊疗费用。除了棉兰江夏公所举办义诊活动之外，其他的华侨华人组织也以义诊形式参与印度尼西亚的社会福利事业，如福州三德慈善基金会，苏北印华总会、苏北百家姓协会、颖川堂等华侨华人组织皆有参与或开展义诊活动。此外，该公所致力于关注老人福利，每年皆举办老人相关的社会福利活动。

（三）鹅城慈善基金会

鹅城慈善基金会于1984年成立，前身是惠州会馆，开设有慈善诊疗所，每年最少一次到偏乡地区义诊。除了义诊之外，该基金会还开展扶贫活动，数十年间，提供日常生活用品给贫穷民众以及退伍军人，为印度尼西亚的社会福利建设做出了巨大努力。此外，鹅城慈善基金会也在开展救灾活动等方面不遗余力。

（四）印度尼西亚国信集团创始人翁俊民

印度尼西亚国信集团（Mayapada Group）创始人翁俊民为来自福建莆田的印度尼西亚华商，热衷于参与印度尼西亚当地的社会福利建设，并于2011年在印度尼西亚成立了翁俊民基金会（Tahir Foundation）。翁俊民为印

---

① 印度尼西亚华裔总会地区领导和分支机构积极开展社会福利活动［EB/OL］. 国际日报，（2021-03-20）［2022-04-28］. https：//guojiribao. com/?.

度尼西亚宪法总统国策顾问之一。[①] 该会不仅资助贫苦儿童奖学金和电脑，且致力于印度尼西亚卫生保健事业建设，例如，翁俊民与新加坡国立大学合作，为印度尼西亚无法自费医疗的孩童承担医药费。同时，他捐献资金至许多医疗项目，让求医的印度尼西亚贫苦民众可获得医疗补助。他在2013年与比尔·盖茨签署协议，与比尔及默林达-盖茨基金会各捐款1亿美元，设立医疗基金，以解决印度尼西亚和周边国家贫困民众的公共卫生和医疗问题，包括疟疾、肺结核、艾滋病与小儿麻痹防治等方面。[②] 翁俊民热心扶助乡村振兴的社会福利事业，资助爪哇岛上百个贫穷农村，提供民众生活资源且在当地兴建医院及学校，改善当地百姓的生活。因翁俊民对印度尼西亚社会福利以及国家建设的巨大贡献，2018年获颁“国家英雄大儿女勋章”，翁俊民是印度尼西亚建国以来第一位获得该殊荣的华商。[③]

翁俊民十分注重教育，透过他所设立的Tahir基金会，他在超过20所大学里，如万隆工艺大学、印度尼西亚大学和泗水国立大学等设立奖助学金。此外，在救灾方面，翁俊民义不容辞，在2009年苏门答腊省巴东地区地震时，翁俊民以中华总商会名义捐款赈灾。

2020年新冠肺炎肆虐，翁俊民积极抗疫，捐赠约2000万人民币给印度尼西亚各大组织，以协助印度尼西亚政府对抗疫情。[④] 此外，他尚提供价值约90万人民币的代金券于雅加达居民，以帮助民众生活基本所需，贡献巨大。

翁俊民的岳父李文正与妻弟李棕亦为热心参与印度尼西亚社会福利建设的华人。李文正与李棕父子俩共同创立奥比基金会（theObiFoundation），为印度尼西亚民众提供免费医疗保健、救灾救助和教育服务。同时，还建立了“希望之光教育基金会”（YayasanPen-didikanPelitaHarapan），资助文教事业，以提升教育质量。[⑤]

（五）印度尼西亚中华总商会创始人杨克林

杨克林一家为印度尼西亚热衷参与社会福利事业建设的华侨家族，多年来深入孤儿院、偏远地区、贫民百姓家里送物资，提供其生活所需，并

① 翁俊民［EB/OL］.（2021-01-25）［2022-04-28］. https：//www. mszz. cn/archives/99194. html

② 沈燕清 . 印度尼西亚慈善事业中华人精英角色之探析［J］. 八桂侨刊，2015（1）：26-31.

③ 同①。

④ 同①。

⑤ 同②。

为印度尼西亚贫苦家庭缴不起学费的儿童交学费。在教育方面，杨克林长年对客属联谊会创办的崇德学校出钱出力，并从 2003 年起开始赞助举办中国教育展，鼓励印度尼西亚学生到中国学习，促进印中教育合作交流。此外，在赈灾方面，杨克林一家不遗余力，当印度尼西亚发生灾害时，如 2004 年亚齐海啸、2005 年莫拉比火山爆发、2006 年苏拉威西岛水灾、2007 年巴利岛地震、2008 年苏门答腊地震等灾害，一家人毫不犹豫投入赈灾行列。杨克林的母亲梁冰珲，奉献于印度尼西亚的社会福利工作，梁冰珲将购买的地捐给印度尼西亚的“崇爱基金会”（YAYASANKASIHMULIA），以建立戒毒中心，协助具有毒瘾的患者戒除毒瘾。①

二、华侨华人参与新加坡的社会福利事业建设

据新加坡政府统计，2021 年，新加坡的华侨华人占新加坡公民的 75.9%，华侨华人是新加坡公民当中最大的族群。② 为强化与我国的关系与合作，新加坡政府将当地华侨华人组织作为访华团的重要成员，且政府与商会合作，设立双边合作项目以促进“一带一路”的参与。例如，2017 年和 2018 年，新加坡中华总商会与新加坡企业发展局合作，在中国不同城市开办一系列的工作坊，除商业课程之外，尚安排新加坡企业家和政府部门座谈，旨在建立国际化网络，加强我国与新加坡之间的交流。此外，新加坡的华人商会也在我国设立联络处，强化与我国政府和企业的联系。作为新加坡最大的族群，华侨华人不仅作为双方国家“一带一路”的重要纽带，保障双方政府对“一带一路”倡议的联动性，也积极组织参与新加坡的社会福利事业建设，为新加坡贡献力量。以下节选对新加坡社会福利建设贡献重要力量的华侨华人以及华侨华人组织，对其贡献进行介绍。

（一）新加坡福帮

新加坡福帮即为居住在新加坡的福建人，福帮移居新加坡后，积极参与当地的社会福利建设，包括修桥修路、设立消防队、创建自来水工程、

① 他勇担重任，创建中华总商会，被誉为“印度尼西亚第一儒商”［EB/OL］.（2020-05-26）［2022-04-28］. https：//xueqiu. com/2428762308/150117460.

② Population in Brief 2021［EB/OL］.（2021-09-01）［2022-04-28］. https：//www. strategygroup. gov. sg/files/media-centre/publications/Population-in-brief-2021.

创办医院与学校等。[①] 最具有代表性的组织即为李光前成立的李氏基金会。

李氏基金会于 1952 年创立，创立者为企业家李光前。李光前积极参与东南亚以及祖国的社会福利建设，在文教方面不遗余力，资助厦门大学、集美学村各校、华侨大学，在福建省捐创幼儿园、国专小学、南安国光中学、国专医院、图书馆等。此外，捐助新加坡以及马来西亚地区的南洋大学、捐建国家图书馆、捐建新加坡第一所印度中学的校舍，赞助马来西亚的第一所回教学校，并兼任南益学校、道南学校、华侨学校、光华学校、侨南学校等中学的董事，出钱出力。李光前因积极参与东南亚的社会福利事业，在 1957 年，被马来西亚柔佛苏丹授予“拿督”荣衔。1958 年，获得马来西亚大学授予的名誉法学博士。1962 年，被新加坡政府聘任为新加坡大学首任校长。[②] 1952 年至 1967 年，该基金会共捐助社会福利款项达 1000 万新元，资助新加坡及马来西亚数十所学校。李光前逝世后，其儿子李成义继承衣钵，继续极力参与东南亚社会福利建设，李氏基金会资助由南洋理工大学和伦敦帝国学院联办的李光前医学院，资助新国家图书馆大厦，资助新加坡国立大学；建立新加坡管理大学，并在新加坡建立李光前自然历史博物馆，延续李氏基金会推动教育的使命。在医疗建设部分，李氏基金会捐赠 500 万新元于新加坡保健集团器官移植服务中心，以扩大器官移植服务及提高新加坡民众对器官移植的认识。[③] 李氏基金会资助善济医社，使其成立了建国一代医疗基金，使近 10 万人次受益。值得一提的是，李成义的妻子李张治华医师与丈夫共同设立了李张治华基金（D. S. LeeFoundation），用于资助新加坡护士的教育，提高新加坡的医疗水平，并设立了“陈振传护士奖”，表扬工作能力卓越的护士。

李成义因积极参与社会福利建设，获颁许多殊荣。例如，1992 年，李成义荣获新加坡总统授予的公共服务星章；1993 年，获得新加坡国家福利理事会授予的最高荣誉奖“余炳亮”奖；2002 年，获颁新加坡国立大学的

---

① 李勇．天福宫的领导层、组织与功能（1840-1915）：基于报章资料的研究［J］．华人研究国际学报，2010（2）：1-25.

② 黄坚立．身份认同的转移：南洋企业家李光前三种形象的建构［J］．华人研究国际学报，2009（2）：49-73.

③ 李成义光大李氏基金［EB/OL］．（2016－06－24）［2022－04－28］．http：//www.chineseweekly. com. my/news/cw%20Opinion－Charater_ 040616－Lee%20Foundation%20x%20Lee%20Seng%20Gee. html.

文学博士荣誉学位；2007 年，获颁瑞银（CreditSuisse）和安永（Ernst & Young）的终身成就；在 2008 年的国际儒商大会，被评为国际十大儒商；2009 年，获颁南洋理工大学文学博士荣誉学位。①

（二）新加坡同济医院

新加坡同济医院创立于 1867 年，是提供免费医疗服务新加坡民众的医院。同济医院设有普通门诊肿瘤门诊、生育门诊、代谢门诊、肾病门诊、中风痛症针灸门诊及儿科门诊。另外，同济医院还开展中医药研究、中医师延续教育课程和在职培训。2007 年，同济医院与南洋理工大学合作，成为该校生物医学和中医学双学位课程的临床教学基地，每年颁发奖学金给优秀学生。2012 年，同济医院开始深耕小区，设立社区诊所。根据估算，同济医院 2020 年每天为超过 1600 名病患提供完全免费的医疗服务。在免费提供医疗外，同济医院会不定期举办慈善夜和慈善高尔夫球赛，积极参与公益事业。同济医院，成立近两百年来，不仅作为公益医院提供医疗服务，更重要的是，同济医院跨越乡族和籍贯，曾作为新加坡中华总商会筹备办事处，为华侨聚会活动的中心地点，团结所有华侨华人，具有华侨华人领导中心的功用，为奠定新加坡华人华侨文教、经济活动和社会福利的基础，功不可没。

（三）善济医社

新加坡善济医社是在华侨华人在新加坡卫生部注册的福利慈善组织。自 1901 年，为新加坡民众提供免费的中医诊断及低收费的治疗服务，包括内科、肿瘤、骨头损伤、抑郁、睡眠问题方面的专业诊疗，并提供针灸、推拿理疗等治疗服务。善济医社积极参与当地的社会福利事业。善济医社在 2014 年到 2021 年八年间，共计看诊约 266 万人次，并发出药帖约 537 万帖。② 此外，善济医社亦举行筹款晚会，如 2017 年在新加坡博览中心举办的爱心之夜慈善晚会，邀请新加坡政界及商界人士参加，当晚活动共筹集约 5000 万人民币，旨在为新加坡弱势群众提供医疗服务。③

善济医社设立康乐中心与基层组织和社区合作，为社区居民提供免费

---

① 朱庆．新加坡中华商务总会成立背景的再考察［J］．华人研究国际学报，2021（1）：85-102.

② 善济历史［EB/OL］．(2022-02-18)［2022-04-28］．https：//sianchay. org. sg/history/.

③ 善济精神传遍亚洲之慈善事迹解析［EB/OL］．(2022-02-18)［2022-04-28］．https：//www. sohu. com/na/523634054_ 120647513

的法律咨询、补课与康乐活动服务，在促进年长者身心健康的同时，协助居民增加社会服务观念。此外，善济医社还预备日用品及食品礼包，送予社会上有需要民众，新冠肺炎疫情期间，帮助减轻他们的生活负担。善济医社免费提供口罩给看诊者①，为疫情防控不遗余力。

（四）广惠肇留医院

广惠肇留医院创立于1910年，提供免费的医疗服务于贫苦民众，并为其免费提供接生、门诊及住院服务。近年来，为应对新加坡人口老龄化，满足老人疗养和护理的需求，广惠肇留医院参与新加坡的老人社会福利建设，将医院扩建为社区中心，为院友和社区老人提供全方位的医疗与护理服务。②

2017年，广惠肇留医院开设第一家社区关怀中心，为老年人提供服务，包括社交活动、看护、康复、治疗、居家照护和其他保健服务。2022年，广惠肇留医院预计成立区域性的医疗系统，包括两家疗养院、慢性病房，四个社区关怀中心及提供社区整合管理服务。提供的治疗包括中医治疗、西医治疗、洗肾和临终关怀服务，此外，还设有日间护理，为老年人提供一站式服务。③

广惠肇留医院的经费大多来自募款。在人力资源方面，目前有超过1000名以上的义工参与，每月约有700名义工到院里陪伴老年人。医院会为老年人举办不同的社交活动以及关怀活动，如为老年人化妆拍照，使其心情愉悦，增添自信。此外，院内每年中秋会举行中秋晚会和志工答谢晚宴，在帮助老年人感受节日气氛外，也感谢义工的付出。医院会邀请邻近的学校师生到院参访，教导下一代如何参与老年社会福利建设。④

三、华侨华人参与泰国的社会福利事业建设

在泰国生活的华侨华人人口约有上千万，占泰国总人口的12%~14%，泰国华侨华人组织积极参与泰国当地建设，包括经济建设与社会福利建设，

---

① 善济历史［EB/OL］.（2022-02-18）［2022-04-28］. https：//sianchay. org. sg/history /.

② 广惠肇留医院［EB/OL］.（2022-02-18）［2022-04-28］. https：//www. kwsh. org. sg/ch/aboutus/

③ 广惠肇留医院［EB/OL］.（2022-02-18）［2022-04-28］. https：//www. kwsh. org. sg/ch/aboutus/

④ 同③。

对泰国的社会做出巨大贡献，华侨华人组织在泰国的话语权增加，成为我国与泰国关系建立的重要桥梁，并在"一带一路"合作倡议以及中泰高铁项目中贡献力量。以下以泰国华侨报德善堂为例，简述华侨华人如何参与泰国的社会福利事业建设。

泰国华侨报德善堂为华侨华人参与泰国的社会福利事业建设的代表性组织，该堂成立于1910年，在医疗服务方面，该堂创办华侨医院，现今是设备完全的全科医院，设有急诊科、儿科、病理科、内科、外科、耳鼻喉科、放射性科、口腔科、康复理疗科、妇产科、麻醉科、针灸诊所、骨科、皮肤科等，提供全方位的医疗服务。[①] 此外，华侨报德善堂每年提供约400万人民币的预算费支持社会福利计划，主要包括救济贫困病人和帮助患有肾病的民众进行洗肾。该堂在1976年成立流动医疗队，专为偏乡居民提供免费诊疗。除此之外，华侨医院还设有急救中心向意外事故提供支持，且设有免费急救医疗服务。在救灾方面，泰国华侨报德善堂设有消防队，提供24小时的救灾服务，在重大灾情发生后，该堂不仅捐款捐物，还奔赴灾区实施救援，对泰国社会福利事业建设贡献巨大。

泰国华侨报德善堂致力于教育事业，建立华侨崇圣大学，该大学的前身是华侨学院，于1992年获泰国国家教育部批准，将其升格为综合性大学，并获泰皇赐名为华侨崇圣大学。现今学校设有护理学院、社会福利学院、文学院、企业管理学院、药理学院、医学技术学院、物理治疗学院、公共卫生及环保学院、中医学院及研究生院等。

在救济贫困民众方面，华侨报德善堂协助政府埋葬无人认领的尸体。此外，该堂联合其他华人社会组织，为泰国民众提供各项社会福利服务，旨在救灾，供应民众获得生活所需，并协助其就业。例如，由华侨报德善堂为首组织的华侨报德善堂暨侨团报社联合救灾机构，其成员包括华侨报德善堂、泰国中华总商会、泰国中华会馆、泰华各姓宗亲总会联合会、泰华妇女慈善会、中华日报、泰国客家总会、泰国广肇会馆等46家泰国主要华侨华人社团，协助泰国政府救灾。当灾害发生，首先，华侨报德善堂搜集资料，如灾情程度、灾民人数与死伤人数等，然后将详情通知联合救灾机构，赈灾款项则是由联合救灾机构会议通过后，决定各单位负担的费用，

① 肖潇．泰国华侨报德善堂与中华文化海外传播［J］．福建省社会主义学院学报，2016（1）：55-61.

有不足的部分，由华侨报德善堂负责。华侨报德善堂获得泰皇、政商各界人士，以及民众肯定，不但获得许多资金支持，对传播中华文化的效果也十分显著，在泰国具有相当大的影响力。①

四、华侨华人参与菲律宾的社会福利事业建设

菲律宾华侨华人的人数约占菲律宾总人口的2%②，菲律宾的华侨华人以商人居多，因为华侨华人的经济发展需求，一开始华侨华人在菲律宾建立的组织为经济性组织，后来，这些组织的功能扩大，与当地政府和国外的非政府组织合作③，将触角扩展到福利和教育服务。菲律宾的华侨华人不仅热心参与当地建设，也积极参与“一带一路”建设，为菲律宾与我国搭设交流桥梁，如菲律宾工商总会蔡聪妙名誉董事长于2016年创建菲律宾丝绸之路国际商会，该商会的成员涵盖菲律宾政商界，包括当地华侨华人企业家、菲律宾工商联合会的政府官员等人，并邀请菲律宾前总统阿罗约担任永久荣誉主席。菲律宾丝绸之路国际商会与我国中央政府部门建立了直接联系，促进“一带一路”倡议对接④，显见菲律宾华侨组织的影响力。

以下针对菲律宾华侨组织参与菲律宾的社会福利事业建设的概况进行描述。

（一）菲律宾华侨善举总会

菲律宾华侨善举总会成立于1877年，前身是善举公所，于1998年改名为善举总会，为菲律宾从历史最久远且对菲律宾从社会福利建设影响最大的华侨华人社会福利团体。其下有中华崇仁医院、中华崇仁护理学院、华侨义山、养老院、崇仁医院义诊所等几大机构。⑤ 中华崇仁医院，是菲律宾的华侨华人创办的第一所现代医院，目前是设有心脏病医疗中心和肿瘤病医疗中心综合全科医院，因公受伤的警察可得到免费治疗，华文学校的老

---

① 钟大荣，王珊珊．泰国华人慈善组织的主要功能及其对中国慈善组织的启示——以华侨报德善堂为例［J］．华侨大学学报：哲学社会科学版，2014（3）：23-30.

② 任娜，刘宏．“一带一路”构建中的东南亚华商网络研究——以新马菲商会组织为中心［J］．世界民族，2021（4）：99-110.

③ 刘志玲．社团——重塑国家和社会关系的枢纽［J］．怀化学院学报，2006（9）：30-32.

④ 同②。

⑤ 朱东芹．菲律宾华侨华人社团现状［J］．华侨大学学报（哲学社会科学版），2010（2）：89-96.

师与其子女可享医疗优惠，医院对贫困的菲律宾人和华侨华人设有免费诊疗。新冠肺炎疫情肆虐期间，中华崇仁医院投入大量的医护人员，免费救治新冠感染者。

养老院为无依无靠的菲律宾65岁以上的华侨老年人提供食物、住宿和医疗服务等，协助其赡养晚年。华侨义山，又有建筑博物馆之美名，仅收取较低的服务管理费。崇仁医院义诊所的医务人员则常走访偏乡地区、贫民区与灾区，义务为贫困人民和灾民提供医疗服务，该公益行为获得菲律宾政府的高度赞扬。

（二）菲华三宝

在菲律宾，以菲华商联总会为首的组织向菲律宾从农村捐建中小学校舍的福利活动，由华侨华人自愿组织的义务救火队，以及菲律宾华侨华人不同组织分别主持的义务医疗服务，被称为“菲华三宝”。农村校舍的捐建由菲华商联总会于20世纪60年代发起，旨在为农村解决教室的稀缺问题而提出的方案。自该计划启动至2007年，累计捐建近4000所农村校舍，提升偏远农村地区的教育资源。

华侨华人创建的义务救火队，为人民提供高效率24小时义务服务，为菲律宾消防事业中的重要力量。另外，华侨华人组建的各个防火会共同组成“菲华消防队员联合总会”，旨在为消防员谋福利、提供生活保障、为殉职英勇消防员提供抚恤金、免费提供医疗保健服务，并参与菲律宾各个社区的发展计划，改善人民生活。①

菲华义诊队是由菲律宾多个华侨华人社团分别组织，如钱江联合会、济阳柯蔡联宗总会、描瑞拉社菲华工商联合会等，为菲律宾低收入人民提供免费义务医疗服务，目前义诊服务已遍布菲律宾全国各地。这些义诊活动，大多是利用假日定期为菲律宾的贫困民众提供义务诊疗及免费送药。当菲律宾某一地区遭遇意外灾害时，义诊机构就会组织医护人员到灾区为灾民诊疗。此外，菲律宾华侨华人独立成立义诊中心，由华侨华人社团给予经济上的资助。例如，1985年成立的加洛干市菲华义诊中心，设有西医内外科、中医科和牙科，主办单位为加洛干市菲华商会等7个华人团体。义诊中心备有巡回医疗队，每月固定一个周日为定点义诊，其余的周日为巡

① 汪玲．试论当代华侨华人社团的若干特点［J］．八桂侨刊，2002（1）：11-14.

回义诊，经常走访偏乡地区。1986 年成立的马尼拉华人义诊中心，为河源张颜同宗总会、洪门竹林协义总团等许多华侨华人社团资助，设有外科、中医科、牙科、妇科、儿科、眼科等，除了有各项检查之外，还设有营养专家，为病人提供咨询，该中心的每月第一个周日为外出义诊，其余 3 个周日为定点义诊。近年，菲华商联总会与菲律宾工商部属下的国家发展公司合作，并签署协议，在菲律宾建立为贫民服务的低价药房，帮助当地贫苦人民。1996 年成立的巴西市菲华义诊中心，以许泽台为首的巴西菲华商人们主办，位于巴西市菲华志愿消防会大楼内。治疗项目多元①，除了义诊项目之外，在发生灾害时，义诊中心还会前往灾区进行义诊。

此外，被称为“菲华三宝”之外的另一宝，意即华侨华人救灾联动机制。2012 年与菲华商联总会、菲华各界联合会、世界日报社、菲华联谊总会、旅菲各校友会联谊会和菲华新联公会共 7 个华侨华人组织联合赈灾，将八七水灾运动的结余设为联合救灾基金存款，作为菲律宾灾害发生时的赈灾基金。②

菲律宾华侨因大力参与当地的社会福利事业，消除了当地居民对华侨华人的负面印象，帮助华侨华人融入当地主流社会。而菲华商联总会因对菲律宾社会福利建设有卓越贡献，受到菲律宾政府的重视，对华侨华人争取自身权益有正面效益。

五、华侨华人参与缅甸的社会福利事业建设

缅甸华侨华人的人数约占缅甸总人口的 3%，近年来，我国与缅甸合作推进“一带一路”下数个项目，如交通设施、能源设施、投资贸易等。缅甸华侨华人作为中缅两国主要桥梁，积极参与“一带一路”相关建设，目前我国是缅甸排名第一的贸易合作伙伴和最大投资来源国。以下针对缅甸华侨华人组织参与缅甸的社会福利事业建设的概况进行描述。

（一）缅甸中华总商会

缅甸中华总商会是华侨华人参与缅甸社会福利事业建设具有代表性的

① 沈红芳．菲律宾义诊中心的兴起及其影响——三个义诊中心典型案例研究［J］．南洋问题研究，1996（4）：33-38.

② 八七水灾联合赈灾各单位一致决定捐款余额将设立华社联合救灾基金［EB/OL］．（2015-03-30）［2022-04-28］．http：//www. shangbao. com. ph/qtdt/2012/11-17/11551. shtml，2015-03-30.

组织之一。缅甸中华总商会，前身为缅甸中华商务总会，于1909年成立于缅甸仰光，于1930年改名为缅甸华商商会，当时是缅甸政府承认代表华侨华人商界的唯一合法组织，致力于华侨华人社会福利工作，每年会将募捐所获款项按比例分配给在缅甸的华侨华人慈善、体育、文艺团体，以支持其发展。在春节时，会举办春节敬老帮困福利慰问金红包发放活动，75岁以上的符合帮困条件的华侨华人可以得到福利慰问金。

除了华侨华人社会福利工作以外，缅甸中华总商会秉持增强中缅两国民族情谊的华商精神，支持推进缅甸当地的社会福利事业，在救济贫困居民、救灾以及疫情防控方面不遗余力。在社会福利方面，缅甸中华总商会资助缅甸中部马圭省岛敦机县30所学校与村庄太阳能发电设备、电视机、打印机、书本、文具、衣服、毛毯等生活用品，改善当地居民生活。[①] 另外，缅甸中华总商会捐赠善款用于拉达镇区防疫工作，老年人社会福利工作与其他救灾工作。在救灾方面，仅2019年缅甸中华总商会为受洪水重创的灾民捐献了3000万元缅币。

自新冠肺炎疫情发生以来，缅甸中华总商会投入疫情防控工作，向有关政府部门、教育部、医院、学校、宗教机构等各社会组织捐献防疫资金并捐赠抗疫物资。例如，缅甸中华总商会向新冠肺炎防控国家级中央委员会捐资5亿缅币，向仰光省新冠肺炎防控与紧急应对委员会捐资2亿缅币用于医院升级，并向治疗新冠肺炎病人的各大医院捐赠空调和测试心脏仪。此外，缅甸中华总商会向缅甸仰光国际机场捐赠了一次性防护口罩、额温枪、电池、防护面罩等。向缅甸恩典之家孤儿院、缅甸社会福利盲人学校、波克伦神学院、芭玛雅浸信教会等机构捐赠防疫资金、口罩、氧气机及食品物资等。于2021年6月18日，与我国驻缅甸大使馆合作，积极协调相关机构，开展缅甸的自费自愿接种我国国药新冠疫苗行动。

（二）曼德勒云南会馆

曼德勒云南会馆于1859年获缅王赐地建馆，1876年建成[②]，致力于参与缅甸社会福利建设。曼德勒云南会馆创办云华师范学院，在缅甸提倡华

---

① 缅甸中华总商会会史［EB/OL］.（2022-02-18）［2022-04-28］. https：//mccoc. com. mm/history/

② 缅甸曼德勒云南会馆简介［EB/OL］.（2022-01-17）［2022-04-28］. https：//www. mhwmm. com/mianhuashetuan/58659. html

文教育。在新冠肺炎疫情肆虐时期，曼德勒云南会馆联合当地慈善组织，向贫困家庭捐赠食物及口罩等抗疫物资。为解决当地医疗问题，曼德勒云南会馆从我国进口了 5000 余台氧气机，并和缅甸中华总商会合作，组织“自费中国疫苗接种项目”[①]，于 2021 年 9 月开设数个接种中心，招募志愿者，收集接种人员信息，确保疫苗的冷冻设备、运输、接种，医护人员安排，提交已接种的名单等。此外，曼德勒云南会馆参与“曼德勒抗疫行动募捐委员会”，积极捐款，参与抗疫活动。值得一提的是，缅甸华人抗击疫情联盟曼德勒城市发展基金会除了荣誉主席吴萨尼昂代理省长外，基金会成员全是华侨华人，可见华侨华人在缅甸的影响力和参与当地社会福利事业的热忱，该基金会捐款额超过 20 亿缅币。[②]

六、结语

各国华侨华人参与其住在国的社会福利事业建设的工作项目众多，包括修桥、修路、修建自流井、捐建编乡地区的校舍、设立消防队、创建慈善医院、投入文教事业、建立学校、参与赈灾以及疫情防控等。各国华侨华人为其住在国的社会福利事业建设贡献力量，也增进了自身利益，其益处包括：①建立与住在国主流社会的关系，为华侨华人与华侨华人组织建立良好形象发挥了积极作用，使华侨华人能融入当地社会，并得到当地人的认可。②实施国民外交，增进祖国与其住在国的联系。③当华侨华人遭遇困难时，有华侨社会福利组织施以援助。④促进华侨华人与其住在国的政商人士建立友谊，互惠互利。⑤华侨华人社会福利组织通过与政府、国内外的其他社会福利组织、学校、医院、研究机构、企业等合作，除了能增进与其他组织的友谊外，自身组织能得到许多的社会资源，以帮助自身发展，并增加自身实力，扩大对住在国社会福利事业的影响。⑥推动华侨华人住在国的社会福利事业，并增加华侨华人组织对住在国的影响力。⑦协助解决住在国对教育、贫穷和公共卫生等社会福利问题，为住在国经济与社会福利的发展贡献良多。⑧弘扬中华慈善文化，传播慈善公益的理

① 中国驻缅甸使馆表彰组织侨界疫苗接种工作的缅甸中华总商会等侨社负责人［EB/OL］.（2021-10-25）［2022-04-28］. http：//mm. china-embassy. org/xwdt/202110/t20211025_ 10415533. htm.

② 捐款超 20 亿缅币缅甸华人驰援当地抗疫一线［EB/OL］.（2020-04-10）［2022-04-28］. http：//www. chinaql. org/BIG5/n1/2020/0410/c431600-31669536. html.

念，除有助传扬中华美德之外，还教导华侨华人下一代传承其精神，积极参与社会福利事业，传播爱。

参考文献

[1] 庄国土.21世纪前期海外华侨华人社团发展的特点评析［J］. 南洋问题研究，2020（1）：55-64.

[2] 钟帅，邱华盛，沈镭，等. 关于中国和印度尼西亚在资源环境领域开展重点合作的建议［J］. 中国科学院院刊，2019（34）：94-103.

[3] 门洪华，李次园. 中国—印度尼西亚伙伴关系升级的战略分析［J］. 东南亚研究，2021（3）：94-113.

[4] 宋灵. 印度尼西亚华侨华人对"一带一路"倡议的认知——基于《印度尼西亚国际日报》的文本分析［J］. 湖北经济学院学报（人文社会科学版），2021（2）：68-72.

[5] 沈燕清. 印度尼西亚慈善事业中华人精英角色之探析［J］. 八桂侨刊，2015（1）：26-31.

[6] 李勇. 天福宫的领导层、组织与功能（1840-1915）：基于报章资料的研究［J］. 华人研究国际学报，2010（2）：1-25.

[7] 黄坚立. 身份认同的转移：南洋企业家李光前三种形象的建构［J］. 华人研究国际学报，2009（2）：49-73.

[8] 朱庆. 新加坡中华商务总会成立背景的再考察［J］. 华人研究国际学报，2021（1）：85-102.

[9] 肖潇. 泰国华侨报德善堂与中华文化海外传播［J］. 福建省社会主义学院学报，2016（1）：55-61.

[10] 钟大荣，王珊珊. 泰国华人慈善组织的主要功能及其对中国慈善组织的启示——以华侨报德善堂为例［J］. 华侨大学学报（哲学社会科学版），2014（3）：23-30.

[11] 任娜，刘宏."一带一路"构建中的东南亚华商网络研究——以新马菲商会组织为中心［J］. 世界民族，2021（4）：99-110.

[12] 刘志玲. 社团——重塑国家和社会关系的枢纽［J］. 怀化学院学报，2006（9）：30-32.

[13] 朱东芹. 菲律宾华侨华人社团现状［J］. 华侨大学学报（哲学社会科学版），2010（2）：89-96.

[14] 汪玲. 试论当代华侨华人社团的若干特点［J］. 八桂侨刊，2002（1）：11-14.

[15] 沈红芳. 菲律宾义诊中心的兴起及其影响——三个义诊中心典型案例研究［J］. 南洋问题研究，1996（4）：33-38.

《共建“一带一路”沿线国家社会保障研究报告（2023年）》征稿启事

《共建“一带一路”沿线国家社会保障研究报告》旨在系统研究和报告“一带一路”沿线国家社会保障发展水平、发展成就与发展趋势，涵盖了养老保障、医疗保障、就业保障、贫困治理、慈善公益、社会福利等社会保障研究领域，重点突出学术性、现实性和国际性。《共建“一带一路”沿线国家社会保障研究报告》详细辑录了相关国家人口、经济、社会领域统计公报和相关数据资料，以为相关研究领域提供全面、详实、最新的资讯信息。本编辑部根据当前国际上社会保障改革实践中的热点问题和共性问题，提供一些研究选题建议（见附件一），有关专家学者也可在相关研究领域内自行确定题目。

热诚欢迎相关领域的研究专家学者不吝赐稿。一旦采用，即付薄酬。请有意投稿的专家学者在 2022 年 12 月 15 日前填写征稿回执单（见附件二），将选题反馈给本编辑部的 ydyl@ hqu. edu. cn。论文写作体例详见附件三。

本编辑部设在华侨大学政治与公共管理学院文种楼 205 室。联系人：梁发超教授，联系方式：15905050467。

附件一：《共建“一带一路”沿线国家社会保障研究报告》（2023）选题建议

一、发展篇

1. “一带一路”沿线国家养老政策的变迁与最新进展
2. “一带一路”沿线国家公共卫生政策的变迁与最新进展
3. “一带一路”沿线国家儿童福利政策的变迁与最新进展
4. “一带一路”沿线国家生育政策的变迁与最新进展
5. “一带一路”沿线国家慈善事业的发展
6. “一带一路”沿线国家贫困治理的最新进展
7. “一带一路”沿线国家社会保障领域的财政支出状况

二、合作篇

8. 粤港澳大湾区社会保障领域的发展与合作
9. 我国台湾地区和大陆地区社会保障融合发展

三、华侨华人篇

10. 涉侨援助与保护
11. 华侨华人参与住在国社会福利事业建设
12. 华侨华人和助推共同富裕

附件二：征稿回执单

论文题目	
作者	
作者单位	
联系电话	
邮箱	

附件三：论文写作体例

构建人类命运共同体中的社会保障责任
——“一带一路”沿线国家社会保障发展水平（黑体小二，居中）

作者（宋体小四）（首页脚注作者简介）

摘要（空两格，楷体，五号）

关键词（空两格，楷体，五号，分号隔开）

导言（空两格，宋体，五号）

一、“一带一路”沿线国家人口概况（居中，宋体四号）

正文内容：空两格，宋体五号

二、“一带一路”沿线国家经济社会发展概况（居中，宋体四号）

正文内容：空两格，宋体五号

（一）经济社会发展现状分析（空两格，宋体小四，加粗）

正文内容：空两格，宋体五号

（二）经济社会发展的特点（空两格，宋体小四，加粗）

正文内容：空两格，宋体五号

（三）未来经济社会发展重点领域的预判（空两格，宋体小四，加粗）

正文内容：空两格，宋体五号

三、“一带一路”沿线国家社会保障发展水平评价（居中，宋体四号）

（一）（空两格，宋体小四，加粗）

正文内容：空两格，宋体五号

（二）（空两格，宋体小四，加粗）

（三）（空两格，宋体小四，加粗）

四、"一带一路"沿线国家社会保障发展趋势（居中，宋体四号）

（一）（空两格，宋体小四，加粗）

正文内容：空两格，宋体五号

（二）（空两格，宋体小四，加粗）

（三）（空两格，宋体小四，加粗）

参考文献（顶格，宋体小四，加粗）

例：周秋光，曾桂林. 中国慈善简史［M］. 北京：人民出版社，2006.

例：殷杰，郑向敏，李实. 合作态势与权利角色："一带一路"沿线国家旅游合作网络结构［J］. 经济地理，2019，39（07）：216-224.

作者介绍：首页脚注（顶格）

注意：

1. 文章内容一般出现两级标题"一、（一）"，实在有必要时可出现三级标题"一、（一）、1."
2. 全文内容的段落行距为：多倍行距 1.2 倍